WAGE MANAGEMENT

focused upon practical manuals

실무 중심의 임금론

이정조 · 김도근 공저

pnc
publishing and culture
피앤씨미디어

실무 중심의

임 금 론

머리말

우리나라는 1960년 이후 산업화가 급속하게 추진되면서 임금노동자층이 형성되기 시작하였다. 산업화가 진전되고 화폐경제를 중심으로 한 자본주의가 발달하면서 임금을 주된 생계수단으로 하는 많은 임금노동자들이 산업현장에 등장하게 되었다. 노동자들은 임금을 비롯한 열악한 근로조건들을 개선하기 위하여 노동조합이라는 단결체를 만들어서 자신들의 이익과 입장을 주장하게 되었다. 따라서 매년 단체교섭 시기가 도래하면 노사간에 임금인상과 근로조건을 둘러싼 갈등과 분쟁들이 산업현장의 단골 이슈가 되었다. 특히, 저임금 노동자들의 최저생계 보장이나 도산기업에서의 임금체불은 노동단체들의 이슈임과 동시에 국가적 차원에서도 해결하지 않으면 안 되는 사회문제가 되었다. 따라서 오늘날 대부분의 국가들에서는 최저임금제도를 통하여 저임금 노동자들의 최저생계를 보장하고 있으며, 임금채권보장제도를 통하여 기업의 도산으로 인한 노동자들의 체불임금을 보장해 주고 있다.

한편, 기업을 경영하는 사용자들의 입장에서는 임금은 기업의 생존과 관련된 중요한 변수로 인식되고 있다. 특히 고임금시대에 직면한 우리기업들로서는 임금관리의 합리화를 통한 경영의 효율성을 외면할 수 없는 실정에 있다. 수출주도적인 한국경제는 상품에 대한 국제경쟁력을 품질보다는 가격경쟁력에 의존하여 온 바가 크기 때문에 임금의 인상이 상품들의 국제경쟁력에 미치는 영향은 무시할 수 없다. 따라서 기업에서는 임금수준을 관리하고 임금체계를 생산성과 연관시키는 노력들을 하지 않을 수 없게 되었다. 기업의 임금제도는 초기에는 주로 노동자들의 연령과 근속연수에 좌우되는 연공급 형태였다. 이러한 연공급 형태의 임금체계는 임금이 노동가치에 대한 보상이라는 측면에서 만들어진 것으로 노동자들의 생계보장이라는 측면에서는 장점을 가지고 있으나, 임금의 보상적 기능 이외에 임금의 개별공정성이라든지 미래성과에 대한 유인적 기능에서 볼 때는 많은 문제점을 가지고 있었다. 따라서 최근의 임금형태는 직무의 내용인 기능이나 책임을 임금에 반영한 직무급 형태, 또는 생산성과 연계된 성과급 형태로 다원화되어 가는 추세에 있다.

산업현장에서의 임금은 근로자의 생계보장이라는 입장에서의 시각과 사용자의 효율적 임금관리라는 입장에서의 시각으로 대별된다고 할 수 있다. 사용자의 입장에서 접근하는 시각이 임금의 관리적 경영적인 측면이고, 근로자의 입장에서 접근하는 시각이 임금의 법률적 제도적인 측면이다. 임금을 관리적인 측면에서 다룰 경우에는 개별기업의 임금수준 및 임금체계의 효율성을 극대화하여 기업의 경쟁력을 강화하는 경영학적 시각에서, 임금을 제도적인 측면에서 다룰 경우에는 근로기준법, 최저임금법, 근로자퇴직급여보장법 등 임금관련 법 규정들에 맞는 권리보호가 되고 있는가라는 법률적인 시각에서 임금문제를 다루고 있다.

이 책에서는 이러한 임금의 두 가지 측면을 모두 살펴봄으로써 임금에 대한 보다 체계적인 이해를 돕고자 하였다. 임금의 권리보장적인 입장에서 논의되는 제도적 법률적인 측면에서는 근로기준법령에서 규정하고 있는 평균임금과 통상임금의 정의, 퇴직연금제도, 최저임금제도, 임금채권보장제도, 그리고 체불임금에 대한 구제절차 등을 설명하고 있다. 임금의 효율적 관리가 강조되는 경영학적 측면에서는 임금의 바람직한 형태와 그 구성 체계 등을 설명하고 있다.

그동안 임금문제는 이러한 사용자 시각과 노동자 시각이라는 이중성으로 인해서 노동자의 권리보호는 법학에서 사용자의 효율적 임금관리는 경영학에서 따로 취급되고 있었다. 따라서 임금을 체계적으로 이해하고 문제를 해결하는 데는 많은 애로가 있었던 것 또한 사실이었다. 이 책 한 권으로 임금에 대한 모든 문제들을 이해하고 해결할 수 있을 것이라고는 보지 않는다. 하지만, 저자는 최대한 임금과 관련된 사안들을 '임금'이라는 공통된 주제어로 해서 한 권의 책으로 엮어내려고 노력하였다.

아무쪼록 이 책이 독자들의 임금과 관련된 문제들을 해결하는 데 조금이나마 도움이 되었으면 하는 바람에서 부족하지만 이 책을 출간하게 되었다.

2015년 5월

저자 씀

차 례

제 1 장 임금의 이해

'급여'를 뜻하는 샐러리(Salary)는 '소금'이라는 라틴어 살(Sal)이 어원이다. 이는 로마시대에 병사들의 봉급을 소금으로 주었기 때문이다. 그 당시에는 소금이 그 만큼 귀했다는 사실을 알 수 있다. 이와 같이 오래전에는 노동력에 대한 보상의 대가인 임금이 주로 현물급여나 품앗이의 형태로 되어있었다.

제 1 장

임금의 이해

제 1 절 머리말

임금은 노동자가 자신의 노동력을 기업에 상품으로 판매하고 받는 대가, 즉 노동력의 가격을 말한다. 화폐경제가 발달하기 이전에는 이러한 노동력의 대가는 화폐가 아닌 현물 등으로 지급되기도 했다. '급여'를 뜻하는 샐러리(Salary)는 '소금'이라는 라틴어 살(Sal)이 어원인데, 로마시대에 병사들의 급여를 소금으로 준데서 유래하였다. 그 당시에는 소금이 매우 귀하여 화폐와 같은 교환가치를 가지고 있었기 때문이다. 이와 같이 오래전에는 노동력에 대한 보상의 대가인 임금이 주로 현물급여나 품앗이의 형태로 지급되었다는 것을 알 수 있다. 자본주의의 발달과 함께 화폐경제가 정착되면서 대부분 임금은 통화로 지급되게 되었으며, 임금은 근로시간과 더불어 근로계약에서 빼놓을 수 없는 핵심적인 부분이 되었다. 노동자 입장에서 임금은 가족의 생계를 담보하는 유일한 수단이며, 기업이나 경영자의 입장에서는 제품의 생산에 투입되는 중요한 비용으로 인식되고 있다.

우리나라에서 임금노동자층이 본격적으로 형성된 것은 1960년 이후 산업화가 급속하게 추진되면서 부터이다.[1] 그 후 압축 경제성장에 의한 산업화가 고도화되면서 임금을 생계수단으로 하는 많은 임금노동자들이 산업현장에 새로운 세력으로 등장하게 되었다. 이 과정에서 노동자들은 노동조합이라는 단체를 구성하여 산업현장에서 자신들의 이익과 입장을 관철시키고자 목소리를 높이기 시작했다. 따라서 이제 매년 단체교섭 시기가 도래하

---

1) 심윤종 외(1998), 『산업사회학』, 경문사, 213쪽.

면 노사 간에 임금인상과 근로조건을 둘러싼 갈등과 분쟁들이 산업현장의 단골 이슈가 되었다. 특히, 저임금노동자들의 열악한 근로조건이나 기업의 도산으로 인한 임금체불은 노동단체들의 이슈임과 동시에 국가적 차원에서도 해결하지 않으면 안 되는 사회문제가 되었다. 오늘날 대부분의 국가들에서는 저임금노동자들의 최저생계를 보장하기 위해 법으로 임금의 하한선을 정하는 최저임금제도를 시행하고 있으며, 기업의 도산으로 인해 임금을 받지 못하는 노동자들의 어려움을 덜어 주기 위한 법적 구제장치들을 마련하고 있다.

한편으로 기업을 경영하는 사용자들의 입장에서 볼 때, 임금은 기업의 원가 경쟁력과 직결되는 핵심 변수이기 때문에 사회 민주화의 진전과 노동자의 권리의식 확산에 따른 임금수준의 경향적 인상은 임금관리의 합리화 및 경영 효율성에 대한 문제를 제기하고 있다. 더욱이 수출주도형의 우리경제는 지금까지 상품 경쟁력의 원천을 품질보다는 가격경쟁력에 의존하여 온 바가 크기 때문에 임금수준의 경향적 인상은 수출상품의 대외 경쟁력에 부정적인 영향을 끼치기도 한다.[2] 따라서 기업에서는 임금수준을 관리하고 임금체계를 생산성과 연관시키는 노력들을 하지 않을 수 없게 되었다. 우리사회의 임금체계는 주로 노동자들의 연령과 근속년수에 좌우되는 연공급이었다. 연공급 형태의 임금체계는 임금이 노동자들의 생계와 직결되는 중요한 수단이라는 인식하에 노동가치에 대한 보상이라는 측면에서 만들어진 것이었다. 그러나 최근 임금은 단순히 노동력 제공에 따른 보상적 성격뿐만이 아니라 임금의 개별적 공정성이 확보되고 미래성과에 대한 충분한 유인적 효과를 띠어야 한다는 점이 중요시 됨에 따라 임금체계에서도 연공급 이외에 직무의 내용인 기능이나 책임을 임금에 반영한 직무급 형태, 생산성과 연계된 성과급 형태 등으로 다원화되어 가는 추세에 있다.

이렇게 볼 때, 노동자가 자신의 노동력을 기업에 제공하고 반대급부로서 받는 대가로서의 임금은 다음의 두 가지 측면에서 살펴볼 수 있다. 첫째는 사용자의 입장에서 접근하는 임금의 관리적·경영적인 측면이고, 둘째는 근로자의 입장에서 접근하는 임금의 법률적·제도적인 측면이다. 임금을 관리적인 측면에서 다룰 경우에는 개별기업의 임금수준 및 임금체계의 효율성을 극대화하여 기업의 경쟁력을 강화하고자 하는 경영학적 시각이, 임금을 제도적인 측면에서 다룰 경우에는 근로기준법, 최저임금법, 근로자퇴직급여보장법 등 임금관련 법 규정들에 맞는 법률적인 접근이 고려되어야 한다. 그래서 이 책에서는 두 가지의 관점을 모두 포괄한다. 제1장에서는 근로기준법에서 규정하고 있는 임금과 퇴직금이나 제반 법정수당들의 산정에 필요한 도구개념으로 규정되어 있는 평균임금과 통상임금에 대한 정의를 살펴보고, 제2장에서 임금체계와 결정기준 등 임금의 관리적 측면에 해

2) 양병무 외(1992), 『한국기업의 임금관리』, 한국경영자총협회, 33쪽.

당되는 부분을, 제3장부터 제5장까지는 퇴직급여제도과 최저임금제도 그리고 임금채권보장제도를 살펴본다. 마지막으로 제6장에서 체불임금에 대한 법적인 구제절차를 설명함으로써 임금의 이해와 관련된 두 가지 분야인 경영학적 측면과 법률적 측면을 모두 살펴보고자 한다.

제 2 절 임금의 정의

1. 근로기준법상의 임금

일반적으로 사용자와 근로자의 권리·의무를 그 내용으로 하는 법률관계를 '근로관계'라고 한다. 근로관계는 사용자와 근로자가 근로계약을 체결함으로써 성립된다. 즉 근로자는 근로계약을 체결함으로써 근로를 제공할 의무와 함께 그에 상응하는 임금을 청구할 수 있는 권리가 생기며, 다른 한편에서 사용자는 임금을 지급할 의무가 생김과 동시에 필요한 노무를 제공받을 권리를 갖게 된다.

임금은 근로시간과 함께 근로계약에 있어서 가장 핵심적인 부분이다. 그래서 근로자의 기본적인 생활보장을 입법목적으로 하는 근로기준법에서는 이러한 임금의 중요성을 고려하여 임금의 개념을 법으로 규정하고 지급이 강제되는 각종 근로조건들을 정하여 놓았다.

근로기준법 제2조 제1항 제5호에서 임금은 「사용자가 근로의 대가로 근로자에게 임금, 봉급, 그 밖에 어떠한 명칭으로든지 지급하는 일체의 금품을 말한다」라고 정의되어 있다. 이 정의규정에 의하면 임금 판정의 준거는 그 명칭이 무엇이라고 불리든 관계없이 '사용자가 근로자에게 지급하는 금품'이라는 요건과 그 금품이 '근로의 대가'라는 요건을 충족하는지 여부라고 할 수 있다. 다시 말해 사용자가 근로자에게 지급하는 어떠한 형태의 금품이라도 임금에 해당되기 위해서는 근로에 대한 반대적 급부로서의 대가성이 인정되어야 한다는 점이다. 근로의 대가성이 인정되는 않는 경우에는 근로기준법상의 임금이라고 볼 수 없고, 그에 따라 법정수당이나 퇴직금 등의 계산에도 포함될 수가 없게 된다. 이처럼 임금성 여부를 판단하는데 있어서는 '근로의 대가성'이 가장 중요한 법정요건이다.

2. 임금 여부의 판단기준

(1) 사용자가 근로자에게 지급하는 금품

먼저, 임금은 근로관계에 있는 당사자인 '사용자'가 근로자에게 지급하는 것이다. 따라서 근로자가 근로의 대가로서 지급받은 금품이라 할지라도 '사용자'가 지급한 것이 아니라면 임금이라고 할 수 없다. 접객업소, 골프장 등에서 고객이 근로자에게 직접 지급하는 봉사료 및 팁, 학부형이 조직한 육성회에서 학교법인의 종업원에게 지급하는 금원[3] 등은 임금이 아니다.[4] 혹은 회사의 임원이 자신의 전용 운전기사에게 회사에서 지급하는 임금과는 별개로 매월 일정금액을 개인적인 차원에서 지급한 경우라면 이는 임금으로 보기 어렵다[5]. 그러나 사용자가 일정율, 일정금액으로 정해진 봉사료를 요금 등으로 일괄하여 손님으로부터 수령하여 근로자에게 분배하거나,[6] 사용자가 팁을 일정액으로 정하거나 사실상 일정액을 받도록 직·간접으로 규제하는 경우에는 임금으로 볼 수 있다.

다른 한편으로 임금은 사용자가 '근로자'에게 지급하는 것이다. 따라서 산재보험, 의료보험, 고용보험 등 각종 사회보험 제도에 따라 사용자가 부담해야 하는 보험료는 사용자가 '근로자'에게 지급한 것이 아니기 때문에 임금이라고 할 수 없다.[7] 또한 임금은 사용자가 근로자에게 지급하는 것이므로 상임이사와 같이 회사로부터 일정한 사무의 처리를 위임 받고 있는 자는 근로기준법상의 근로자로 볼 수 없기 때문에 이에 대한 보수는 임금으로 볼 수 없다.[8] 이와 같이 임금성을 판단하는 징표는 사용자가 종속노동관계[9] 아래에서 근로를 제공하는 근로자에게 지급하는 금품인지 여부이다. 근로자인지 아닌지의 판단시점은 지급의무의 변제기를 기준으로 보아야 할 것이다. 임금이기 위해서는 교부 내지 급부의 이행이 필요하고 의무의 이행은 원칙적으로 변제기의 도래에 의하기 때문이다.

(2) 근로의 대가로 지급하는 금품

임금은 노무제공에 대한 반대급부인 근로의 대가로서 지급되는 금품을 말한다. 따라

3) 금액을 말한다.
4) 대법원 1976. 3. 9. 선고 75다872 판결; 대법원 1973. 11. 27. 선고 73다498 판결.
5) 행정해석 2009. 6. 3. 근기1734.
6) 대법원 1992. 4. 28. 선고 91누8104 판결.
7) 대법원 1994. 7. 29. 선고 92다30801 판결.
8) 대법원 1988. 6. 14. 선고 다카2268 판결; 행정해석 1993. 3. 18. 근기01254-411.
9) 사용종속관계라고도 하며 사용자의 지휘명령을 받으면서 실질적 종속관계 하에서 근로를 제공하는 근로관계의 기본적 징표를 말한다. 종속노동관계의 판단기준에는 전속관계의 유무, 근무의 응낙 혹은 거부의 자유 존재유무, 근무시간과 장소의 지정유무, 근로제공의 대체가 자유로운가, 재료 및 업무용 기구의 부담관계는 어떠한가, 보수의 성격이 근로의 대상인가, 징계권 등이 있다.

서 사용자가 근로자에게 지급하는 각종 수당이나 금품들이 임금에 해당되느냐의 여부는 바로 이러한 금품들이 '근로의 대상' 내지 '근로의 대가'로 지급된 것이냐에 의해 결정된다. 그렇지만 근로의 대상성이란 개념은 너무 추상적이기 때문에 실제 산업현장에서는 임금의 범위와 관련하여 많은 갈등이 야기되기도 한다. 즉, 산업현장에서 실제 통용되는 임금내역에는 복잡하고 다양한 의미의 각종 수당들과 금품들이 많이 들어 있는데, 이러한 수당들이나 금품의 각각에 대해 임금성 여부를 판단하는 것은 결코 용이하지 않다.

법규범적 효력을 가지고 있는 근로기준법과 동법 시행령에 규정되어 있는 임금관련 사항들은 대부분 간략한 정의규정들로 되어 있다. 따라서 산업현장에서의 다양한 임금내역들에 대한 임금성 여부를 판단하는 데 한계가 있을 수밖에 없다. 물론 행정해석이나 예규들이 많이 있기도 하지만 사실상의 법규범적 효력을 가지고 있지 않기 때문에 법원의 판결은 이러한 행정해석에 구속되지는 않는다. 그래서 최근 각종 수당이나 금품들에 대한 임금성 여부를 판단하는 법원의 판결사례들 중에는 행정해석과 괴리되는 부분이 상당히 많다.

근로기준법상의 임금에 대한 근로의 대가성은 근로계약 및 임금의 법적 성격을 어떻게 이해하느냐에 따라 달라진다. 즉, 근로계약을 민법상의 고용계약처럼 근로와 임금의 반대급부적 교환계약으로 이해하는 노동대가설에서는 임금을 현실적으로 행하여진 구체적인 근로에 대한 반대급부적인 대가로 파악한다. 이에 반해, 근로계약을 근로자가 노동력을 사용자의 처분에 맡기고 사용자는 그 대가로서 임금지급을 약정하는 것으로 이해하는 노동력대가설에 따르면, 임금은 근로자가 노동력을 사용자의 처분에 맡기는 것에 대한 대가하고 할 수 있다. 한편, 근로계약을 근로자의 지위취득이라는 고정적 부분과 현실적인 근로의 제공이라는 변동적 부분의 이중구조로 이해하는 임금이분설의 입장에서 볼때, 임금은 지위취득에 따른 생활보장적 임금과 구체적 근로제공에 대한 교환적 임금으로 파악하게 된다. 이와 같이 근로계약이나 임금의 법적 성격을 어떻게 이해하느냐에 따라 현실 속에서의 각종 수당들은 임금이 되기도 하고 임금에서 제외되기도 한다.

판례는 노동력대가설의 입장에서 임금성 여부를 판단하고 있는데 반해, 행정해석은 이에 대해 명확한 입장을 밝힌 바는 없으나 대체로 임금을 근로를 제공한데 대한 대가로 보는 노동대가설의 입장을 취하고 있다.[10] 임금범위의 해석에 있어서 행정해석이 판례보다는 보다 엄격하게 판단하고 있다. 법원에서의 판결은 당해 사건에 대해서만 구속력을 가지고 있는데 반해, 행정관청에서의 행정해석은 산업현장에서 실무적으로 다루어지고 있어 무엇보다 영향력이 크다.

10) 대법원 1997. 3. 28. 선고 94다26721 판결; 통상임금산정지침 개정 1997. 3. 28, 노동부예규 제327호.

임금은 노무제공에 대한 반대급부인 근로의 대가로서 지급되는 금품을 말한다. 따라서 근로제공과 무관하게 사용자가 호의적·은혜적으로 지급하는 금품이나, 순수한 복리후생적 차원에서 제공되는 시설의 이용이나 이에 대한 비용으로 지급되는 금품, 그리고 출장·기관운영 경비 등 실비변상적인 차원에서 지급되는 금품은 근로의 대가성이 없기 때문에 임금의 범위에서 제외된다.

(3) 명칭을 불문한 일체의 금품

근로기준법은 임금의 정의규정에서 명칭을 불문하고 있기 때문에 임금성의 여부는 사용자가 근로자에게 지급하는 금품의 명칭에 따라 결정되는 것이 아니다. 산업현장에서 임금으로 통용되는 용어들은 봉급, 일당, 노임, 제수당이나 상여금 등 매우 다양하게 불리고 있는데, 이는 사용자가 임금을 노동력의 제공형태, 임금체계 및 임금결정방식에 따라 다양하게 사용되고 있기 때문이다. 따라서 임금성 여부에 대한 판단은 산업현장에서 실제로 통용되는 명칭들에 대해 좌우되지 않고 실제 지급된 금품의 지급사유, 지급요건 및 지급방법 등 제반 사실관계를 고려하여 앞에서 언급한 기준에 따라 이뤄져야 한다.

3. 구체적인 사례들

(1) 근로의 질과 양에 관계되는 금품

근로관계에 의해 사용자가 근로자에게 지급하는 금품들 중에서 근로의 질과 양에 관계되는 것은 임금이다. 예를 들자면 직책수당, 기술수당, 자격(면허)수당, 특수작업수당, 직무수당, 출납수당, 항공(승무·항해)수당, 입갱수당, 생산장려수당, 장려가급, 능률수당 등과 같이 근로의 질에 관계되거나, 시간외근로 등 근로의 양에 관계되어 지급되는 금품은 근로의 대가성이 있는 임금의 범위에 속한다고 할 수 있다.

(2) 근로환경과 관계되는 금품

근로관계에 의해 사용자가 근로자에게 지급하는 금품들 중에서 근로환경과 관계되어 지급되는 금품은 임금이다. 즉 벽지수당, 한냉지근무수당 등과 같이 작업 또는 근로의 환경과 관계되어 지급되는 금품은 임금의 범위에 속한다.

(3) 은혜적·호의적으로 지급되는 금품

사용자가 지급하는 금품 가운데 의례적·임의적이거나 은혜적·호의적인 의미에서 지급되는 금품은 임금이 아니다. 조위금, 결혼축하금 등 임의적·호의적으로 지급되는 금품이나, QC활동 등에 대한 공로금이나 회사 창립일 등 축일에 호의적으로 지급하는 금품 등은 근로의 대가성이 없기 때문에 임금이 아니다.[11] 다만, 결혼수당 등이 단체협약이나 취업규칙, 근로계약 등에 의해 미리 지급조건이 정해져 있는 경우에는 임금으로 본다.[12]

상여금의 경우에는 상여금이 단체협약, 취업규칙, 기타 근로계약에 미리 지급조건 등이 명시되어 있거나 관례로서 계속 지급되어온 사실이 인정되는 경우에는 그 상여금의 지급이 법적인 의무로써 구속력을 가지게 되어 근로의 대상성이 인정된다.[13] 이러한 경우가 아니고 단지 은혜적·포상적인 차원에서 지급된 경우에는 임금으로 보기 어렵다.

(4) 실비변상적인 금품

기업설비에 갈음하여 실비변상적인 차원에서 지급하는 보안장비구입비, 작업복구입비, 작업용품대금, 출장비, 여비, 판공비, 기밀비, 정보비, 영업수당 등은 근로의 대가성이 없기 때문에 임금이 아니다.

또한 회사의 보수규정에 규정된 수당이 아니라 일·숙직 당일의 식비 등으로 소비되는 실비변상적 성질을 띤 일·숙직근로자수당도 임금에 포함되지 않는다.[14] 다만 일·숙직근로에 대하여 일정액의 수당을 지급하는 경우에는 그것이 실비변상적이라고 할만한 특별한 사정이 없는 한, 이는 일·숙직근로의 대가인 임금으로 본다.

(5) 복리후생적인 금품

기업의 복지시설물의 이용, 현물급식의 제공, 재형저축장려금이나 사보험에 대한 보조금, 학자금 및 가족수당의 지급 등 순수한 복리후생적 차원에서 지급되는 것은 근로의 대가성을 인정할 수 없기 때문에 임금이 아니다.

그러나 복리후생적 차원에서 지급되는 금품은 그 명칭만으로는 임금의 성질을 갖는지가 분명하지 않다. 따라서 판례에서는 복리후생적 차원의 금품이 취업규칙, 단체협약 등에 사용자의 지급의무가 정하여져 있고, 그 지급조건에 해당하는 모든 근로자에게 정기적·일률적으로 지급되는 것이라면 근로의 대가성을 인정하고 있다.[15]

---

11) 대법원 1973. 3. 27. 선고 72다2425 판결; 대법원 1976. 1. 27. 선고 74다1580 판결.
12) 昭22.9.13 일본노동성 發基 17号
13) 노동부(1981), 평균임금산정상의상여금취급요령 제정 1981. 6. 5. 노동부예규 제39호.
14) 대법원 1990. 11. 27. 선고 90다카10312 판결.
15) 대법원 1990. 11. 27. 선고 90다카23868 판결; 대법원 1991. 2. 12. 선고 90다15952 판결; 대법원 1995. 7.11. 선고 93다26168 판결.

(6) 법정 제수당 및 휴업수당 등

유급휴일·휴가에 대한 수당과 연장·야간근로에 따른 가산임금은 법이 근로의 대가로서 지급하도록 강제하는 것이기 때문에 임금이다. 그러나 해고예고수당은 근로관계의 갑작스런 단절로부터 새로운 일자리를 구하는 기간까지의 생활보장적 급부인 보상금의 성격을 지니고 있기 때문에 임금으로 보기 어렵다. 또한 근로기준법 제46조의 휴업수당도 임금으로 보아야 한다는 견해가 있기도 하나 장해보상, 휴업보상 등과 함께 민법상의 배상 또는 보상적 책임의 성격을 갖는다는 점에서 임금으로 볼 수 없다. 퇴직금은 사회보장적 성격과 공로보상적인 성격이 강하나 판례 및 행정해석은 퇴직금을 후불되는 임금으로 보고 있다.[16] 다만, 퇴직금 채권이 정지조건부 또는 불확정기한부 채권이라는 점에서 통상적 의미에서의 임금과는 성격이 다르다.[17]

제 3 절 평균임금

1. 평균임금의 정의

(1) 실질소득 계산을 위한 도구개념

근로기준법에서 규정하고 있는 평균임금의 정의는 근로자의 실질소득을 기준으로 산정할 필요가 있는 경우에 그 기준으로 사용하고자 만든 개념이다. 근로기준법에서는 평균임금을 근로자의 1일 평균소득에 해당하는 도구개념의 용어로 사용하고 있다. 근로기준법은 제2조 제1항 제6호에서 평균임금을 「이를 산정하여야 할 사유가 발생한 날 이전 3개월 동안에 그 근로자에게 지급된 임금의 총액을 그 기간의 총일수로 나눈 금액을 말한다」라고 정의하고 있다. 따라서 그 기간이나 소득 중에 실질소득으로 제대로 반영하기 곤란한 사유가 있는 경우에는 근로기준법 시행령에서 이를 제외하도록 하여 평균임금의 도구성을 실질적으로 보완하고 있다.

---

16) 대법원 1989. 11. 24. 선고 88다카25038 판결; 대법원 1990. 5. 8. 선고 88다카26413.

17) 채권관계의 발생이나 소멸이 조건의 성립 여부에 달려 있는 채권을 조건부 채권이라고 하며, 조건부 채권은 현재까지 성립하고 있지 않지만 장차 성립할지도 모른다는 기대가 걸려있는 정지조건부 채권과 지금까지 성립하고 있지만 장래 소멸될지도 모른다는 기대를 가지고 있는 해제조건부 채권으로 구분된다(파산법 제18조, 제238조). 퇴직금 채권은 판례에서는 정지조건부 채권으로, 학술담론에서는 불확정기한부 채권으로 보는 것이 다수설이다.

한편으로 일용근로자에 대한 평균임금을 고용노동부장관이 별도로 정하게 한다든지, 법의 정의규정에 따라 계산된 평균임금이 근로자의 통상임금보다 저액인 경우에는 통상임금을 평균임금으로 대신하도록 하여 근로자에게 불리한 경우가 생기는 것을 제도적으로 예방하고 있다.

(2) 평균임금에 연동되는 제수당 등

평균임금을 도구개념으로 사용하여 산출하여야 하는 법상의 제수당 등에는 퇴직금(근로자퇴직급여보장법 제8조), 휴업수당(근로기준법 제46조), 연차휴가수당(근로기준법 제60조), 휴업보상, 장해보상, 유족보상, 장례비, 일시보상, 분할보상 등 각종 재해보상금(근로기준법 제79조~제85조), 감금액의 제한(근로기준법 제95조) 등이 있다.

2. 평균임금에 포함되는 임금의 범위

(1) 평균임금의 개념상으로 본 임금의 범위

근로기준법 제2조 제1항에서는 평균임금을 산정함에 있어서 그 대상이 되는 임금을 「임금의 총액」이라고 명시하고 있다. 이는 같은 정의규정에서 규정된 임금과 같은 의미이다. 다만, 근로기준법시행령 제2조 제2항에서 「임금의 총액을 계산할 때에는 임시로 지급된 임금 및 수당과 통화 외의 것으로 지급된 임금은 포함하지 아니한다」라고 규정하고 있다. 이러한 금품들은 대개가 근로의 대가성을 인정할 수 없는 금품에 해당하기 때문이다. 따라서 이러한 금품에 해당하는 것들은 평균임금의 산정을 위한 임금총액에 포함되지 않는다.

(2) 주요 수당 등의 평균임금에의 포함 여부 판단기준

임금이나 수당 등이 평균임금이나 통상임금에 해당하는지 여부에 대해서는 고용노동부가 통상임금산정지침을 통하여 자세하게 예시적으로 규정하고 있다. 판례[18] 역시 ① 근로의 대가성이 있어야 한다는 것과 ② 근로자에게 계속적·정기적으로 지급되어야 한다는 것을 판단기준으로 삼고 있다.

주요 수당 등의 평균임금에의 포함 여부를 판단함에 있어서 고용노동부의 임금산정에 포함되는 임금예시나 판례의 판단기준을 살펴보면, 공통적인 핵심기준은 근로자가 사

18) 대법원 1992. 4. 14. 선고 91다5587 판결.

용자로부터 받은 금품이 근로의 대가성이 있는지 여부에 관한 것이다. 구체적인 지급규정이나 관행 등에 비추어 볼 때, 순수한 복리후생적 금품이나 은혜적인 금품, 실비변상적인 금품과 같이 근로의 대가성을 인정받기 어려운 경우에는 임금으로 보지 않고 있다. '임시로 지급된 임금 및 수당과 통화 외의 것으로 지급된 임금 등은 고용노동부장관이 정하는 것을 제외하고는 임금총액에 포함하지 아니한다'라고 시행령에서 이를 별도로 규정하고 있는 이유도 역시 이러한 금품들은 대개가 근로의 대가성을 인정할 수 없는 금품에 해당하기 때문이다. 또한 '매년 기업이윤에 따라 일시적·불확정적으로 지급되는 경영성과금[19]이나 은혜적 급부 성격의 결혼수당이나 위문금, 그리고 퇴직금과 같이 발생사유는 확정되어 있지만 지급사유가 발생하는 날짜를 확정할 수 없는 임금 등 임시로 지급되는 임금이나 수당도 이에 해당한다'[20]고 볼 수 있다.

3. 평균임금의 산정방법

(1) 평균임금의 계산방식

평균임금은 산정사유가 발생한 날 이전 3개월 동안에 그 근로자에게 지급된 임금총액을 그 기간의 총일수(3개월 동안의 역일수)로 나누어 계산한다. 평균임금을 산정할 사유에는 근로자의 퇴직, 사용자의 귀책으로 인한 휴업, 연차유급휴가, 재해보상금과 감금의 제제 등이 있다. 산정의 기준이 되는 사유발생일은 퇴직의 경우에는 퇴직한 날이 되고, 휴업수당을 산정할 경우에는 휴업시작일이, 각종 재해보상의 경우에는 사고가 발생한 날 또는 진단에 의해 질병이 발생되었다고 확정된 날이 사유발생일이 된다.

$$\text{평균임금} = \frac{\text{산정사유 발생 이전 3개월 동안에 지급된 임금총액}}{\text{3개월 동안의 총일수(역일수)}}$$

(2) 3개월 동안의 임금총액

3개월 동안에 그 근로자에게 지급된 임금의 총액이란 산정사유 발생일 이전 3개월 동안의 그 근로자에게 근로의 대가로 지급된 임금의 총액을 말하는 것으로, 임금에는 기

19) 행정해석 2010. 6. 28 근기1539,

20) 대법원 1981. 11. 24. 선고 81다카174 판결.

본급만이 아니고 시간외근로수당, 연·월차유급휴가수당 등 근로자에게 지급된 금품 중에서 임금의 성질을 가진 모든 것이 포함된다. 그리고 이때의 임금총액은 실제 지급된 임금뿐만 아니라 동기간 동안 당연히 지급되어야 할 임금 중에서 지급되지 않은 임금도 포함한다. 다만, 임시로 지급된 임금 및 수당과 통화 이외의 것으로 지급된 임금은 포함하지 아니한다(근로기준법시행령 제2조 제2항). 임시로 지급되는 임금이나 현물급여 등을 평균임금에 포함하지 않는 것은 엄밀한 의미에서 이 금품들은 볼 때에 근로의 대가성이 있다고 보기 힘들고 그 가액을 객관적으로 평가하는 것이 곤란하기 때문이다.

그리고 월 단위가 아닌 연간으로 지급되거나 분기별로 지급되는 상여금 등은 '이전 3개월 동안의 지급된 임금총액'으로 산정할 경우에는 산정사유 발생일에 따라 그 계산이 달라진다는 불합리한 결과를 초래한다. 따라서 연간이나 분기별로 지급되는 임금이나 수당에 대해서는 지급시기를 불문하고 연간으로 지급된 총량에서 3개월 동안에 상당되는 부분만큼을 도출하여 임금총액에 포함하여 산정하는 것이 평균임금의 정의에 비추어 볼 때 합리적이다.

가. 상여금, 정근수당 등의 계산방식

단체협약, 취업규칙, 근로계약 등에 미리 그 종류, 지급기준, 지급시기 등 지급조건이 명시되어 있거나 관례적으로 계속 지급한 사실이 인정되는 상여금, 정근수당, 체력단련비 등 통상 1개월을 넘는 기간을 단위로 지급되는 임금의 경우에는, 평균임금 산정사유 발생일 이전 3개월 동안에 지급되었는지 여부와 관계없이 평균임금을 산정하여야 할 사유가 발생한 때 이전 12개월 중에 지급받은 전액을 그 기간 동안의 근로월수로 분할 계산하여 평균임금 산정에 산입하여야 한다. 즉, 사유발생일 이전 1년간 지급받은 금액을 12개월로 나누어 3개월분을 임금총액에 포함하여 산정한다. 근로월수가 1년 미만인 경우에는 당해 근로월중에 지급받은 총액을 그 근로월수로 분할 계산하여 평균임금 산정에 산입한다.[21]

나. 연차휴가수당의 계산방식

연차휴가수당을 평균임금에 계산하는 방식은 행정해석과 판례가 입장을 달리하고 있다. 행정해석은 평균임금 산정사유 발생일 이전 1년 이내에 연차휴가 미사용으로 대체지급된 연차휴가수당의 3분의 12를 임금총액에 포함하도록 하고 있다.[22] 반면에 판례는 연차유급휴가를 받게 된 원인이 된 「퇴직하기 전 해 1년간」의 일부가 평균임금 산정기간인 퇴직한 날 이전 3월간내에 포함되지 아니하는 한 연차휴가수당은 퇴직금의 산정기준이

21) 노동부(1981a), 윗글.

22) 행정해석 1991. 2. 12. 임금32240-2059; 행정해석 1991. 2. 4. 임금32240-1608.

되는 평균임금에 포함시킬 수 없다고 한다.[23]

그러나 연차휴가가 과거 1년간의 출근성적에 따라 주어지므로 1년간의 근로에 대한 대가로 볼 수 있다는 점, 연차휴가수당은 이를 사용하지 못한 것에 대한 보상으로서 1년 단위로 정산하여 지급한다는 점, 근로자의 퇴직시점에 따라 수당지급 시점이 달라진다는 점 등을 고려할 때 행정해석의 입장이 타당하다고 할 수 있다.[24]

다. 임시로 지급된 임금

임시로 지급된 임금 및 수당과 통화외의 것으로 지급된 임금 등은 고용노동부장관이 정하는 것을 제외하고는 임금총액에 포함하지 아니한다. 이러한 금품들은 대개가 근로의 대가성을 인정할 수 없는 금품에 해당한다.

(3) 평균임금 산정기간

가. 산정사유 발생일

평균임금은 이를 「산정하여야 할 사유가 발생한 날」을 기준으로 기산한다. 퇴직금과 관련해서는 근로자가 해고된 경우에는 해고된 날을 의미하며, 근로자가 자발적으로 사직서를 제출한 경우에는 이를 수리한 날을 말한다. 퇴직금 중간정산의 경우에는 원칙적으로 노사가 중간 정산일을 정하나 이를 정하지 않은 경우에는 근로자가 중산정산을 요구한 시점을 산정사유가 발생한 날로 본다. 재해보상의 경우에는 보상의 원인이 되는 사고발생일 또는 진단에 의해 질병이 발생되었다고 확정된 날을 평균임금의 산정사유가 발생한 날로 한다.

나. 이전 3개월 동안의 기간 계산방식

평균임금 산정에 따른 '이전 3개월 동안'의 기간은 민법상의 기간계산 방식에 따라 역(曆)에 의하여 과거로 소급하여 계산한다. 민법 제157조에서 초일 불산입의 원칙을 규정하고 있기 때문에 초일은 산입하지 않는다. 즉, '이전 3개월 동안'의 기간은 일수로 90일을 말하는 것이 아니라 산정사유 발생일을 기준으로 이전 3개월 동안을 역으로 소급하여 계산한 기간에 해당하는 일수를 말한다(예: 2012. 12. 15 퇴직한 경우 평균임금 산정기간이 2012. 9. 15~2012. 12. 14 이므로 그 기간의 총일수는 91일이 됨). 취업기간이 3개월 미만인 경우에는 그 기간만을 대상으로 평균임금을 산정한다.

---

23) 대법원 1990. 12. 21. 선고 90다카24496 판결; 대법원 1991. 12. 24. 선고 91다20494 판결; 대법원 1992. 4. 14. 선고 91다5587 판결.

24) 하갑래(2014), 『근로기준법』, 중앙경제사, 493쪽.

다. 평균임금 계산에서 제외되는 기간과 임금

수습사용중의 기간, 사용자의 귀책사유로 인하여 휴업한 기간, 산전후휴가기간, 업무수행으로 인한 부상 또는 질병의 요양을 위하여 휴업한 기간, 육아휴직기간, 적법한 쟁의행위 기간, 군복무나 향토예비군훈련, 민방위훈련 등 임금을 지급받지 않은 의무이행 기간, 업무외 부상·질병 기타의 사유로 승인을 얻어 휴업한 기간은 그 기간과 그 기간 중에 지급된 임금은 평균임금 산정기준이 되는 기간과 임금의 총액에서 제외한다(근로기준법 시행령 제2조 제1항). 직위해제기간, 대기발령기간, 감봉기간과 같은 징계기간은 평균임금 산정대상에서 제외되지 않는다.[25]

(4) 일용근로자의 평균임금

근로기준법시행령 제3조에 의하면 「일용근로자의 평균임금은 고용노동부장관이 사업이나 직업에 따라 정하는 금액으로 한다」로 규정하고 있다. 일용근로자의 고용형태가 일반적인 상용근로자와 다른 점을 고려하여 일용근로자의 평균임금을 별도로 정한다는 취지이다. 하지만 고용노동부는 아직 일용근로자의 평균임금을 별도로 정하지 않고 있어서 일용근로자의 경우에도 근로기준법상의 정의규정에 의하여 평균임금을 계산한다.

(5) 평균임금의 산정특례

근로기준법 제2조의 정의규정에 의하여 산출된 금액이 그 근로자의 통상임금보다 적을 경우에는 그 통상임금액을 평균임금으로 한다(근로기준법 제2조 제2항). 또한 근로기준법 시행령 제4조는 「법 제2조 제1항 제6호, 이 영 제2조 및 제3조에 따라 평균임금을 산정할 수 없는 경우에는 고용노동부장관이 정하는 바에 따른다」라고 규정함으로써 평균임금의 산정에 있어서 고용노동부장관에게 최종적이고 보완적인 결정권을 위임하고 있다. 여기에서 '법 제2조 제1항 제6호, 이 영 제2조 및 제3조에 따라 평균임금을 산정할 수 없는 경우'라 함은 문자 그대로 산정하는 것이 기술적으로 불가능한 경우에만 한정할 것이 아니라 관련규정에 의해 산정하는 것이 현저하게 부당한 경우까지 포함한다고 해석된다.[26]

---

25) 행정해석 1971. 1. 22. 근기1455-696.

26) 심태식(1989), 『노동법개론』, 법문사, 78쪽; 문원주(1992), 『실무근로기준법(주석)』, 법원사, 142쪽; 이상국(1997), 『근로기준법해설』, 중앙경제사, 190쪽.

(6) 평균임금의 조정

근로기준법시행령 제5조는 제1항에서 「제79조, 제80조, 제82조부터 제84조까지 등의 규정에 따른 보상금 등을 산정할 때 적용할 평균임금은 그 근로자가 소속한 사업 또는 사업장에서 같은 직종의 근로자에게 지급된 통상임금의 1명당 1개월 평균액(이하 "평균액"이라 한다)이 그 부상 또는 질병이 발생한 달에 지급된 평균액보다 100분의 5 이상 변동된 경우에는 그 변동비율에 따라 인상되거나 인하된 금액으로 하되, 그 변동사유가 발생한 달의 다음 달부터 적용한다. 다만, 제2회 이후의 평균임금을 조정하는 때에는 직전회의 변동사유가 발생한 달의 평균액을 산정기준으로 한다」라고 평균임금의 조정에 관하여 규정하고 있다.

이 경우 근로자가 소속한 사업 또는 사업장이 폐지된 경우에는 그 근로자의 업무상 부상 또는 질병이 발생한 당시에 그 사업과 같은 종류, 같은 규모의 사업 또는 사업장을 기준으로 하여 제1항의 규정을 적용한다(근로기준법시행령 제 5조 제2항). 그 근로자와 동일한 직종의 근로자가 없는 때에는 그와 유사한 직종의 근로자에게 지급된 통상임금의 평균액의 변동비율에 의한다(근로기준법시행령 제5조 제3항). 근로기준법 제78조의 규정에 의한 업무상 부상을 당하거나 질병에 걸린 근로자에 대하여 근로자퇴직급여보장법 제8조에 따른 퇴직금을 산정함에 있어서 적용할 평균임금은 이러한 규정에 의하여 개정된 평균임금으로 한다(근로기준법시행령 제5조 제4항).

제 4 절 통상임금

1. 통상임금의 정의

(1) 법정 제수당의 계산을 위한 도구개념

통상임금이라 함은 근로자에게 정기적·일률적으로 소정(所定)근로 또는 총근로에 대하여 지급하기로 정한 시간급 금액, 일급 금액, 주급 금액, 월급금액 또는 도급 금액을 말한다(근로기준법시행령 제6조 제1항). 판례는 이러한 통상임금은 실제 근무 일수나 수령액에 구애됨이 없이 정기적·일률적으로 소정근로의 양 또는 질에 대하여 1임금 산정기간에 지급하기로 정하여진 고정급 임금이라고 정의 하면서, 일반적으로 근로의 질이나 양에 무관하게 지급된 임금, 실제근무 여부 또는 근무실적에 따라 지급액이 변동되는 임금, 소정근로시간에 대한 대상으로 볼 수 없는 임금(상여금 등 1개월 이상을 단위로 지급되는 임금)은 통상임금에서 제외한다.[27]

통상임금과 관련하여 주로 문제가 되는 것은 통상임금의 범위와 산정방법에 관한 것이다. 실제 산업현장에서 사용되고 있는 임금체계는 워낙 복잡하기 때문에 통상임금의 산정시에 포함할 것인지 여부를 두고 많은 논란이 발생하기도 한다. 특히 '고정적 ·평균적' 내지 '정기적·일률적'이라는 단어의 해석에는 문자 그 자체의 의미가 중요한 것이 아니라 '통상근로의 양과 질에 상응하여 지급하기로 약정한 임금'을 판단하는 기준으로서의 의미가 중요하기 때문에 이것의 규범적 의미는 당해 임금계약의 내용이나 구체적 지급실태 등의 제반사정과의 맥락하에서 전체적이고 종합적으로 파악되어야 한다.[28]

(2) 통상임금에 연동되는 제수당 등

통상임금을 도구개념으로 사용하는 근로기준법상의 제수당에는 해고시 사용자가 30일 전에 해고예고를 하지 않았을 때 30일분의 통상임금을 지급하는 해고예고수당(근로기준법제26조), 연장근로, 야간근로 및 휴일근로시에 통상임금의 100분의 50 이상을 가산하여 지급하는 가산임금(근로기준법 제56조), 그리고 연차유급휴가시에 취업규칙 등에서 정하는 통상임금이나 평균임금을 지급하는 경우(근로기준법 제60조) 등이 있다.

2. 통상임금에 포함되는 임금의 범위

(1) 통상임금의 개념상으로 본 임금의 범위

근로기준법은 통상임금이란 개념을 사용하면서 같은 법 시행령 제6조 제1항에서 「법과 이 영에서 통상임금이란 근로자에게 정기적이고 일률적으로 소정근로 또는 총근로에 대하여 지급하기로 정한 시간급 금액, 일급 금액, 주급 금액, 월급 금액 또는 도급 금액을 말한다」라고 규정하고 있다. 고용노동부는 이러한 통상임금의 개념을 '정기적 일률적으로 1임금 산정기간에 지급하기로 정해진 고정급'이라는 임금틀로 인식하고 통상임금 산정지침을 통해서 통상임금에 포함되는 각종 수당 등을 예시적으로 규정해 놓고 있었다. 하지만 법원에서는 통상임금과 관련된 판결을 통해 고용노동부가 정한 통상임금산정지침의 예시들과 다른 입장들을 나타냄으로써 통상임금의 범위를 둘러싼 해석상의 논란이 계속

27) 대법원 1994. 5. 24. 선고 93다31979 판결; 대법원 1994. 10. 28 선고 94다26615 판결.
28) 이상국(1997), 윗책, 199쪽.

되어 왔다. 이 과정에서 2013년 12월 18일 대법원은 전원합의체 판결을 통해 통상임금에 대한 기준을 제시하는 판결을 하였다. 판결에서 대법원 전원합의체는 통상임금의 기준으로 근로의 대가라는 전제하에 정기성(定期性), 일률성(一律性), 고정성(固定性)을 갖추어야 한다고 밝혔다. 정기성은 두 달마다 혹은 분기마다 또는 매년 한 번씩 정기적으로 지급하는냐를, 일률성은 일정한 조건이나 기준에 드는 모든 근로자에게 적용되는냐를, 고정성은 업적이나 성과 또는 추가적인 조건과 관계없이 사전에 미리 확정된 금액이냐를 의미한다.

(2) 주요 수당 등의 통상임금에의 포함 여부

고용노동부는 종전의 「통상임금산정지침」을 통해 통상임금에 포함되는 제수당들에 대해서 예시를 들어 구체적으로 규정한 바 있으나, 최근 대법원 전원합의체가 각종 수당들에 대해 통상임금의 해당 여부를 유형별로 제시하는 구체적인 판결을 내림에 따라 고용노동부는 대법원의 이러한 판결을 참고하여 2014년 1월 23일 「통상임금노사지도지침」을 새롭게 발표하였다. 이하에서는 최근 대법원 전원합의체에서 각종 수당들에 대해 통상임금의 해당 여부를 유형별로 제시한 내용을 중심으로 기술한다(고용노동부에서 발표한 새로운 지침은 종전의 지침과 함께 이 책 제4절의 뒤편에 수록하였다).

가. 상여금

대법원은 상여금에 대해서는 정기적으로 지급이 확정되어 있는 것과 기업의 실적이나 사용자의 재량에 따라 지급하는 것으로 구분하여 판단한다. 지급여부나 지급금액이 확정되어 있고 모든 근로자에게 지급되는 정기상여금은 통상임금의 범위에 포함되어야 하지만, 통상임금의 산정이 필요한 시점에서는 확정되어 있지 않아서 고정성이 인정되지 않는 일시상여금은 통상임금의 범위에 포함되지 않는다.

나. 기술수당

일정한 기술이나 자격의 보유자에게 지급되는 자격수당의 경우에는 근로와 관련된 일정한 조건 또는 기준에 해당하는 근로자 모두에게 수당이 지급되고 자격의 보유 여부는 통상임금의 산정이 필요한 시점에서 보았을 때 해당 근로자가 기술이나 자격을 보유한 사실이 확정되어 있으므로 통상임금에 해당한다.

다. 근속수당

재직기간에 따라 지급 여부나 지급액이 달라지는 근속수당도 재직기간이 근로자의 숙련도와 밀접한 관련이 있으므로 근로의 대가로 볼 수 있고, 근로자의 재직기간이 얼마나 되는 지는 이미 확정돼 있기 때문에 통상임금 산정시점에서 고정성을 인정할 수가 있다. 따라서 이러한 근속수당은 통상임금의 범위에 포함된다.

라. 가족수당

부양가족이 있는 경우에만 지급되거나 부양가족수에 따라 지급 금액이 달라지는 가족수당은 근로의 대가로 지급되는 수당이 아니므로 통상임금의 범위에서 제외된다. 하지만 모든 근로자에게 가족수당을 지급하면서 가족이 있는 경우에 추가로 지급하는 경우에는 모든 근로자에게 지급하는 부분에 대해서는 근로의 대가로 볼 수 있기 때문에 모든 근로자에게 기본적으로 지급되는 부분에 대해서는 통상임금의 범위에 포함시킨다.

마. 성과급

근무실적을 평가하여 지급여부나 지급액이 결정되는 성과급의 경우에는 일정한 실적을 달성해야만 지급된다는 조건이 붙어 있어서 고정성이 없기 때문에 통상임금에 포함되지 않는다. 다만, 근로자 모두에게 최소한의 성과급이 지급된다면 그 범위 안에서는 일률성이 있다고 보여지기 때문에 통상임금에 포함하여야 한다.

바. 특정시점의 재직시에만 주는 수당

명절 귀향비, 휴가비, 생일 축하금, 김장 보너스 등의 명목으로 특정 시점에 재직중인 근로자에 대해서만 지급되는 수당은 근로자가 특정 시점에 재직하고 있어야 한다는 조건이 있기 때문에 고정성이 없어 통상임금의 범위에 포함되지 않는다. 다만, 휴가비를 지급하는 시점에 퇴직을 했더라도 그해 근무한 기간을 계산해서 퇴직시까지 근무한 기간만큼 휴가비를 지급하는 경우에는 고정성이 인정되므로 통상임금에 해당한다.

3. 통상임금의 산정방법

(1) 시간급으로 산정하는 경우

통상임금은 시간외근로의 가산임금을 산정하는 기초가 되기 때문에 시간급으로 산정하는 경우가 많다. 통상임금이 일급, 주급, 월급으로 정하여진 경우 이를 시간급으로 환산할 때는 다음의 계산방식에 의한다.

$$\text{시간급 통상임금} = \frac{\text{일급(주급, 월급) 금액}}{\text{1일(주, 월)의 통상임금 산정기준시간}}$$

통상임금을 시급으로 환산할 때 사용되는 산정기준시간에는 소정근로시간과 소정근로시간 외에 유급으로 처리되는 시간을 포함한다. 따라서 월의 통상임금 산정기준시간 계산시에는 1일의 소정근로시간과 월 소정근로일수를 평균개념으로 사용하여 주의 통상임금 산정기준시간에 1년간의 평균주수를 곱하여 12로 나누어 산정한다.[29)]

<산정기준시간 계산사례>

▶ 주 6일(5일 8시간, 1일 4시간) 근로하기로 하고 1일은 유급휴일인 경우

☞ 주 산정기준시간 : [8시간×5일+4시간]+[8시간] = 52시간

월 산정기준시간 : 52시간×365일/7일÷12월 ≒ 226시간

▶ 주 6일(5일 8시간, 1일 4시간) 근로하기로 하고, 토요일 4시간 근로한 것을 8시간으로 유급처리하는 경우

☞ 주 산정기준시간 : [(8시간×5일)+4시간]+[4시간+8시간] = 56시간

월 산정기준시간 : 56시간×365일/7일÷12월 ≒ 243시간

▶ 주 5일을 근로하기로 하고 1일은 유급휴일, 1일은 무급휴일로 하는 경우

☞ 주 산정기준시간 : [8시간×5일]+[8시간] = 48시간

월 산정기준시간 : 48시간×(365일−52일)/6일÷12월 ≒ 209시간

(2) 일급으로 산정하는 경우

통상임금을 평균임금과 비교하기 위해서는 통상임금을 일급으로 산출하여야 한다. 따라서 통상임금이 시간급, 주급, 월급 등으로 정하여진 경우에는 일급 통상임금으로 환산하여야 한다.

통상임금이 일급으로 정해진 경우에는 그 금액을 일급 통상임금으로 한다. 다만, 일급으로 정해진 근로자의 1일의 근로시간이 8시간을 초과하는 경우에는 시간외근로에 대한 법정수당분을 감안하여 일급 통상임금을 산정하여야 한다. 통상임금이 시간급으로 정

29) 노동부(1997), 통상임금산정지침 개정 1997. 3. 28. 노동부예규 제327호

해진 경우에는 일급 통상임금은 시간급금액에 1일 소정근로시간수를 곱하여 산정한다. 통상임금이 월급으로 정해진 경우에는 월급금액을 월 통상임금 산정기준시간수로 나누어 시간급 통상임금을 산정한 후, 1일의 소정근로시간수를 곱하여 산정한다.

<산정기준시간 계산사례>

▶ 1일 10시간 근로에 시간외근로 가산임금을 포함하여 44,000원을 받는 경우
☞ 일급 통상임금 : 44,000÷(8시간+1시간×1.5)×8시간 = 32,000원

▶ 시간급 2,000원, 1일 6시간 근로하는 아르바이트생의 경우
☞ 일급 통상임금 : 2,000원 × 6시간 = 12,000원

▶ 1일 8시간 1주 44시간 근로에 월통상임금 1,000,000원인 경우
☞ 일급 통상임금 : 1,000,000원 ÷ 226시간 × 8시간 = 35,398

통상임금산정지침

<1997. 3. 28 예규 제327호>

제1조(목 적) 근로기준법시행령 제6조에 규정된 통상임금의 산정기초가 되는 임금 및 산정기준시간에 대하여 그 개념과 범위를 명확히 정함으로써 근로기준법, 산업재해보상보험법 등 노동관계법령상의 통상임금을 일관성 있게 산정·적용함을 목적으로 한다.

제2조(통상임금의 정의) 근로기준법상 통상임금이라 함은 근로자에게 정기적, 일률적으로 소정근로시간 또는 총근로시간에 대한 대가로 지급하기로 정하여진 시간급금액, 일급금액, 주급금액, 월급금액 또는 도급금액을 말한다.

제3조(산정기초임금) ① 통상임금 산정기초임금은 법기준 근로시간 또는 소정근로시간(법 제20조에 의한 소정근로시간을 의미한다. 이하 같다)에 대하여 지급하기로 정한 기본급 임금과 단체협약이나 취업규칙 또는 근로계약 등에 의하여 근로자에게 정기적, 일률적으로 1임금산정기간에 지급하기로 정하여진 고정급 임금으로 하고, 연장·야간·휴일근로 등 제법정 수당과 임시적·부분적·부정기적으로 지급되는 변동급 임금은 포함되지 아니한다.

② 도급제에 의하여 정하여진 임금에 대하여는 당사자간에 정한 총계약 임금 또는 1임금산정기간까지의 임금총액으로 한다.

제4조(산정기준시간) 일급, 주급, 월급금액으로 정하여진 통상임금과 도급제로 정하여진 임금을 시간급금액으로 산정할 경우의 산정기준시간은 당사자간에 특별히 정하지 아니한 경우에는 다음 각호의 시간으로 한다.

1. 일급금액으로 정하여진 통상임금을 시간급금액으로 산정할 경우의 산정기준시간은 1일 소정근로시간으로 하고, 소정근로시간이 없는 경우에는 근로기준법 제49조, 제67조 및 산업안전보건법 제46조의 규정에 의한 근로시간(이하 "법기준근로시간"이라 한다)으로 한다.
2. 주급금액으로 정하여진 통상임금을 시간급금액으로 산정할 경우의 산정기준시간은 소정근로시간 또는 소정근로시간이 없는 경우 법기준근로시간과 소정근로시간외의 유급처리되는 시간을 합산한 시간(이하 "주의 통상임금 산정기준시간"이라 한다)으로 한다.
3. 월급금액으로 정하여진 통상임금을 시간급금액으로 산정할 경우의 산정기준시간은

주의 통상임금 산정기준시간에 1년간의 평균주수를 곱한 시간을 12월로 나눈 시간(이하 "월의 통상임금 산정기준시간"이라 한다)으로 한다.

4. 도급제에 의하여 정하여진 임금을 시간급금액으로 산정할 경우의 산정기준시간은 당해 임금산정기간(임금마감일이 있는 경우에는 임금마감기간)의 총근로시간으로 한다.

第5조(통상임금의 산정) ① 시간급통상임금은 제3조에 의한 산정기초임금이 시간급임금으로 정하여진 때에는 그 금액을 말하며, 일급금액, 주급금액 또는 월급금액 등으로 정하여진 때에는 당사자간에 특별히 정한 바가 없는 한 그 금액을 각각 그 기간에 해당하는 제4조의 산정기준시간으로 나눈 금액으로 하고, 법기준근로시간을 초과하는 근로시간을 전제로 일급금액, 주급금액, 월급금액으로 정하여진 임금의 경우에는 초과근로에 대한 법정수당분을 제외한 금액을 그 기간의 산정기준시간으로 나눈 금액으로 한다.

② 일급통상임금은 시간급금액에 1일의 소정근로시간 또는 법기준 근로시간을 곱한 금액으로 한다.

③ 주급통상임금은 시간급금액에 주의 통상임금 산정기준시간을 곱한 금액으로 한다.

④ 월급통상임금은 시간급금액에 월의 통상임금 산정기준시간을 곱한 금액으로 한다.

⑤ 도급제에 의하여 정하여진 경우에는 1임금산정기간(1임금산정기간 도래 이전인 경우에는 기왕의 근로시간)의 임금총액(연장, 야간 등 법정가산수당은 제외)을 그 기간의 총근로시간수로 나눈 금액을 시간급 통상임금으로 한다. 이때 일급통상임금은 시간급금액에 1일의 소정근로시간 또는 법기준근로시간을 곱한 금액으로 한다. 주급통상임금 및 월급통상임금은 시간급금액에 주 및 월의 통상임금 산정기준시간을 곱한 금액으로 한다.

⑥ 월 또는 주 이외의 일정기간으로 정하여진 임금에 대하여는 제1항 내지 제5항에 준하여 산정하고 2 이상의 임금형태가 혼합되어 있는 경우에는 각 부분을 제1항 내지 제5항에 의하여 산정하여 합산한 금액으로 한다.

第6조(적 용) 이 지침은 근로기준법 제20조 제32조제1항, 제34조, 제45조, 제54조, 제55조, 제57조, 제59조, 제71조 및 제72조, 제82조 내지 제87조 등의 규정에 근거하는 해고예고수당, 퇴직금, 휴업수당, 유급휴일임금, 연장·야간·휴일근로수당, 연월차유급휴가수당, 생리휴가수당, 산전후휴가수당, 재해보상금 등과 기타 노동관계법에 규정된 통상임금의 계산에 적용한다.

부 칙

① (시행일) 이 지침은 1997년 3월 일부터 시행한다.

② (경과조치) 이 지침 시행 이전에 통상임금 산정사유가 발생한 경우에는 종전 지침에 의하여 산정하고, 이를 이 지침에 의하여 산정된 통상임금으로 본다.

③ (관련지침의 폐지) 이 지침의 시행일로부터 소정근로시간에 관한 지침(근기 68207-862, '94.5.27)은 폐지한다.

[별 표]

임금산정 범위에 포함되는 금품예시

근로자에게 지급되는 금품의 명칭	평균임금	통상임금	기타금품
1. 소정근로시간에 대하여 정한 후 지급되는 임금·기본급임금	○	○	
2. 일·주·월 기타 1임금산정기간내의 소정근로시간에 대 임금			
① 금융·출납 등 직무수당, 반장·과장하여 정기적·일률적으로 일급·주급·월급 등으로 정하여 지급되는 등 직책수당 등 미리 정하여진 지급조건에 따라 담당하는 업무와 직책의 경중에 따라 지급하는 수당	○	○	
② 물가수당, 조정수당 등 물가변동이나 직급간의 임금격차 등을 조정하기 위하여 지급하는 수당	○	○	
③ 기술수당, 면허수당, 특수작업수당, 위험작업수당 등 기술이나 자격·면허증 소지자, 특수작업 종사 등에 따라 지급하는 수당	○	○	
④ 벽지수당, 한냉지근무수당 등 특수지역에 근무하는 자에게 일률적으로 지급하는 수당	○	○	
⑤ 승무수당, 항공수당, 항해수당 등 버스, 택시, 화물자동차, 선박, 항공기 등에 승무하여 운행·조정·항해·항공 등의 업무에 종사하는 자에게 근무일수와 관계없이 일정한 금액을 일률적으로 지급하는 수당	○	○	
⑥ 생산장려수당 등 생산기술과 능률을 향상시킬 목적으로 근무성적에 관계없이 매월 일정한 금액을 일률적으로 지급하는 수당	○	○	
⑦ 기타 제1호 내지 제6호에 준하는 임금 또는 수당	○	○	
3. 실제 근로여부에 따라 지급금액이 변동 지급되는 금품과 1임금산정기간 이외에 지급되는 금품			
① 근로기준법과 근로자의날에관한법률 등에 의하여 지급되는 연장근로수당, 야간근로수당, 휴일근로수당, 연차휴가수당, 월차휴가수당, 생리휴가수당 및 단체협약 또는 취업규칙에 의하여 정하여진 휴일에 근로한 대가로 지급되는 휴일근로수당	○		
② 상여금			
가. 취업규칙 등에 지급조건, 금액, 지급시기가 정해져 있거나 전 근로자에게 관례적으로 지급하는 경우	○		
나. 관례적으로 지급한 사례가 없고 기업이윤에 따라 일시적·불확정적으로 지급하는 경우			○

근로자에게 지급되는 금품의 명칭	평균임금	통상임금	기타금품
③ 근무일에만 일정금액을 지급하는 승무수당, 항공수당, 항해수당, 입갱수당 등	○	○	
④ 능률에 따라 지급하는 생산장려수당, 장려가급 능률수당 등	○		
⑤ 월차·연차휴가수당 개념의 개근수당, 근속수당, 정근수당 등	○		
⑥ 일·숙직수당	○		
⑦ 봉사료(팁)	○		
가. 사용자가 일괄관리 배분하는 경우	○		
나. 고객으로부터 직접 받는 경우			○
4. 근로시간과 관계없이 근로자의 생활보조적·복리후생적으로 지급되는 금품			
① 통근수당, 사택수당, 월동연료수당, 김장수당으로써			
가. 정기적·일률적으로 전 근로자에게 지급하는 경우	○		
나. 일시적 또는 일부 근로자에게 지급하는 경우			○
② 가족수당, 교육수당으로써			
가. 독신자를 포함하여 전 근로자에게 일률적으로 지급하는 경우	○		
나. 가족수에 따른 가족수당, 본인 또는 자녀교육비 부담 해당자에게만 지급하는 경우			○
③ 급식 및 급식비로써			
가. 단체협약, 취업규칙, 근로계약 등에 규정된 급식비로써 전 근로자에게 일률적으로 지급하는 경우	○		
나. 단순히 후생적으로 지급되는 현물급식			○
④ 별거수당	○		
5. 임금의 대상에서 제외되는 금품			
① 휴업수당, 퇴직금, 해고예고수당			○
② 단순한 생활보조적, 복리후생적으로 보조하거나 혜택을 부여하는 경조비(결혼축의금, 조의금, 재해위로금), 피복비, 의료비, 체력단련비, 일시적으로 지급하는 급식, 통근차 이용, 기숙사, 주택제공			○
③ 임시 또는 돌발적인 사유에 따라 지급되거나 지급조건이 규정되어 있어도 사유발생일이 불확정, 무기한 또는 매우 드물게 나타나는 것 예) 결혼수당, 사상병수당			○
④ 실비변상으로 지급되는 출장비, 정보비(활동비), 작업용품대(기구손실금, 작업복, 작업화 등), 차량보유자에게 지급되는 차량유지비 등			○
⑤ 손해보험성 보험료부담금(운전자보험, 산재보험 등), 의료보험, 국민연금, 재해보상 등			○

통상임금노사지도지침(고용노동부 2014.1.23. 발표)

1. 지침의 배경

□ 통상임금은 근로자가 통상적으로 지급받는 임금으로서, 연장근로 등에 대한 가산임금 등 법정 수당 산정의 기준이 됨

* "통상임금"이란 근로자에게 정기적이고 일률적으로 소정근로 또는 총 근로에 대해 지급하기로 정한 시간급·일급·주급·월급 또는 도급 금액을 말함(근로기준법 시행령 제6조)

◦ 그간 경제성장 과정에서 장시간근로 관행이 계속되는 가운데, 각종 수당이 증가하는 등 임금구성이 복잡해지면서 통상임금성에 대한 판례와 1988년 제정된 고용노동부 예규(「통상임금 산정지침」) 사이에 불일치가 발생하였고, 그 결과 해석상 논란이 제기되어 왔음

□ 이러한 가운데 대법원은 '13.12.18. 전원합의체 판결을 통해 그간의 통상임금에 관한 법원의 해석을 종합적으로 정리해 제시하였는바,

◦ 복리후생금품 등 각종 수당과 정기상여금의 통상임금성에 대하여 정기성·일률성·고정성 요건을 명확히 하는 한편, 고정적인 정기상여금의 소급분에 대해서는 신의칙을 적용해 추가임금 청구를 불허함

□ 이번 전합 판결에 따라 노사가 통상임금 제도의 법리와 기준을 정확히 숙지하여 복잡한 임금구조를 정비하고, 임금체계를 미래지향적으로 개편하도록 지원하는 것이 현안 과제로 대두됨

◦ 이에 정부는 상반기 중 노사정 논의 등을 통해 통상임금 제도에 관한 근로기준법령 개정 및 관련 예규 정비를 추진할 계획인바,

◦ 본격적인 임단협 교섭을 앞두고 통상임금 산정과 관련하여 노사간 불필요한 혼란과 갈등을 방지하기 위해 우선 전합 판결을 기초로 한 노사지도 지침을 제시하는 것임

2. 대법원 전원합의체 판결 요지

◈ 대법원 전합 판결('13.12.18)은 통상임금에 대한 법리를 정리하고 다양한 사례에 대한 판단기준을 제시하였는바,
- 1임금지급기(1개월)를 초과해 지급하는 금품이 정기성·일률성·고정성이 있다면 통상임금에 포함된다는 점을 재확인하면서, 그간 논란이 있었던 고정성 요건을 구체화하고, 정기상여금에 대해서는 노사 신의칙을 존중해 추가임금청구를 불허함

(1) 통상임금의 개념과 특징

ㅁ 대법원은 통상임금을 "근로계약에서 정한 근로를 제공하면 확정적으로 지급되는 임금"이라 하고,
- ◦ 통상임금 여부는 임금의 명칭이나 지급주기의 장단 등 형식적인 기준이 아니라 임금의 객관적 성질이 통상임금의 법적인 요건을 갖추었는지 여부에 따라 판단하고 있음

ㅁ 통상임금은 초과근로수당 산정 등을 위한 기초임금이므로,
- ◦ 근로계약에 따른 소정근로시간에 통상적으로 제공하는 근로의 가치를 금전적으로 평가한 것이어야 함(소정근로의 대가)
- ◦ 따라서 근로계약에서 정한 근로가 아닌 특별한 근로(예: 초과근로)를 제공하고 추가로 지급받은 임금은 통상임금이 아님
- ◦ 또한 근로자가 실제로 초과근로를 제공하기 전에 미리 확정되어 있어야 함

(2) 통상임금의 판단기준

1 소정근로의 대가

ㅁ 소정근로의 대가는 "근로자가 소정근로시간에 통상적으로 제공하기로 정한 근로에 관하여 사용자와 근로자가 지급하기로 약정한 금품"이라고 정의함

ㅁ 소정근로의 대가로 볼 수 없는 임금은 아래와 같음
- ① 근로자가 소정근로시간을 초과하여 근로를 제공하여 지급받는 임금
- ② 근로계약에서 제공하기로 정한 근로 외의 근로를 특별히 제공함으로써 사용자로부터 추가로 지급받는 임금
- ③ 소정근로시간의 근로와는 관련 없이 지급받는 임금
  - ※ 다만, 약정한 금품이 소정근로시간에 근무한 직후나 그로부터 가까운 시일 내에 지급되지 아니하였다고 하여 소정근로의 대가가 아니라고 할 수 없음

2 정기성

ㅁ 정기성은 미리 정해진 일정한 기간마다 정기적으로 지급되는지 여부에 관한 것으로서, 1개월을 초과하는 기간마다 지급되더라도 일정한 간격을 두고 계속적으로 지급되는 것이면 통상임금이 될 수 있음

◦ 대법원은 '1임금지급주기'를 통상임금의 요건으로 볼 수 없는 근거를 아래와 같이 제시하고 있음

【1임금지급주기가 통상임금의 요건이 아님을 판단한 근거】

① 근로기준법 제43조제2항*의 정기불 지급원칙은 근로자의 생활안정을 도모하려는 것이므로 이를 근거로 1개월 넘는 기간마다 지급되는 임금을 통상임금에서 제외된다고 해석할 수 없음

* (근로기준법 제43조 제2항) 임금은 매월 1회 이상 일정한 날짜를 정하여 지급하여야 한다. 다만, 임시로 지급하는 임금, 수당, 그 밖에 이에 준하는 것 또는 대통령령으로 정하는 임금에 대하여는 그러하지 아니한다.

② 시행령 제6조제1항*의 정의규정 중 시간급·일급·주급·월급 금액 등은 다양한 기간을 단위로 산정·지급되는 임금의 형태를 예시한 것에 불과함

* (근로기준법 시행령 제6조 제1항) 법과 이 영에서 "통상임금"이란 근로자에게 정기적이고 일률적으로 소정근로 또는 총근로에 대해 지급하기로 정한 시간급 금액, 일급 금액, 주급 금액, 월급 금액 또는 도급 금액을 말한다.

③ 최저임금은 근로자의 생활안정 등을 위하여 매월 1회 이상 정기적으로 지급하는 임금 이외의 임금은 최저임금 비교대상 임금에서 제외하고 있으나 이를 근거로 통상임금을 1임금지급기로 한정하여야 한다고 볼 수 없음

※ 따라서 1개월을 넘어 2개월, 분기(3개월), 반기(6개월), 년 단위로 지급되더라도, 정기적으로 지급되는 것이면 '정기성' 요건은 충족됨

3 일률성

ㅁ 일률성은 '모든 근로자'에게 지급되는 것뿐만 아니라 '일정한 조건 또는 기준에 달한 모든 근로자'에게 지급되는 것도 포함하는 개념으로서, 일률적으로 지급되어야 통상임금이 될 수 있음

◦ '일정한 조건 또는 기준'은 작업 내용이나 기술, 경력 등과 같이 소정근로의 가치 평가와 관련된 조건이어야 함

* '일정한 조건'이란 시시때때로 변동되지 않는 고정적인 조건이어야 함

【'일률성' 요건의 구체적 적용 】

① 단체협약이나 취업규칙 등에서 휴직이나 복직자, 징계대상자에 대한 지급제한 사유를 규정한 임금이라도 이는 해당 근로자의 개인적 특수성을 고려한 것일 뿐이므로 정상적인 근로관계를 유지하고 있는 근로자에 대하여 그 해당 임금의 일률성이 부정되지 아니함

② 가족수당

- 부양가족 수에 따라 차등 지급되는 경우는 근로와 관련된 일정한 조건 또는 기준에 따른 것이라 할 수 없어 일률성이 부정됨(眞性 가족수당)
- 다만, 기본금액을 동일하게 지급하면서 부양가족 수에 따라 추가적으로 지급하는 경우 그 기본금액은 통상임금에 해당
- 모든 근로자에게 일정금액을 기본금액으로 지급하는 가족수당은 통상임금에 포함됨

④ 고정성

□ 고정성은 초과근로를 제공할 당시에, 그 지급 여부가 업적, 성과 기타 추가적인 조건과 관계없이 사전에 이미 확정되어 있는 것이어야 인정됨

◦ 고정적 임금은 명칭을 묻지 않고, 소정근로시간을 근무한 근로자가 그 다음 날에 퇴직한다 하더라도 근로의 대가로 당연하고도 확정적으로 지급받게 되는 최소한의 임금을 말함

□ 고정성 판단기준

◦ 초과근로를 제공할 당시에 그 지급 여부가 업적, 성과 기타의 '추가적인 조건에 관계없이' 지급될 것이 확정되어 있는지 여부를 기준으로 판단해야 함(사전확정성)
  - '추가적 조건'이란 '초과근무를 제공하는 시점'에 성취 여부가 불분명한 조건을 의미함
  - 따라서 근로제공 이외에 추가적인 조건이 충족되어야 지급되는 임금이나, 그 충족 여부에 따라 지급액이 달라지는 임금 부분은 고정성이 결여되었다고 봄
  - 다만, 지급액 중 추가적인 조건에 따라 달라지지 않는 부분만큼은 고정성을 인정함

◦ 실제 근무성적에 따라 지급 여부나 지급액이 달라지는 성과급과 같은 임금은 고정성이 없어 통상임금이 될 수 없는 대표적인 경우임
  - 다만, 이 경우에도 최소한도로 보장되는 부분만큼은 근무성적과 무관하게 누구나 받을 수 있는 고정적인 것이므로, 통상임금이 될 수 있음

◦ 전합 판결은 지급일 기타 특정 시점에 재직 중인 근로자에게만 지급하는 임금은 고정성을 결여한 것으로 판단함

> ☞ 야간, 휴일, 연장근무 등 초과근로수당 산정 등의 기준이 되는 통상임금이 되기 위해서는, 초과근무를 하는 시점에서 보았을 때, 근로계약에서 정한 근로의 대가로 지급될 어떤 항목의 임금이, 일정한 주기에 따라 정기적으로 지급이 되고(정기성), '모든 근로자'나 '근로와 관련된 일정한 조건 또는 기준에 해당하는 모든 근로자'에게 일률적으로 지급이 되며(일률성), 그 지급 여부가 업적이나 성과 기타 추가적인 조건과 관계없이 '사전에 이미 확정되어 있는 것'(고정성)이어야 하는데, 이러한 요건을 갖추면 그 명칭과 관계없이 통상임금에 해당함

(3) 통상임금에 관한 노사합의

□ 노사가 「근로기준법」이 정한 기준보다 낮은 임금 등 불리하게 근로조건을 계약하는 것은 무효임(근로기준법 제15조)

◦ 대법원은 법률상 통상임금에 해당하는 정기상여금 등의 임금을 통상임금에서 제외하기로 노사가 합의하였다 하더라도 위 합의는 「근로기준법」에 위반되어 무효임을 확인함

◦ 따라서 법률상 통상임금에 해당되는 임금을 통상임금 산정에 포함시켜 다시 초과근로수당을 계산한 다음, 소급하여 이미 지급받은 것과의 차액을 추가임금으로 청구할 수 있음(다만, 사용자가 소멸시효 항변을 할 경우 최종 3년분만 인정 가능)

(4) 신의성실의 원칙[30] 적용과 추가임금 청구 불허

□ 다만 통상임금에 속하는 임금을 통상임금에서 제외하기로 한 노사 합의가 「근로기준법」에 위반되어 무효이더라도 신의칙 요건을 갖춘 경우에는 추가임금 청구가 허용되지 않음

□ 신의칙 적용요건은 다음과 같음

① 통상임금에 포함하지 않고 산정한 항목이 정기상여금일 것

* 정기상여금이란 일정한 대상기간에 제공되는 근로에 대응하여 1개월을 초과하는 일정한 기간마다 지급되는 상여금을 말한다고 함

② 노사가 정기상여금이 통상임금에 해당되지 않는다고 신뢰한 상태에서 이를 통상임금에서 제외하는 합의를 하고 이를 토대로 임금인상률 등 그 밖의 임금 조건을 정하였을 것

* 노사합의에는 단체협약 등 명시적 합의 이외에도 묵시적 합의나 근로관행도 포함됨

---

30) 신의성실의 원칙: 법률관계당사자는 상대방의 이익을 배려하여야 하고, 형평에 어긋나거나 신뢰를 저버리는 내용 또는 방법으로 권리행사를 하여서는 아니된다는 근대사법의 대원칙으로서 모든 법 영역에 적용될 여지가 있는 추상적인 일반규범

【전합판결에 제시된 상세 근거】

i) 임금협상에 있어서 노사의 자율적인 의사
ii) '정기상여금을 통상임금 산정에서 제외한 노사합의'가 우리나라의 임금협상 관행에 따른 일반적인 모습
- 임금총액을 기준으로 인상률을 정하고 세부항목은 총액에 맞게 할당
- 상여금은 원래 포상적인 성과급에서 시작되었고, 현재도 상당수가 통상임금이 아니거나 성격이 불분명, ▲고용부의 '통상임금산정지침'이 일관되게 정기상여금은 통상임금이 아니라고 예시해 옴, ▲대법원 판례도 2012년 금아리무진 판결 이전까지는 상여금의 통상임금성을 부정하였던 점 등이 이러한 관행의 원인

③ 근로자가 추가임금을 청구할 경우 예측하지 못한 재정적 부담으로 기업에 '중대한 경영상 어려움'을 초래하거나 그 존립이 위태롭게 될 수 있다는 사정이 있을 것

* 전합판결에 제시된 판단근거: i) 정기상여금이 600%, ii) 상시적 초과근로, iii) 추가지급시 실질임금 인상률이 교섭 당시 예정한 임금인상률을 훨씬 초과, iv) 미사용 연차휴가수당 증가 등

3. 노사지도 지침

◇ 고용노동부는 전합 판결을 기본으로 하여 노사정 논의 등을 통해 통상임금 제도개선을 위한 입법과 예규 개정을 추진 중인 바, 가급적 신속히 제도개선을 완료할 계획임

◇ 따라서 근로기준법 및 예규 개정이 완료되기 전까지는 일종의 과도기로서 노사가 전합 판결 취지 및 이 지침에 따라 기업의 임금체계 등을 신속히 조정하는 등 향후 새로운 통상임금 제도 시행에 대비토록 할 필요가 있음

◇ 지방관서는 노사가 통상임금 전합 판결 및 지도 지침 내용을 올바로 이해하고, 임금체계를 미래지향적으로 신속히 개편하도록 노사간 협의를 적극 지도·지원해야 할 것임

◦ 신의칙 적용 등 전합 판결 해석 관련 쟁점에 대해서는 신의칙을 강조한 판례 취지에 따라 노사간 성실한 대화를 통해 원만히 풀도록 지도

◦ 이 과정에서 복잡한 임금구성을 단순화하고, 직무·성과중심 임금체계로의 개편이 이루어지도록 지원

(1) 통상임금에 관한 지도방향

ㅁ (통상임금 판단기준) 각 지방노동관서는 노사가 이 지침에 따라 통상임금 기준을 명확히 하도록 지도

* 전합 판결은 앞에서 설명한 것과 같이 통상임금의 개념과 소정근로의 대가, 정기성·일률성·고정성 요건 판단기준을 구체적으로 제시하고 있음
* 이번 전합 판결은 해당 사건 외에 다른 사건의 경우에도 심급제도의 본질상 구속력을 가지게 될 것임

<금품의 명칭이 아닌 실질을 기준으로 판단>

◦ 법원은 금품의 명칭이 아니라 실질을 기준으로 판단하므로, 사업장에서 상여금과 제수당의 명칭보다는 지급조건과 운용실태 등 객관적 성질을 기준으로 통상임금성을 판단하도록 지도

* 명칭이 복리후생수당이라 하더라도 그 실질이 소정근로의 대가로서 정기성·일률성·고정성을 갖춘 경우에는 통상임금에 해당됨

<소정근로의 대가 판단>

◦ 소정근로시간에 통상적으로 제공하기로 정한 근로자의 근로의 가치를 어떻게 평가하고, 그에 대하여 얼마의 금품을 지급하기로 정하였는지를 기준으로 전체적으로 판단하도록 지도

<정기성 판단>

◦ 정기성이란 일정한 간격을 두고 계속적으로 지급되어야 함을 의미하므로, 1개월을 넘는 기간마다 지급되는 것은 소정근로의 대가를 1개월을 넘는 기간마다 분할 지급하는 것일 뿐임

– 따라서 지급주기가 1개월을 넘는다는 사정만으로 그 임금이 통상임금에서 제외되지 않음을 지도

◦ 이와 같은 정기성 판단기준에 따라 1개월을 초과하여 지급하는 정기상여금은 정기성 요건을 충족해 통상임금이 될 수 있음(고정성 판단은 별도)

<일률성 판단>

◦ '모든 근로자' 뿐 아니라 '일정한 조건 또는 기준에 달한 모든 근로자'에게 지급되는 임금은 일률성 요건을 충족함

– 이때 '일정한 조건 또는 기준'에는 각종 자격이나 면허 외에 '근속기간'도 포함됨

<고정성 판단>

◦ 통상임금은 초과근로수당 산정 등을 위한 기초임금이므로 실제로 초과근로 등을 제공하기 전에 미리 확정되어 있어야 함(사전확정성)

  – 따라서 고정성 판단을 위해서는 특정 임금의 지급조건에 있어 '초과근로 제공 당시'의 시점에서 그 지급조건이 충족될 수 있을지 여부에 대해 판단하도록 지도

  – 이에 따라 특정 시점에 재직 중인 근로자에게 지급되는 임금은 초과근로를 제공하는 시점에서 보았을 때, 그 근로자가 그 특정시점에 재직하고 있을지 여부가 불확실하므로 고정성이 없음을 주지

◦ 따라서 정기성 요건을 충족한 정기상여금 중에서도 그 지급요건이 "특정 시점에 재직 중인 근로자에게 한정"할 경우에는 고정성이 없으므로, 통상임금에서 제외된다고 보고 지도

  * 부산고법 2014.1.8.(2012나7816): 입사 1년 이상 근속해 지급기준일에 재직하고 있는 근로자에 한해 월 만근임금의 380%(연 4회 95%씩 분할지급)를 지급하는 상여금에 대해 고정성이 없어 통상임금이 아니라고 판시

◄통상임금 해당여부에 대한 구체적 적용►

근속기간에 따라 달라지는 임금(근속수당 등)

• 지급여부나 지급금액이 근속기간에 따라 달라지는 경우
  * (예시) 몇 년 이상 근속해야 지급하거나, 근속기간에 따라 임금계산방법이 다르거나 지급액이 달라지는 임금
☞ 통상임금에 해당
  – (일률성 인정) 근속기간은 일률성 요건 중 '근로와 관련된 일정한 조건 또는 기준'에 해당
  – (고정성 인정) 초과근로를 하는 시점에서 보았을 때, 그 근로자의 근속기간이 얼마나 되는지는 이미 확정되어 있음

근무일수에 따라 달라지는 임금

• 매 근무일마다 일정액을 지급하기로 한 임금
  * (예시) 근무일수에 따라 일할계산해서 지급되는 임금
☞ 통상임금에 해당
  – (고정성 인정) 근로자가 임의의 날에 소정근로를 제공하기만 하면 그에 대하여 일정액을 지급받을 것이 확정되어 있음
• 일정 근무일수를 채워야만 지급되는 임금
  * (예시) 월 15일 이상 근무해야만 지급되는 임금
☞ 통상임금이 아님

- (고정성 부정) 소정근로 제공 외에 일정 근무일 충족이라는 추가적 조건을 성취하여야 하는 바, 연장·야간·휴일 근로를 제공하는 시점에서 금액을 확정할 수 없기 때문에 고정성을 인정하기 어려움

• 일정 근무일수에 따라 계산방법 또는 지급액이 달라지는 임금
  * (예시) 근무일수가 15일 이상이면 특정명목의 급여를 전액 지급하고, 15일 미만이면 근무일수에 따라 그 급여를 일할계산하여 지급하는 경우

☞ 소정근로를 제공하면 적어도 일정액 이상의 임금이 지급될 것이 확정되어 있는 최소한도의 범위에서는 고정성을 인정할 수 있음
  * 위 예시에서 최소한 일할계산되는 금액 한도는 통상임금에 해당

특정 시점에 재직중인 근로자에게만 지급되는 임금

• 소정근로를 했는지 여부와는 관계없이 지급일 기타 특정 시점에 재직 중인 근로자에게만 지급하기로 정해져 있는 임금

☞ 통상임금이 아님
- (소정근로의 대가 부정) 근로와 무관하게 재직만이 지급조건
- (고정성 부정) 초과근로를 제공하는 시점에서 보았을 때, 그 근로자가 그 특정 시점에 재직하고 있을지 여부는 불확실함

• 특정시점에 퇴직하더라도 그 근무일수에 따라 달라지는 임금
  * (예시) 퇴직시 일할계산하여 지급하기로 한 경우

☞ 근무일수에 비례하여 지급되는 한도에서는 통상임금 해당
- (고정성 인정) 특정 시점 전에 퇴직하더라도 그 근무일수에 비례한 만큼의 임금이 지급되는 경우에는 근무일수에 비례하여 지급되는 한도에서는 고정성이 부정되지 않음

근무실적에 좌우되는 임금(성과급 등)

• 근무실적을 평가하여 이를 토대로 지급여부나 지급액이 정해지는 임금

☞ 일반적으로 성과급은 통상임금이 아님
- 다만, 근무실적에 관하여 최하등급을 받더라도 지급받을 수 있는 그 최소한도의 임금은 통상임금에 해당
  * (예시) 근무실적을 A, B, C로 평가하여 최하 C등급에도 100만원의 성과급을 지급한다면, 최소 100만원은 보장되므로 100만원만큼만 통상임금에 해당됨(나머지는 통상임금 아님)

• 근로자의 전년도 업무 실적에 따라 당해 연도에 지급 여부나 지급액을 정하는 임금

☞ 통상임금에 해당
- (고정성 인정) 초과근무를 제공하는 시점인 당해 연도에는 그 성과급 등의 지급여부나 지급액이 확정되어 있으므로 고정성이 인정됨
  * (예시) 성과연봉
- (고정성 부정) 보통 전년도에 지급할 것을 그 지급시기만 늦춘 것에 불과하다고 볼만한 특별한 사정이 있는 경우에는 일반적인 성과급과 마찬가지로서 고정성을 인정할 수 없음

특수한 기술, 경력 등을 조건으로 하는 임금(자격수당 등)
• 특수한 기술의 보유나 특정한 경력의 구비 등이 지급의 조건으로 부가되어 있는 경우 * (예시) 특정 자격증 또는 기술을 보유한 경우 지급하는 수당 ☞ 통상임금에 해당 – (고정성 인정) 초과근로를 제공하는 시점에서 보았을 때, 특수한 기술의 보유나 특정한 경력의 구비 여부는 기왕에 확정된 사실이므로 고정성이 인정됨

◄임금유형별 통상임금 여부 정리►

임금명목	임금의 특징	통상임금 해당여부
기술수당	기술이나 자격보유자에게 지급되는 수당 (자격수당, 면허수당 등)	통상임금○
근속수당	근속기간에 따라 지급여부나 지급액이 달라지는 임금	통상임금○
가족수당	부양가족 수에 따라 달라지는 가족수당	통상임금× (근로와 무관한 조건)
	부양가족 수와 관계없이 모든 근로자에게 지급되는 가족수당 분	통상임금 ○ (명목만 가족수당, 일률성 인정)
성과급	근무실적을 평가하여 지급여부나 지급액이 결정되는 임금	통상임금× (조건에 좌우됨, 고정성 인정×)
	최소한도가 보장되는 성과급	그 최소한도만큼만 통상임금○ (그 만큼은 일률적, 고정적 지급)
상여금	정기적인 지급이 확정되어 있는 상여금 (정기상여금)	통상임금○
	기업실적에 따라 일시적, 부정기적, 사용자 재량에 따른 상여금 (경영성과분배금, 격려금, 인센티브)	통상임금× (사전 미확정, 고정성 인정×)
특정시점 재직 시에만 지급되는 금품	특정시점에 재직 중인 근로자만 지급받는 금품 (명절귀향비나 휴가비의 경우 그러한 경우가 많음)	통상임금× (근로의 대가×, 고정성×)
	특정시점이 되기 전 퇴직 시에는 근무일수에 비례하여 지급되는 금품	통상임금○ (근무일수 비례하여 지급되는 한도에서는 고정성○)

* 출처: 대법원 전원합의체 판결('13.12.18) 보도자료

ㅁ (취업규칙 변경시) 법이 정한 소정의 절차적 요건 준수 지도 철저

◦ (신의성실 협의) 통상임금 지급조건을 조정할 경우 노사간 성실한 협의를 통해 합리적인 방향으로 정비하도록 지도

◦ (불이익 변경절차 준수) 통상임금 지급조건을 불가피하게 근로자에게 불리하게 변경할 때에는 근로기준법 제94조제1항에 따른 취업규칙 불이익 변경절차를 철저히 준수토록 지도

* 근로기준법 제94조제1항: 과반수로 조직된 노조 또는 근로자 과반수의 동의

◦ (예외적인 경우) 취업규칙에 통상임금을 기존 예규인 '통상임금 산정지침'에 따라 정하기로 한 경우,

– 특정 임금 항목의 지급조건에 변경이 없음에도 이번 전합 판결에 따라 통상임금이었던 임금이 통상임금에 해당하지 않게 되어 통상임금이 줄어드는 것이라면 취업규칙 불이익 변경에 해당하지 않는 것으로 봄

ㅁ (신의칙 법리 적용 관련) 신의칙 법리는 향후 개별 사건에 대한 법원 판결을 통해 구체적으로 정리될 것인바, 정부 입장에서는 전합 판결 취지를 감안할 때 다음과 같이 지도

<적용대상 금품>

◦ 전합 판결은 정기상여금에만 적용가능하다고 밝혔음을 주지

* 전합 판결(보도자료 16쪽): 신의칙이 적용되어 추가임금 청구가 허용되지 않는 경우(신의칙 적용요건) ① 정기상여금에만 적용 가능(그 밖의 임금은 신의칙 적용 여지 없음)

<적용요건>

◦ 노사가 정기상여금이 통상임금에 해당되지 않는다고 신뢰한 상태에서 이를 통상임금에서 제외하는 합의를 하고 이를 토대로 임금인상률 등 그 밖의 임금 조건을 정하였을 것

– 이러한 노사합의에는 단체협약 등 명시적 합의 이외에도 묵시적 합의나 근로관행도 포함되므로, 반드시 임단협이 아니라 하더라도 신의칙이 적용될 수 있을 것임

◦ '중대한 경영상 어려움'의 판단기준은, 법원에서 개별 기업의 구체적인 사정에 따라 판단할 사안임

<신의칙 적용기한(추가임금 청구가 언제까지 제한되는지)>

◦ 전합 판결은 신의칙이 '이 판결 이후 합의'에는 적용되지 않는 것으로 제시하고 있음

– 여기서 '이 판결'이란 전합 판결을 의미하므로 전합 판결일('13.12.18.) 이후에 노사가 새로이 합의(판결일 이전에 합의*하고 그 만료시점이 판결일 이후일 경우에는 그 시점 이후)한 때로부터는 신의칙이 적용되지 않는 것으로 볼 수 있음

* 묵시적 합의 또는 근로관행의 경우에는 전합 판결일 이후를 기준으로 사업장마다 정기적으로 임금을 조정하는 시기로 볼 수 있음

◦ 전합 판결이 통상임금 판단기준을 명확히 제시하였고, 신의칙을 인정한 취지에 비추어볼 때 당초 합의 기간 만료 전에 노사가 성실히 협의하여 가급적 상반기 중 원만하게 해결하도록 지도

* 임·단협의 경우에는 임금총액을 기준으로 임금조정을 해 온 관행에 주목한 판결 취지에 비추어 임·단협 만료기간을 기준으로 함

– 노사가 법리적 논쟁이나 소모적 소송보다는 임금체계 개편을 적극 협의하도록 지도

□ (임금체계 개편) 각 사업장이 통상임금 판단기준을 명확히 하는 동시에 미래지향적으로 장시간근로 개선 및 임금체계 개편을 추진하도록 지도

◦ 우리 기업의 임금구성은 기본급 등 정액급여 비중이 낮은 대신, 각종 수당과 상여금 등 특별급여와 장시간근로에 따른 초과급여 비중이 과도하며, 직무·성과와의 연계가 불투명하고, 호봉제 중심의 연공급 임금체계가 일반적임(별첨 2 참조)

– 이에 따라 근로가치 및 생산성 반영이 미흡하고, 임금결정의 합리성과 예측가능성이 부족해 임금협상시마다 혼선이 초래됨

– 또한, 생산성과 괴리된 연공급제로 중고령자 조기 퇴직을 초래하고 장시간근로 관행이 지속적으로 유지되어 고용에도 부정적인 영향을 미치고 있음

◦ 생산성 제고, 장시간근로 개선 및 고용 감소 없는 정년 연장을 위해서는 임금체계를 직무·성과 중심으로 개편할 필요가 있음

– 따라서 근로자의 기본적인 소득안정성을 보장하는 ① 기본급을 중심으로 ② 직무성과를 반영한 성과급에 ③ 직무특성에 따른 일정 수당이 부가되는 형태로 임금구성을 단순·명확하게 재편하도록 지도

제 5 절 임금의 지급방법

1. 임금지급의 원칙

임금은 일반적으로 근로를 제공받은 다음에 지급되는 후불적 성격을 지니고 있다. 하지만 근로기준법은 임금이 근로자의 유일한 생계수단인 점을 감안하여 임금의 지급에 관한 몇 가지 원칙을 규정하여 근로자를 보호하고 있다. 즉, 임금을 근로자가 직접 신속하게 수령할 수 있도록 하는 입법적 차원에서 배려하고 있다.

근로기준법 제43조는「① 임금은 통화로 직접 근로자에게 그 전액을 지급하여야 한다. 다만, 법령 또는 단체협약에 특별한 규정이 있는 경우에는 임금의 일부를 공제하거나 통화 이외의 것으로 지급할 수 있다. ② 임금은 매월 1회 이상 일정한 날짜를 정하여 지급하여야 한다. 다만, 임시로 지급하는 임금, 수당, 그 밖에 이에 준하는 것 또는 대통령령으로 정하는 임금에 대하여는 그러하지 아니하다」라고 규정하고 있다. 이는 근로기준법상 임금은 반드시 통화지급의 원칙, 직접지급의 원칙, 전액지급의 원칙 및 매월 1회 이상 정기일지급의 원칙을 준수하여 지급해야 한다는 것을 명시한 것이다. 이 원칙에 위배한 경우에는 근로기준법 제109조에 의해 피해자의 처벌에 대한 명시적인 반대의사가 없는 한 3년 이하의 징역 또는 2천만원 이하의 벌금에 처해지게 된다.

(1) 직접불의 원칙

임금은 반드시 근로자 본인에게 지급하여야 한다. 근로기준법에서 임금의 지급 원칙 중 하나로 직접불의 원칙을 규정한 취지는 임금이 근로자의 생계를 유지하는 유일한 수단인 점을 고려하여 임금이 근로자 본인의 수중에 직접 들어가게 하기 위한 것이다. 즉, 친권자나 후견인 등에 의한 임금의 대리수령으로 인한 중간착취의 폐단을 없애기 위한 것이다. 따라서 직접불의 원칙에는 다른 원칙들과는 달리 법령 또는 단체협약에 의한 예외를 인정하지 않고 있다. 이 원칙은 민법의 위임·대리의 제규정에 대한 특별규정으로 설정된 것이며, 직접불 원칙의 구체적인 사례들은 다음과 같다.

가. 임금의 대리수령 금지

사용자가 근로자의 임금을 근로자의 친권자 또는 대리인에게 지급하는 것은 근로기준법 위반이고, 위임·대리 등의 법률행위는 무효이다. 또한 복수의 근로자들로부터 위임을 받은 자에 대하여 일괄하여 임금을 지급하는 것도 직접불 원칙에 위반이 되며, 노동조합의 간부가 조합원의 임금을 일괄하여 수령하는 것도 법 위반이 된다.

임금을 대리로 수령한 자가 근로자 본인에게 임금을 인도하였다면, 「변제받을 권한이 없는 자에 대한 변제는 채권자가 이익을 받은 한도에서 효력이 있다」고 하는 민법 제472조의 규정이 적용됨에 따라 사용자는 근로자에게 다시 임금을 지급할 의무가 없다고 할 것이다.

사용자가 근로자의 사자(使者)에게 근로자 본인의 임금을 지급하는 것은 무방하다. 즉, 근로자가 질병이나 불가피한 사정 등으로 직접 수령할 수 없는 경우에 근로자의 요청으로 그 가족에게 지급하는 것은 직접불의 원칙에 위배되지 않는다. 이는 비록 근로자가 임금을 직접 수령하지 않았다 하더라도 사자를 통해 근로자 본인이 직접 받은 것과 동일한 효과가 있기 때문이다.

나. 임금채권의 압류 및 양도

사용자가 근로자에게 지급해야 될 임금이 국세징수법에 의한 압류처분 및 민사소송법에 의해 압류될 경우가 있다. 이와 같이 행정관청이 국세징수법에 의해 임금을 압류 처분한 경우에는 사용자가 이를 근로자의 임금에서 일괄 공제하여 납부하더라도 직접불의 원칙에 위배되지 않는다. 민사소송법에 의한 임금압류의 경우에도 동일하게 해석된다. 또한 민사소송법에서는 임금채권을 합법적으로 압류할 수 있는 경우에도 임금총액의 1/2을 초과할 수 없도록 하여 근로자의 최저 생계는 보장될 수 있도록 하고 있다.

판례는 근로기준법 제43조의 직접불 원칙이 임금채권의 양도 자체를 금한 것으로는 보지 않는다. 그러나 임금채권을 합법적으로 양수한 양수인이라 할지라도 스스로 사용자에 대하여 임금의 지급을 청구할 수는 없다고 판결한다.[31] 따라서 근로자가 임금채권을 제3자에게 양도한 경우라도 사용자는 임금을 근로자에게 직접 지급하여야 한다.

다. 선원법 적용자에 대한 예외

선원법 제48조 제2항은 「선박 소유자는 선원의 청구가 있거나 법령 또는 단체협약에 특별한 규정이 있는 경우에는 임금의 전부 또는 일부를 그가 지정하는 가족 또는 그 밖의 자에게 통화로 지급하거나 금융기관에 예금하는 등의 방법으로 지급하여야 한다」고 규정하고 있다.

---

31) 대법원 1988. 12. 13. 선고 87다카2803 판결.

(2) 전액불의 원칙

사용자는 임금 전액을 근로자에게 지급하여야 하며, 일부를 공제하고자 할 때는 법령 또는 단체협약에 특별한 규정이 있어야 한다. 근로기준법에서 이러한 전액불의 원칙을 법으로 규정하는 취지는 임금의 일부에 대한 지급을 유보함으로써 전차금·위약금과의 상계 또는 강제저축을 금지하고 나아가 근로자의 인신구속의 수단으로 이용되는 것을 방지하고자 하는데 있다.

가. 임금의 일부 공제

법령 또는 단체협약에 특별한 규정이 있는 경우에는 임금의 일부를 공제할 수 있다. 갑종근로소득세, 주민세 및 의료보험료 등은 법령에 의해 공제되는 경우이고, 소비조합의 구매대금, 조합비 공제 등은 단체협약의 규정에 의해 공제되는 대표적인 사례이다. 다만, 단체협약으로 임금의 일부를 공제할 수 있도록 규정하고 있는 경우에는 개별 근로자의 동의를 필요로 한다.[32] 택시회사의 단체협약에 운송수입금 미달분에 대한 임금공제에 대한 근거규정이 있고 그러한 특수한 근무형태가 고려된 임금정산 형태가 관례화 되어 있는 경우에는 개별 근로자의 임금공제에 대한 동의가 없었다고 하더라도 근로기준법이 정한 임금 전액불지급의 원칙에 반하는 것은 아니라고 본다.[33]

취업규칙이나 근로계약에 의한 공제는 원칙적으로 인정되지 않는다. 다만, 은행예금이나 대출금 상환의 대체 등과 같이 근로자가 개인적인 필요에 의하여 요청한 경우에는 편의제공이란 차원에서 인정될 수 있다.

나. 임금의 상계금지

임금은 근로자에게 직접 전액을 지급하여야 하는 것이므로 사용자가 근로자에 대하여 가지는 채권을 근로자의 임금채권과 상계할 수 없다. 즉, 사용자는 근로자에 대한 채권·채무불이행 또는 불법행위로 인한 손해배상채권 등을 가지고 임금채권을 상계할 수 없다. 비록 사용자와 근로자가 합의한 경우라고 할지라도 상계는 인정되지 않는다.

또한 근로기준법에서 금지하고 있는 위약예정금(제20조), 전차금 또는 전대채권(제21조), 강제저축(제22조) 등을 공제하고 임금을 지급한 경우에도 임금전액불의 원칙에 위배된다.

그러나 계산의 착오 등으로 임금이 초과 지급되었을 경우에 상계시기가 임금의 정산,

---

32) 대법원 1976. 9. 28. 선고 75다1768 판결; 행정해석 1997. 8. 14. 임금68207-455.

33) 임금근로시간정책팀(2007.1.24.), 「파견업무허용을 위한 공개토론회 자료집」, 노동부 주최/한국노동연구원 주관.

조정으로 인정될 만큼의 합리성이 있고 금액과 방법이 미리 예고되는 등 근로자의 생활안정을 해할 염려가 없는 경우에는 과·오납지급분에 대한 임금상계가 가능하다.[34]

임금의 일부가 이미 가불된 경우에는 가불금을 공제하고 지급하더라도 법 위반이 되지 않는다. 다만, 근로자의 가불신청 형식을 취했다 하더라도 실제로는 근로자 과실에 의한 수리비를 공제한 것이라면 손해배상금의 상계로 보아 전액불의 원칙에 위배된다.[35]

(3) 통화불의 원칙

임금은 법령, 단체협약에 특별한 규정이 있는 경우를 제외하고는 강제통용력이 있는 통화로 지급되어야 한다. 따라서 회사의 제품 등 통화 이외의 현물급여(Truck system)로 임금을 지급하는 것은 허용되지 않는다. 통화 이외의 것이라 함은 회사제품 등의 유형의 물건에 한정되지 않고 통근정기승차권이라든지 주택제공의 이익을 포함한다.

통화불의 원칙은 화폐경제가 지배하는 사회에서 가장 유리한 교환수단인 통화로서 임금을 지급하도록 한 것이다. 이는 또한 회사의 재고제품을 임금 대신에 지급하여 근로자의 자유를 부당하게 구속하거나 근로자가 실질적으로 임금을 확보하지 못하는 사례를 방지하기 위한 것이다.

은행에 의하여 지급이 보증되는 자기앞수표 등 보증수표로 임금을 지급하는 것은 법 위반이 아니지만 지급보증이 되지 않는 당좌수표나 회사의 주식 또는 어음 등으로 임금을 지급하는 것은 통화불 원칙에 위배된다. 다만, 성과배분제를 도입하면서 성과지급수단으로 주식을 지급하는 것은 법 위반이 아니다.

매월 임금에서 직급에 따라 일정금액을 공제한 후 회사가 정한 상품권으로 임금을 지급할 수 있다는 단체협약상의 규정이 있다 하더라도 개별 근로자의 동의 없이 임금의 일부를 상품권으로 지급하는 것은 법 위반이다.[36] 건설현장이 도서지방에 있어 일정사유(신용불량자, 불법체류자, 파산자 등)가 있는 일용근로자들에게 계좌거래의 어려움을 들어 주기 위하여 우편환제도를 활용하여 임금을 지급하였다면, 이것도 통화불의 원칙에 위반한 것이다.[37]

(4) 월 1회 이상 정기불의 원칙

임금은 매월 1회 이상 일정한 기한을 정하여 지급하여야 한다. 즉, 매월 1일부터 말

34) 대법원 1993. 12. 28. 선고 93다38529 판결; 대법원 1995. 6. 29. 선고 94다18553 판결.

35) 행정해석 2005. 5. 23. 임금68207-104.

36) 행정해석 2008. 7. 11. 근로조건지도과2514.

37) 행정해석 2008. 10. 6. 근로조건지도과4262.

일까지 사이에 특정일을 정하여 정기적·반복적으로 지급하여야 한다. 따라서 1개월을 넘는 기간을 정하여 임금을 지급하기로 하는 근로계약은 법위반으로 무효이다. 특히 임금을 연봉으로 정하여 분할 지급하는 연봉제의 경우에도 반드시 월 1회 이상은 지급되어야 한다. 임금의 지급이 장기간에 걸치거나 부정기적으로 행하여진다면 근로자의 생활이 불안전하기 때문이다. 따라서 적어도 월 1회 이상 정해진 날짜에 지급하도록 한 것이다.

가. 정기적 지급에서 제외되는 것

임시로 지급하는 임금, 수당 그 밖에 이에 준하는 것 또는 대통령령으로 정하는 임금에 대해서는 정기불의 원칙의 예외를 인정하고 있다. 이에는 ① 1개월을 초과하는 기간의 출근성적에 의하여 지급되는 정근수당, ② 1개월을 초과하는 일정기간을 계속하여 근무한 경우에 지급되는 근속수당, ③ 1개월을 초과하는 기간에 걸친 사유에 따라 산정되는 장려금·능률수당 또는 상여금, ④ 그 밖에 부정기적으로 지급되는 모든 수당이다(근로기준법시행령 제23조).

경영부진으로 인하여 정기불을 하지 못할 때에 사용자가 사회통념상 최선의 노력을 했음에도 불구하고 임금 지체가 발생했을 경우에는 기대가능성을 결여한 것으로서 책임조각이론에 의해 형벌을 과할 수 없다.[38] 이와 반대로 사용자의 책임을 물을 수 있는 경우에는 사후의 임금의 일부 또는 전부를 지급한 경우라도 죄책을 면할 수 없다[39].

나. 임금지급기일의 변경

임금지급기일의 변경에는 원칙적으로 근로자의 동의를 필요로 한다. 임금지급기일이 취업규칙으로 정해져 있는 경우에는 집단적 동의방식에 의해 동의를 받아야 한다. 지급기일의 변경으로 일정기간의 임금에 대한 지급이 늦어지게 되는 경우에는 임금이 체불되지 않도록 해당기간의 임금은 정산하여야 한다.[40]

임금지급기일의 변경은 합리적인 이유가 있어 예외적으로 이루어지는 경우는 인정될 수 있으나 합리적인 이유 없이 수시로 이루어진다면 정기불원칙에 위배될 수 있다.[41]

(5) 상여금의 지급

상여금의 지급방식에 대해서는 법령에 정한 바가 없으므로 단체협약, 취업규칙 등에

---

38) 대법원 1985. 10. 8. 선고 85도1262 판결.

39) 대법원 2985. 10. 8. 선고 85도1566 판결.

40) 행정해석 1971. 11. 근기1455.9－12287.

41) 하갑래(2014), 윗책, 535쪽.

정한 바에 따른다. 따라서 단체협약, 취업규칙 등에 지급대상, 지급기간, 지급방법 등을 정하고 있는 경우에는 규정이 정하는 바에 따라 지급하면 된다.

판례는 정기상여금인 경우 지급기간 만료 전에 퇴직했다 하더라도 지급일 현재 재직자에 한하여 지급한다는 특약이 없는 한 이미 근무한 기간에 해당하는 상여금을 청구할 수 있다고 판결한다.

2. 비상시 임금지불

근로기준법 제45조는 「사용자는 근로자가 출산, 질병, 재해 그 밖에 대통령령으로 정하는 비상한 경우의 비용에 충당하기 위하여 임금 지급을 청구하면 지급기일 전이라도 이미 제공한 근로에 대한 임금을 지급하여야 한다」라고 규정함으로써 임금지급원칙을 정한 제43조 규정에 대한 예외로 법정가불제도를 인정하고 있다.

근로기준법시행령 제25조는 '비상한 경우'를 ① 출산, 질병 또는 재해를 입었을 경우[42], ② 혼인 또는 사망한 경우, ③ 부득이한 사유로 인해 일주일 이상 귀향하게 되는 경우로 열거하고 있다. 시행령에서 규정하고 있는 것 이외에도 이에 준하는 사유가 있는 경우에는 비상한 사유로 보아야 할 것이다.[43]

'근로자나 그의 수입으로 생계를 유지하는 자'라 함은 근로자가 부양의무를 지고 있는 친족에 한정하는 것이 아니라 동거인이라도 무방하다고 해석된다. 또한 친족이라 하더라도 독립하여 생계를 유지하고 있는 자는 포함되지 아니한다.[44]

근로자가 지급기일 전에 청구할 수 있는 임금은 '이미 제공한 근로에 대한 임금'에 한정된다. 따라서 장래의 근로에 대한 대가는 이에 포함되지 않는다. 근로자가 비상시 지급청구를 하면 사용자는 지체 없이 지급하여야 하며 근로기준법 제36조의 금품청산 관련조항은 적용되지 않는다. 근로기준법 제45조를 위반한 자에 대하여는 같은 법 제113조의 규정에 따라 천만원 이하의 벌금에 처한다.

3. 도급근로자의 임금지급 보장

근로기준법 제44조 제1항에 따라 사업이 수차의 도급에 의하여 행하여지는 경우, 직

42) 질병은 업무상, 업무외 모두를 포함하며, 재해는 화재, 홍수 기타 천재, 지변, 사변 등을 모두 포함한다.
43) 하갑래(2014), 윗책, 540쪽.
44) 이상국(1997), 윗책, 258쪽; 하갑래, 윗책, 540쪽.

상수급인의 귀책사유로 인하여 하수급인이 근로자에게 임금을 지급하지 못하게 될 때에는 그 직상수급인은 수급인과 연대하여 임금지급의 책임을 져야 한다. 이는 하수급인이 도급인 또는 상수급인에 대한 의존도가 높다는 점을 고려하여 하수급인의 임금지급에 대한 의무를 직상수급인에게 연대하여 책임 지움으로써 하수급인에게 고용된 근로자들의 임금지급을 보장하려는데 그 취지가 있다.

(1) 연대책임의 요건

가. 직상수급인의 범위

도급이란 당사자의 일방(수급인)이 어떤 일을 완성할 것을 약정하고 상대방(도급인)이 그 일의 결과에 대하여 보수를 지급할 것을 약정함으로써 성립되는 계약을 말한다. 근로기준법 제44조는 사업이 도급에 의해 이루어지는 경우 수급인의 의존성과 종속성을 고려하여 일정 요건 하에서 도급인에게 임금지급에 대한 연대책임을 지우려는 것이므로, 동일한 도급관계에서 발생된 사안인 경우에는 도급이 1차에 걸쳐 행해지든 여러 차례 걸쳐서 행해지든 이를 묻지 아니한다. 따라서 직상수급인의 정의도 하나의 사업에서 도급이 1차에 걸쳐 행해지거나 수차로 이루어지는 경우 바로 위의 수급인을 말한다.

도급에 있어 근로자를 사용하는 당해 수급인은 근로기준법의 적용을 받는 사용자이어야 하나, 귀책사유 있는 직상수급인은 반드시 근로기준법의 적용대상이어야 할 필요는 없다.[45]

나. 귀책사유의 범위

귀책사유라 함은 하수급인의 근로자들이 임금을 받을 수 없게 된 사유를 말하는 것이다. 근로기준법시행령 제24조는 이러한 귀책사유를 ① 정당한 사유 없이 도급계약에서 정한 도급 금액 지급일에 도급금액을 지급하지 아니한 경우, ② 정당한 사유 없이 도급계약에서 정한 원자재 공급을 늦게 하거나 공급을 하지 아니한 경우, ③ 정당한 사유 없이 도급계약의 조건을 이행하지 아니하여 하수급인이 도급사업을 정상적으로 수행하지 못한 경우로 규정하고 있다. 이러한 직상수급인의 귀책사유와 하수급인의 근로자들에 대한 임금지급 사이에는 인과관계가 있어야 한다. 시행령에서 규정하고 있는 「정당한 사유」는 하수급의 계약의무불이행 등과 같은 내부적 요인과 발주자와의 관계나 천재지변 등과 같은 외부적 요인으로 나누어 볼 수 있다. 도급근로자의 임금지급 보장 조항을 둔 목적이 하수급인의 직상수급인에 대한 종속성에 기초를 두고 있다는 점 즉, 직상수급인의 의무불이행

---

45) 행정해석 1994. 3. 8. 근기68207-396.

으로 인해 임금을 지급하지 못하는 것을 방지하기 위함이라는 점에서 내부적 요인에 한정하는 것이 타당하다고 본다.[46]

(2) 직상수급인의 연대책임

직상수급인의 귀책사유와 하수급인의 임금체불 사이에 인과관계가 있을 때에는 직상수급인은 하수급인의 임금에 대하여 연대책임을 지게 된다. 연대채무는 보증채무와 달리 항변권을 가질 수 없기 때문에 근로자는 직상수급인과 하수급인에 대하여 동시에 또는 순차적으로 임금채무의 전부 또는 일부의 이행을 청구할 수 있다(민법 제414조).

「정당한 사유」가 있는 경우에는 직상수급인은 연대책임을 면할 수 있다. 정당한 사유에 대한 입증책임은 직상수급인에게 있다.

직상수급인이 자신의 귀책사유로 인해 근로기준법 제44조의 규정에 따라 근로자에게 임금을 지급하더라도 하수급인에 대하여 그 임금상당액의 구상채권을 취득함에 그치고 하수급인에게 지급할 공사대금 채무가 그 임금 범위 안에서 당연히 소멸되는 것은 아니다. 아울러 그 구상채권도 직상수급인이 근로자에게 그 임금상당액을 지급할 때 발생한다.[47] 다만, 건설업의 경우에는 별도의 특례규정을 두고 있다(근로기준법 제44조의3 제3항).

4. 건설업에서의 연대책임 및 임금지급 특례

(1) 건설업에서의 임금 지급 연대책임

근로기준법 제44조의2는 「건설업에서 사업이 2차례 이상 건설산업기본법 제2조11호에 따른 도급(이하 "도급공사"라 한다)이 이루어진 경우에 같은 법 제2조제7호에 따른 건설업자가 아닌 하수급인이 그가 사용한 근로자에게 임금(해당 건설공사에서 발생한 임금으로 한정한다)을 지급하지 못한 경우에는 그 직상 수급인은 하수급인과 연대하여 하수급인이 사용한 근로자의 임금을 지급할 책임이 진다」라고 규정하고 있다. 이 경우 직상수급인이 건설업자가 아닌 경우 상위 수급인 중에서 최하위의 건설업자를 직상수급인으로 본다.

건설업의 경우 다단계의 하도급 구조로 인하여 건설현장에 종사하는 근로자들의 임금체불이 타업종에 비해 빈번하게 발생한다. 이러한 건설업의 특성 때문에 근로기준법에 별도의 건설근로자에 대한 연대책임 및 임금지급의 특례규정을 두게 된 것이다. 즉, 건설산업기본법에서 2008년 1월부터 시공참여자 제도를 폐지함에 따라, 2007년 7월에 근로기

46) 하갑래(2014), 윗책, 542쪽.

47) 대법원 1988. 4. 12. 선고 87다카1886 판결; 하갑래(2014), 윗책, 543쪽.

준법을 개정하여 불법 하도급시 직상수급인의 임금지급 및 연대책임을 명확히 하게 된 것이다.

가. 연대책임의 요건[48]

건설업에서 사업이 2차례 이상 건설산업기본법 제2조 제8호에 따른 도급이 이루어진 경우이어야 한다. '건설업'은 건설공사 및 이에 수반하는 관련 업무를 말한다. '도급'이라 함은 어떠한 명칭에도 불구하고 건설공사를 완성할 것을 약정하고, 상대방이 그 일의 결과에 대하여 대가를 지불할 것을 약정한 계약을 말한다. '2차례 이상 도급이 이루어진 경우'라 함은 발주자로부터 최하위 하수급업자(건설산업기본법 상의 건설업자가 아닌 경우도 포함)까지의 도급이 2차례 이상 이루어진 경우를 말한다.

'건설업자가 아닌 하수급인'이라 함은 건설산업기본법 또는 다른 법률에 의하여 등록 등을 하지 아니하고 건설공사 및 이에 수반되는 업을 영위하는 자(십장 등)를 말한다. '해당 건설공사에서 발생한 임금'이란 직상수급인과 하수급인간에 체결한 도급계약 범위내에 있는 건설공사 시행과정에서 발생하는 임금을 말하며, 퇴직금은 여기에 포함되지 않는다. 임금을 지급하지 못한 경우가 발생하면 족하고 직상수급인에게 귀책사유가 있느냐 하는 것은 문제가 되지 않는다. '직상수급인'은 건설산업기본법 또는 다른 법률에 의하여 등록 등을 하고 건설관련업을 하는 자를 말하고, 직상수급인이 건설업자가 아닌 경우에는 그 상위 수급인 중에서 최하위의 건설업자를 직상수급인으로 간주한다.

나. 연대책임의 효과[49]

직상수급인은 하수급인과 연대하여 책임을 지므로 하수급인이 임금체불을 청산한 경우에는 그 범위 내에서 직상수급인의 연대책임은 면하게, 또한 직상수급인이 연대책임을 이행하면 그 범위 내에서 하수급인의 체불임금에 대한 책임도 면하게 된다. 이 경우 연대책임을 부담하더라도 직상수급인은 사용자 책임이 있는 하수급인에게 구상권을 행사할 수 있다.

(2) 건설업 공사대금의 임금특례

근로기준법 제44조의3은 건설업에서 공사도급이 이루어진 경우에 다음의 세 가지 가운데 어느 하나에 해당하는 때에는 직상수급인은 하수급인에게 지급하여야 하는 하도급

48) 근로기준국(2008), 「건설업에서의 임금지급 연대책임 및 건설업의 공사도급에 있어서 임금에 관한 특례규정 업무처리 지침」 2008. 1.

49) 근로기준국(2008), 윗글.

대금채무의 부담범위 내에서 그 하수급인이 사용한 근로자가 청구하면 하수급인이 지급하여야 하는 임금에 해당하는 금액을 근로자에게 직접 지급하여야 한다. 직상수급인이 직접 지급책임을 지게 되는 경우는 먼저, 직상수급인이 하수급인을 대신하여 하수급인이 사용한 근로자에게 지급하여야 하는 임금을 직접 지급할 수 있다는 뜻과 그 지급방법 및 절차에 관하여 직상수급인과 하수급인이 합의한 경우이다. 두 번째는 민사집행법 제56조제3호에 따른 확정된 지급명령, 하수급인의 근로자에게 하수급인에 대하여 임금채권이 있음을 증명하는 같은 법 제56조제4호에 따른 집행증서, 소액사건심판법 제5조의7에 따라 확정된 이행권고결정, 그 밖에 이에 준하는 집행권원이 있는 경우이다. 마지막으로 하수급인이 그가 사용한 근로자에 대하여 지급하여야 할 임금채무가 있음을 직상수급인에게 알려주고, 직상수급인이 파산 등의 사유로 하수급인이 임금을 지급할 수 없는 명백한 사유가 있다고 인정하는 경우이다.

하수급인의 근로자들이 직상수급인에 대하여 임금에 해당하는 금액을 지급해 줄 것을 청구할 수 있는 기간은 임금채권을 행사할 수 있는 기간(3년) 이내이나, 직상수급인의 공사대금 채무가 소멸한 경우에는 청구가 불가능하다고 할 것이다(민법 제163조 제3호). 근로기준법 제44조3의 규정을 위반한 경우에는 처벌조항이 없기 때문에 하수급인의 근로자가 청구를 하더라도 직상수급인이나 원수급인이 지급을 거부하는 경우에는 민사절차에 의해 권리를 구제 받을 수밖에 없다.

하수급인의 근로자들이 직상수급인에 대하여 임금에 해당하는 금액을 지급해 줄 것을 청구할 수 있는 기간은 임금채권을 행사할 수 있는 기간인 3년 이내이나, 직상수급인의 공사대금 채무가 소멸한 경우에는 청구가 불가능하다고 할 것이다(민법 제163조제3호). 근로기준법 제44조3의 규정을 위반한 경우에는 처벌조항이 없기 때문에 하수급인의 근로자가 청구를 하더라도 직상수급인이나 원수급인이 지급을 거부하는 경우에는 민사절차에 의해 권리를 구제 받을 수밖에 없다.

(3) 처벌조항

근로기준법 제43조, 제44조 및 제44조의2를 위반한 자에 대해서는 같은 법 제109조의 규정에 따라 3년 이하의 징역 또는 2천만원 이하의 벌금형에 처한다. 다만, 근로기준법 제44조 및 제44조의2는 직상수급인의 연대책임을 규정한 것이므로 직상수급인에게만 적용되고, 하수급인의 임금체불은 근로기준법 제43조가 적용된다. 이들 조항을 위반한 경우에는 근로자가 명시적으로 처벌을 반대하는 경우에는 처벌할 수 없는 반의사불벌죄에 해당한다.

5. 임금의 시효

(1) 임금채권의 범위

근로기준법 제49조는 임금채권의 소멸시효를 3년으로 규정하고 있다. 따라서 임금채권은 발생한 날부터 3년간 행사하지 않으면 시효로 인하여 소멸한다. 여기서 말하는 임금채권은 근로기준법 제18조에서 규정된 정의에 따른 임금이 모두 해당된다. 즉, 기본급, 연· 월차유급휴가수당, 퇴직금 등은 물론이며, 임금으로서의 성질을 지닌 각종수당 및 상여금 등에 대한 청구권도 이에 해당된다. 근로자가 아닌 임원에 대한 퇴직금과 같이 근로기준법 제18조의 임금에 해당되지 않는 채권은 민법 제162조 제1항의 규정에 의하여 그 소멸시효는 일반채권과 같이 10년이다.[50)]

(2) 소멸시효 기산일

임금채권은 지급사유가 발생한 날부터 소멸시효가 진행된다. 임금의 종류별로 그 기산일을 살펴보면, 정기적으로 지급되는 임금은 그 정기지급일이 소멸시효 기산일이 되며, 상여금은 그 상여금에 관한 권리가 발생한 때,[51)] 연차유급휴가수당은 그 연차휴가 사용청구권이 소멸한 날(연차휴가사유 발생일로부터 1년간 그 휴가를 사용하지 않으면 연차휴가 사용청구권이 소멸)이 기산일이 된다. 퇴직금의 경우에는 퇴직한 날이 그 기산일이 된다고 보는 견해와 근로기준법 제36조에서의 청산기간 14일이 도과된 날로부터 소멸시효가 진행된다는 견해가 있으나, 임금채권의 시효는 지급사유가 발생한 날부터 진행되므로 퇴직한 날을 기산일로 본다.

(3) 시효중단

소멸시효의 중단에 대해서는 근로기준법에 관련 규정이 없다. 따라서 임금채권도 일반채권과 마찬가지로 민법의 규정을 따른다. 민법 제168조는 소멸시효의 중단사유로 재판상 청구, 압류 또는 가압류, 가처분, 승인을 들고 있다. 최고(催告)도 시효중단의 효과가 있으나 6개월 내에 재판상 청구, 파산절차 참가, 화해를 위한 소환, 임의출석, 압류 또는 가처분을 하지 않으면 소급하여 시효중단의 효력이 없어진다. 재판상 청구, 파산절차 참가, 지급명령, 화해를 위한 소한, 압류·가업류·가처분, 승인, 화해 등에 대해서는 각각 민법 제170조, 제171조, 제172조, 제173조, 제175조에 규정되어 있다. 한편 근로감독관 등 사법

50) 대법원 1988. 6. 14. 선고 87다카2268 판결.
51) 대법원 1980. 5. 13. 선고 79다2332 판결.

당국에 형사고발이나 고소를 하는 것은 재판상 청구로 인정되지 않아 시효중단의 효력은 없다.[52] 일단 시효가 중단되었다 하더라도 그 중단사유가 종료된 때로부터 소멸시효는 새로이 진행된다.

52) 대법원 1999. 3. 12. 선고 98다18124 판결.

제 2 장 임금관리

현대산업사회에서는 한 나라의 국력은 그 나라의 경제력에 달려 있고, 경제력은 기업의 생산력에 달려있다. 기업의 생산력은 결국 기업을 움직이는 사람의 성취동기에 달려있다. 성취사회의 형성 없이는 번영된 사회를 기대할 수 없으며, 성취사회를 이룩하도록 하는 황금의 열쇠는 구성원의 성취동기이며 이는 공정보상에서 나온다.

제 2 장

임금관리

제 1 절 임금관리의 의의

1. 임금관리의 의의

현대 산업사회에서는 한 나라의 국력은 그 나라의 경제력에 달려 있고, 경제력은 기업의 생산력에 달려있다. 기업의 생산력은 결국 기업을 움직이는 사람의 성취동기에 달려있다. 성취사회의 형성 없이는 번영된 사회를 기대할 수 없으며, 성취사회를 이룩하도록 하는 황금의 열쇠는 구성원의 성취동기이며 이는 기업의 공정한 보상에서 나온다. 성취사회는 성과도출과 그에 따른 공정배분이 뒤따라야 비로소 가능하다.[1]

임금관리는 기업경영에 있어서 매우 중요한 의제들 중의 하나로 자리잡고 있다. 특히 노동조합이 있는 기업은 매년 노사간 임금교섭을 둘러싼 갈등해소전략을 고민해야 할 만큼 임금문제는 인적자원관리의 핵심 이슈이다. 임금은 근로자의 입장에서 보면 노동의 대가로서 받는 소득의 원천이지만, 기업의 입장에서는 주요한 생산비용이기 때문에 지불능력이 고려되지 않은 채 무원칙하게 지급되어서는 안 된다는 것이 경영합리화의 기본원칙이다.[2] 국가 경제적 측면에서도 임금은 국민소득의 주된 원천이고, 개개 노동자들의 임금수준은 국가경제의 한 축인 국민들의 소비생활을 견인하는 중요한 역할을 차지하고 있다

---

1) 최종태(1999), 『현대임금관리론』, 박영사, 머리말.

2) 이천기(1990), "임금관리의 쟁점에 관한 서설적 접근,"「인사관리연구」, 제14집.

는 점에서 매우 중요한 정책적 관심의 대상이다.

임금문제에 대한 접근은 거시적 차원에서의 접근과 미시적 차원에서의 접근으로 대별된다. 전자는 임금문제를 국민경제학적 관점에서 다루고 있기 때문에 주로 경제정책론이나 노동경제학의 시각에서 물가수준을 고려한 실질임금의 수준이나 산업별·규모별 임금구조라든지 적정한 최저임금수준 등 국민경제단위인 국가사회 문제를 주된 연구대상으로 삼는다. 후자는 개별경제의 주축인 기업을 중심으로 한 경영학적 입장에 다루고 있기 때문에 전략경영론이나 인적자원관리론의 시각에서 임금의 효율성과 공정성을 제고함과 동시에 개별 근로자들의 자기개발관리 및 조직일체감을 향상시킬 수 있도록 하는 임금관리를 문제의식으로 한다. 이 책에서는 임금에 대한 미시적인 접근, 즉 개별 경제단위인 기업을 중심으로 한 임금관리론적 측면에서 임금문제를 다루고자 한다. 기업의 임금관리는 기업의 효율적 경영이란 측면에서 뿐만이 아니라 국민경제적 측면에서도 대단히 중요한 과제이다.

임금관리는 일반적으로 임금형태, 임금체계, 그리고 임금수준 등 3가지 영역으로 나눠진다.[3] 먼저, 임금형태는 임금의 계산과 지불방법에 관한 것이며 관리활동의 준거는 합리성이라고 할 수 있다. 임금체계는 개별 근로자에 지급하는 임금의 구성항목 및 기준을 의미하며 공정성이 관리준거이다. 임금수준은 일정한 기간 동안 기업 내의 모든 근로자에게 지급되는 총임금의 1인당 평균임금을 지칭하며 생산성, 경쟁업체, 기업전략 등 다양한 요인에 의해 결정되며 적정성이 관리준거이다. 종합하면, 임금관리는 적정한 수준에서 임금수준이 결정되고, 개인별로 지급되는 임금체계가 공정하게 설계되고, 임금형태가 합리적으로 지급될 때 효과적으로 작동되고 있다고 할 수 있다.

우리사회에서는 그 동안 압축 경제성장의 핵심 원동력의 하나가 저임금 숙련노동이었기 때문에 임금관리의 전략의제는 임금수준에 국한되어 있었다. 따라서 기업 입장에서의 임금관리는 기업의 지불능력을 강화하는 것에 다름 아니었기 때문에 임금관리의 고유기능은 그다지 중요시 되어 오지 않았다. 그러나 압축 경제성장의 덕분에 우리사회의 임금수준의 쟁점은 상당히 해소되었을 뿐만 아니라 저성장, 창조경제의 부상, 고령화 및 정년연장, ICT와 성력화 기술의 급속한 발전 및 노동의 유연화 등으로 인해 임금체계를 중심으로 하는 임금관리 및 인적자원관리의 중요성이 새삼 강조되고 있다.[4]

임금은 근로자에게 있어서 가족의 생계유지나 노동력의 재생산을 가능하게 하는 유일한 소득의 원천이다. 동시에 임금은 화폐소득이라는 단순한 의미 이상으로 다음과 같은

3) 김식현(1984), 『인사관리론』, 무역경영사.
4) 양병무 외(1999), 『임금관리와 법률문제』, 한국경영자총협회 노동경제연구원, 21쪽.

도구성을 띠고 있다, 구체적으로 살펴보면, 먼저 임금은 노사간에 공통의 언어로서 역할한다. 즉, 기업 내부적 측면에서 임금은 노사간에 필요한 경영의사와 경영의지의 전달수단이기도 하고, 외부적으로는 조직의 정체성을 표현하는 공통언어의 하나로서 기능한다. 둘째, 임금은 사회적 지위의 상징임과 동시에 기업 내부적으로는 질서유지의 역할을 한다. 셋째, 임금은 근로자의 기본적인 욕구인 생존의 욕구를 충족시켜주는 수단이라는 점이다. 넷째, 임금수준은 자기직무에 대한 자율성과 책임감을 높여주는 역할을 하게 된다. 마지막으로 임금은 자아실현의 욕구충족을 가능하게 하는 매우 유용한 수단이다.[5] 이처럼 임금은 근로자 스스로 조직이 기대하는 인재상 체현을 위해 자기개발을 경주하도록 만드는 강력한 동기요인으로 작용한다.

2. 임금관리의 목표[6]

임금관리의 목표는 규범적 측면에서 보면 임금수준의 적정성, 임금형태의 합리성, 임금체계의 공정성을 기하는 것이다. 그러나 실무적 측면에서 임금관리의 목표는 임금인하 혹은 임금인상의 억제, 인건비 절감 등으로 이해하는 경향이 있다. 그 결과, 인건비를 절감하고자 노동강도를 높이거나 임금인상을 억제하려다 보면 우수한 인재들은 고민을 거듭하다가 급기야는 이직을 결심하게 되고 이직 경쟁력이 떨어지는 사람들만 조직에 잔류하게 되는 소탐대실의 부분적정화(sub−optimalization)라는 함정에 빠지게 된다. 따라서 임금관리의 문제의식은 저임금이나 임금인상 억제 등의 인건비 절약보다는 근로자의 동기감 고취와 조직일체감 조성에 두는 것이 조직의 관점에서 훨씬 바람직하다고 할 수 있다. 왜냐하면 시간변수를 감안하여 조직 전체의 대차대조표를 살펴보면, 단순한 인건비 절감의 비효율성이 자명해지기 때문이다.

임금관리의 목표를 바라보는 관점을 달리하면, '고임금·저인건비'라는 역설적인 전략도 적극적으로 검토될 필요가 있다. 생산성 및 목표달성 기여도가 큰 개별 근로자에게 이전보다 고임금을 줌으로써 총인건비 지출수준을 낮추는 전략은 '고임금 → 고생산성 → 총인건비 절감 → 이윤증대'라는 선순환의 고리를 구축함으로써 임금관리의 효율성과 효과성을 동시에 강화시킬 수 있는 훌륭한 방법의 하나일 수 있다. 물론 임금관리와 고용관리가 동시에 연계되어야 임금관리의 목표가 달성될 수 있다는 점은 자명한 사실이다. 인력이 정예화 되지 않고는 고임금이 생산성으로 연계되기를 기대할 수 없기 때문이다. 이

5) 양병무 외(2007), 『노동시장론과 노동관계법규』, 시그마프레스, 68−69쪽.
6) 양병무 외(1999), 윗책, 64쪽.

런 점에서 세계 초일류 기업들은 임금관리를 인력관리와 연계하여 추진하고 있다.

우리 기업들의 임금체계는 각종 수당의 증가로 인해 매우 복잡할 뿐만 아니라 연공급 임금체계를 근간으로 하고 있다. 이로 인해 우리의 임금체계는 개인의 능력, 직무의 성격, 공헌도, 경영성과 등을 반영할 수 없고 임금관리의 본원적 기능인 생산성 제고와 동기유발 기능이 크게 약화되어 있다는 지적이 많다. 심지어 조직내 무사안일주의와 적당주의가 팽배하여 성실하게 열심히 일하는 사람이 오히려 손해를 보는 역기능의 현상에 대한 우려감도 높아간다. 따라서 임금이 개인의 능력과 업적에 연결될 수 있도록 개선할 필요가 있다.

최근 관리직, 전문직, 계약직 사원들을 대상으로 연봉제를 채택하는 기업의 증가는 이러한 현실을 배경으로 하고 있다. 즉, 관리직이나 전문직의 임금은 직무급적 색채가 강한 반면에 생활급적 승급은 불필요하기 때문에 연봉으로 책정하는 것이 바람직하다는 점에서 기인한다. 직무의 성격, 개인의 능력, 경영성과와 임금지급이 연계될 때에 임금은 근로자에게 동기유발요인으로 작용하고 기업에 대하여는 효율적인 관리수단이 된다고 할 것이다. 즉 임금은 공헌도에 비례하여 지급될 때 임금체계의 공정성이 확보되어 동기유발 효과가 극대화된다. 임금관리의 목표 달성전략에는 임금수준과 관련해서는 고임금전략, 저임금전략, 시장임금전략 등이 있고, 임금체계와 관련하여서는 내부노동시장의 직무구조 의존 전략과 외부노동시장의 임금구조 의존 전략이 있으며,[7] 임금형태와 관련해서는 연봉제 전략, 집단 성과급제 전략 등이 있다. 요약하자면 오늘날 우리 기업들의 임금관리의 맥락을 감안할 때, 임금관리의 목표는 과거 임금수준의 문제에서 임금체계와 임금형태에 관한 정책의제로 전화되어야 할 필요가 있다는 점이다.

제 2 절 임금형태

1. 임금형태의 의의

임금형태는 임금을 지급하는 방법을 의미하는데, 어떠한 임금형태를 취하느냐 하는 문제는 근로자의 작업능률의 향상과 기업에 대한 신뢰감의 형성에 크게 영향을 미친다.

---

7) 최종태(1992), 『현대임금관리이론』, 박영사, 43쪽.

일반적으로 임금형태는 근로시간을 기준으로 할 것인가 혹은 작업능률을 기준으로 할 것인가에 따라 고정급제(시간급제)와 성과급제(능률급제)로 구분할 수 있다. 고정급제는 소정의 근로시간에 대해서 일정한 임금을 지불하는 형태이며 단순시간급제, 복률시간급제, 계측일급제 등으로 구분된다. 반면에 성과급제는 성과의 지급대상에 따라 개인성과급과 집단성과급으로 분류된다.

산업화 초기단계의 임금형태는 대개 시간급에 의한 고정급이었다. 19세기 말 미국에서 시작된 능률증진운동(efficiency movement)과 경영관리운동에서 임금형태에 대한 체계적인 고찰이 이뤄지면서 산업현장의 임금형태는 고정급에서 성과급으로 전환되기 시작했다. 그러나 성과급 전환을 통해 기업의 성과가 개선되기 시작하자 사용자들은 임률(賃率) 저하를 통해 근로자 개인의 실질임금을 저하시키고 총인건비 지출을 억제함에 따라 성과급에 대한 근로자들의 불신감이 높아졌다. 이 과정에서 테일러는 과학적 관리법의 주창하면서 차별성과급제의 제안을 통해 임금형태의 문제를 다시 점화시켰다. 이후 분업화의 극한추구와 컨베이어 시스템으로 특징되는 포드주의적 대량생산시스템이 구축되기 시작하면서 성과급제의 효과성에 대한 의문이 제기되고 고정급제가 부활하였다. 대량생산시스템 하에서는 생산성이 개별 근로자의 노력결과에 좌우되기 보다는 컨베이어 벨트의 속도에 의해 좌우되는 측면이 강하고, 개별 근로자의 작업성과의 식별이 용이하지 않았기 때문이다. 이처럼 임금형태의 문제는 가치생산 및 실현과정에서의 개별기업의 성격이나 환경맥락에 따라 달라진다.[8)]

2. 고정급제(시간급제)

고정급제는 작업량이나 작업성과에 관계없이 근로시간을 기준으로 하여 임금을 산정하고 지불하는 방식이다. 고정급제는 조립 생산공정에서와 같이 투입된 근무시간이 임금계산의 가장 핵심적 요소라고 할 수 있는 노동형태에 적합한 임금형태이다. 고정급제는 실제작업 시간에다 임금을 곱하는 방식에 따라 ① 단순시간급제, ② 복률시간급제, ③ 계측일급제 등으로 구분된다. 단순시간급제는 단위시간당 시간임률을 미리 정하여 놓고 실제 근무시간을 곱하여 임금을 산정하는 방식이다. 이 방식은 계산이 간단하고 정확하여 지금까지 가장 널리 채택되어 왔다. 복률시간급제는 작업능률에 따라 시간임률을 달리 함으로써 작업자의 동기감을 강화하여 능률향상을 꾀하는 제도이다. 계측일급제는 단순시간급제의 장점인 수입의 안정성을 기하면서도 복률시간급제가 지니는 작업능률 제고라는

8) 양병무 외(1992), 윗책, 131쪽.

장점을 동시에 취하고자 고안된 제도이다. 계측일급제는 1일 임금을 기본급과 장려금으로 구성하는데, 기본급은 단순시간급의 형태를 취하고 장려금은 작업성과에 따라 변동되도록 한 제도이다.

단순시간급제는 근로시간의 단위를 어떤 기준으로 하여 산정하느냐에 따라 시간급제, 일급제, 월급제, 주급제, 연봉제 등으로 구분된다. 물론 근로시간의 단위를 어떻게 하든지 간에 임금계산의 단위는 근로시간의 정도이다.

(1) 시간급제

시간급은 임금이 작업자가 근무한 시간단위에 의해 결정되는 임금형태를 말한다. 1시간을 단위로 하여 설정된 시간임률을 실제 근로시간에 곱하여 임금을 산정한다. 시간급은 시간당 임금이 명확하고 임금계산이 간단하여 임금계산을 둘러싼 논란의 소지가 적고 조립공정의 대량생산방식에 적합하기 때문에 생산직 근로자나 시간제근로자들에게 주로 적용되고 있다.

(2) 일급제

일급제는 1일을 단위로 하여 정해진 시간임률을 실제 근로일을 곱하여 임금을 산정·지급하는 형태이다. 일급제는 작업의 내용이 단순 반복적이고 작업성과가 1일 단위로 파악하는 것이 용이한 생산직이나 판매직에 적합한 형태이다.

(3) 주급제

주급제는 1주를 단위로 하여 정해진 시간임률을 실제 근로한 주수(週數)에 곱하여 임금을 산정·지급하는 형태이다. 서구에서는 적용사례가 흔하나 우리나라에서는 찾아보기가 쉽지 않다.

(4) 일당월급제

일당월급제는 임률이 월단위로 결정되어 지급되는 것을 원칙으로 한다. 그러나 결근 등의 이유로 근무하지 못한 일수가 있으면 그 만큼을 일할(日割)계산하여 공제하는 임금형태이다. 일당월급제는 월단위로 임률을 정한다는 점에서 일급제와 다르고, 미근무일수만큼 임금을 감액한다는 점에서 월급제와 구별된다. 일당월급제는 국내의 생산직 혹은 매장 서비스직 근로자에게 적용되는 임금형태에서 쉽게 발견된다.

(5) 월급제

월급제는 임금이 월단위로 정하여져 있어 결근 등의 근로일수에 관계없이 정해진 월액이 고정적으로 지급되는 임금형태를 말한다. 주로 사무관리직이나 감독직에 많이 적용되고 있으며, 작업내용이 복잡하거나 작업성과가 장기간 경과하여야만 파악되는 노동과정에 적합한 임금형태이다.

월급제는 우리나라에서 가장 일반적으로 발견되는 임금형태인데, 이는 월급제가 시간급이나 일급에 비해 근로자에게 보다 안정감을 가져다주는 임금형태이기 때문이다. 한편 기업별 노동조합이 강한 전통 속에 있는 우리나라의 실정을 감안할 때, 월급제가 가장 일반적인 임금형태인 것은 같은 조합원인 근로자간에 임금지급 형태의 차별성을 두기가 쉽지 않기 때문이기도 하다.

(6) 연봉제

연봉제란 일정기간 혹은 통상 1년을 단위로 능력과 실적을 기준으로 임금을 결정하는 임금형태를 말한다. 연봉제는 근무년수가 늘어남에 따라서 임금이 자동적으로 인상되는 연공급의 임금형태와는 달리 업적평가나 협상 등에 통하여 매년 연봉액을 달리 적용하는 것이다.

위에서 살펴본 바와 같이 고정급제는 근로자의 입장에서 볼 때, 이해가 쉽고 일정액의 임금이 확정적으로 보장되어 임금의 안정성이 높다는 장점이 있다. 기업의 입장에서도 임금계산이 간단하여 임금산정이 간편하고 공정을 기할 수 있을 뿐만 아니라 상품생산에 소요되는 시간 스트레스를 적게 받기 때문에 품질을 높일 수 있는 장점이 있다. 그러나 다른 한편으로는 작업성과에 구애를 받지 않기 때문에 작업능률이 저하될 수도 있다는 우려감과 근로자의 수동적인 작업태도 등의 단점이 있다. 따라서 고정급제는 기업과 직종의 특성에 따라 선택적으로 적용하는 편이 바람직하며 다음과 같은 조건들이 충족되는 경우에 적합하다.[9] 즉, ① 개별 근로자들의 작업량 측정이 곤란한 경우, ② 작업지연이 빈번히 발생하고 작업자의 통제력이 미비한 경우, ③ 생산성 못지않게 품질이 특별히 중요시되는 경우, ④ 작업 산출량을 작업자 단독으로 임의 조절할 수 없는 경우, ⑤ 생산량의 측정기록이 용이하지 않거나 측정에 따른 비용이 과다하게 발생하는 경우, ⑥ 임금 이외의 동기유발 요인으로 근로자의 사기를 진작시킬 수 있고 기대 산출량을 유지할 수 있는 경우 등이다.

9) 양병무 외(1992), 윗책, 134쪽.

3. 성과급제

성과급제는 개별 근로자나 작업집단의 수행성과를 측정하고 그 결과에 비례하여 임금을 산정하여 지급하는 제도이다. 성과급제는 근로자에게 공평감을 느끼게 함으로써 작업능률을 높여 원가절감과 생산성 제고에 기여하고, 직접 노무비가 일정하여 시간급제보다 원가계산이 용이하다는 등 장점이 있다. 그러나 성과급제는 표준단가의 산정과 작업량의 정확한 측정이 상대적으로 어려워 제도의 운영 및 관리에 많은 비용이 들고 근로자의 수입이 불안정하다는 등 단점이 있다.

일반적으로 성과급제의 적용이 적절한 것으로 판단되는 경우는 다음과 같다. 먼저, 생산단위의 측정이 가능한 경우, 작업성과의 정확한 측정이 가능하고 측정비용이 과다하게 발생하지는 않는 경우, 근로자가 작업량을 자율적으로 통제할 수 있는 경우, 작업량 증가에 따른 품질저하의 현상이 발생하지 않는 경우, 단위당 생산비 가운데 사전에 노무비가 결정되어 있는 경우 등의 조건이 충족될 때 성과급제는 소기의 성과를 거둘 수 있다.

성과급제는 적용대상이 개인이냐 집단이냐에 따라 각각 개인 성과급과 집단 성과급으로 구분된다. 개인 성과급은 정해진 공식에 따라 소득이 근로자 개인의 생산량 혹은 작업성과와 연계되어 인센티브가 근로자에게 제공되는 임금형태를 말한다. 성과급제는 근로자의 소득범위에 따라서 단순성과급, 복률성과급, 할증성과급으로 구분된다.

집단 성과급제는 일정기간 동안의 집단성과가 기업의 이익을 증감시킬 경우에 해당 근로자들에게 통상적인 임금이외에 추가적인 급여를 제공하는 제도이다. 이 제도는 개별 성과급제를 실시하기가 곤란하거나, 근로자 개인에 대한 성과를 구분하는 것이 어렵거나, 강성 노조의 기업에서 작업성과의 제고를 위해 주로 채택되는 임금형태이다. 집단 성과급제에는 스캔론플랜,[10] 럭커플랜,[11] 그리고 이윤분배제도[12] 등이 있다.

---

10) 스캔론플랜에서의 상여금 총액은 생산액(매출액+재고액)에 대한 임금총액의 비율을 이용하여 산정한다. 구체적으로 살펴보면, 먼저 당해기업의 과거 생산기록과 임금자료를 분석하여 기본비율을 구하고, 일정기간 후에 생산성이 증가하여 기준비율보다 실제비율이 낮아지면 그 차액을 노동비용의 절감으로 인정하여 사용자와 근로자가 나누어 가지는 것이다. 노동비용 절감액의 배분은 대체로 75(사용자)대 25(근로자)의 비율로 한다.

11) 럭커플랜은 생산액의 산출방식을 제외하고는 운영방식의 차이가 없다. 럭커플랜에서는 생산액을 '생산총액에서 원료비를 공제한 부가가치를 생산액으로 사용한다.

12) 이윤분배제도는 일정기간 동안 발생한 이익을 사전에 정한 배분공식에 따라 근로자에게 나누어 주는 제도로서 주로 독일에서 주로 정착된 제도이다. 또한 구체적인 지급형태에는 현금이나 저축연금, 회사주식 등 다양한 형태가 있다.

(1) 단순성과급제

단순성과급제는 제품단위당 정해진 임률을 실제 작업성과에 곱하여 임금을 산출하는 방법이고, 근로자의 소득은 당연히 성과에 비례하여 결정된다. 단순성과급제는 계산과 운용이 비교적 간단하기 때문에 현재 가장 많이 사용되고 있다.

(2) 복률성과급제

복률성과급제는 작업성과에 단계를 두고 임률을 달리 적용하여 임금을 산정·지급함으로써 작업능률에 대한 동기감의 자극을 최대화하려는 제도이다. 복률성과급제에는 테일러식 차별성과급제, 메리크식 복률성과급제, 일급보장성성과급제 등이 있다.

(3) 할증성과급제

할증성과급제는 생산량에 따른 임률이 생산량이 낮은 단계에서는 낮지만 생산량 증가에 비례하여 증가하는 성과급체계를 말한다. 할증성과급제는 표준작업량의 설정이나 생산량의 측정이 곤란한 경우에 자주 사용되는 제도이며, 대표적인 형태는 할시(Halsey)할증제이다. 할시할증제는 1891년 할시(Frederik A Halsey)가 제창하였다. 할시할증제는 과거의 생산기록에 토대를 두고 일정 생산량에 대하여 표준시간을 설정한 후, 실제작업이 표준시간 이상으로 시간이 소요되었을 경우에는 실제 작업시간에 대한 정해진 시간임률로 지불되지만 작업이 표준시간 보다 일찍 완성된 때에는 실제 작업시간에 대해서는 정해진 시간임률로 계산하여 지불하고 절약분의 시간에 대해서는 할증시간을 적용하여 프리미엄을 지불하는 방식이다. 할시제는 생산량의 증감에 따른 이익과 손실을 근로자와 사용자가 함께 분담하는 제도이다. 한편으로 할시제는 능률이 상승함에 따라 임금이 체감하는 작업의 경우에는 단가절하를 피하려고 한다는 비판에 직면하기도 한다.

4. 연봉제

(1) 연봉제의 의의

연봉제는 형식상으로는 임금형태의 한 종류이지만 내용상으로는 임금체계의 직무급과 성과급의 혼합형태 즉, 직무성과급으로 정의된다. 하지만 여기서는 편의상 연봉제를 임금형태로 분류하여 설명하기로 한다.

연봉제는 개별 근로자의 능력, 실적 및 공헌도의 평가를 통해 연간 임금액을 결정하는 능력중시형 임금지급체계이며, 지급방식에 있어서는 1년분을 한꺼번에 묶어 결정하는 계약임금이다. 연봉제는 실적과 성과라는 공평성에 바탕을 둔 임금체계이기 때문에 기업의 공헌도에 비례하는 임금지급이라는 대원칙을 실현하고 있다고 할 수 있다. 연봉제는 미국에서는 관리직과 전문직에 일반화되어 있으며, 최근에는 일본이나 우리나라에서도 연봉제를 채택하는 기업이 늘어나고 있기는 하지만 미국식의 순수한 연봉제와는 다소 거리가 있다.

전문직이나 관리직의 임금은 지금까지 연공급이 지배적인 형태이었으나 이들 직군들은 대개 생활급적인 승급의 필요성을 심각하게 느끼지 못하고 있으며 또한 직무급적 색채가 강하고 반영되고 있어 급여를 연봉으로 책정하는 것은 임금관리에 있어서 중요한 의미 변화라고 할 수 있다. 더욱이 우리 기업은 그 동안 각종 수당들을 과다하게 신설하여 온 결과, 임금체계는 외국에 비해 매우 복잡하고 연공급을 근간으로 하고 있어 능력, 직무성격, 공헌도, 경영성과 등을 반영하기가 매우 힘든 실정이다. 따라서 임금관리의 기능들 가운데서 생산성 제고와 동기유발의 기능은 크게 약화되었고, 문제의 심각성은 여기에 그치고 않고 무사안일주의와 적당주의로까지 번져 심지어는 열심히 일하는 사람이 오히려 손해를 보는 경우도 드물지 않다.[13] 이러한 문제점을 보완하기 위해 최근 연봉제를 도입하는 기업이 늘고 있다.

(2) 연봉제 도입의 장·단점

연봉제 도입에 따른 장점들을 살펴보면 다음과 같다. 첫째, 능력주의나 실적주의를 통한 근로자의 동기부여가 가능해지고 근로의욕을 향상시킬 수 있다. 다시 말해 연봉제는 근로자 개인의 능력과 업적이 연봉으로 표현되기 때문에 동기유발 효과가 높아 조직의 활성화와 사기진작을 가능케 한다는 점이다. 둘째, 연봉제에서는 능력과 업적에 따른 보상이 가능하기 때문에 기업이 필요로 하는 우수 인력의 확보가 용이하다. 셋째, 연공급은 기본급, 제수당, 상여금 등 임금의 구성요소가 복잡하여 성과연동형 임금분이 가시화되기 어려워 임금의 동기효과가 미약하다. 반면에 연봉제는 임금체계가 매우 단순할 뿐만 아니라 성과비례에 따른 유동적 임금분이 명확하여 임금관리의 효율성과 효과성을 꾀하기 쉽다. 넷째, 연봉제에서는 연봉협상의 과정에서의 당해 업무목표 설정, 연봉계약 체결 후의 업무목표 달성에 관한 과정점검 및 연말 평가활동 등 상사와 부하간에 의사소통이 원활해진다는 부수효과가 발생한다.

한편 연봉제 도입과정에서는 다음과 같은 점들이 충분히 고려되어야 한다, 먼저, 연

---

13) 양병무 외(1999), 윗책, 57쪽.

봉제를 도입하는 기업은 해당 기업이 처해있는 사회문화적 요소를 고려해야 한다는 점이다. 장유유서, 가족주의(집단주의, 공동체주의) 등 강한 유교적 전통 속에 있는 동양사회에서는 미국식의 순수한 성과연동형의 연봉제는 뿌리내리기가 쉽지 않다. 특히 상사와 부하간에 정서적 유대가 강한 경우에는 자칫 연봉협상의 과정이 상사와 조직에 대한 신뢰약화, 동료 근로자간의 불필요한 경쟁심리 등 기대치 않았던 역기능적 현상으로 인해 조직내 위화감이 조성될 수도 있다는 점에 유의해야 한다. 또한 우리나라의 근로기준법에서 규정하고 있는 각종 법정수당들이 시간임률제를 전제로 하고 있기 때문에 연봉제 도입과정에서 이들 법정수당들의 지급의무와 관련된 문제의 발생소지가 있다.

제 3 절 임금체계

1. 임금체계의 의의

임금체계란 임금항목의 구성방법과 임금항목별 산정방법을 말하며, 임금체계는 임금수준과 더불어 임금관리의 양대 지주라고 할 수 있다. 임금수준의 관리가 기업의 전체적인 임금수준 결정과 관련된 총액인건비 관리라고 한다면, 임금체계의 관리는 전체임금을 개별 근로자에게 어떤 항목을 어떤 기준에 의해 배분하느냐 하는 문제에 관한 개별인건비 관리에 해당된다. 따라서 임금체계 관리는 ① 임금체계를 어떠한 항목으로 구성할 것인가 하는 문제와 ② 임금체계를 어떠한 성격으로 설정하여 개별임금의 공평성을 기할 것인가 하는 두가지 문제로 집약된다.[14)]

이러한 임금체계는 우수한 인재의 확보, 근로자들에게 동기유발의 기능, 임금의 안정적 기능, 보상의 공정성 기능, 조직내 질서유지의 기능 등에서 합리적이고 유효한 효과를 낳을 수 있어야 한다.[15)] 또한 임금체계가 이와 같은 제기능을 충족시킬 수 있기 위해서는 근로자로부터의 납득성을 획득할 수 있어야 한다.[16)] 즉, 임금체계를 설계할 때 적정한 임금수준의 확보는 물론이고 근로자의 납득성을 고려해야 하는데, 그 이유는 설계된 임금체계가 아무리 이론적으로 옳다고 하더라도 근로자의 납득을 얻지 못하면 원래 기대효과를

14) 양병무 외(1992), 윗책, 27쪽.

15) 박일규(1993), 『노동경제학』, 박영사, 288쪽.

16) 양병무 외(1992), 윗책, 63쪽.

거두는 것이 불가능하기 때문이다. 바꿔 말하자면 이론적인 측면에서 설계된 임금체계가 다소 문제점이 있다고 하더라도 근로자로부터 납득을 얻게 되면 제대로 기능을 발휘하게 되기도 한다는 것이다.

납득성에 영향을 미치는 요소에는 경영적 요인, 심리적 요인, 사회적 요인 등이 있다. 경영적 요인에는 임금방침, 임금시스템, 임금계획 등이 있다. 임금방침은 임금결정의 요소를 업무, 능력, 능률, 연령, 근속 등의 가운데서 어떤 것으로 하느냐에 대한 최고 경영자의 방침을 지칭한다. 임금시스템은 임금표의 설정 및 운영(정기승급이나 베이스업) 그리고 다른 관련 인사제도와의 구축된 연계성을 말한다. 임금계획은 경영계획 속에서 수립된 개별임금의 조정계획을 말한다. 심리적 요인에는 공평성, 안정성, 자극성이 있다. 먼저, 공평성이란 임금제도가 방침과 규칙에 따라 합리적으로 운영되어서 특정 개인의 임의적 혹은 주관적 개입을 허용하지 않는 것을 의미한다. 안정성은 임금제도의 운용에 있어서 변동성의 통제 정도에 관한 것이며 이는 임금제도의 체계적 정비를 통해 달성할 수 있다. 자극성이란 직능평가, 업적평가에 따른 임금격차를 어느 정도까지 설정하고 있느냐에 관한 것이다. 사회적 요인에는 임금의 사회적 수준, 필요생계비, 경쟁사 임금운용 동향 등이 있다. 여기에서 임금의 사회적 수준은 모델임금, 사회 일반의 초임수준, 동종타사의 임금수준 등으로 파악된다. 임금체계는 이러한 제요인들이 충분히 고려되어 설계되어야 한다.

2. 임금항목의 구성과 구성비

일반적으로 임금수준이 높으면 근로자의 사기도 높고 그에 따라 생산성도 높아질 것이고 생각하는 경향이 있다. 이러한 생각이 틀린 것은 아니지만 그렇다고 하여 모든 경우에 공통적으로 적용할 수 있는 일반 원칙일 수는 없다. 왜냐하면 임금수준이 높다고 하더라도 지급되는 임금의 구성내용이 합리적이지 못하면 해당 근로자들은 불공정성을 지각하여 불만을 갖기 때문이다. 따라서 합리적인 임금구성은 경영층에 대한 신뢰감과 조직몰입감을 높이기 위한 필요조건의 하나이다.

우리나라 임금은 대개 월정임금, 월외임금, 부가급여로 분류된다. 이를 살펴보면 먼저, 월정임금은 매월 정기적으로 지급되는 임금을 지칭하며, 기준임금과 기준외임금으로 구분된다. 기준임금은 기본급과 정상근무에 따라 수반되는 수당으로 구성되고, 통상적인 근로시간 및 작업조건하에서 근로한 것에 대해 지급되는 임금이며, 상여금이나 퇴직금 등의 산정기준으로 사용되기 때문에 임금총액 중에서 차지하는 기준임금의 비율을 합리적으로 결정해야 할 필요가 있다. 기준외임금은 월정임금에서 기준임금을 제외한 그 밖의 수당으로 이뤄지는데, 상여금 산정에서 제외되는 시간외수당 등과 같이 비통상적인 근로에 대해 지급되는 임금이다. 월외임금은 상여금, 퇴직금 등과 같이 비정기적으로 지급되는 임금을 의미하고, 부가급여는 화폐가 아닌 현물로 지급되는 것을 말한다.

◄우리 기업의 임금항목 구성►

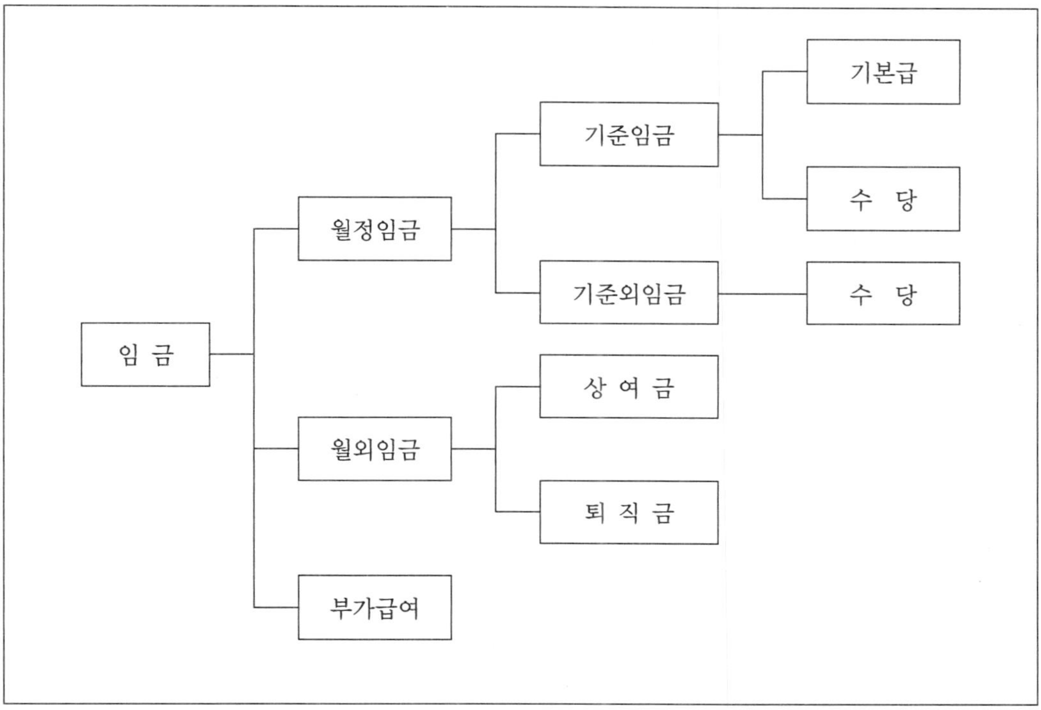

임금체계는 일반적으로 임금을 구성하는 임금항목에는 어떤 것이 있고 그 산정방식은 무엇인지에 대한 임금의 구성내용에 관한 것이라고 할 수 있다. 그러나 임금체계의 문제는 이에만 국한되는 것은 아니다. 다시 말해 임금체계를 구성하는 임금항목이 적절하게 설계되어 있는가에 하는 점은 임금의 구성내용만이 아니라 임금항목의 구성비에서도 적절한지 검토될 필요가 있다는 것이다. 임금항목의 구성비는 임금항목의 금액이 임금에서 차지하는 구성비율을 말한다. 임금항목의 구성비에 대해 살펴보면 다음과 같다.

먼저, 기본급이다. 기본급은 근로자의 속인적 요소와 직무내용에 의해 결정되며 근로자 전원에게 지급되는 임금이기 때문에 임금항목의 구성비 중에서 기본급이 차지하는 비중이 높으면 높을수록 근로자의 생계소득이 안정적이 되기 때문에 바람직하다고 할 수 있다. 또한 기본급에 부가되어 지급되는 수당이 있다. 수당에는 업적수당(개인능률급, 집단업적급 등), 근무수당(직책수당, 특수작업수당, 특수근무수당, 기능수당 등) 등과 같이 근로의 양이나 질과 관련하여 기본급을 보완하는 수당이 있고, 복지적 차원에서 지급되는 가족수당, 별거수당, 주택수당 등의 생활수당이 있다. 이러한 수당들은 근로자 전체에게 지급되는 기본급과는 달리 특정 대상자만에 국한되거나, 지급조건을 충족을 전제로 하거나, 일시적으로 지급되는 조정의 성격을 띠거나, 퇴직금 등의 산정기초에 포함되지 않는 등 제한적 성격을 지니고 있다. 이러한 수당 관련 임금항목의 구성비에 있어서 합리성의 절대기준은 존재하지 않는다.

예컨대 기본급의 성격이 임금정책을 반영하고 있다면 기본급의 비율을 높게 유지하는 것이 원칙에 부합된다고 할 수 있다. 그렇지만 현실의 사정은 그리 단순하지만은 않다. 왜냐하면 기본급이 상여금이나 퇴직금의 기본베이스로 되어 있어 노동관계법에서 규제하는 각종 법정수당들의 산정기초가 되기 때문이다. 때문에 기업에서는 비용적 측면에서 가능한 기본급 비율을 낮게 유지하려고 하며, 일부 기업에서는 각종 수당들을 인센티브적 성격으로 활용하는 경향도 있어 기본급의 구성비는 더욱 낮아지고 있다.

3. 기본급 임금체계

(1) 임금체계의 결정기준

임금체계의 구성항목 중에서 임금관리의 효과성을 좌우하는 관건은 기본급이라고 할 수 있는데, 이는 기본급이 상여금, 퇴직금 등의 관리기준으로 사용되기 때문이다. 이런 측면에서 기업의 임금체계는 기본급에 의해서 성격이 결정된다고 해도 과언이 아니다. 즉, 임금체계는 기본급 체계와 동일시 되고, 기본급의 결정기준에 따라 임금관리의 공평성의 정도도 좌우된다.[17]

기본급 체계의 결정은 인적자원관리의 기본목표에서 출발한다. 인적자원관리의 목표 지향성이 연공에 있는지 아니면 역량에 있는지에 따라 임금체계의 성격과 운영방식이 크게 달라지기 때문이다. 또한 기본급은 사회문화적 전통, 경제발전의 형태와 속도, 노동자 문화, 경영의 역사성 등 제반 상황을 면밀히 검토하여 합리적으로 결정하여야 한다. 기본급 체계의 결정과정에서는 ① 근로대가로서의 공정성, ② 생계비로서의 공정성, ③ 사회적 공정성 등의 원칙이 전제되어야 한다. 근로대가의 원칙은 임금이 근로자가 제공하는

---

17) 양병무 외(1999), 윗책, 31쪽.

근로의 반대급부적 금품이라는 점에서 당위성이 부여되고, 임금은 근로자가 제공하는 근로의 질과 양에 부합되는 것이어야 한다. 따라서 근로대가의 원칙은 '동일노동 동일임금'으로 해석된다, 생계비로서의 공정성은 임금이 근로자와 그의 부양가족들의 유일한 생계수단이기 때문에 가족수나 연령에 따라 적정한 수준의 임금이 지급되어야 한다는 것이다. 따라서 동일한 직무라고 할지라도 나이와 부양가족에 따른 생계비의 차이가 있으면 임금도 그에 따라 차이가 있어야 한다는 '동일생계비 동일임금설'의 근거는 바로 여기에 있다. 임금의 사회적 공정성은 특정 기업의 임금수준이 동종업계의 타사, 사회적 기대수준 등과 비교하여 적정한 수준을 유지해야 한다는 것이다,

임금체계가 임금관리의 목표에 기여할 수 있도록 하는 임금제도를 만들려면 어떤 임금결정 요소들을 선택할 것인가가 무엇보다 중요하다. 통상적으로 거론되는 임금결정 요소는 ① 속인적 요소와 ② 직무적 요소로 나뉜다. 속인적 요소에는 연령이나 성, 학력, 근속년수 등의 고정적 요소와 직무수행능력이라는 능력적 요소가 있으며, 직무적 요소에는 직무의 자격이나 책임, 작업환경 등을 들 수 있다.

◄주요 임금결정 요소►

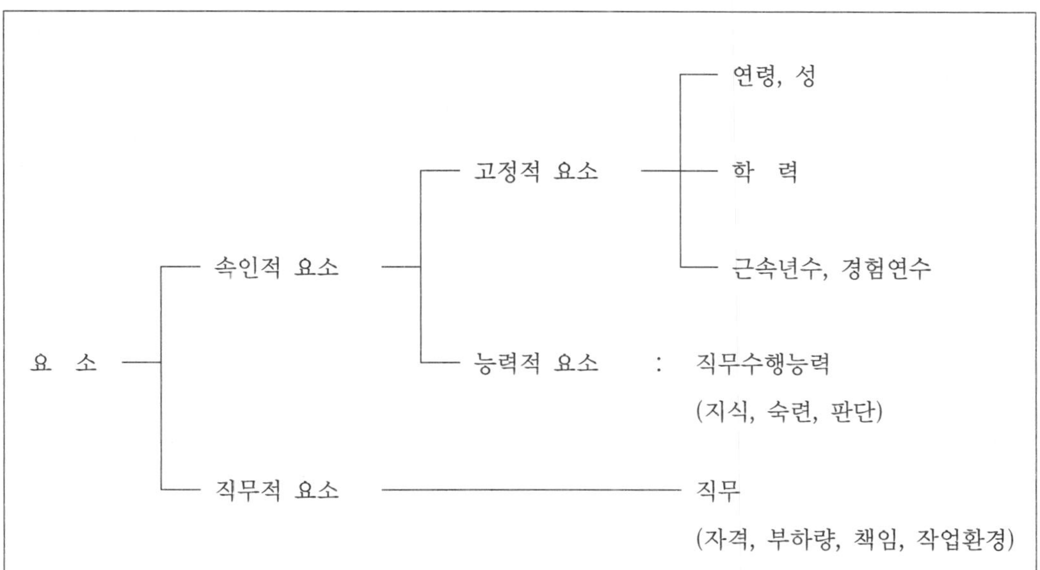

임금결정 요소에 따라 설정되는 개별임금의 격차가 합리성을 띠기 위해서는 ① 임금의 결정기준에 대한 종업원 납득성, ② 직무내용의 임금 반영성, ③ 근로자 능력의 임금 반영성, ④ 근로자의 생활보장성 등이 담보되어야 한다. 이러한 조건을 충족시키기 위해

서는 단순히 기본급 체계의 전체를 연공주의적 입장에서 아니면 능력주의적 입장에서 설계하는 것이 나은 것인지를 판단하기 것보다는 기본급 체계를 직무성격과 인적 특성에 따라 비중을 달리하는 복합적 형태로 설계할 필요가 있다.[18)]

(2) 임금체계의 유형

임금체계는 기본급의 구성요소들과 구성요소들의 결합형태에 따라 다양하게 분류할 수 있으나 일반적으로는 연공급, 직무급, 직능급, 성과급 등으로 구분할 수 있다. 연공급은 연령·근속·학력·성별 등의 속인적 요소에 따라 임금을 결정하는 형태이고 근로자의 생애생계비를 전제로 생활안정을 중시하는 임금체계이다. 직무급은 직무분석·직무평가를 토대로 하여 직무의 중요성과 난이도 등 직무의 상대적 가치에 따라 개별임금을 결정하는 형태로서 '동일직무 동일임금'의 임금체계이다. 직능급은 동일한 직무일지라도 근로자의 직능(직무수행 능력)의 차이에 따라 임금에 차등을 두는 임금체계이다. 성과급은 개별 근로자나 작업집단이 수행한 노동성과를 측정하여 그에 따라 임금을 산정·지급하는 제도이며, 성과급에서의 임금은 노동의 성과에 비례한다.

◄기본급 결정의 원칙►

기본원칙	결정기준			기본급
근로 대가성	업 무		직 무	→ 직무급
	능 력	보 유	능 력	→ 직능급
		발 휘	성 과	→ 성과급
생계 보장성	연 령 / 근속년수		연 공	→ 연공급

(3) 연공급 임금체계

가. 연공급의 의의

연공급은 연령, 근속, 학력, 성 등의 요소에 따라 입직시점과 재직 중 근로자의 생애

---

18) 양병무 외(1992), 윗책, 71쪽.

생계비를 감안하여 임금을 결정하는 것이다. 연공급 체계에서는 단신 세대주이고 젊은 나이의 입사 초기에는 낮은 임금을 받게 되나 근속이 누적되면서부터 세대를 구성하는 가족수의 변화 및 생계비 변동에 따른 연령별 필요생계비를 임금의 정기승급을 통해서 보장해주는 구조를 가지고 있다. 연공급은 장기고용을 전제로 하여 근로자의 연령증가에 따른 생활보장적 성격이 강하기 때문에 근로자의 조직공헌과 몰입을 근속이 늘어남에 따라 자연스럽게 유도하는 보상체계이다.

연공급 체계는 동양사회의 가부장적 공동체 문화를[19] 토양으로 하여 배양된 제도이기 때문에 서구에서는 찾아보기 힘들다. 연공급은 특수한 혹은 전문적 숙련이기 보다는 직무수행 경험기간에 따라 숙성되어지는 일반 숙련을 기반으로 하여 직무의 난이도가 높지도 않고 격차도 크지 않은 조직에 적합하다.

나. 연공급의 장단점

연공급의 장점은 ① 근속경과에 따른 정기승급으로 경제적 측면에서 안정적인 생활설계가 가능하고, ② 가부장적 권위의 공동체 문화가 공고해 짐에 따라 위계질서의 수용아 용이하며, ③ 일반 숙련과 장기고용을 전제로 하고 있어 배치전환 등 인사이동이 원활하고, ④ 평가요소 및 과정이 단순하다는 점이다.

단점은 ① 성과와 역량에 있어서 개인 차이에 따른 임금격차가 미약하여 동기유발효과가 떨어지고, ② 인건비 지출이 비합리적이며, ③ 전문기술 및 숙련인력의 확보가 어렵고, ④ 능력·업무와의 연계성이 낮다는 점이다.

다. 연공급의 형태

연공급은 매년 정기승급 제도를 두고 있으며 승급의 내용과 형태에 따라 정액형, 체증형, 체감형, S자형 등으로 구분된다. 먼저, 정액형은 근속년수에 따라 승급액이 일정한 승급형태이며,[20] 둘째, 체증형은 다년간에 걸쳐 승급률이 일정할 수 있도록 매년 승급액을 증가시키는 승급형태이다. 셋째, 체감형은 근속년수에 따라 승급액이 감소하는 승급형태이다. 마지막으로 S자형은 근속년수가 늘어남에 승급액도 함께 증가하다가 일정시점을 경과할 즈음부터는 승급액이 감소하는 승급형태이다. 네 가지 승급형태 중에서 어떤 승급형태가 가장 바람직한 것인가 라고 하는 규범적 논의는 아무런 의미가 없다. 왜냐하면 승급형태는 개별기업의 사정에 따라 달라지고, 승급형태의 채택은 기업의 특성과 최고 경영

19) 가부장주의 속에서 가장은 자신이 거느린 식솔의 의식주에서부터 사회적 관계와 지위형성까지 책임을 자임하여 보호하고 지지하는 대신에 식솔들로 하여금 가장의 권위를 인정하고 수용하도록 한다. 연공급은 가부장주의에 대한 상징적 측면에서 사장을 가장으로 투사토록 만든다.

20) 승급액이 일정하면, 근속년수가 증가함에 따라 승급률은 당연히 감소한다.

자의 전략의지에 의해 결정되기 때문이다.

(4) 직무급 임금체계

가. 직무급의 의의

직무급은 직무분석과 직무평가를 토대로 하여 산정된 직무의 상대적 가치에 따라 개별임금을 결정하는 것이다. 직무급은 연령과 근속년수에 의해 임금을 결정하는 연공급과는 달리 근로자가 담당하는 직무를 객관적으로 분석·평가하여 임금을 결정하기 때문에 '동일직무 동일임금'의 원칙을 준수한다.

직무급의 결정과정은 다음과 같다. ① 기업의 목표와 전략 등 목표체계를 확인한다. ② 직무분석을 통해 표준작업을 설정하고 직무내용과 수행요건을 기록한 직무기술서를 작성한다. ③ 직무기술서를 기초로 각 직무들이 기업의 목표체계를 달성하는데 어떤 기여를 하는지에 대해 직무평가를 실시한다. ④ 타기업의 임금실태를 조사한다. ⑤ 핵심직무(key job)를 설정하고 각 핵심직무별 획득된 직무평가 점수에 직무임률을 곱하여 임금액을 정한다. ⑥ 핵심 직무들의 임금액을 대표하는 회귀선(임금정책선: wage policy line)을 구한다, ⑦ 비핵심 직무의 직무평가 점수를 임금정책선에 대입하여 임금액을 구한다.

직무급을 도입하기 위해서는 ① 직무 표준화가 이뤄져야 하고, ② 직무중심의 채용 및 평가제도가 확립되어야 하며, ③ 직종별 시장임금이 형성되어 하는 등의 조건이 선행될 필요가 있다.

나. 직무급의 장단점

직무급의 장점으로는 ① '동일직무 동일임금'의 원칙에 터하여 수행직무에 상응하는 임금지급이 가능하고, ② 직무평가가 객관적이고 납득성 있게 진행되었다는 점을 전제한다면 매우 이상적인 임금형태라고 할 수 있다는 것이다. 이러한 장점들로 인해 직무급은 작업자들의 임금불만을 충분히 해소할 수 있다.

단점으로는 ① 연공(seniority)을 중시하는 동양적 전통과 비해 이질적이고, ② 직무분석과 직무평가를 실시하는데 많은 시간과 비용이 발생하며, ③ 근로자들로부터 직무분석 및 직무평가의 납득성을 획득하기 어렵다는 점 등이 있다.

다. 직무급의 형태

직무급의 형태는 단일직무급과 범위직무급으로 나눠볼 수 있고, 다시 평점별 직무급과 직급별 직무급으로도 구분할 수 있다. 두 가지 구분을 종합하면 직무급의 형태는 평정별 단일직무급, 직급별 단일 직무급, 평정별 범위직무급, 직급별 범위직무급 등으로 나눠

지나 평점별 범위직무급은 현실적으로 사용되고 않지 않다.[21]

평점별 직무급과 직급별 직무급에 대해 살펴보자. 평점별 직무급은 개별직무급이라고도 불리며, 직무별로 직무평가에서 산출된 평점에 1점당 단가를 곱하여 임금액을 도출하는 한 것이다. 직무의 수만큼 많은 직무급이 존재하게 되나 하나의 직무에 하나의 임금액이 적용되어서 임금계산이 간단하다. 직급별 직무급에서는 직무평가의 결과를 바탕으로 몇 개의 직무를 하나의 직급군으로 묶고 직급별로 임금액을 정하는 형태이다. 따라서 직급별 직무급에서는 같은 직급에 속하는 직무라면 직무평가의 평점에서 차이가 있더라도 동일 직급에 속해 있기 때문에 같은 임금액을 받게 된다. 직급별 직무급의 형태는 평점별 직무급과 비교할 때 일반적이지 않다.

다음으로 단일직무급과 범위직무급을 살펴보자. 먼저, 단일직무급은 직무평가의 평점을 기준으로 하여 직무들을 일정한 점수 간격으로 분류하여 직급과 매칭한 후에, 각 직급마다 하나의 임률을 부여하는 형태이다. 단일직무급은 통상적으로 보통 숙련의 폭이 좁고 숙련의 깊이가 얇은 직무에 적용하는 편이다. 범위직무급은 동일직급 내의 직무라고 하더라도 임금액의 범위를 설정해 두고 개인별 차이를 반영하여 임금액에 차등을 두는 형태이다. 범위직무급은 동일직무라고 할지라도 개인경험과 숙련도에 따라 성과차이가 발행하는 직무에 적합성이 크다.

(5) 직능급 임금체계

가. 직능급의 의의

직능급이란 직무수행능력을 기준으로 하여 임금액을 결정하는 임금체계이다. 직무수행능력이란 직무 담당자가 해당 직무를 적절히 수행하는데 요구되는 능력을 말한다. 직무수행능력은 발현능력과 보유능력으로 구분되고, 특히 발현능력은 직무 담당자의 능력이 직무수행의 결과로 나타난 것이기 때문에 성과라는 용어로 표현되기도 한다. 직능급은 연공급의 대표적 단점이라고 할 수 있는 동기효과와 공평성을 제고시킬 수 있도록 임금액을 연공급의 속인적 요소와 직무급의 직무적 요소를 결합하여 결정하는 임금체계이다.

나. 직능급의 장단점

직능급의 장점은 먼저, 직무수행능력에 따라 임금액의 차이가 발생하는 보상방식이기 때문에 근로자에게 자발적인 직무수행능력의 개발에 대한 동기감이 강하게 부여된다는 점이다. 또한 직능급은 연공과 직무요소 모두를 감안하고 있는 임금체계이기 때문에

---

21) 안희탁(1998), 『불황기를 극복하는 능력·실적중시형 임금체계』, 한국경영자총협회, 91~95쪽.

기업 설정에 맞게 보상제도와 방식의 운용하고 변용시킬 수 있는 자유도가 크다는 점이 장점이다.

한편 단점으로는 직무수행능력의 분석과 평가가 시간, 비용, 노력 등의 측면에서 용이하지 않아 중소규모의 기업에는 적용적합성이 떨어진다는 점이다. 그 밖의 단점은 직능급은 연공과 직무를 융합한 임금체계이지만 정확히는 연공을 기축으로 하여 직능을 결합한 것이기에 운영이 잘못되면 연공제의 아류로 전락될 가능성이 크다는 점이다.

◄직능급 체계의 제유형►

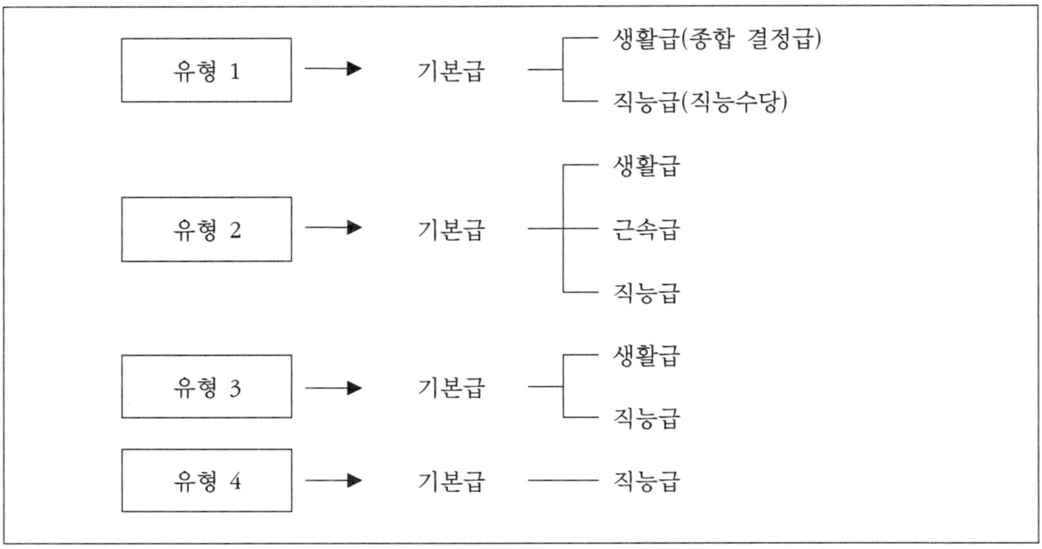

다. 직능급의 형태

직능급은 기본급을 어떻게 구성하느냐에 따라 네 가지 유형으로 구분할 수 있다. 첫 번째 유형은 근로자 모두에게 공통적으로 적용되는 생활급에 직능평가 결과에 따라서 개별 근로자에게 차등적으로 지급되는 직능급(또는 직능수당)을 부가하는 형태이다. 두 번째 유형은 기본급을 생활급, 근속급, 그리고 직능급으로 구성하는 임금체계이다. 이 유형은 생활급과 근속급에는 자동 승급제를 적용하여 근로자의 생활을 보장하고 직능급에서는 직무수행능력에 대한 근로자 개별의 차이를 반영하여 동기감을 고취시킨다. 첫 번째 유형과의 차이는 근속급에 있고, 입직 이후의 근속 공헌도를 기본급에 반영하는 것이다. 세 번째 유형은 생활급과 직능급으로 기본급체계를 구성하고 있지만, 직능급을 두 번째 유형에서 말하는 근속급과 직능급을 합친 것으로 개념화 한다. 마지막으로는 기본급을 온전히 직능급만으로 구성하는 것이다. 이 유형은 직능급 전환의 완성기에 시도되는 임금체계라고 할 수 있다.

4. 제수당

(1) 제수당의 의의

임금체계에서 제수당의 역할은 기본급에서 다 소화시키지 못하는 다양하고 미묘한 임금관리적 기능을 처리하는 것이다. 예를 들자면 직책수당, 특수작업수당, 통근수당, 가족수당, 벽지수당 등이 여기에 해당한다.

이러한 제수당들은 임금의 일부이기 때문에 임금구성에서 차지하는 비율이 비록 크지 않다고 하더라도 경영환경, 경영전략, 조직문화, 노사관계 등 임금지형을 둘러싼 다양한 변화에 근로자들이 순응하는데 거치지 않고 보다 주도적으로 적응노력을 하도록 만드는 촉진요인으로 기능한다. 따라서 제수당을 기본급 체계와 임금체계 속에서 어떻게 설계할 것인가라고 하는 것은 간과할 수 중요한 문제의 하나이다.

(2) 제수당의 종류

제수당은 근로기준법에 의한 지급의 강제성이 있느냐 없느냐에 따라 법정수당과 임의수당으로 나누어 볼 수 있다. 법정수당에는 해고예고수당, 휴업수당, 연장·야간 및 휴일근로에 대한 가산임금, 주휴수당, 연차휴가수당 등이 있다. 임의수당은 기업이 자체 설정한 목적의 실천을 하여 운영하는 직무관련 수당(직책수당, 자격수당, 기능수당 등), 근무관련 수당(특수작업수당, 외근수당 등), 생산장려적인 수당(증산수당, 개근수당 등), 생활보조적인 수장(가족수당, 물가수당, 지역수당 등), 복리후생적인 수당(통근수당, 피복수당, 식대수당 등), 조정수당 등이 있다.

(3) 제수당 관리를 위한 착안점

수당은 임시적 성격일지도 일단 한번 신설하면 관행화 되기 쉬고, 제수당은 기본급 체계의 성격을 보완하기도 하지만 교란시키는 방향으로 작용하기도 한다. 따라서 제수당의 관리에 관한 문제는 기본급 관리 못지않은 중요한 문제이다. 제수당을 관리하는데 있어서의 유의사항은 다음과 같다. 첫째, 수당의 난립으로 인한 임금관리 기능의 약화를 최소화 하기 위해서는 수당신설을 최소한으로 하고 신설이 불가피할 경우에도 심사숙고하고 부정적 효과가 최소화될 수 있도록 신중하게 설계한다. 둘째, 수당을 신설할 경우에는 수당지급과 관련된 혼란과 분쟁을 미연에 예방할 수 있도록 관련용어, 지급조건 및 시기 등을 명확히 한다. 셋째, 수당지급은 수당의 성격에 따라 도입목적에 부합될 수 있도록 수당액의 산정방식을 결정한다. 다시 말해 수당의 성격에 따라 수당액의 산정을 비율로 알 것인지, 금액으로 할 것인지, 아니면 비율과 금액을 혼합할 것인지에 대한 사항을 적절히 결정해야 한다는 것이다. 마지막으로 제수당의 임금구성비에 대한 방침을 설정하고 그 범위 내에서 제수당을 관리할 수 있도록 하는 것이다.

5. 상여금

(1) 상여금의 의의

상여금은 명절, 회사 기념일, 결산기 등 일 년 중에서 특정한 시기에 조직상황, 성과실적, 근무성적 등을 감안하여 상여, 보너스, 연말성과수당 등의 다양한 명칭으로 지급되는 임금을 말한다. 1987년 임금실태 조사에서 상여금 제도를 도입하여 운영하지 않고 있는 기업이 조사대상의 0.3%에 불과했을 정도로 상여금 제도는 일반화 되어 있다.[22)]

이러한 상여금 제도는 상여금이 성과실적과 결부되어 변동적이기 때문에 근로자들이 경영에 관심과 열의를 갖도록 만들어 노동생산성 향상에 기여하도록 기능한다. 또한 근무성적에 따라 상여금이 차등 지급할 경우에 개별 근로자에게 동기감을 부여하고 능률을 향상시키도록 기능한다.

(2) 상여금의 성격

상여금의 성격규명에 관련하여 사회관습설, 공로보상설, 임금후불설, 이익분배설 등이 제출되어 있다. 사회관습설은 상여금을 기업이 명절 혹은 기념일에 시혜적 차원에서 지급하곤 했던 떡값이 관행화된 것이라고 파악한다. 공로보상설에서는 상여금을 일정기간 동안에 개별 근로자의 성과실적 혹은 기업발전에의 공헌에 대한 보상으로 본다. 임금후불설은 상여금을 매월 임금에 포함시켜 지급하여야 할 것을 유보해 두었다가 추후에 지급하는 임금이라고 한다. 이익분배설에서는 상여금이 이익분배의 성격을 띠는 것이라고 파악한다.

이들 상여금의 성격을 설명하는 이론모형들은 모두 일정부분에서는 현실 설명력이 있다고 판단된다. 그러나 기업 현장에서 실제 운영되고 있는 상여금 제도의 관행을 살펴

---

22) 양병무 외(1992), 윗책, 96쪽.

보면, 상여금의 성격은 이들 경쟁모형들 가운데 하나의 이론모형으로 규정되기에는 설명력이 떨어진다. 따라서 오히려 이들 경쟁모형들 각각이 지니고 있는 현실 설명력을 종합하여 상여금을 성격을 규정할 때 현실 적합성이 커진다고 생각된다.

(3) 상여금의 산정방법[23)]

상여금 산정방법은 상여금 총액의 산정방식과 개인배분방식에 대한 것으로 구분된다. 먼저, 상여금 총액의 산정방식에 대해 알아보자. 상여금 총액의 산정하는데 영향을 끼치는 결정요인으로는 기업성과(매출액, 당기 순이익, 원가절감액 등), 사회적 수준(물가 및 필요생계비, 경쟁기업의 수준 등), 노사교섭 등을 들 수 있다. 이들 요인들의 영향력 속에서 상여총액을 산정하는 방식에는 ① 일반적 상여금 수준을 기준으로 하는 방법,[24)] ② 생계비를 기준으로 산정하는 방법,[25)] ③ 경영실적을 기준으로 산정하는 방법[26)] 등이 있다.

상여금의 개인배분방식에는 기본급에 연동해서 지급하는 정률방식, 정액으로 지급하는 방식, 직급별로 지급하는 방식, 그리고 업적별로 지급하는 방식 등이 있다. 상여금이 단체교섭을 경유하여 운영되는 경우에는 통상적으로 정액과 정률방식을 혼합하여 사용하는 경우가 많다. 왜냐하면 정률방식은 기본급이 큰 근로자에게 유리하고 정액방식은 기본급이 작은 근로자에게 유리하기 때문이다.

6. 성과배분제도

성과배분제도는 일반적으로 기업, 공장 및 부서 단위의 경영성과가 목표치보다 높을 경우 성과의 일부분을 집단적으로 근로자들에게 현금, 주식, 복지기금 등의 형태로 배분하는 보상제도이며, 성과실적이 산출되고 난 후에 지급이 결정된다는 측면에서 사후적 보상이라는 성격을 띠며, 성과실적의 크기에 따라 보상액이 변동적이라는 측면에서 변동적 보상제도라고 할 수 있다. 또한 성과배분제도는 집단의 성과향상에 기초하여 보상하는 집단 인센티브이기 때문에 개별 근로자의 성과향상에 따라 지급되는 개별 인센티브인 성과급과 구별된다.

---

23) 양병무 외(1992), 윗책, 99쪽.

24) 상여금총액을 동종타사, 사회적 기대치 등을 참고하여 1인당 '○개월분' 또는 '○만원'으로 결정하는 방법이다.

25) 생계비, 물가수준 등을 검토하여 1인당 생계비의 적자액(또는 부담증가액)을 계산하고 근로자수를 곱하여 상여총액을 산정하는 방법이다.

26) 기업의 생산액, 판매액, 부가가치액, 또는 당기순이익 등 기업의 실적지표를 기준으로 하여 상여총액을 결정하는 방법이다.

성과배분제도의 실시로 기대되는 효과는 다음과 같다.[27] 첫째, 종업원의 경영참여, 특히 제안제도를 통한 작업방식의 개선이 기대된다. 둘째, 보너스의 지급은 급여수준을 높이며, 또한 경영참여의 기회가 제공되어 근로자들의 직무만족도를 향상시키고 이는 결근율 감소와 근속율의 향상으로 나타나게 된다. 셋째, 긍정적인 동기유발 효과와 작업방식의 개선으로 인하여 생산성과 제품품질의 향상이 기대된다. 넷째, 근로자들이 의사결정에 참여하게 됨으로써 보다 민주적인 의사결정구조를 갖게 된다. 다섯째, 노사관계가 증진되며 근로자들의 동기유발과 기업에의 소속감을 향상시킨다.

성과배분제도에서 성과산정을 위하여 많이 사용하는 지표에는 매출액, 이익, 생산비용절감 등이 있다.[28] 매출액을 기준으로 하는 경우, 성과의 산정은 '실제매출액－목표매출액×일정지급비율'의 산식을 따른다. 이익을 기준으로 하는 경우, 성과산정의 산식은 '이익기준이익 또는 목표초과이익 × 일정지급비율'이다. 생산비용절감을 기준으로 하는 경우, 성과산정의 산식은 '(목표단위제조원가－실제단위제조원가)×생산량×일정지급비율'이다. 또한 성과배분의 형태에는 상여금, 주식, 사내복지기금 등이 있으나 우리나라에서는 주로 상여금의 형태로 현금지급을 하는 것이 일반적이다.

제 4 절 임금수준

임금수준이란 일정한 기간 동안에 한 기업 내의 모든 근로자에게 지급되는 평균임금을 의미하며, 임금관리의 측면에서는 총액인건비에 관한 것이다. 기업에 있어서의 임금수준의 결정에 영향을 끼치는 요인은 크게 노동수요적 측면에서의 요인(적정임금,[29] 기업의 지불능력, 생산성), 노동공급적 측면에서의 요인(생계비, 생애임금), 노동시장적 측면에서의 요인(종업원 숙련의 수요공급, 노동조합의 단체교섭력, 직무의 난이도, 정부의 가이드라인) 등으로 구분할 수 있다. 이러한 요인들 가운데 임금수준의 결정과정에서 가장 널리 사용되는 기준은 생계비, 기업의 지불능력, 노동생산성, 사회일반의 임금수준 등이다. 보다 구체적으로 살펴보자.

---

27) 김동원·유규창(2000), 『집단성과 배분제도』, 한국노동연구원, 15쪽.
28) 정인수(1991), 『성과배분』, 한국노동연구원, 17－19쪽.
29) prevailing wage를 지칭한다. prevailing wage는 우세임금, 우세한 임금 등으로 번역하기도 하나 시세에 맞는 임금이라는 의미를 띠기에 적정임금으로 번역하였다.

먼저, 생계비 기준이다. 임금은 근로자와 그 가족들에게 있어서 유일한 생계수단이다. 따라서 임금은 근로자에게 최소한의 인간다운 삶을 보장할 수 있는 수준이어야 한다. 이런 이유에서 생계비는 임금수준의 결정과정에서 가장 중요한 고려대상이다. 둘째, 기업의 지불능력이다. 지불능력은 임금교섭에서 사용자의 주장과 논리에 있어서 전가의 보도로 활용되고 있는 기준이다. 그러나 사용자는 지불능력이 아무리 취약하여도 최저임금 이상으로 임금을 지급할 의무가 있다는 점과 노사가 함께 신뢰할 수 있는 지불능력의 지표개발이 대단히 어렵다는 점에서 적용한계가 있다. 셋째, 임금수준은 노동생산성이 감안되어 결정되어야 한다는 노동생산성의 기준이다. 장기적인 측면에서 볼 때 노동생산성 증대와 실질임금은 양의 상관관계가 있기 때문에 노동생산성은 임금수준의 결정기준으로 적절하다. 그러나 한편에서는 노동생산성의 개념은 측정기준에 따라 상이하게 나타나기 때문에 적절하지 못하다는 의견이 강하게 제출되고 있다. 마지막으로 사회일반의 임금수준이다. 사회일반의 임금수준은 일반적으로 동종타사 근로자의 임금수준을 의미한다. 그러나 현실적으로는 동종타사라고 하더라도 지역이나 기업규모에 따라 임금수준이 다르기 때문에 임금수준의 결정기준으로 사용하는데 한계가 있다. 임금수준의 결정과정에서 빈번하게 언급되고 활용되는 기준들에 대해 살펴본 것처럼 어떤 것이든 전가의 보도처럼 사용할 수 있는 것은 없으며 또한 시공간과 행위주체들의 맥락을 달리함에 따라 각 기준의 효과도 달라진다는 점을 감안해야 한다.

국제적 차원에서 우리 기업의 임금수준을 살펴보면, 주요 경쟁국에 비하여 비교적 낮지 않다고 할 수 있다. 또한 지금까지 우리나라의 주요 경쟁기반이 저렴한 양질의 노동력에 토대를 둔 원가경쟁력에 있었음을 감안할 때, 경제규모에 비례하여 현실화 되어 온 임금수준은 최근 수출경쟁력 침하에 있어서 하나의 요인으로 작용하고 있음을 부인할 수도 없다. 이런 점에서 최근 임금과 국제경쟁력에 관하여 다음 두 가지의 문제의식이 부상하고 있다. 첫째, 임금체계가 국제경쟁력을 지니기 위해서는 임금의 경직성을 탈피하여 임금의 신축성이 강화되어야 한다는 점이다. 이는 구체적으로 임금이 거시적·미시적으로 경기, 생산성, 수익성에 탄력적이어야 한다는 것이다. 둘째, 국제경쟁력 강화를 위해서는 인플레에 영향을 미치지 않는 범위 내에서 임금인상이 이루어져야 한다는 점이다. 즉 임금상승률과 노동생산성 상승률이 같도록 해야 한다는 것이다. 이러한 관점에서 논의되고 있는 것이 바로 생산성임금제라고 할 수 있다.

제 3 장 퇴직급여제도

종래의 퇴직금제도는 근로자가 기업에서 퇴직하는 경우에 퇴직금을 일시에 전부 지급받는 퇴직일시금 형태로 되어 있었다. 이러한 퇴직일시금제도는 퇴직 이후 안정적인 노후생활의 보장이란 측면에서 많은 문제점을 안고 있었다. 새롭게 도입된 퇴직연금제도는 금융기관에 퇴직금 해당금액을 적립해서 퇴직시에 연금 또는 일시금으로 지급받을 수 있도록 한 것이다. 퇴직금을 연금형태로도 지급받을 수 있도록 한 것은 고령화 사회에서 근로자가 퇴직한 후에도 안정적으로 노후생활을 보낼 수 있도록 하기 위한 것이다. 이러한 퇴직연금제도는 사회안전망을 강화하는 효과가 있을 뿐만 아니라 임금체계에 있어서도 임금의 유연성을 제고하는 효과도 있다.

제 3 장

퇴직급여제도

제 1 절 개 요

1. 입법취지

퇴직금이라 함은 사용자가 퇴직하는 근로자에게 지급하는 금전적인 급부를 말한다. 근로자퇴직급여보장법 제4조 제1항은 「사용자는 퇴직하는 근로자에게 급여를 지급하기 위하여 퇴직급여제도중 하나 이상의 제도를 설정하여야 한다. 다만, 계속근로기간이 1년 미만인 근로자, 4주간을 평균하여 1주간의 소정근로시간이 15시간 미만인 근로자에 대하여는 그러하지 아니하다」라고 규정함으로써 사용자에게 퇴직금제도의 설정을 의무화하고 있다. 또한 동법 제8조 제1항에서「퇴직금제도를 설정하고자 하는 사용자는 계속근로 1년에 대하여 30일분 이상의 평균임금을 퇴직금으로 퇴직하는 근로자에게 지급할 수 있는 제도를 설정하여야 한다」라고 하여 사용자에게 제도설정의 선택권과 함께 법정퇴직금의 최저한도를 명시적으로 규정하고 있다.

이러한 퇴직금제도는 근로자가 퇴직한 후에 안정적으로 노후생활을 영위할 수 있도록 하기 위한 사회보장제도의 일환이다. 퇴직 후 근로자의 생계를 보호하는 제도는 구미 선진국에서는 주로 기업연금의 형태로 정착되어 왔다. 우리나라도 퇴직금제도의 도입 초기부터 근로기준법 제34조 제1항의 퇴직금조항을 규정하여 시행하고 있었다. 그러나 우리나라는 퇴직금을 주로 일시금 형태로 지급되고 있었기 때문에 노후 생계보장이란 측면에서 많은 문제점을 지니고 있었다. 이러한 문제점을 보완하기 위해서 정부는 2005년에 법률 제7379호를 통해 근로자퇴직급여보장법을 만들어 퇴직연금제도가 정착되도록 하였다. 2011년에는 법률 제10967호로 근로자퇴직급여보장법을 전부 개정하여 고령화시대를 맞아 더 많은 근로자들이 퇴직연금제도를 통해 안정적인 노후재원을 마련할 수 있도록 퇴직연금제도를 다양화하고 근로자의 수급권을 강화하였다.

2. 퇴직금제도의 연혁

1953년에 제정된 근로기준법은 사용자가 근로자를 해고하고자 할 경우에는 30일분 이상의 평균임금을 근로자에게 지급하도록 하고, 2년 이상 계속근로한 경우에는 계속근로 1년에 대하여 30일분을, 계속근로 10년 이상인 때에는 10년을 넘는 1년에 대하여 60일분을 가산하도록 하였다. 그 후 1961년 12월 4일 근로기준법의 개정을 통해 30인 이상의 사업에 한하여 현재와 같은 수준인 근속년수 1년 이상인 근로자에게 근속년수 1년에 대하여 적어도 30일분 이상의 평균임금을 지급하도록 법으로 의무화했다. 여러 차례의 법령개정으로 적용대상 역시 점차 확대되어 1989년에는 5인 이상 사업으로, 2010년 12월부터는 전 사업장으로 까지 확대되었다. 다만, 4인 이하 사업장에 대한 퇴직급여 수준은 2010년 12월 1일부터 2012년 12월 31일의 기간에 대해서는 5인 이상 사업장의 100분의 50을 적용하되, 2013년부터는 100분의 100을 적용하도록 하였다. 이는 그 동안 퇴직급여제도가 강제되지 않았던 4인 이하 사업장의 영세성 등을 고려하여 사업주의 부담을 덜어주기 위해 급여수준을 단계적으로 향상토록 함으로써 적용에 따른 충격을 완화하기 위한 것이다.

관련법령 공포일	적용 규모	적용 기간 또는 개정 내용
1962. 3. 4(영)	30인 이상	1962. 3 .4 ~ 1975. 4. 27
1975. 4. 28(령)	16인 이상	1975. 4. 28 ~ 1987. 12. 30
1987. 12. 31(령)	10인 이상	1987. 12. 31 ~ 1989. 3. 28
1989. 3. 29(법)	5인 이상	1989. 3. 29 ~ 2010. 11. 30
2009. 9. 14(령)	1인 이상	2010. 12. 1부터 전사업장으로 확대

근로기준법은 종전에는 퇴직시에 퇴직일시금을 지급하는 제도를 채택하고 있었으나, 1997년 3월에 근로기준법을 제정하면서 퇴직연금보험제도를 도입하여 퇴직금제도의 설정을 확대하였으며, 2005년에는 근로자퇴직급여보장법을 새로이 제정하여 종래 근로기준법에 규정되어 있었던 퇴직금제도를 근로자퇴직급여보장법으로 독립해서 일원화 하였다.

근로자퇴직급여보장법은 제1조에서 법제정의 목적을 「근로자퇴직급여제도의 설정 및 운영에 필요한 사항을 정함으로써 근로자의 안정적인 노후생활 보장에 이바지함」이라고 규정하고 있다. 근로자퇴직급여보장법은 2012년 8월 현재까지 10여 차례의 크고 작은 개정 작업을 거쳐 왔으며, 2011년 7월 25일 전부개정을 통해서 퇴직연금제도가 보다 활성화될 수 있도록 그 발판을 마련하였다.

2011년 법을 전부 개정한 이유는 ① 고령화시대를 맞아 더 많은 근로자들이 퇴직연금제도를 통해 안정적인 노후재원을 마련할 수 있도록 퇴직연금제도에 가입한 근로자의 수급권을 강화하고, ② 노사가 해당 사업장에서 설정할 수 있는 퇴직연금제도를 다양화하며, ③ 퇴직금이 노후재원으로 사용될 수 있도록 퇴직금 중간정산의 요건을 신설하고, ④ 퇴직연금시장의 건전한 발전을 유도하기 위해 퇴직연금사업자의 책무를 구체화하는 등 현행 제도의 운영상 나타난 일부 미비점을 개선·보완하기 위함이었다.

3. 퇴직금의 법적성격

(1) 공로보상설

근로자의 장기간 계속근로에 대한 은혜로서 사용자가 증여하는 것이라는 입장이다. 즉 퇴직금을 근로자의 재직기간 동안 기업에 끼친 업적 및 공헌도를 평가하여 그 공적 이나 공로에 대한 보상으로서 퇴직시 지급되는 금품이라고 보는 견해이다. 이는 사용자 진영에서 주로 주장하는 견해이나, 퇴직금제도의 설정이 근로조건의 하나로서 법률에 의하여 지급이 의무화 되어 있는 현행 법제도 아래에서는 설득력이 결여되어 있다.

(2) 임금후불설

임금후불설은 근로자가 재직기간 동안 근로의 대가로서 발생된 임금의 일부를 사용자에게 축적하여 두었다가 퇴직시에 이를 퇴직금으로 지급받는 것이라고 보는 견해이다. 판례 및 행정해석은 임금후불설의 입장을 취하고 있다. 즉, 퇴직금은 사회보장적 성격과 공로보상적인 성격을 지니고 있다하더라도 사용자와 근로자의 관계에 있어서는 근로의 대가인 임금적 성격을 띤 것으로서 근로제공에 대한 미지급임금이 축적되어 그 재원이 된 것으로 보아 본질적으로 임금적인 성격을 갖는다.[1] 하지만, 퇴직금이 임금의 성격을 갖는다 하더라도 근속기간에 대한 후불임금적 성격이라는 점과 퇴직금의 지급사유가 되는 퇴직하는 시기가 불확정적이라는 점에서 임금과는 다른 성격을 지니고 있다.

(3) 생활보장설

생활보장설은 퇴직금을 근로자의 퇴직 후 생활을 보장하여 주기 위해 기업이 근로자에게 지급하는 급부로, 근로자가 퇴직으로 인해 생길 경제적 위험과 노후에 대한 걱정을 덜어주어 보다 적극적이고 능동적으로 일을 할 수 있도록 하는 배려에서 지급되는 것이라고 본다. 이 설은 퇴직금 지급액이 임금수준·근속기간 등에 따라 차이가 나고 있다는 점에서 퇴직금의 성격을 정확히 밝혀 주는데 미흡하다.

제 2 절 퇴직금제도

1. 퇴직급여 지급대상자

(1) 근로기준법상의 근로자

퇴직급여제도의 적용대상자는 근로자퇴직급여보장법 제2조에 따라 근로기준법 제2조의 규정에 의한 근로자로서 1년 이상 계속 근로한 자이다. 즉, 직업의 종류와 관계없이 임금을 목적으로 사업이나 사업장에 근로를 제공하는 자로서 근속년수가 1년 이상된 자를 적용대상으로 한다. 근로기준법상의 근로자 여부에 대한 판단은 ① 직업의 종류는 불문하고, ② 사용종속관계 아래서 근로를 제공 하는지, ③ 시간적·장소적 구속을 받고 있는지, ④ 업무의 전속성과 비대체성 등을 고려하여야 한다.

임시직·잡급직·촉탁직,[2] 일용직,[3] 도급계약의 형식을 빌렸더라도 근로기준법상의 근로자에 해당하는 경우, 수련의 등의 전문직,[4] 외국인,[5] 직장예비군 중대장[6] 등도 근로

---

1) 대법원 1973. 10. 10. 선고 73다278 판결; 대법원 1975. 7. 22. 선고 74다1840 판결.
2) 대법원 1973. 9. 25. 선고 71다1078 판결.
3) 행정해석 1994. 6. 30. 임금68207-383.
4) 행정해석 1994. 4. 4. 임금68207-194.
5) 행정해석 1987. 7. 28. 근기01254-12062.
6) 행정해석 1987. 4. 8. 근기01254-5665.

기준법상의 근로자이므로 퇴직급여의 지급대상이 된다.

(2) 근로자로 인정되지 않는 자는 미적용

근로기준법상의 근로자가 아닌 경우에는 퇴직급여제도의 적용대상자가 아니다. 회사의 대표이사, 이사 등 주식회사의 임원은 상법 제382조에 의한 민법상의 위임에 관한 규정을 적용받는 자로서 상법 제388조에 따라 정관 또는 주주총회의 결의로 그 보수가 결정되므로 근로기준법상의 근로자가 아니다. 이들에게 퇴직위로금 등을 지급하더라도 이는 민법상의 보수의 일종이고 근로자퇴직급여보장법상의 퇴직급여로는 볼 수 없다.

기타 상법이 적용되지 않는 이사나 감사 등은 근로기준법상의 근로자인지 여부에 따라 퇴직급여 지급대상인지 여부가 결정되며, 비상근임원, 순수한 도급계약자, 공인회계사 시보 등은 일반적으로 근로자로 보지 않기 때문에 퇴직급여 지급대상이 아니다.

(3) 유효한 근로계약

근로자퇴직급여보장법에 의해 퇴직급여를 청구할 수 있는 근로자는 사용자와의 사이에 적법하고 유효한 근로관계가 성립되어 1년 이상 근무하다가 퇴직한 근로자를 말한다. 따라서 근로계약관계가 부정되거나 근로계약이 무효이거나 소급하여 취소되었다면 사실상 근로를 제공하였더라도 퇴직급여를 청구할 수가 없다. 다만, 사용자와 근로자가 명시적으로 근로계약을 체결하지 않았더라도 사실상 근로관계에 편입되었다면 퇴직급여 청구권이 인정된다.[7)]

2. 퇴직금 지급의무자

퇴직급여 지급의무자는 근로자퇴직급여보장법 제2조에 따라 근로기준법 제2조의 규정에 의한 사용자를 말한다. 금품지급과 관련되는 근로조건의 이행책임은 원칙적으로 사업주 또는 사업경영담당자가 진다. 다만, 사업경영담당자가 아닌 이사 등의 경우에는 사업주로부터 사업경영의 전부 또는 일부에 대하여 포괄적인 위임을 받고 대외적으로 사업을 대표하거나 대리할 때 지불책임이 있다.[8)] 다만, 금품청산의 경우 법인대표자의 임금체불죄는 지급사유 발생일로부터 14일이 경과하는 때에 성립하므로 그 이전에 퇴직 등의 사유로 지급권한이 상실된 경우에는 특별한 사정이 없는 한 그 책임을 지지 않는다

7) 하갑래(2014), 윗책, 583쪽.

8) 대법원 1983. 10. 11. 선고 83도2272 판결; 대법원 1988. 11. 12. 선고 88도1162.

는 판례[9]가 있다.

정리회사의 공동관리인이 실질상 회사를 위하여 직무를 집행하여 온 것이 사실이라면 근로기준법상의 사용자라고 할 수 있다.[10] 노동조합이 운영하는 식당의 종업원에 대해서는 노동조합장이 사용자이며, 용역업체와 근로계약을 체결하고 다른 사업장에서 근로하였다면 용역회사가 사용자의 지위에 있다고 봐야 한다.

3. 계속근로년수

(1) 계속근로년수의 의미

근로자퇴직급여보장법 제8조는 사용자에게 「계속근로기간 1년에 대하여 30일분 이상의 평균임금을 퇴직금으로 퇴직하는 근로자에게 지급할 수 있는 제도를 설정하여야 한다」라고 규정하고 있다. 여기서 '계속근로년수'라는 개념은 원칙적으로 근로계약을 체결하여 해지될 때까지의 기간을 말한다. 하지만 뒤에서 설명하는 것처럼 근로계약관계를 유지하고 있더라도 군복무기간이나 해외유학기간과 같이 계속근로년수에서 제외되는 경우도 있다. 또한 근로년수가 1년 이상인 경우에는 1년 미만의 근로기간에 대해서도 그 기간에 비례하여 1년당 30일분 이상의 비율로 퇴직금을 산정하여 지급하여야 한다.

(2) 기산일과 마감일

계속근로년수의 기산일은 입사일, 근로계약의 체결일 등 출근의무가 있는 날이 된다.[11] 따라서 비록 기산일에 근로를 제공하지 않았다 하더라도 기산일부터의 기간을 계속근로기간에 포함한다.

계속근로기간의 마감일은 근로관계의 자동소멸, 임의퇴직, 합의퇴직, 정년퇴직, 정리해고, 징계해고 등 근로계약이 종료되는 날이다. 근로관계가 자동적으로 소멸되는 경우에는 근로자의 사망일, 폐업일, 기업의 파산일 등이 계속근로기간의 마감일이 된다. 정년퇴직의 경우 단체협약 등에 따로 정년퇴직일이 정해져 있다면 그날이 마감일이 된다. 근로자가 사표를 제출한 경우에는 원칙적으로 사표수리일이 퇴직일이 되며, 사용자가 즉시 사표를 수리하지 않은 경우에는 단체협약이나 취업규칙 등이 정하는 바에 따르되, 정함이 없는 경우에는 민법의 규정에 의해 사용자가 근로자로부터 퇴직의 의사를 통고받은 날로

---

9) 대법원 1995. 11. 10. 선고 94도1477 판결; 대법원 2002. 11. 26. 선고 2002도5044 판결.
10) 대법원 1984. 4. 10. 선고 83도1850 판결.
11) 행정해석 1991. 2. 21. 근기01254-2433.

부터 1임금지급기(통상 1개월)를 지나는 때에 근로계약해지의 효력이 발생한다. 해고의 경우에는 해고통지서가 근로자에게 도달한 날이 계속근로산정의 마감일이 된다.

(3) 해외파견(해외근로, 해외유학) 기간의 산입여부

근로자가 해외근무를 선택하여 회사방침에 따라 사직서를 제출하고 퇴직금을 수령한 후 해외근무를 마치고 입사하는 경우에는 퇴직금은 재입사시부터 기산한다. 다만, 사직서 제출이나 퇴직금 수령이 없는 경우에는 계속근로로 보아야 할 것이다.

근로자가 해외유학을 한 기간도 그 유학의 목적이 근로자로서의 본연의 직무에 관련되어 있는 것인 이상 실질적인 근로관계가 계속되고 있다고 보아 계속근로년수에 통산하여야 한다. 근로자가 근로와는 무관한 개인적인 목적으로 유학을 하고 그 때문에 그 기간동안 휴직이나 정직된 경우에는 계속근로년수에 산입할 수 없다고 해석한다.[12)]

(4) 영업양도시 계속근로 산정방법

기업의 인수합병, 영업양도, 조직변경 등으로 인한 경우 근로자의 계속근로 산정시 종전 회사에서의 근속년수가 나중 회사의 근속년수에 포함되느냐의 여부가 쟁점이 된다. 일반적으로 영업의 양도라 함은 일정한 영업목적에 의하여 조직화된 총체 즉, 인적·물적 조직을 그 동일성을 유지하면서 일체로서 이전하는 것으로서, 이때 해당 근로자들의 근로관계는 원칙적으로 영업을 양수하는 기업에 포괄적으로 승계된다.[13)] 이는 기업 그 자체가 동일성이 지속되는 한, 기업의 소유자나 경영자가 교체된 것에 불과하므로 퇴직금 산정에 있어서의 근속년수의 계산은 별단의 사유가 없는 한 계속근로로 통산하여 취급하여야 한다는 것을 의미한다.

그러나 노사합의에 의하여 근로자들이 기업이 양도되기 전에 양도전 소속기업에서 퇴직하고 퇴직금을 수령한 후 새로 설립되는 기업에 신규로 입사하여 근로계약을 체결하였다면 근로자가 계속근로를 주장하는 것은 무리가 있다.

(5) 휴업·휴직기간의 통산여부

업무상 질병·부상으로 인한 휴업기간과 사용자의 귀책사유로 인한 휴업기간은 근로관계가 정지되거나 해지된다고 볼 수 없기 때문에 당연히 해당기간은 근속년수에 산입된

---

12) 대법원 1976. 3. 9. 선고 75다872 판결.

13) 대법원 1989. 12. 26. 선고 88다카10128 판결; 대법원 1991. 8. 9. 선고 91다15225 판결; 대법원 1994. 11. 18. 선고 93다18938 판결.

다. 문제는 근로자의 개인사유로 인한 휴직의 경우에 그 기간을 어떻게 취급할 것인가에 있다.

판례는 근로자측의 사정이나 책임있는 사유로 휴직한 경우 그 실질적인 근로관계가 근로자의 귀책으로 인해 일시 정지된다는 점과 퇴직금이 임금후불적인 성격을 갖는다는 점에서 이를 계속근로년수에서 제외하여야 한다는 입장이다. 이와 관련하여 행정해석은 근로자로서 재직중에 개인적인 사유로 휴업한 기간이 포함되어 있는 경우, 단체협약이나 취업규칙 등에 이를 합산하지 않는다는 규정이 없는 한 이를 계속근로에 포함해야 한다는 입장이다. 근로계약관계가 단절되지 않는 한, 비록 근로자 개인 사정에 의해 휴직한 경우라 하더라고 이를 근속년수에 포함하는 것이 법으로 퇴직금제도를 설정하도록 한 입법취지에 비추어 볼 때 타당하다고 생각한다.

(6) 일용직·임시직의 근로기간

일용직, 임시직, 촉탁직, 시간제근로, 아르바이트 등 근로형태가 비록 상용 또는 정규직 근로와 다르다 하더라도 그러한 형태의 계속근로가 1년을 넘으면 퇴직금을 지급하여야 한다.

고용형태는 일용직이라 하더라도 사실상 상용직과 같이 1년 이상 장기간 고용된 형식적인 일용직의 경우를 제외하고, 실질적인 일용직의 경우에는 근무형태가 일일 또는 단기간의 근로형태로 되어 있는 관계로 계속근로라는 개념이 성립되기가 쉽지 않다. 사용자에게 불규칙적으로 제공되는 근로형태를 어떻게 계속근로로 인정할 것인가에 대해서는 판례나 행정해석 공히 구체적인 기준을 제시한 사례가 없다. 따라서 사안별로 법정퇴직금제도의 취지에 비추어 사회적 필요성이 인정될 만한 타당성이 있는 경우에는 계속근로로 인정하여야 한다.

임시직·촉탁직·일용직 등 비정규직으로 근무하다가 사임 등 근로관계의 단절을 위한 조치를 취한 후 공백기간 없이 정규사원으로 근로하였다면 근로자요구와 사용자승인에 의하여 퇴직금정산이 이루어진 경우가 아닌 한 두 기간을 통산하여 계속근로기간을 계산한다.[14] 다만, 두 기간 사이에 공백이 있으면 계속근로로 인정받기 어렵다.

(7) 공무원 신분으로 전환될 경우 계속근로 여부

근로기준법이 적용되는 국가기관, 지방자치단체 등의 일용직·임시직 근로자가 공무원의 신분을 갖는 고용직·기능직으로 임명되어 공무원연금법의 적용을 받게 되었다면 이

---

14) 행정해석 2000. 11. 14. 임금68207-581; 대법원 1980. 5. 27. 선고 80다617 판결.

두 기간은 단절된 기간이 되며,[15] 당해 근로자에게 임시직 퇴직 당시의 평균임금을 기준으로 산정된 퇴직금이 지급되어야 한다.[16] 공무원 신분에서 근로기준법 적용대상인 일용직·임시직으로 바뀐 경우에도 마찬가지로 계속근로로 보지 않고 단절된 기간으로 본다.[17]

(8) 군복무기간 등의 산입여부

판례나 행정해석 공히 1970년 12월 31일까지의 군복무기간은 근속년수에 포함시키고, 그 후의 군복무기간은 근속년수에 합산하지 않는다. 이는 1962년 개정된 병역법이 군복무기간을 근속년수에 포함하도록 되어 있었으나, 1970년 개정법에서 이를 삭제한데 따른 해석이다.

노동조합의 전임자로 종사한 기간, 기타 결근기간 등은 비록 근로를 제공하지는 않았으나 근로계약이 유지되고 있다면 계속근로기간에 합산한다.

4. 퇴직금 중간정산

(1) 제도의 취지 및 정산사유

가. 제도도입의 취지

근로자퇴직급여보장법 제8조 제2항은 사용자는 주택구입 등 대통령령이 정하는 사유로 근로자의 요구가 있는 경우에는 근로자가 퇴직하기 전이라도 당해 근로자가 계속근로한 기간에 대한 퇴직금을 미리 정산하여 지급받을 수 있도록 하여 퇴직금 지급시기에 대한 탄력성을 부여하고 있다. 이는 근로자가 필요한 시기에 퇴직금을 제대로 활용할 수 있도록 하고 사용자는 퇴직금 적립의 부담에서 벗어날 수 있도록 하기 위한 것이다. 1997년 3월 근로기준법의 제정시에 처음으로 퇴직금중간정산제도를 법에 규정하였다. 당시에는 중간정산 사유를 특별히 제한하지 않았으나, 퇴직연금제도가 도입되면서 퇴직금이 근로자의 퇴직후 노후생활의 안정화를 도모해야 한다는 취지에서 퇴직금의 중간정산 사유를 법으로 제한하게 되었다.

나. 중간정산 사유

근로자퇴직급여보장법시행령 제3조 제1항에서 퇴직금의 중간정산 사유를 다음과 같

15) 대법원 1981. 1. 13. 선고 80다2395 판결.
16) 행정해석 1996. 7. 30. 임금68207-366.
17) 행정해석 2000. 6. 20. 근기68207-1870.

이 구체적으로 적시하여 제한하고 있다.

1. 무주택자인 근로자가 본인 명의로 주택을 구입하는 경우

2. 무주택자인 근로자가 주거를 목적으로 민법 제303조에 따른 전세금 또는 주택임대차보호법 제3조의2에 따른 보증금을 부담하는 경우(같은 사업장에서 1회로 제한)

3. 근로자, 근로자의 배우자 또는 소득세법 제50조제1항에 따른 근로자 또는 근로자의 배우자와 생계를 같이 하는 부양가족이 질병 또는 부상으로 6개월 이상 요양을 하는 경우

4. 퇴직금 중간정산을 신청하는 날부터 역산하여 5년 이내에 근로자가 채무자회생및파산에관한법률에 따라 파산선고를 받은 경우

5. 퇴직금 중간정산을 신청하는 날부터 역산하여 5년 이내에 근로자가 채무자회생및파산에관한법률에 따라 개인회생절차개시 결정을 받은 경우

6. 고용보험법시행령 제28조제1항제1호부터 제3호까지의 규정에 따른 임금피크제를 실시하여 임금이 줄어드는 경우

7. 그 밖에 천재지변 등으로 피해를 입는 등 고용노동부장관이 정하여 고시하는 사유와 요건에 해당하는 경우

고용노동부장관은 고용노동부고시 제2012-55호에서 천재지변 등을 「태풍, 홍수, 호우, 강풍, 풍랑, 해일, 조수, 대설, 낙뢰, 가뭄, 지진(지진해일을 포함), 그 밖에 이에 준하는 자연현상으로 인하여 발생하는 재해」라고 해석하고, 가입자인 근로자 또는 부양가족이 입은 피해의 기준은 다음과 같이 정하고 있다.

피해종류	내 용
물적피해	☞피해유형: 주거시설 등이 완전 침수·파손·유실·매몰된 경우 ☞피해정도: 주거시설 등이 50%이상 피해를 입어 피해 시설의 복구가 거의 불가능하거나 복구에 오랜 시간이 걸리는 피해
인적피해	☞피해유형 - 가입자의 배우자, 소득세법 제50조 제1항 제3호에 따른 가입자 (그 배우자를 포함한다)와 생계를 같이하는 부양가족이 사망하거나 실종된 경우 - 가입자, 가입자의 배우자 또는 소득세법 제50조 제1항에 따른 가입자(그 배우자를 포함한다)와 생계를 같이하는 부양가족이 15일 이상 입원치료가 필요한 피해를 입은 경우

(2) 퇴직금 중간정산의 시행방법

가. 근로자의 요구와 사용자의 승락

퇴직금 중간정산은 법으로 정해진 중간정산 사유가 있는 경우 근로자의 요구에 대한 사용자의 승낙의 형태로 이루어진다. 따라서 근로자의 요구가 없는데도 불구하고 사용자가 일방적으로 퇴직금 중간정산을 시행할 수 없으며, 근로자가 요구한다고 하여 사용자가 의무적으로 이에 응해야 하는 것도 아니다.

퇴직금 중간정산은 근로자의 구체적인 요구 없이 근로계약, 취업규칙 또는 단체협약으로 정형화하여 반복적으로 실시할 수 없다. 이는 퇴직금 중간정산이 법정퇴직금제도의 틀 속에서 예외적으로 인정되고 있기 때문이다. 따라서 취업규칙이나 단체협약으로 퇴직금중간정산제 실시를 위한 근거나 기준을 두고 있는 경우라도 법으로 정한 중간정산 사유가 있어야 하며, 또한 개별 근로자의 구체적 요구가 있어야 한다. 중간정산의 실시와 관련하여 그 효력상의 논란이 생길 수 있으므로 근로자의 요구를 신청서 등의 형식으로 서면으로 받아 시행하는 것이 바람직하다.

나. 중간정산 단위기간과 평균임금 산정시점

법으로 정한 중간정산 사유가 있는 근로자라면 근로자가 근로한 기간 내에서라면 중간정산을 요구할 수 있는 기간은 제한이 없다. 따라서 근로자는 근속기간의 범위 내에서 필요한 기간만큼 중간정산을 요구할 수 있다.

퇴직금 중간정산을 위한 평균임금의 산정시점은 사용자와 근로자가 특별히 정한 바가 없으면, 근로자가 중간정산을 요구한 시점을 퇴직금 산정사유 발생일로 본다.

다. 퇴직금전환금의 공제

국민연금법에 의하여 사용자가 기 납부한 퇴직금 전환금이 있는 경우에는, 이는 사용자가 지급할 퇴직금중 해당금액을 미리 지급한 것이 되므로 퇴직금 중간정산을 할 경우 산정한 퇴직금에서 사용자가 기납부한 퇴직금전환금은 공제하고 지급하게 된다.

(3) 퇴직금 중간정산의 효과

가. 계속근로연수의 새로운 기산

퇴직금을 중간정산한 후에는 퇴직금 산정을 위한 계속근로년수는 새로이 기산한다. 즉, 퇴직금 중간정산 이후의 퇴직금 산정방법에 대해 사용자와 근로자간에 별도의 정함이 없는 경우에는 중간정산 이후 퇴직금 산정을 위한 계속근로년수는 정산 이후부터 새로이 기산되게 된다. 퇴직금중간정산 이후 1년 미만으로 근무한 경우라도 그 근로자의 전체 근로연수는 1년 이상이므로, 해당되는 1년 미만의 기간에 대해서도 퇴직금을 일할 계산하여 지급하여야 한다.

나. 여타 근로조건의 변동 여부

퇴직금중간정산으로 인하여 퇴직금 산정을 위한 계속근로년수는 정산 이후부터 새로이 기산되나, 근로년수와 관련이 있는 다른 근로조건(승진, 승급, 호봉, 상여금, 연차유급휴가 등)에 대해서는 영향을 미치지 않는다.

5. 퇴직급여제도의 설정

(1) 퇴직급여제도의 종류

근로자퇴직급여보장법 제4조의 규정에 의해 사용자는 퇴직하는 근로자에게 급여를 지급하기 위하여 퇴직급여제도 중 하나 이상의 제도를 설정하여야 한다. 이러한 퇴직급여제도에는 퇴직연금제도(확정급여형퇴직연금제도와 확정기여형퇴직연금제도)와 퇴직금제도가 있다.

가. 확정급여형퇴직연금제도(DBP: Defined Benefit Pension)

확정급여형퇴직연금제도란 근로가 지급받을 연금급여의 산정방식과 금액 등이 사전에 확정되고 사용자가 확정된 일시금 또는 연금을 지급하기 위한 모든 부담을 지는 연금제도를 말한다. 확정급여형퇴직연금제도에서 근로자가 받을 연금급여는 일시금으로 환산했을 경우, 현행의 퇴직금과 동일한 금액이거나 또는 그 이상이어야 한다.

나. 확정기여형퇴직연금제도(DCP: Defined Contribution Pension)

근로자에게 연금급여를 지급하기 위하여 사용자가 부담하여야 하는 부담금의 규모가 사전에 결정된 연금제도를 말한다. 사용자는 결정된 금액을 일정기간 단위로 근로자의 퇴직연금계정에 적립하고, 근로자는 적립된 적립금을 스스로 운용한 후 그 적립금을 재원으로 하여 연금급여로 지급 받는다. 사용자는 근로자의 연간 임금총액의 12분의 1(8.3%) 이상에 해당하는 금액을 근로자 명의의 퇴직연금계정에 납입하여야 하는데 이 때 사용자의 부담금은 현행 퇴직금제도에서 부담하는 금액과 원칙적으로 동일하다.

다. 퇴직금제도

퇴직금제도는 계속근로기간 1년에 대하여 30일분 이상의 평균임금을 퇴직하는 근로자에게 퇴직금으로 지급하는 제도를 말한다. 퇴직금은 근로자가 일정기간을 근속하고 퇴직하는 경우에 근로자에게 사후적으로 지급되는 임금으로 본다. 따라서 퇴직금은 근로자의 근로조건에 속한다.

라. 개인형퇴직연금제도(IRP: Individual Retirement Pension)

개인형퇴직연금제도는 가입자가 납입한 일시금이나 사용자 또는 가입자가 납입한 부담금을 적립하여 운용하기 위하여 설정한 퇴직연금제도로서 급여의 수준이나 부담금의 수준이 확정되지 아니한 퇴직연금제도를 말한다. 이는 근로자퇴직급여보장법 개정 이전 개인퇴직계좌(IRA: Individual Retirement Account) 제도가 변경된 것으로, 종전에 설정되었던 IRA는 법 발효 이후에는 자동적으로 IRP로 전환된다.

10인 미만의 영세사업장의 경우에는 노무관리가 매우 취약한 편이다. 이러한 사업장에서 노사가 원할 경우 IRP를 이용하면 보다 간편한 방법으로 퇴직연금과 유사한 형태의 퇴직급여제도를 운영할 수 있게 된다. 법은 10인 미만 사업장에 한해서 근로자 전원(1년 이상 근속자)을 IRP에 가입시킨 경우에는 퇴직급여제도를 설정한 것으로 간주하고 있다. IRP 특례의 내용은 확정기여형퇴직연금제도와 유사하다. 특례 적용을 받아 근로자 전원의 IRP를 설정하려는 사용자는 퇴직연금사업자를 선정할 경우 근로자 대표의 동의를 받아야 한다. 사용자 부담금은 확정기여형퇴직연금과 동일하게 연간 임금총액의 12분의 1에 해당하는 금액이며, 매년 1회 이상 정기적으로 납입한다. 또한 확정기여형퇴직연금제도와 같이 근로자가 사용자의 부담금 외에 추가로 부담하는 것도 허용된다. 가입자 추가 부담금 한도는 1천2백만 원(IRP 계정이 여러 개인 경우에는 부담금의 합계액)이며, 소득공제 한도는 개인연금을 합산하여 연 4백만 원까지이다.

구 분	확정급여형	확정기여형	퇴직금
운용주체	사용자	근로자	사용자
부담수준	사용자의 적립금은 운용결과에 따라 상이	퇴직금과 동일	계속근로기간 1년에 평균임금 30일분
적립방식	부분사외 적립(예상급여액의 60% 이상)	전액 사외적립	사외적립 여부 임의 결정
퇴직급여산출식	(일반)최종평균임금 × 근속년수	부담금합계±운용성과	(일반)최종평균임금 × 근속년수
직장이동시 통산	어려움	쉬움	어려움

(2) 퇴직급여제도의 차등금지

가. 차등제도 설정의 금지

근로자퇴직급여보장법 제4조 제2항의 규정에 따라 사용자가 퇴직급여제도를 설정하는 경우에 하나의 사업에서 급여 및 부담금 산정방법의 적용 등에 관하여 차등을 두어서는 아니 된다. 직위·직종은 물론 공장·지점 등 작업부서나 장소에 있어서의 차등도 금지된다.

나. 차등에 속하지 않는 경우

① 근로자별로 적용되는 퇴직급여제도를 달리 하는 경우

퇴직급여제도를 설정하는 경우 근로자간에 차등을 두는 것은 금지된다. 다만, 근로자별로 적용되는 퇴직급여제도가 다른 경우는 차등에 해당하지 않는다. 즉, 하나의 사업장에서 일부 근로자에게 확정급여형퇴직연금제도를 적용하고 나머지 근로자에게는 확정기여형퇴직연금제도를 적용하는 것은 퇴직급여제도의 차등에 속하지 않는다.

② 회사임원과의 차별

회사의 임원과 같이 근로기준법이 적용되지 않는 자의 퇴직금제도와 일반 근로자의 퇴직금제도간에 차등을 두는 것은 가능하다.

③ 제도운영 결과로 인한 차별

확정급여형퇴직연금제도·확정기여형퇴직연금제도·퇴직금제도간에 서로 차등을 두어 설정하는 것은 금지된다. 하지만, 근로자별로 적용되는 퇴직급여제도가 달라서 근로자가 수령하는 급여수준이 제도 간에 다르다고 하더라도 이는 각 제도의 특성에 기인한 것으로 이는 차등에 속하지 않는다.

다. 위반시 처벌조항

근로자퇴직급여보장법 제4조 제2항을 위반하여 하나의 사업 안에 퇴직급여제도를 차등하여 설정한 자는 2년 이하의 징역 또는 1천만 원 이하의 벌금에 처한다.

(3) 제도의 변경

가. 제도 선택 및 변경

근로자퇴직급여보장법 제4조 제3항의 규정에 따라 사용자가 퇴직급여제도를 설정하거나 설정된 퇴직급여제도를 다른 종류의 퇴직급여제도로 변경하려는 경우에는 근로자의 과반수가 가입한 노동조합이 있는 경우에는 그 노동조합, 근로자의 과반수가 가입한 노동조합이 없는 경우에는 근로자 과반수(이하 "근로자대표")의 동의를 받아야 한다.

나. 제도 내용의 변경

근로자퇴직급여보장법 제4조 제4항의 규정에 따라 사용자가 현재 적용하고 있는 퇴직급여제도의 내용을 변경하려는 경우에는 근로자대표의 의견을 들어야 한다. 다만, 근로자에게 불리하게 변경하려는 경우에는 근로자대표의 동의를 받아야 한다. 당해 사업에 근로자 과반수로 조직된 노동조합이 없는 경우 근로자의 과반수의 동의를 얻어야 하는데, 이때 동의를 얻는 방식은 사용자측의 개입이나 간섭이 배제된 상태에서 집단적 회의방식에 의한 의사결정방식이어야 하며 근로자의 찬반의사의 표시에 관한 동의방식은 무기명도 가능할 것이다.[18)]

(4) 퇴직급여제도의 미설정에 따른 처리

근로자퇴직급여보장법 제11조의 규정에 따라 사용자가 퇴직급여제도나 개인형퇴직연금제도를 설정하지 않은 경우에는 근로자퇴직급여보장법 제8조 제1항에 따른 퇴직금제도를 설정한 것으로 본다. 즉, 사용자는 계속근로기간 1년에 대하여 30일분 이상의 평균임금을 퇴직금으로 퇴직 근로자에게 지급할 수 있는 제도를 설정한 것으로 본다는 의미이다.

(5) 새로 성립된 사업의 퇴직급여제도

2011년 7월 25일 이후 새로 성립(합병·분할된 경우는 제외)된 사업의 사용자는 근로자대표의 의견을 들어 사업의 성립 후 1년 이내에 확정급여형퇴직연금제도나 확정기여형퇴직연금제도를 설정하여야 한다(근로자퇴직급여보장법 제5조). 이 경우 제도 설정을 위해서는 근로자대표의 동의가 아니라 의견을 듣도록 하고 있어 기존의 제도 설정 절차보다는 다소 완화된 조건을 가지고 있다.

(6) 수급권의 보호

근로자퇴직급여보장법 제7조의 규정에 따라 퇴직연금제도의 급여를 받을 권리는 양도하거나 담보로 제공할 수 없다. 다만, 주택구입 등 대통령령이 정하는 일정한 사유와 요건을 갖춘 경우에는 퇴직연금제도의 급여를 받을 권리를 담보로 제공할 수 있다. 수급권

---

18) 행정해석 2006. 1. 16. 퇴직급여보장팀-147.

을 담보로 제공하는 경우에도 그 상한을 정하고 있다(같은법 시행령 제2조).

가. 수급권을 담보로 제공할 수 있는 경우

① 무주택자인 가입자가 본인 명의로 주택을 구입하는 경우

② 가입자, 가입자의 배우자 또는 부양가족 등이 6개월 이상 요양을 요하는 경우

③ 담보를 제공하는 날부터 역산하여 5년 이내에 가입자가 파산선고를 받은 경우

④ 담보를 제공하는 날부터 역산하여 5년 이내에 가입자가 회생절차개시 결정을 받은 경우

⑤ 그 밖에 천재지변 등으로 피해를 입는 등 고용노동부장관이 정하는 경우

나. 담보제공 한도

위의 수급권을 담보로 제공할 수 있는 경우라도 ①에서 ④까지는 가입자별 적립금의 100분의 50, ⑤의 경우에는 천재지변 등으로 입은 가입자의 피해정도 등을 고려하여 고용노동부장관이 정하여 고시하는 한도 내에서 담보제공이 가능하다.

다. 담보대출

근로자퇴직급여보장법 제7조 제2항의 규정에 따라 일정한 사유와 요건을 갖춘 경우에는 퇴직연금사업자는 제공된 급여를 담보로 한 대출이 이루어질 수 있도록 협조하여야 한다.

(6) 가입자에 대한 둘 이상의 퇴직연금제도 설정

근로자퇴직급여보장법 제6조는 해당 사업장에서 노사가 설정할 수 있는 퇴직연금제도를 다양화하기 위해 확정급여형퇴직연금제도 및 확정기여형퇴직연금제도를 함께 설정하는 경우 부담금 수준과 설정비율 등을 정하도록 하고 있다.

가. 부담금 수준

사용자가 가입자에 대하여 확정급여형퇴직연금제도와 확정기여형퇴직연금제도를 함께 설정하는 경우 확정급여형퇴직연금제도의 급여 및 확정기여형퇴직연금제도의 부담금 수준은 다음과 같다.

① 확정급여형퇴직연금제도의 급여

가입자의 퇴직일을 기준으로 산정한 일시금이 계속근로기간 1년에 대하여 30일분의 평균임금에 상당하는 금액 이상에 해당하는 급여수준에 확정급여형퇴직연금규약으로 정

하는 설정비율을 곱한 금액으로 한다.

② 확정기여형퇴직연금제도의 부담금

가입자의 연간 임금총액의 12분이 1이상에 해당하는 부담금의 부담수준에 확정기여형퇴직연금규약으로 정하는 설정비율을 곱한 금액으로 한다.

나. 설정비율

사용자는 가입자에 대한 둘 이상의 퇴직연금제도 설정시 확정급여형퇴직연금제도의 급여 및 확정기여형퇴직연금제도의 부담금 각각의 설정비율의 합이 1이상이 되도록 퇴직연금규약을 정하여 퇴직연금제도를 설정하여야 한다.

제 3 절 퇴직연금제도

1. 확정급여형퇴직연금제도

(1) 설정요건

확정급여형퇴직연금제도를 설정하려는 사용자는 근로자대표의 동의를 얻거나 의견을 들어 확정급여형퇴직연금규약을 작성한 후 고용노동부장관에게 신고하여야 한다(근로자퇴직급여보장법 제13조). 근로자대표란 과반수로 조직된 노동조합이 있는 경우에는 그 노동조합, 근로자의 과반수가 가입한 노동조합이 없는 경우에는 근로자의 과반수를 말한다(같은 법 제4조 제3항).

확정급여형퇴직연금규약에 기재하여야 할 14가지 사항에 대해서는 제4절 퇴직연금규약에서 설명하고 있다.

(2) 가입기간 및 급여수준

가입기간은 퇴직연금제도의 설정 이후 해당 사업에서 근로를 제공하는 기간으로 하며, 퇴직연금제도의 설정 전에 해당 사업에서 제공한 근로기간도 소급하여 가입기간으로 할 수 있다. 이 경우 퇴직금을 미리 정산한 기간은 제외한다(근로자퇴직급여보장법 제14조). 과거의 근로기간을 가입기간으로 하는 경우에는 당해 과거근로기간에 대하여 법령에서 정한 수준의 부담금을 적립하여야 할 것이다.

급여수준은 가입자의 퇴직일을 기준으로 산정한 일시금이 계속근로기간 1년에 대하여 30일분의 평균임금에 상당하는 금액 이상이 되도록 하여야 한다(같은 법 제15조).

(3) 사용자의 지급능력을 확보하기 위한 방법

가. 기준책임준비금 산정

기준책임준비금이란 사용자가 퇴직연금급여의 지급능력을 확보하기 위하여 얼마를 적립하는 것이 좋은지를 제시하는 기준이 되는 금액을 말한다. 비용예상액과 수입예상액 등을 산정하여 기준책임준비금을 계산하게 되는데, 기초율을 사용하여 예상 퇴직시점의 급여를 산출하고 이를 예상 가입기간 단위로 배분하여 할당하는 방법과, 해당 가입자의 가입기간에 대하여 급여수준을 곱하여 예상급여를 산출한 후 가입자별 예상급여를 합하는 방법 2가지에 의해 산정된다.

근로자퇴직급여보장법 제16조 제1항은 확정급여형퇴직연금제도의 기준책임준비금을 다음의 ①과 ②에 해당하는 금액 중에서 더 큰 금액으로 정하도록 하고 있다.

① 매 사업년도 말일 현재를 기준으로 산정한 가입자의 예상 퇴직시점까지의 가입기간에 대한 급여에 드는 비용 예상액의 현재가치에서 장래 근무기간분에 대하여 발생하는 부담금 수입 예상액의 현재가치를 뺀 금액으로서 고용노동부령으로 정하는 방법에 따라서 산정한 금액

② 가입자와 가입자였던 사람의 해당 사업년도 말일까지의 가입기간에 대한 급여에 드는 비용 예상액을 고용노동부령으로 정하는 방법에 따라 산정한 금액

나. 최소적립금 이상 적립의무 부과

근로자퇴직급여보장법 제16조 제1항은 사용자는 적립금을 기준책임준비금에 100분의 60 이상으로 대통령령으로 정하는 비율을 곱하여 산출한 금액 이상으로 적립하여야 한다고 규정하고 있다. 이는 사용자의 급여 지급능력을 확보하기 위한 필요한 조치이다. 기준책임준비금에 대통령령으로 정한 적립금 비율을 곱하여 산출된 적립금을 "최소적립금"이라고 한다.

같은 법 시행령 제5조 제1항에서 구체적으로 시기에 따라 비율을 정하고 있는데 최소적립 비율은 점차적으로 확대되는 것으로 규정하고 있다.

① 2012년 7월 26일부터 2013년 12월 31일까지의 기간: 100분의 60

② 2014년 1월 1일부터 2015년 12월 31일까지의 기간: 100분의 70

③ 2016년 1월 1일부터 2017년 12월 31일까지의 기간: 100분의 80

④ 2018년 1월 1일 이후: 고용노동부령으로 정하는 100분의 80 이상

다. 퇴직연금제도 설정 이전 근로한 기간에 대한 적립비율

근로자퇴직급여보장법 제16조 제1항 단서에서 퇴직연금제도 설정 이전에 해당 사업에서 근로한 기간(이를 '과거근로기간'이라 한다)을 가입기간에 포함시키는 경우에는 대통령령으로 별도로 정하는 비율에 따른다 라고 규정하고 있으며, 같은 법 시행령 제5조 제2항은 '대통령령으로 별도로 정하는 비율'을 이는 해당 근로기간에 대한 기준책임준비금 대비 적립금 비율로서 과거근로기간의 연수와 가입 후 연차의 구분에 따라 고용노동부장관이 정하여 고시하는 비율을 말한다 라고 규정하고 있다.

라. 적립금 부족 해소방법

사용자는 최소적립금의 확인 결과 적립금이 최소적립금의 95% 수준에 미치지 못하는 경우에는 다음과 같은 방법으로 적립금 부족을 해소하여야 한다(근로자퇴직급여보장법 제16조 제3항).

① 사용자는 적립금 부족을 3년 이내에 균등하게 해소할 수 있도록 부족 금액에 대한 자금 조달방안, 납입 계획 등의 내용을 포함한 계획서(이하 "재정안정화계획서"라고 한다)를 구체적으로 작성하고 3년간 보존할 것

② 사용자는 제6조에 따라 퇴직연금사업자로부터 재정검증 결과를 통보받은 날부터 60일 이내에 근로자의 과반수가 가입한 노동조합이 있는 경우에는 그 노동조합, 근로자의 과반수가 가입한 노동조합이 없는 경우에는 전체 근로자와 퇴직연금사업자에게 재정안정화계획서를 통보할 것

③ 사용자는 적립금 부족분을 충당하기 위한 부담금을 납입하는 등 재정안정화계획서를 성실하게 이행할 것

운용관리업무를 수행하는 퇴직연금사업자는 매 사업연도 종료 후 6개월 이내에 해당 사업의 적립금이 최소적립금을 상회하고 있는지 여부를 확인(이를 '재정검증'이라 함)하여 그 결과를 사용자에게 통보한다. 사용자가 재정검증결과를 통보받은 날부터 60일 이내에 재정안정화계획서를 작성하지 아니하거나 근로자대표 또는 퇴직연금사업자에게 통보하지 아니하는 경우에는 법 제48조의 규정에 따라 5백만 원 이하의 과태료가 부과될 수 있다.

마. 적립금 초과분의 처리

매 사업연도 말 적립금이 기준책임준비금을 초과하는 경우 사용자는 그 초과분을 향

후 납입할 부담금에서 상계할 수 있으며, 매 사업연도 말 적립금이 기준책임준비금의 150%를 초과하고 사용자가 반환을 요구하는 경우 퇴직연금사업자는 그 초과분을 사용자에게 반환할 수 있다(근로자퇴직급여보장법 제16조 제4항).

(4) 퇴직연금사업자의 적립금 산정 및 고지의무

가. 적립금 산정의무

확정급여형퇴직연금제도의 운용관리업무를 수행하는 퇴직연금사업자는 퇴직연금 적립금이 얼마인지 정기적으로 산정하여야 한다(같은 법 시행규칙 제6조). 매 사업연도 말 직전 12개월간의 시가(時價) 평균에 따른 금액으로 산정하여야 하며, 이 경우 산정된 금액이 사업연도 말 현재 시가에 따라 산정된 금액의 100분의 90이하 또는 100분의 110 이상이 될 때에는 각각 100분의 90 또는 100분의 110으로 산정하여야 한다. 이렇게 산정하였음에도 불구하고 손실이 확정되었거나 예금·적금 등 특정시점까지 시간이 지나면서 자산가치가 일정하게 상승하는 운용방법의 경우에는 사업연도 말 시가를 적용하여 산정하여야 한다.

나. 최소적립금 현황에 대한 연금사업자의 통보

확정급여형퇴직연금제도의 운용관리업무를 수행하는 퇴직연금사업자는 매 사업연도 종료 후 6개월 이내에 고용노동부령으로 정하는 바에 따라 산정된 적립금이 최소적립금을 상회하고 있는지 여부를 확인하여 그 결과를 사용자에게 알려야 한다. 이 경우에는 적립금의 부족 여부, 적립금 및 부담금 납입 현황, 재정안정화계획서 작성 여부 등을 서면으로 알려야 한다. 만일 최소적립금 보다 적립금이 적다면 그 때에는 근로자의 과반수가 가입한 노동조합이 있는 경우에는 그 노동조합에 서면으로 알리고, 근로자의 과반수가 가입한 노동조합이 없는 경우에는 전체 근로자에게 서면, 사내 게시 또는 정보통신망에 의한 방법으로 알려야 한다(근로자퇴직연금보장법 제16조 제2항).

(5) 부담금 산정 및 납입

가. 부담금의 종류 및 의의

확정급여형퇴직연금제도의 부담금에는 표준부담금, 보충부담금, 특별부담금이 있다(같은 법 시행규칙 제3조 제1항). 표준부담금은 퇴직연금제도의 설정 이후 표준부담금을 산출하는 시점에서 장래 근무기간분에 대하여 발생하는 급여를 충당하기 위한 부담금을 말한다. 보충부담금은 퇴직연금제도의 설정 전의 과거 근무기간분에 대하여 발생하는 급여를 충당하기 위한 부담금으로, 이는 10년 이내에 충당할 수 있도록 산정하여야 한다. 특별부담금은 급여 지급능력 확보 여부 등을 확인한 결과 적립금이 일정 수준에 미치지 못하는 경우 이를 충당하기 위한 부담금을 말한다.

나. 부담금 산정방법

부담금은 예상이율, 예상임금상승률, 예상퇴직률, 예상사망률 등(이하 "기초율"이라고 한다)을 기초로 산정한다(같은 법 시행규칙 제3조 제2항). 기초율은 3년마다 산출하되, 부담금의 기초가 된 기초율이 실제 상황과 현저한 차이가 발생하는 경우 다시 산출하여야 한다(같은 법 시행규칙 제3조 제3항).

예상이율은 산출 직전 사업연도 말을 기준으로 자본시장과금융투자업에관한법률시행령 제307조 제2항 제3호에 따라 채무증권의 매매거래(증권시장 밖에서의 매매거래만 해당한다)에 대한 정보 관리 및 공시에 관한 업무를 수행하는 법인이 발표하는 10년 만기 국고채의 36개월 평균수익률로 한다(같은 법 시행규칙 제3조 제4항). 예상이율을 제외한 기초율은 해당 사업 또는 사업장의 경험통계를 기초로 하여야 한다. 다만, 다음의 경우에는 고용노동부장관 또는 보험개발원장이 발표하는 자료를 활용한 기초율을 이용할 수 있다. 퇴직연금사업자는 부담금을 산정하는데 사용한 기초율을 선택하는 등의 경우에 그 합리적 근거를 분명히 밝혀야 한다.

① 해당 사업이 성립된 지 3년 미만인 경우(다만 합병·분할로 인하여 설립된 경우는 제외)

② 화재 등으로 경험통계 자료를 분실한 경우

③ 경험통계를 장래 예측을 위해 사용하기에 부적합한 경우

다. 추가 부담금의 납입

가입자는 사용자가 부담하는 적립금 외에 스스로 부담하는 추가 부담금을 개인형퇴직연금계좌에 납입할 수 있다.

(6) 급여종류 및 수급요건

가. 수급요건

확정급여형퇴직연금제도의 급여 종류는 연금 또는 일시금으로 하되, 수급요건은 다음과 같다(근로자퇴직급여보장법 제17조 제1항).

① 연금은 55세 이상으로서 가입기간이 10년 이상인 가입자에게 지급할 것(이 경우 연금의 지급기간은 5년 이상이어야 한다)

② 일시금은 연금수급 요건을 갖추지 못하거나 일시금 수급을 원하는 가입자에게 지

급할 것

나. 지급기한

사용자는 가입자의 퇴직 등 급여를 지급할 사유가 발생한 날부터 14일 이내에 퇴직연금사업자로 하여금 적립금의 범위에서 지급의무가 있는 급여 전액을 지급하도록 하여야 한다. 다만, 퇴직연금제도 적립금으로 투자된 운용자산 매각이 단기간에 이루어지지 아니하는 등 특별한 사정이 있는 경우에는 사용자, 가입자 및 퇴직연금사업자 간의 합의에 따라 지급기일을 연장할 수 있다(근로자퇴직급여보장법 제17조 제2항).

다. 급여수준 부족시 처리방안

사용자는 퇴직연금사업자가 지급한 급여수준이 근로자퇴직급여보장법 제15조에 따른 급여수준(가입자의 퇴직일을 기준으로 산정한 일시금이 계속근로기간 1년에 대하여 30일분의 평균임금에 상당하는 금액 이상)에 미치지 못할 때에는 급여를 지급할 사유가 발생한 날부터 14일 이내에 그 부족한 금액을 해당 근로자에게 지급하여야 한다. 이 경우 특별한 사정이 있는 경우에는 당사자 간의 합의에 따라 지급기일을 연장할 수 있다(같은 법 제17조 제3항).

라. 급여의 지급방법

급여의 지급은 가입자가 지정한 개인형퇴직연금제도의 계정으로 이전하는 방법으로 한다(근로자퇴직급여보장법 제17조 제4항). 가입자가 개인형퇴직연금제도의 계정을 지정하지 않은 경우에는 해당 퇴직연금사업자가 운영하는 계정에 이전한다. 이 경우 가입자가 해당 퇴직연금사업자에게 개인형퇴직연금제도를 설정한 것으로 본다(같은 법 제17조 제5항). 다만, 해당 퇴직연금사업자가 복수인 경우에는 1개 사업자를 선정하여 사전에 규약에 정한다.

마. 개인형퇴직연금제도의 계정으로의 이전 예외 사유

근로자퇴직급여보장법 제17조 제4항 단서에서 가입자가 55세 이후에 퇴직하여 급여를 받는 등 대통령령으로 정하는 사유가 있는 경우에는 개인형퇴직연금제도의 계정으로 이전하는 지급방법에 대한 예외를 인정하고 있다. 이러한 법 규정에 따라 같은 법 시행령 제9조에서 개인형퇴직연금제도로의 이전 예외 사유로 다음과 같이 규정하고 있다.

① 가입자가 55세 이후에 퇴직하여 급여를 받는 경우

② 가입자가 급여를 담보로 대출받은 금액 등을 상환하기 위한 경우(이 경우 가입자가 지정한 개인형퇴직연금제도의 계정으로 이전하지 아니하는 금액은 담보대출 채무상환 금액을 초과할 수 없다)

③ 퇴직급여액이 고용노동부장관이 정하는 금액(2012년 10월 현재 150만원) 이하인 경우

(7) 운용현황의 통지

확정급여형퇴직연금제도의 퇴직연금사업자는 매년 1회 이상 적립금액 및 운용수익률 등을 가입자에게 알려야 한다(근로자퇴직급여보장법 제18조). 또한 퇴직연금사업자는 매년 1회 이상 적립금액 및 운용수익률 등을 다음 각호의 하나에 해당하는 방법으로 가입자에게 알려야 한다(같은 법 시행규칙 제7조).

① 우편 발송

② 서면 교부

③ 정보통신망에 의한 전송

④ 그 밖에 이에 준하는 방식으로서 운용관리업무의 위탁계약을 체결할 때 당사자가 합의한 방법

2. 확정기여형퇴직연금제도

(1) 설정요건

확정기여형퇴직연금제도를 설정하려는 사용자는 근로자대표의 동의를 얻거나 의견을 들어 확정기여형퇴직연금규약을 작성하여 고용노동부장관에게 신고하여야 한다(근로자퇴직급여보장법 제19조). 확정기여형퇴직연금규약에기재하여야 할 15가지 필요사항은 뒤의 연금규약에서 설명하도록 한다.

(2) 가입기간 및 급여수준

확정기여형퇴직연금제도의 가입기간, 급여의 종류, 수급요건과 급여지급 절차 및 방법, 운용현황의 통지는 확정급여형퇴직연금제도와 동일하다.

(3) 부담금의 부담수준 및 납입

가. 부담금의 부담수준

사용자는 가입자의 연간 임금총액의 12분의 1 이상에 해당하는 부담금을 현금으로 가입자의 확정기여형퇴직연금제도 계정에 납입하여야 한다(근로자퇴직급여보장법 제20조 제

1항). 즉 사용자는 연간 1회 이상 가입자의 연간 임금총액의 12분의 1을 부담금으로 납부하여야 한다. 만약 근로자가 당해 연도에 휴업을 실시하여 연간 임금총액이 낮아질 경우에는 휴업의 사유에 따라 달리 적용하여야 한다. 수습사용기간, 업무상 부상이나 질병, 산전휴가기간, 육아휴직기간, 사업주의 귀책으로 인한 휴업, 적법한 쟁의행위기간, 병역법 등의 의무이행기간 및 업무외 부상이나 질병 기타의 사유로 사용자의 승인을 얻어 휴업한 기간에 대해서는 해당 기간의 임금을 제외한 연간 임금총액을 해당 기간을 제외한 기간으로 나눈 금액을 부담금으로 납부하여야 할 것이며, 무단결근 등 근로자 귀책사유로 인한 휴업인 경우에는 유·무급을 불문하고 연간 지급된 임금총액의 12분의 1의 금액을 부담금으로 납부하여야 한다.[19)]

나. 추가부담금의 납입

가입자는 사용자가 부담하는 부담금 외에 스스로 부담하는 추가 부담금을 가입자의 확정기여형퇴직연금제도 계정에 납입할 수 있다(근로자퇴직급여보장법 제20조 제2항).

다. 부담금 납입기한과 지연이자

사용자는 매년 1회 이상 정기적으로 부담금을 가입자의 확정기여형퇴직연금제도 계정에 납입하여야 한다. 이 경우 사용자가 정해진 기일(규약에서 납입기일을 연장할 수 있도록 한 경우에는 그 연장된 기일)까지 부담금을 납입하지 않은 경우 그 다음 날부터 부담금을 납입한 날까지 지연 일수에 대하여 연 100분의 40 이내의 범위 내에서 은행법에 따른 은행이 적용하는 연체금리, 경제적 여건 등을 고려하여 대통령령으로 정하는 이율에 따른 지연이자를 납입하여야 한다(근로자퇴직급여보장법 제20조 제3항). 같은 법 시행령 제11조는 지연이자 이율을 ① 부담금을 납입하기로 정해진 날짜의 다음 날을 기산일로 하여 가입자의 퇴직 등 급여를 지급할 사유가 발생한 날부터 14일(당사자 간의 합의에 따라 납입 날짜를 연장한 경우 그 연장된 날짜)까지의 기간: 연 100분의 10 ② ①에서 정한 기간의 다음 날부터 부담금을 납입하는 날까지의 기간: 연 100분의 20으로 규정하고 있다.

사용자가 천재지변, 그 밖에 대통령령으로 정하는 사유에 따라 부담금 납입을 지연하는 경우 그 사유가 존속하는 기간에 대하여는 연체금리를 적용하지 아니한다(같은 법 제20조 제4항). 같은 법 시행령 제12조는 지연이자 적용제외 사유를 근로기준법 시행령 제18조의 사유와 같다고 규정하고 있다. 근로기준법 시행령 제18조의 지연이자 적용제외 사유는 다음과 같다.

---

19) 행정해석 2006. 3. 8. 퇴직급여보장팀-719.

① 임금채권보장법 시행령 제4조 각 호의 어느 하나에 해당하는 경우

② 채무자회생및파산에관한법률, 국가재정법, 지방자치법 등 법령상의 제약에 따라 임금 및 퇴직금을 지급할 자금을 확보하기 어려운 경우

③ 지급이 지연되고 있는 임금 및 퇴직금의 전부 또는 일부의 존부를 법원이나 노동위원회에서 다투는 것이 적절하다고 인정되는 경우

④ 그 밖에 제1호부터 제3호까지의 규정에 준하는 사유가 있는 경우

사용자는 가입자의 퇴직 등 대통령령으로 정하는 사유가 발생한 때에 그 가입자에 대한 부담금을 미납한 경우에는 그 사유가 발생한 날부터 14일 이내에 제1항에 따른 부담금 및 제3항 후단에 따른 이연이자를 해당 가입자의 확정기여형퇴직연금제도 계정에 납입하여야 한다. 다만, 특별한 사정이 있는 경우에는 당사자 간의 합의에 따라 납입기일을 연장할 수 있다(같은 법 제20조 제5항).

가입자는 퇴직할 때에 받을 급여를 갈음하여 그 운용 중인 자산을 가입자가 설정한 개인형퇴직연금제도의 계정으로 이전해 줄 것을 해당 퇴직연금사업자에게 요청할 수 있고(같은 법 제20조 제6항), 퇴직연금사업자는 가입자의 요청이 있는 경우 그 운용 중인 자산을 가입자의 개인형퇴직연금제도 계정으로 이전하여야 한다. 이 경우 확정기여형퇴직연금제도 운영에 따른 가입자에 대한 급여는 지급된 것으로 본다(같은 법 제20조 제7항).

(4) 적립금 운용방법 및 정보제공

퇴직연금사업자는 반기마다 1회 이상 위험과 수익구조가 다른 세 가지 이상의 적립금 운용방법을 제시하여야 하고(같은 법 제21조 제2항), 가입자는 적립금의 운용방법을 스스로 선정할 수 있으며, 반기마다 1회 이상 적립금의 운용방법을 변경할 수 있다(같은 법 제21조 제1항). 또한 퇴직연금사업자는 운용방법별 이익 및 손실의 가능성에 관한 정보 등 가입자가 적립금의 운용방법을 선정하는 데 필요한 정보를 제공하여야 한다(같은 법 제21조 제3항).

위험과 수익구조가 서로 다른 적립금의 운용방법 여부는 운용방법에 해당하는 금융상품의 수익의 확정여부, 수익발생패턴 및 변동폭, 구성하고 있는 기초자산 및 운용대상, 취급금융기관 및 발행자 등을 종합적으로 고려하여 개별적으로 판단한다. 다만, 일반적으로 위험과 수익구조가 서로 다른 적립금 운용방법으로 판단할 수 있는 기준을 예시하면 다음과 같다.[20]

20) 행정해석 2006. 10. 27. 퇴직급여보장팀-4098.

① 예·적금·보험, 유가증권, 간접투자증권은 각각 서로 다른 운용방법으로 본다. 다만, 운용대상(기초자산을 포함한다)이 동일한 경우에는 그러하지 않는다.

② 동일한 운용방법의 경우에도 운용대상(파생상품의 경우 기초자산)이 다르다면 서로 다른 운용방법이라고 할 수 있다.

③ 원리금 보장 운용방법과 실적배당형 운용방법은 서로 다른 운용방법으로 본다.

④ 종류가 다른 유가증권이라 하더라도 발행인이 동일한 경우에는 서로 다른 운용방법이라고 볼 수 없다.

(5) 적립금 중도인출

근로자는 주택구입 등 다음의 사유가 발생하면 적립금을 중도 인출 할 수 있다(같은 법 제22조).

① 무주택자인 가입자가 본인 명의로 주택을 구입하는 경우

② 가입자, 가입자의 배우자 또는 생계를 같이하는 부양가족이 질병 또는 부상으로 6개월 이상 요양을 하는 경우

③ 담보를 제공하는 날부터 역산하여 5년 이내에 가입자가 채무자회생및파산에관한법률에 따라 파산선고를 받은 경우

④ 담보를 제공하는 날부터 역산하여 5년 이내에 가입자가 채무자회생및파산에관한법률에 따라 개인회생절차개시 결정을 받은 경우

⑤ 그 밖에 천재지변 등으로 피해를 입는 등 고용노동부장관이 정하여 고시하는 사유와 요건에 해당하는 경우

(6) 운용현황의 통지

퇴직연금사업자는 가입자에게 가입자별 적립금의 운용수익 및 운용방법별 구성비율 등의 운용현황을 알려야 한다. 운용 현황의 통지 방법은 확정급여형퇴직연금과 동일하다.

또한 퇴직연금사업자는 부담금이 납입 예정일부터 1개월 이상 미납된 경우와 적립금 운용수익률이 현저히 변동한 경우 등 고용노동부장관이 정하여 고시하는 기준에 해당하는 경우에는 운용현황의 구체적인 내용을 그 사유가 발생한 날부터 7일 이내에 가입자에게 알려야 한다.

3. 개인형퇴직연금제도(IRP)

(1) 설정요건과 시행취지

개정된 근로자퇴직급여보장법은 개인퇴직계좌(IRA)의 통산기능을 유지·강화하고 가입자 적용범위를 확대한 개인형퇴직연금제도(IRP)를 도입하였다. 이에 따라 퇴직연금사업자는 개인형퇴직연금제도를 운영할 수 있고, 법정 조건을 만족시키는 사람은 개인형퇴직연금제도를 설정할 수 있게 되었다.

개인형퇴직연금제도를 설정할 수 있는 사람은 ① 퇴직급여제도의 일시금을 수령한 사람, ② 확정급여형퇴직연금제도 또는 확정기여형퇴직연금제도의 가입자로서 자기의 부담으로 개인형퇴직연금제도를 추가로 설정하려는 사람, ③ 자영업자 등 안정적인 노후소득 확보가 필요한 사람[21]이다(근로자퇴직급여보장법 제24조). 따라서 퇴직금제도의 적용을 받는 퇴직금제도 설정 사업장에서 재직 중인 근로자는 개인형퇴직연금제도 설정대상이 아니다.[22]

종전의 개인퇴직계좌(IRA)는 근로자가 중간정산 또는 퇴직할 때 받은 퇴직일시금을 은퇴시점까지 적립하여 각종 금융상품으로 운용하다가 연금 등 노후자금으로 활용할 수 있도록 설정한 저축계정으로, 회사의 이직 또는 퇴직 시에 받은 퇴직일시금을 적립하는 '퇴직급여 전용계좌'이다. 따라서 IRA는 가입여부를 가입자 자신이 선택하고, 퇴직일시금의 80% 이상, 퇴직 후 60일 이내로 제한하는 가입조건이었다. 하지만 2012년 7월 26일 이후부터는 퇴직할 때 받은 퇴직일시금 등은 반드시 IRP로 이전하여야 한다.

개인퇴직계좌(IRA)에서 개인형퇴직연금(IRP)으로 개정한 취지는 근로자의 퇴직급여가 개인형퇴직연금으로의 자동이전 되도록 하여 퇴직연금 가입자의 노후재원을 보존은 물론, 개인형퇴직연금 확대를 통해 퇴직연금을 활성화하고자 하는데 그 목적이 있다.

(2) 부담금 납입과 한도 규제

개인형퇴직연금제도를 설정한 사람은 자기의 부담으로 개인형퇴직연금제도의 부담금을 납입한다(같은 법 제24조 제3항). 다만, 대통령령으로 정한 연간 1천 200만원(개인형퇴직연금제도의 계정이 여러 개인 경우에는 부담금의 합계액)을 초과하여 부담금을 납입할 수 없다.

---

21) 자영업자 등은 근로자퇴직급여보장법 전면개정법 시행(2012.7.26) 후 5년이 경과한 날부터 적용된다.

22) 고용노동부 근로복지과(2012. 9. 17), 「근로자퇴직급여보장법령 FAQ(1)」.

(3) 적립금 운용방법과 운용에 관한 정보제공

개인형퇴직연금제도 적립금의 운용방법 및 운용에 관한 정보제공에 관하여는 확정기여형퇴직연금제도의 적립금 운용방법 및 정보제공(같은 법 제21조)과 동일하다(같은 법 제24조 제4항).

(4) 급여 종류별 수급요건 및 중도인출

개인형퇴직연금제도의 급여 종류별 수급요건 및 중도인출에 관하여는 같은 법 시행령 제18조에서 다음과 같이 규정하고 있다.

① 연금: 55세 이상인 가입자에게 지급(경우 연금 지급기간은 5년 이상이어야 한다)

② 일시금: 55세 이상으로서 일시금 수급을 원하는 가입자에게 지급

또한 가입자가 확정기여형퇴직연금제도의 중도인출 사유에 해당하는 경우 적립금을 중도인출할 수 있다. 이와같이 법령으로 규정된 사유에 해당하는 경우에만 중도인출을 허용하고 있기 때문에 개인형퇴직연금제도(IRP)의 일부해지는 불가능하며, 이전받을 IRP는 하나의 계정으로 지정하여야 한다.[23)]

(5) 운용현황의 통지

퇴직연금사업자는 가입자에게 적립금의 운용수익 및 운용방법별 구성비율 등의 운용현황을 알려야 한다. 운용현황의 통지방법은 확정급여형퇴직연금과 동일하다.

또한 퇴직연금사업자는 부담금이 납입 예정일부터 1개월 이상 미납된 경우와 적립금 운용수익률이 현저히 변동한 경우 등 고용노동부장관이 정하여 고시하는 기준에 해당하는 경우에는 운용현황의 구체적인 내용을 그 사유가 발생한 날부터 7일 이내에 가입자에게 알려야 한다.

4. 10인 미만을 사용하는 사업에 대한 특례(IRP 특례)

(1) 퇴직급여제도 설정

상시 10인 미만의 근로자를 사용하는 사업의 경우 사용자가 개별 근로자의 동의를 받거나 근로자의 요구에 따라 개인형퇴직연금제도를 설정하면 해당 근로자에 대하여 퇴

---

23) 고용노동부 근로복지과(2012. 9. 17), 윗글.

직급여제도를 설정한 것으로 보며(근로자퇴직급여보장법 제25조 제1항), 이 경우 다음 사항을 준수하여야 한다(같은 법 제25조 제2항).

① 사용자가 퇴직연금사업자를 선정하는 경우에 개별 근로자의 동의를 받아야 한다. 다만, 근로자가 요구하는 경우에는 스스로 퇴직연금사업자를 선정할 수 있다.

② 사용자는 가입자별로 연간 임금총액의 12분의 1 이상에 해당하는 부담금을 현금으로 가입자의 개인형퇴직연금제도 계정에 납입하여야 한다.

③ 사용자가 부담하는 부담금 외에 가입자의 부담으로 추가 부담금을 납입할 수 있어야 한다.

④ 사용자는 매년 1회 이상 정기적으로 ②항에 다른 부담금을 가입자의 개인형퇴직연금제도 계정에 납입하여야 한다. 이 경우 납입이 지연된 부담금에 대한 지연이자의 납입에 관하여 DC제도의 부담금에 대한 지연이자와 그 예외사유를 준용한다.

⑤ 그 밖에 근로자의 급여 수급권의 안정적인 보호를 위하여 대통령령으로 정하는 사항을 준수한다.

(2) 부담금 납입 및 지연이자

사용자는 개인형퇴직연금제도 가입자의 퇴직 등 대통령령으로 정하는 사유가 발생한 때에 해당 가입자에 대한 부담금을 납입하지 아니한 경우에는 그 사유가 발생한 날부터 14일 이내에 그 부담금과 지연이자를 해당 가입자의 개인형퇴직연금제도의 계정에 납입하여야 한다. 다만, 특별한 사정이 있는 경우에는 당사자 간의 합의에 따라 납입 기일을 연장할 수 있다(같은 법 제25조 제3항).

(3) 급여 종류별 수급요건

개인형퇴직연금제도의 급여 종류별 수급요건은 확정급여형퇴직연금제도와 동일하다(같은 법 제17조 제1항).

(4) 수수료 부담

사용자가 납입하는 부담금에 대한 수수료는 사용자가 부담하고, 확정기여형퇴직연금제도 및 10인 미만 특례가입자가 추가로 납입하는 추가 부담금에 대한 수수료는 가입자가 부담한다.

제 4 절 퇴직연금규약

1. 퇴직연금규약의 의의

(1) 규약의 의의

퇴직연금규약은 사업 및 사업장에서 퇴직연금에 대하여 근로자와 사용자가 협의하여 정하여 놓은 규칙으로 이해할 수 있다. 즉, 퇴직연금은 근로자와 사용자의 고용관계를 전제로 성립되는 급부이기 때문에 퇴직연금규약은 이러한 근로조건에 대하여 근로자와 사용자가 협의하여 정한 규칙으로 이해될 수 있을 것이다. 근로자퇴직급여보장법은 퇴직연금규약에 대하여 별도의 정의규정을 두고 있지 않으며 그 법적지위에 대해서도 규정한 바가 없다.

(2) 규약의 성격

퇴직연금규약은 퇴직연금제도 운영에 관한 사항을 기재한 것이고 사용자가 근로자대표의 동의를 얻어 작성하도록 하고 있기 때문에 이는 당해 사업장의 퇴직연금제도 운영에 대한 노사간의 약정으로 볼 수 있다.[24]

퇴직연금규약은 퇴직연금제도의 설계서에 해당하는 것으로 법정사항을 모두 포함하고 있어야 하며, 그 밖의 사항 또는 법정수준을 상회하는 수준의 내용은 노사 간 합의에 의해 자율적으로 결정할 수 있다.

2. 퇴직연금규약의 작성

(1) 작성 절차

퇴직연금제도를 설정하려는 사용자는 근로자퇴직급여보장법 제13조 및 제19조에 따라 근로자대표의 동의를 얻거나 의견을 들어 퇴직연금규약을 작성하여 고용노동부장관에게 신고하여야 한다. 근로자대표는 당해 사업에 근로자의 과반수로 조직된 노동조합이 있는 경우에는 그 노동조합, 근로자의 과반수로 조직된 노동조합이 없는 경우에는 근로자의 과반수를 의미한다.

---

24) 행정해석 2007. 1. 5. 퇴직급여보장팀－47.

하나의 사업장에서 확정급여형퇴직연금제도와 확정기여형퇴직연금제도를 설정하고자 하는 경우에는 각각에 맞는 규약을 모두 작성하여야 한다.

(2) 규약의 기재사항

가. 확정급여형퇴직연금제도의 규약 기재사항

확정급여형퇴직연금제도의 규약에 포함되어야 하는 사항은 다음과 같다(근로자퇴직급여보장법 제13조).

① 퇴직연금사업자 선정에 관한 사항

② 가입자에 관한 사항

③ 가입기간에 관한 사항

④ 급여수준에 관한 사항

⑤ 급여 지급능력 확보에 관한 사항

⑥ 급여의 종류 및 수급요건에 관한 사항

⑦ 제28조에 따른 운용관리업무 및 제29조에 따른 자산관리업무의 수행을 내용으로 하는 계약의 체결 및 해지와 해지에 따른 계약의 이전에 관한 사항

⑧ 운용현황의 통지에 관한 사항

⑨ 가입자의 퇴직 등 급여 지급사유 발생과 급여의 지급절차에 관한 사항

⑩ 퇴직연금제도의 폐지·중단 사유 및 절차 등에 관한 사항

⑪ 그 밖에 확정급여형퇴직연금제도의 운영을 위하여 대통령령으로 정하는 사항

또한 같은 법 시행령 제4조는 확정급여형퇴직연금제도 규약에 추가로 기재해야 하는 사항을 다음과 같이 규정하고 있다.

① 부담금의 산정 및 납입에 관한 사항

② 법 제28조에 따른 운용관리업무와 법 제29조에 따른 자산관리업무의 수행에 대한 수수료의 부담에 관한 사항

③ 가입자에 대한 교육의 방법 및 절차 등에 관한 사항

④ 복수의 퇴직연금사업자와 운용관리업무에 관한 계약을 체결한 경우 업무의 처리방안에 관한 사항. 이 경우 법 제17조 제5항에 따라 가입자가 개인형퇴직연금제도의 계정을 지정하지 아니하는 경우 급여를 이전할 퇴직연금사업자의 지정에 관한 사항을 포함한다.

참고로 복수의 퇴직연금사업자와 운용관리업무에 관한 계약을 체결한 사용자는 그 퇴직연금사업자 중 하나를 대표 퇴직연금사업자로 선정하여 운용관리업무를 하도록 해야

한다. 이 때 대표 퇴직연금사업자는 '간사기관'이라 하고, 간사기관의 역할에 대하여는 뒤에서 살펴보도록 한다.

퇴직연금제도 시행 이전에 근무한 기간에 대해서는 노사협의로 사업장 실정에 맞추어 규약에 자율적으로 정할 수 있다. 구체적으로는 시행 이전 기간으로 소급적용하는 방안, 추후에 근로자 퇴직시 퇴직금으로 지급하는 방안, 퇴직금을 중간정산하는 방안 등 다양한 방법이 가능하다.

나. 확정기여형퇴직연금제도의 규약 기재사항

확정기여형퇴직연금제도의 규약에 포함되어야 하는 사항은 다음과 같다(같은 법 제19조).

① 부담금의 부담에 관한 사항
② 부담금의 납입에 관한 사항
③ 적립금의 운용에 관한 사항
④ 적립금의 운용방법 및 정보의 제공 등에 관한 사항
⑤ 적립금의 중도인출에 관한 사항
⑥ 제13조제1호부터 제3호까지 및 제6호부터 제10호까지의 사항
⑦ 그 밖에 확정기여형퇴직연금제도의 운영에 필요한 사항으로서 대통령령으로 정하는 사항

같은 법 시행령 제10조는 확정기여형퇴직연금제도 규약에 추가로 기재하여야 하는 사항을 다음과 같이 규정하고 있다.

① 운용관리업무 및 자산관리업무의 수행에 대한 수수료의 부담에 관한 사항
② 가입자에 대한 교육의 방법 및 절차 등에 관한 사항

(3) 복수의 퇴직연금제도 도입시

하나의 사업장은 노사 합의에 따라 확정급여형퇴직연금제도와 확정기여형퇴직연금제도를 함께 설정할 수 있다. 복수의 퇴직연금제도를 도입하는 경우에는 퇴직연금규약을 각각의 제도에 대하여 각각 작성하여야 하여야 한다.[25]

또한 근로자퇴직급여보장법 제6조는 하나의 사업장이 확정급여형퇴직연금제도 및 확정기여형퇴직연금제도를 혼합하여 설정할 수 있도록 규정하고 있다. 만약 사업장에서 혼

25) 행정해석 2006. 1. 17. 퇴직급여보장팀-168.

합형퇴직연금제도를 설정하고자 한다면 혼합형퇴직연금제도 규약을 작성하여 신고하면 된다. 이 때 이 규약에 각 제도별 부담금 수준과 비율을 정하되 각각의 설정비율의 합이 1 이상이 되도록 하며, 한 사업장 내에서는 하난의 비율만을 설정할 수 있다.

(4) 회사 합병이나 분할시 규약의 처리방법

회사가 다른 회사를 흡수 합병하면서 퇴직급여 지급과 관련된 자산 및 부채를 포괄 승계하기로 한 경우라면, 흡수 합병하는 회사의 퇴직연금규약을 변경하여 다시 근로자대표의 의견을 들어야 한다. 혹시 더 불리하게 변경되는 사항이 있다면 근로자대표의 동의를 얻어야 한다(같은 법 제4조 제4항). 흡수 합병되는 회사의 퇴직연금규약은 효력을 상실하게 되고, 흡수 합병되는 회사의 퇴직연금은 이전하면 된다.

퇴직연금을 도입한 사업장이 기존회사와 신규회사로 분할될 경우에는 신규회사의 근로자대표의 동의를 얻거나 의견을 들어 퇴직연금규약을 작성하여 사업장 관할 지방고용노동관서에 제출하여야 한다.[26)]

같은 법 제5조는 2011년 개정법이 시행되는 2012년 7월 26일 이후 새로 성립되는 사업은 근로자대표의 의견을 들어 사업의 성립 후 1년 이내에 확정급여형퇴직연금제도나 확정기여형퇴직연금제도를 설정하여야 한다라고 규정하고 있지만, '새로 성립되는 사업'에는 합병되거나 분할되는 사업은 포함되지 않는다고 규정하고 있다.

3. 퇴직연금규약의 신고

사용자는 근로자 대표의 동의를 얻어 법정 기재사항을 포함하는 내용으로 작성된 퇴직연금규약을 고용노동부장관에게 신고해야 한다(같은 법 제13조 및 제19조). 법은 퇴직연금규약을 작성할 때 근로자대표의 동의를 얻도록 하고 있기 때문에 사용자가 퇴직연금규약 신고 시 근로자들이 퇴직연금규약의 내용을 주지하고 과반수가 그 내용에 동의를 하였다는 것을 증빙하는 자료를 함께 제출해야 한다.[27)]

26) 행정해석 2010. 8. 5. 임금복지과－498.

27) 행정해석 2006. 1. 16. 퇴직급여보장팀－147.

4. 승인을 받아야 하는 규약

(1) 표준규약과 표준계약서

퇴직연금사업자가 둘 이상의 사용자를 대상으로 하나의 확정기여형퇴직연금제도 설정을 제안하려는 경우에는 고용노동부장관의 승인을 받아야 한다(같은 법 제23조). 승인을 받아야 하는 사항은 표준규약에 관한 사항(같은 법 제23조 제1호)과 표준계약서에 관한 사항(같은 법 제23조 제2호)이다.

(2) 표준규약의 내용

고용노동부장관의 승인을 받아야 하는 표준규약에 기재되어야 하는 내용은 확정기여형퇴직연금규약의 법정 기재사항과 ① 표준규약으로 설정되는 확정기여형퇴직연금제도의 특성과 이를 반영한 명칭, ② 가입대상 사업의 범위 또는 특성에 관한 사항, ③ 적립금 운용방법 및 그 선정기준, ④ 탈퇴할 수 있는 사유 및 절차 등에 관한 사항, ⑤ 수수료에 관한 사항, ⑥ 그 밖의 둘 이상의 사용자가 참여하는 확정기여형퇴직연금제도의 합리적인 운영에 필요한 사항으로서 고용노동부장관이 정하는 사항 등이다.

(3) 표준계약서의 내용

고용노동부장관의 승인을 받아야 하는 표준계약서는 운용관리업무 및 자산관리업무에 관한 것으로 ① 법 제23조 제1호에 따른 표준규약의 이행에 관한 사항, ② 둘 이상의 사용자가 참여하는 확정기여형퇴직연금제도의 운영과 관련한 비용 산출 및 부담에 관한 사항, ③ 운용관리업무와 자산관리업무의 계약 해지·변경의 사유 및 절차 등에 관한 사항, ④ 그 밖에 가입자의 수급권 보장에 필요한 사항으로서 고용노동부장관이 정하여 고시하는 사항이다.

제 5 절 퇴직연금사업자

1. 퇴직연금사업자의 등록

(1) 퇴직연금사업자의 요건

근로자퇴직급여보장법 제26조의 규정에 따라 ① 자본시장과금융투자업에관한법률에 따른 투자매매업자, 투자중개업자 또는 집합투자업자, ② 보험업법 제2조제6호에 따른 보험회사, ③ 은행법 제2조제1항제2호에 따른 은행, ④ 신용협동조합법 제2조제2호에 따른 신용협동조합중앙회, ⑤ 새마을금고법 제2조제3항에 따른 새마을금고중앙회, 산업재해보상보험법 제10조에 따른 근로복지공단(근로복지공단의 퇴직연금사업 대상은 상시 30인 이하의 근로자를 사용하는 사업에 한한다), ⑥그 밖에 ①~⑥에 준하는 자로서 대통령령으로 정하는 자는 재무건전성 및 인적·물적 요건 등 대통령령으로 정하는 요건을 갖추어 고용노동부장관에게 등록해야 한다.

(2) 재무건전성 요건

퇴직연금사업자로 등록하려는 자 중 투자매매업자나 집합투자업자, 보험회사, 은행 등은 금융산업의구조개선에관한법률 제10조 제1항에 따른 자기자본비율이 같은 조 제2항에 따라 금융위원회가 정하여 고시하는 기준 이상이어야 한다. 신용협동조합중앙회 및 새마을금고중앙회는 자기자본비율이 앞서 언급된 투자매매업자, 보험회사, 은행 등 중 업무·재무구조가 가장 유사한 자에게 적용되는 기준 이상이어야 한다. 근로복지공단의 경우 법률에 따라 설치된 기금으로부터 출연 받을 수 있는 법적 근거를 갖추고 있어야 한다.

(3) 인적·물적 요건

퇴직연금사업자로 등록하려는 자는 금융위원회가 정하여 고시하는 바에 따라 운용관리업무 또는 자산관리업무에 관한 전문성이 있는 인력과 업무수행에 필요한 전산요원 등 필요한 인력을 갖추고 있어야 한다. 운용관리업무 중 일부 업무를 위탁하는 경우에는 해당 업무에 관한 인력을 갖춘 것으로 본다. 다만, 연금제도 설계 및 연금 계리 업무를 수행하고자 할 경우, ① 보험업법 제182조제1항에 따라 등록된 보험계리사로 ② 퇴직연금, 퇴직일시금 신탁 또는 퇴직보험 업무에 1년 이상 종사한 경력이 있고, ③ 금융위원회가 정하는 연금제도의 설계 및 연금 계리에 관한 업무교육을 이수한 연금 계리 전문인력을 반드시 갖추어야 한다.

2. 퇴직연금사업자의 등록취소 및 이전명령

(1) 퇴직연금사업자 등록취소 및 등록말소

퇴직연금사업자가 해산한 경우나 거짓 혹은 그 밖의 방법으로 등록을 한 경우 퇴직연금사업자 등록이 취소되며, 등록이 취소된 날부터 3년간은 퇴직연금사업자 등록을 할 수 없다.

또한 사업자의 사정에 따라 등록요건을 갖추지 못한 경우나 감독 과정에서 고용노동부장관 또는 금융위원회의 명령에 따르지 않은 경우 시정명령 조치를 받거나 퇴직연금사업자 등록 취소 조치를 받을 수 있다.

한편, 퇴직연금제도 관련 업무를 중단하려는 퇴직연금사업자는 고용노동부장관에게 등록의 말소를 신청하여야 한다. 이 경우 등록이 말소된 퇴직연금사업자는 말소된 날부터 2년간 퇴직연금사업자 등록을 할 수 없다.

(2) 퇴직연금사업자 등록취소 및 등록말소에 따른 가입자 보호조치

고용노동부장관은 근로자의 퇴직급여 등 수급권 보호를 위하여 필요하다고 인정하면 등록이 취소되거나 말소되는 퇴직연금사업자에게 동의를 받아 그 업무의 전부 또는 일부를 다른 퇴직연금사업자에게 이전할 것을 명할 수 있다. 이 때 등록취소 처분을 받거나 등록말소를 신청한 퇴직연금사업자는 다음과 같은 가입자 보호조치를 하여야 한다.

① 사용자와 가입자에 대한 등록취소 또는 등록말소 사실과 가입자 보호조치 내용의 통지

② 운용관리업무 또는 자산관리업무에 관한 계약의 해지·변경에 따른 사용자 및 가입자의 금전적 손실의 보상

③ 다른 퇴직연금사업자에게 적립금을 이전하고 해당 사업과 가입자의 퇴직연금제도를 계속 운영하는데 필요한 자료 등의 제공

④ 그 밖에 사용자 또는 가입자에게 끼칠 수 있는 불합리한 피해를 예방하기 위하여 필요한 조치로서 고용노동부장관이 정하는 조치

3. 퇴직연금사업자의 업무

(1) 운용관리업무

가. 확정급여형퇴직연금제도 운용관리업무

① 사용자 또는 가입자에 대한 적립금 운용방법 및 운용방법별 정보의 제공

② 연금제도 설계 및 연금 계리(計理)

③ 적립금 운용현황의 기록·보관·통지

④ 사용자 또는 가입자가 선정한 운용방법을 자산관리업무를 수행하는 퇴직연금사업자에게 전달하는 업무

⑤ 그 밖에 운용관리업무의 적절한 수행을 위하여 대통령령으로 정하는 업무

나. 확정기여형퇴직연금제도 운용관리업무

① 사용자 또는 가입자에 대한 적립금 운용방법 및 운용방법별 정보의 제공

② 적립금 운용현황의 기록·보관·통지

③ 사용자 또는 가입자가 선정한 운용방법을 자산관리업무를 수행하는 퇴직연금사업자에게 전달하는 업무

④ 그 밖에 운용관리업무의 적절한 수행을 위하여 대통령령으로 정하는 업무

다. 운용관리업무의 수행

퇴직연금사업자는 선량한 관리자로서의 주의의무를 다해야 하며, 다음의 요건을 갖춘 운용방법을 제시하여야 한다.

① 운용방법에 관한 정보의 취득과 이해가 쉬울 것

② 운용방법 간의 변경이 쉬울 것

③ 적립금 운용결과의 평가 방법과 절차가 투명할 것

④ 확정기여형퇴직연금제도와 개인형퇴직연금제도의 경우에는 대통령령으로 정하는 원리금 보장 운용방법이 하나 이상 포함될 것

⑤ 적립금의 중장기 안정적 운용을 위하여 분산투자 등 대통령령으로 정하는 운용방법 및 기준 등에 따를 것

(2) 자산관리업무

퇴직연금사업자는 ① 계좌의 설정 및 관리, ② 부담금의 수령, ③ 적립금의 보관 및

관리, ④ 운용관리업무를 수행하는 퇴직연금사업자가 전달하는 적립금 운용지시의 이행, ⑤ 급여의 지급, ⑥ 그 밖에 자산관리업무의 적절한 수행을 위하여 정하는 업무 등의 자산관리업무를 담당한다.

한편, 사용자 또는 가입자는 계좌 설정 및 관리 계약을 체결하는 경우, 근로자 또는 가입자를 피보험자 또는 수익자로 하여 보험계약 또는 신탁계약의 방법으로 하되 다음의 요건을 갖추어야 한다.

① 적립금이 기준책임준비금의 100분의 150을 초과하고 사용자가 반환을 요구하는 경우 퇴직연금사업자는 사용자에게 그 초과분을 반환할 것

② 급여는 가입자가 퇴직하는 경우에 지급하는 것일 것

③ 가입자가 퇴직연금사업자에 대하여 직접 급여를 청구할 수 있을 것. 다만, 계속근로기간이 1년 미만인 가입자에 대한 적립금은 사용자에게 귀속되는 것이어야 함

④ 계약이 해지되는 경우 적립금은 가입자에게 지급되는 것일 것. 다만, 계속근로기간이 1년 미만인 가입자에 대한 적립금은 사용자에게 귀속되는 것이어야 함

(3) 모집업무의 위탁

가. 퇴직연금제도 모집업무 위탁

퇴직연금사업자는 퇴직연금제도를 설정하거나 가입할 자를 모집하는 업무로서 대통령령으로 정하는 업무를 다음 자격을 모두 갖춘 자(이하 “퇴직연금제도 모집인”)에게 위탁할 수 있다(근로자퇴직급여보장법 제31조 제1항).

퇴직연금제도 모집업무를 위탁한 경우에는 위탁받은 자를 고용노동부장관에게 등록해야 하며, 등록하지 않은 경우 퇴직연금제도 모집업무를 수행할 수 없으며, 등록된 모집인 이외의 자에게 모집업무를 위탁해서는 안된다.

① 제2항에 따라 고용노동부장관에게 등록된 자가 아닐 것

② 보험업법 제84조 및 제87조에 따라 금융위원회에 등록된 보험설계사와 개인인 보험대리점으로서 해당 분야에서 1년 이상의 경력이 있는 자, 자본시장과금융투자업에관한법률 제51조에 따라 한국금융투자협회에 등록한 투자권유대행인으로서 해당 분야에서 1년 이상의 경력이 있는 자, 그 밖에 고용노동부장관이 퇴직연금제도에 관한 전문성이 있다고 인정하는 자

③ 모집인 등록취소를 당한 자의 경우 그 등록이 취소된 날로부터 3년이 경과하였을 것

또한 퇴직연금사업자는 퇴직연금제도 모집인이 퇴직연금제도 모집업무를 수행함에 있어서 법령을 준수하고 건전한 거래질서를 해하는 일이 없도록 성실히 관리하여야 하며,

이를 위한 퇴직연금제도 모집업무수행기준을 정하여야 한다. 만약 퇴직연금제도 모집인이 업무 수행 중 사용자 또는 가입자에게 손해를 끼친 경우 민법 제756조를 준용하여 퇴직연금사업자가 배상책임을 지면, 이후 모집인에 대해 구상권을 행사할 수 있다.

나. 모집인 등록취소 및 모집업무 정지요건

① 법에서 정한 요건을 갖추지 못한 경우

② 다음의 준수사항을 위반한 경우

- 위탁한 업무를 다른 자에게 다시 위탁하지 아니할 것
- 허위 정보에 의한 모집행위 금지 등 퇴직연금제도의 적절한 운영을 위하여 필요한 사항

제 6 절 관계자의 책무와 벌칙

1. 사용자의 책무

(1) 성실이행의무

사용자는 법령 및 퇴직연금규약을 준수하고 가입자 등을 위하여 법령에서 정하는 사항에 대하여 성실하게 법에 따른 의무를 이행할 책임을 진다(근로자퇴직급여보장법 제32조 제1항). 이는 퇴직급여제도가 안정적으로 운영될 수 있도록 하기 위해 사용자에게 이행의무를 부과한 것으로 구체적으로는 다음과 같은 내용으로 되어 있다.

가. 퇴직급여에 관한 이행의무

퇴직금제도 또는 확정급여형퇴직연금제도를 설정하거나 운영하는 사용자는 임금피크제의 실시, 임금삭감 등으로 근로자의 급여액에 영향을 미칠 수 있는 경우 가입자에게 퇴직급여 수령액이 감소됨을 알리고, 근로자퇴직급여보장법 제4조 제3항에 따른 근로자대표와 확정기여형퇴직연금제도의 도입, 별도의 급여 산정기준 마련 등 필요한 방법을 협의하여야 한다. 이는 퇴직금이나 확정급여형퇴직연금의 경우 사용자가 지급의무를 지기 때문에 지급액이나 지급액 산정에 미치는 영향 등에 대하여 근로자에게 고지할 의무가 있기 때문이다.

확정기여형퇴직연금의 경우에는 연금급여의 관리 등에 대하여 근로자가 책임을 지고 있기 때문에, 사용자는 근로자대표와 이 제도를 도입할 것인지 그리고 도입한다면 어떤 산정 기준에 따라 부담금을 부담할 것인지 등을 협의할 의무가 있다고 할 것이다.

나. 퇴직연금사업자 선정의무

사용자는 운용관리업무와 자산관리업무의 수행, 관련 서비스 제공 등 퇴직연금제도 전반에 대한 능력과 전문성을 종합적으로 판단하여 퇴직연금사업자를 선정하여야 한다. 상시 300명 이상의 근로자를 사용하는 사업의 사용자는 같은 법 제13조(확정급여형퇴직연금제도의 설정)와 제19조(확정기여형퇴직연금제도의 설정)에 따른 퇴직연금규약을 신고하거나 퇴직연금사업자를 선정 또는 변경하는 경우에는 고용노동부장관에게 퇴직연금사업자 선정사유서나 변경사유서를 제출하여야 한다.

다. 자료 제공 의무

확정급여형퇴직연금제도에 가입한 사용자는 근로자퇴직급여보장법 제16조에 따라 급여지급 능력을 확보하기 위하여 최소적립금을 적립하여야 할 의무를 가진다. 최소적립금의 수준을 정하기 위해서는 제반 자료가 필요하기 때문에 사용자는 퇴직연금사업자에게 해당 자료를 제공할 의무를 진다. 단체협약, 취업규칙, 근로계약서, 급여명세서 등 부담금 산정에 필요한 자료도 제공하여야 한다.

라. 가입자 교육 협조 의무

같은 법 제32조 제2항에 따라 사용자는 퇴직연금 가입자에게 법으로 정하는 사항에 대하여 교육을 실시하여야 한다. 사용자가 퇴직연금사업자에게 가입자에 대한 교육을 위탁한 경우에는 집합교육을 실시할 수 있도록 협조하여야 한다.

(2) 가입자 교육

가. 실시 횟수

확정급여형 또는 확정기여형퇴직연금제도를 설정한 사용자는 매년 1회 이상 가입자에게 대통령령으로 정하는 사항에 관한 교육을 실시하여야 한다. 즉 퇴직연금제도를 시행한 날을 기산일로 하여 매년 1회 이상 퇴직연금제도에 대한 교육을 실시하여야 한다. 사용자는 퇴직연금사업자에게 그 교육의 실시를 위탁할 수 있다(같은 법 제32조 제2항). 매년 1회 이상 교육을 실시하지 않은 사용자에게는 1천만 원 이하의 과태료를 부과할 수 있다(같은 법 제48조 제1항 제1호).

나. 교육내용

사용자가 실시해야 하는 교육은 연금제도가 확정급여형냐 확정기여형이냐에 따라 각각 내용이 달라진다. 그러나 연금제도에 따라 달라지는 부분을 제외하면 퇴직연금제도 일반에 관한 내용들은 공통적으로 적용되는 부분이다.

<제도 일반에 관한 사항>

① 급여 종류에 관한 사항, 수급요건, 급여액 등 제도별 특징 및 자이점

② 담보대출, 중도인출, 지연이자 등 해당 사업의 퇴직연금제도 운영에 관한 사항

③ 급여 또는 부담금 산정의 기준이 되는 임금 등에 관한 사항

④ 퇴직시 급여 지급절차 및 개인형퇴직연금제도로의 적립금 이전에 관한 사항

⑤ 연금소득세, 퇴직소득세 등 과세 체계에 관한 사항

⑥ 해당 사업의 퇴직연금제도를 중단하거나 폐지하는 경우 그 처리방법

⑦ 가입자의 소득, 자산, 부채, 나이 및 근속년수 등을 고려한 자산·부채관리의 일반적 원칙과 노후 설계의 중요성에 관한 사항

<확정급여형퇴직연금제도>

① 급여 종류에 관한 사항, 수급요건, 급여액 등 제도별 특징 및 차이점

② 최근 3년간의 부담금 납입 현황

③ 급여종류별 표준적인 급여액 수준

④ 직전 사업년도 말 기준 최소적립금 대비 적립금 현황

⑤ 재정안정화계획서를 작성하는 경우 그 계획서 및 이행상황

⑥ 그 밖에 적립금 운용현황, 운용목표 등에 관한 사항

<확정기여형퇴직연금제도>

① 사용자의 부담금 수준, 납입시기 및 납입현황

② 둘 이상의 사용자가 참여하는 확정기여형퇴직연금제도의 경우 표준규약 및 표준계약서에 관한 사항

③ 분산투자 등 적립금의 안정적 운용을 위하여 행하는 투자원칙에 관한 사항

④ 퇴직연금사업자가 제시하는 집합투자증권 등 적립금 운용방법별 수익구조, 매도기준가, 투자위험 및 수수료 등에 관한 사항

다. 교육방법 및 절차

<제도 일반에 관한 내용>

제도 일반에 관한 내용은 가입자가 수시로 열람할 수 있도록 사내 정보통신망 또는 해당 사업장 등에 상시 게시하여야 한다. 다만, 제도 도입 후 제도 일반에 관한 내용에 대해 최초로 교육을 실시할 때에는 교육자료를 우편으로 발송하거나 직원연수, 조회, 회의, 강의 등 대면하여 전달하는 방식으로 해야 한다.

<확정급여형퇴직연금제도>

다음 각 목 중 하나 이상의 방법으로 실시한다.

① 서면 또는 전자우편 등을 통한 정기적인 교육자료의 발송

② 직원연수, 조회, 회의, 강의 등의 대면 교육의 실시

③ 정보통신망을 통한 온라인 교육의 실시

④ 해당 사업장 등에 상시 게시

<확정기여형퇴직연금제도 및 개인형퇴직연금제도>

다음 각 목 중 하나 이상의 방법으로 실시한다.

① 서면 또는 전자우편 등을 통한 정기적인 교육자료의 발송

② 직원연수, 조회, 회의, 강의 등의 대면 교육의 실시

③ 정보통신망을 통한 온라인 교육의 실시

<퇴직연금사업자에게 위탁교육을 하는 경우>

사용자가 근로자퇴직급여보장법시행규칙 제4조 제4항의 규정에 따라 운용관리업무를 수행하는 퇴직연금사업자에게 가입자교육을 위탁하여 실시하는 경우 사용자는 퇴직연금사업자와 교육시기, 구체적인 교육방법 등을 포함한 계약을 체결하고, 퇴직연금사업자는 대통령령 제32조에 따른 교육사항에 대하여 위탁계약의 내용에 따라 교육을 실시하여야 한다.

(3) 사용자 금지행위

퇴직연금제도를 설정한 사용자는 자기 또는 제3자의 이익을 도모할 목적으로 운용관리업무 및 자산관리업무의 수행계약을 체결하는 행위 및 그 밖에 퇴직연금제도의 적절한

운영을 방해하는 행위로서 대통령령으로 정하는 행위를 하여서는 아니된다(같은 법 제32조 제3항). 사용자가 자기의 이익이나 제3자의 이익을 위해 계약을 체결하는 경우, 사용자는 벌칙조항인 같은 법 제45조 제4호에 따라 2년 이하의 징역 또는 1천만 원 이하의 벌금에 처하게 된다. 이러한 벌칙조항은 법으로 사용자가 선량한 관리자로서 근로자를 위하여 퇴직연금제도를 운용 관리할 것을 정한데 대한 제도적 보장 장치로 이해할 수 있을 것이다. 또한 퇴직연금제도의 적절한 운영을 방해하는 법정 금지행위를 할 경우 사용자는 같은 법 제48조 제2항 제2호의 규정에 따라 500만 원 이하의 과태료를 부과 받는다. 구체적으로 대통령령으로 금지하는 행위는 다음과 같다.

① 운용관리업무 또는 자산관리업무를 수행하는 데 필요한 자료를 고의로 누락하거나 거짓으로 작성하여 퇴직연금사업자에게 제공하는 행위

② 퇴직연금사업자에게 약관 등에서 정해진 부가서비스 외의 경제적 가치가 있는 서비스의 제공을 요구하거나 제공받는 행위

③ 퇴직연금사업자에게 계약체결을 이유로 물품 등의 구매를 요구하거나 판매하는 행위

④ 퇴직연금사업자에게 확정되지 않은 운용방법의 수익을 확정적으로 제시할 것을 요구하거나 제공받는 행위

⑤ 재정안정화계획서를 작성하지 않거나 통보하지 않는 행위

2. 퇴직연금사업자의 책무

근로자퇴직급여보장법 제2조에서 '퇴직연금사업자'란 퇴직연금제도의 운용관리업무 및 자산관리업무를 수행하기 제26조에 따라 등록한 자를 말한다라고 의미한다라고 정의하고 있다. 2012년 6월 고용노동부 통계를 기준으로 볼 때 퇴직연금사업자는 은행 17개사, 생명보험회사 14개사, 손해보험회사 8개사, 증권사 18개사, 기타 1개사 등 총 58개사이다.

퇴직연금사업자는 법에 따라 퇴직연금업무를 성실하게 이행할 의무와 계약을 준수할 의무, 법에서 정하는 금지행위를 하지 않을 의무, 교육실시의무, 감독기관에 필요한 자료를 제공할 의무 등을 가진다.

(1) 성실이행의무

퇴직연금사업자는 근로자퇴직급여보장법을 준수하고 가입자를 위하여 성실하게 그

업무를 수행하여야 하는 성실이행의무를 가진다(같은 법 제33조 제1항).

(2) 계약준수의무

퇴직연금사업자는 같은 법 제28조의 규정에 따라 사용자 또는 가입자와 체결한 운용관리업무에 관한 계약 및 같은 법 제29조의 규정에 따라 체결한 자산관리업무에 관한 계약의 내용을 준수하여야 한다(같은 법 제33조 제2항).

(3) 법상 금지행위

퇴직연금사업자는 정당한 사유없이 다음과 같은 행위를 하여서는 아니된다(같은 법 제33조 제3항 및 제4항). 퇴직연금사업자가 이러한 법상의 금지행위를 하는 경우에는 같은 법 제44조 제4호에 따라 3년 이하의 징역 또는 2천만 원 이하의 벌금에 처하게 된다.

① 법 제28조 제1항에 따른 운용관리업무의 수행계약 체결을 거부하는 행위

② 법 제29조 제1항에 따른 자산관리업무의 수행계약 체결을 거부하는 행위

③ 특정 퇴직연금사업자와 계약을 체결할 것을 강요하는 행위

④ 계약체결시 가입자 또는 사용자의 손실의 전부 또는 일부를 부담하거나 부담할 것을 약속하는 행위

⑤ 가입자 또는 사용자에게 경제적 가치가 있는 과도한 부가적 서비스를 제공하거나 가입자 또는 사용자가 부담하여야 할 경비를 퇴직연금사업자가 부담하는 등 대통령령으로 정한 특별한 이익을 제공하거나 제공할 것을 약속하는 행위

⑥ 가입자의 성명 주소 등 개인정보를 퇴직연금제도의 운용과 관련된 업무수행에 필요한 범위를 벗어나서 사용하는 행위

⑦ 자기 또는 제3자의 이익을 도모할 목적으로 특정 운용 방법을 가입자 또는 사용자에게 제시하는 행위

⑧ 그 밖에 사용자 또는 가입자의 이익을 침해할 우려가 있는 행위로서 대통령령으로 정하는 행위(같은 법 시행령 제34조에서 금지하는 행위는 다음과 같다)

(a) 사용자 또는 가입자의 운용지시 등 업무수행과 관련하여 알게 된 정보를 자기 또는 제3자의 이익을 위하여 이용하는 행위

(b) 기존 대출을 연장하거나 신규대출을 연장하는 등 사용자, 가입자 또는 이들의 이해관계인에게 금융거래상의 혜택을 주는 조건으로 퇴직연금계약의 체결을 요구하는 행위

(c) 사용자 또는 가입자에게 특정한 운용방법의 선택을 강요하는 행위

(d) 사용자 또는 가입자에게 특정한 운용방법의 가치상승 또는 하락에 대한 단정적이거나 합리적 근거가 없는 판단을 제공하는 행위

(e) 적립금 운용방법 등에 있어 통상적인 조건을 벗어나 현저히 유리한 조건을 제시하는 행위

(f) 자신이 원리금 지급을 보장하는 운용방법의 금리 등을 사용자 또는 가입자에 따라 합리적 이유없이 차등 적용하는 행위

(g) 사용자 또는 가입자에게 확정되지 않은 운용방법의 수익을 확정적으로 제시하는 행위

(4) 가입자 교육

가. 교육내용

개인형퇴직연금제도를 운용하는 퇴직연금사업자는 해당 사업의 퇴직연금제도 운영상황 등 대통령령으로 정하는 사항에 대하여 매년 1회 이상 가입자에게 교육을 하여야 한다(같은 법 제33조 제5항). 매년 1회 이상 실시하지 않은 경우에는 1천만 원 이하의 과태료 처분을 받을 수 있다. 같은 법 시행령 제36조에서 정하는 구체적인 교육내용은 다음과 같다.

<개인형퇴직연금제도(법 제24조 제2항)의 경우>

① 개인형퇴직연금제도의 부담금 납입한도

② 개인형퇴직연금제도의 급여 종류별 수급요건 및 중도인출

③ 연금소득세, 퇴직소득세 등 과세체계에 관한 사항

④ 가입자의 소득, 자산, 부채, 나이 및 근속년수 등을 고려한 자산·부채관리의 일반적 원칙과 노후 설계의 중요성에 관한 사항

⑤ 분산투자 등 적립금의 안정적 운용을 위하여 행하는 투자원칙에 관한 사항

⑥ 퇴직연금사업자가 제시하는 집합투자증권 등 적립금 운용방법별 수익구조, 매도기준가, 투자 위험 및 수수료 등에 관한 사항

<10인 미만을 사용하는 사업에 대한 특례의 경우>

① 급여 종류에 관한 사항, 수급요건, 급여액 등 제도별 특징 및 차이점

② 담보대출, 중도인출, 지연이자 등 해당 사업의 퇴직연금제도 운영에 관한 사항

③ 급여 또는 부담금 산정의 기준이 되는 임금 등에 관한 사항

④ 퇴직시 급여 지급절차 및 개인형퇴직연금제도로의 적립금 이전에 관한 사항

⑤ 연금소득세, 퇴직소득세 등 과세 체계에 관한 사항

⑥ 해당 사업의 퇴직연금제도를 중단하거나 폐지하는 경우 그 처리방법

⑦ 가입자의 소득, 자산, 부채, 나이 및 근속년수 등을 고려한 자산·부채관리의 일반적 원칙과 노후 설계의 중요성에 관한 사항

⑧ 사용자의 부담금 수준, 납입시기 및 납입현황

⑨ 둘 이상의 사용자가 참여하는 확정기여형퇴직연금제도의 경우 표준규약 및 표준계약서에 관한 사항

⑩ 분산투자 등 적립금의 안정적 운용을 위하여 행하는 투자원칙에 관한 사항

⑪ 퇴직연금사업자가 제시하는 집합투자증권 등 적립금 운용방법별 수익구조, 매도기준가, 투자위험 및 수수료 등에 관한 사항

나. 교육방법 및 절차

제도 일반에 관한 내용은 가입자가 수시로 열람할 수 있도록 사내 정보통신망 또는 해당 사업장 등에 상시 게시하여야 한다. 다만, 제도 도입 후 제도 일반에 관한 내용에 대해 최초로 교육을 실시할 때에는 교육자료를 우편으로 발송하거나 직원연수, 조회, 회의, 강의 등 대면하여 전달하는 방식으로 해야 한다. 확정기여형퇴직연금제도의 교육은 다음 각 목 중 하나 이상의 방법으로 실시한다.

① 서면 또는 전자우편 등을 통한 정기적인 교육자료의 발송

② 직원연수, 조회, 회의, 강의 등의 대면 교육의 실시

③ 정보통신망을 통한 온라인 교육의 실시

(5) 제출 및 보고의무 등

가. 퇴직연금제도 취급실적 제출

퇴직연금사업자는 고용노동부령으로 정하는 바에 따라 퇴직연금제도의 취급실적을 사용자(개인형퇴직연금제도는 제외), 고용노동부장관 및 금융감독원장에게 제출하여야 한다(같은 법 제33조 제6항). 이를 위반한 퇴직연금사업자에게는 500만 원 이하의 과태료를 부과할 수 있다.

나. 약관이나 표준계약서의 변경 보고

퇴직연금사업자는 운용관리업무나 자산관리업무에 관한 계약 체결과 관련된 약관 또는 표준계약서를 제정하거나 변경하려는 경우에는 미리 금융감독원장에게 보고하여야 한

다. 다만, 근로자 또는 사용자의 권익이나 의무에 불리한 영향을 주지 아니하는 경우로서 금융위원회가 정하는 경우에는 약관 등의 제정 또는 변경 후 10일 이내에 금융감독원장에게 보고할 수 있다(같은 법 제33조 제7항).

다. 공시의무

퇴직연금사업자는 매년 말 적립금 운용 수익률 및 수수료 등을 금융위원회가 정하는 바에 따라 공시하여야 한다(같은 법 제33조 제8항).

3. 사용자 및 퇴직연금사업자에 대한 감독

(1) 사용자에 대한 감독

고용노동부장관은 사용자가 퇴직연금제도의 설정 또는 그 운영 등에 관하여 이 법 또는 퇴직연금규약에 위반되는 행위를 한 경우에는 기간을 정하여 그 위반의 시정을 명할 수 있다(근로자퇴직급여보장법 제35조 제1항). 사용자가 시정기간 이내에 시정명령에 따르지 아니하는 경우에는 퇴직연금제도 운영의 중단을 명할 수 있다(같은 법 제35조 제2항).

(2) 퇴직연금사업자에 대한 감독

가. 고용노동부장관의 감독

고용노동부장관은 퇴직연금사업자가 이 법을 위반하는 행위를 한 경우에는 기간을 정하여 그 위반의 시정을 명할 수 있다(같은 법 제36조 제1항). 퇴직연금사업자가 고용노동부장관의 시정명령에 따르지 아니하는 경우에는 이 법에 따라 수행하는 업무를 다른 퇴직연금사업자에게 이전을 명할 수 있다(같은 법 제36조 제2항).

나. 금융기관의 감독

금융위원회는 퇴직연금제도의 안정적 운영과 근로자의 수급권 보호를 위하여 운용관리업무와 자산관리업무에 관하여 퇴직연금사업자를 감독하고, 퇴직연금사업자가 이 법에서 정하고 있는 퇴직연금사업자의 책무를 위반한 경우에는 다음과 같은 조치를 할 수 있다(같은 법 제36조 제3항).

① 퇴직연금사업자에 대한 주의. 그 임원에 대한 주의 또는 그 직원에 대한 주의·견책·감봉·정직·면직의 요구

② 해당 위반행위에 대한 시정명령

③ 임원의 해임권고 또는 직무정지 요구

④ 6개월 이내의 영업의 일부정지

금융감독원장은 퇴직연금사업자의 업무 및 재산상황 등을 검사할 수 있고, 퇴직연금사업자가 보고한 약관 등이 이 법에 위배될 경우에는 변경이나 보완을 명할 수 있다(같은 법 제36조 제4항).

4. 보칙(補則)

(1) 퇴직연금제도의 폐지·중단시의 처리

가. 퇴직연금제도 폐지·중단시의 조치

퇴직연금제도가 폐지되거나 운영이 중단된 경우에는 폐지된 이후 또는 중단된 기간에 대하여는 퇴직금제도를 적용한다(근로자퇴직급여보장법 제38조 제1항). 퇴직연금제도가 폐지된 경우 사용자는 지체없이 적립금으로 급여를 지급하는데에 필요한 조치로서 미납 부담금의 납입 등 다음의 조치를 하여야 한다(같은 법 제38조 제2항).

① 사용자는 퇴직연금제도를 폐지한 날부터 1개월 이내에 고용노동부장관에게 다음의 사항을 포함한 폐지신고서를 제출하여야 한다. 이때 폐지신고서는 시행규칙의 별지 제2호 서식에 따르며 지방고용노동관서의 장에게 제출하도록 한다(같은 법 시행령 제38조 제1호, 시행규칙 제12조 참조)

(a) 퇴직연금제도 폐지에 대한 근로자대표의 동의

(b) 퇴직연금제도 폐지 사유 및 폐지일

(c) 퇴직연금제도 폐지일을 기준으로 산정된 해당 사업의 적립금 및 미납 부담금

(d) 미납 부담금의 납입 예정일 등 해소 방안(확정기여형퇴직연금제도)

② 사용자는 가입자에게 다음의 사항을 통지하여야 한다.

(a) 퇴직연금제도 폐지일을 기준으로 산정된 해당 사업의 적립금 및 미납 부담금

(b) 급여 명세 및 지급절차

(c) 퇴직연금제도 폐지에 따른 중간정산 대상 기간

(d) 미납 부담금의 납입 예정일 등 해소방안(확정기여형퇴직연금제도)

③ 사용자는 퇴직연금제도 폐지일부터 14일 이내에 미납 부담금을 납입하고 퇴직연금사업자가 급여를 지급하도록 하여야 한다(같은 법 시행령 제38조 제3호).

나. 퇴직연금제도 폐지시 급여 지급

퇴직연금제도가 폐지되어 가입자에게 급여를 지급하는 경우 사용자와 퇴직연금사업자는 급여를 가입자가 지정한 개인형퇴직연금제도의 계정으로 이전하는 방법으로 지급하여야 한다. 다만, 가입자가 개인형퇴직연금제도의 계정을 지정하지 아니한 경우에는 법 제17조 제5항을 준용하여 해당 퇴직연금사업자의 계정으로 이전하고, 해당 퇴직연금사업자에게 개인형퇴직연금제도를 설정한 것으로 본다(같은 법 제38조 제4항). 이때 가입자의 급여는 중간정산되어 받은 것으로 간주하며 중간정산 대상기간의 산정 등에 필요한 사항은 대통령령에서 정한다(같은 법 제38조 제5항). 대통령령으로 정하는 사항은 다음과 같다.

① 확정급여형퇴직연금제도의 경우 중간정산금은 사업별로 적립된 금액을 가입자별 근속기간·평균임금과 급여수준을 고려하여 안분(按分)하여 산정하고, 중간정산 대상기간은 중간정산금을 기준으로 환산한다(같은 법 시행령 제40조 제1호).

② 확정기여형퇴직연금제도와 개인형퇴직연금제도의 경우 중간정산 대상기간은 가입자별로 퇴직연금에 가입한 날부터 사용자가 납입한 부담금에 대응하는 기간의 마지막 날까지로 환산한다(같은 법 시행령 제40조 제2호).

다. 퇴직연금제도 중단시의 업무

퇴직연금제도가 중단되는 경우 사용자와 퇴직연금사업자는 적립금 운용에 필요한 업무 등 대통령령으로 정하는 다음의 기본적인 업무를 유지하여야 한다(같은 법 제38조 제3항).

① 사용자가 유지해야 하는 기본적인 업무는 다음과 같다(같은 법 시행령 제39조 제1호).

(a) 가입 근로자에게 제도 중단 사유 및 중단일, 재개시 일정, 미납 부담금이 있는 경우 그 납입 계획 등 제도 중단기간의 처리방안 등의 공지 개시

(b) 가입자 교육의 실시

(c) 퇴직연금제도 중단시에도 급여지급의 요청, 적립금의 운용 등과 관련하여 법령 등에 규정된 업무의 이행을 위해 필요한 조치

(d) 기타 퇴직연금제도의 연속성 유지 및 가입자 보호를 위하여 고용노동부장관이 정하는 업무

② 퇴직연금사업자가 유지해야 하는 기본적인 업무는 다음과 같다(같은 법 시행령 제39조 제2호).

(a) 가입자 퇴직 등에 따른 급여의 지급

(b) 위탁받은 가입자 교육의 실시

(c) 급여의 지급, 적립금 운용, 운용현황의 통지 등과 관련하여 법령 및 운용관리업무와 자산관리업무의 계약에서 정해진 업무
(d) 기타 퇴직연금제도의 연속성 유지 및 가입자 보호를 위하여 고용노동부장관이 정하는 업무

(2) 업무의 협조

고용노동부장관은 필요한 경우에 금융위원회 등 관련 기관에 자료의 제출을 요청할 수 있다. 이 경우 자료의 제출을 요청받은 기관은 정당한 사유가 없으면 이를 거부하여서는 아니 된다(같은 법 제39조).

(3) 보고 및 조사

고용노동부장관은 필요한 범위에서 사용자 및 퇴직연금사업자에게 퇴직연금제도의 실시 상황 등에 관한 보고, 관계 서류의 제출 또는 관계인의 출석을 요구할 수 있다(같은 법 제40조 제1항). 또한 소속 직원으로 하여금 퇴직연금제도를 실시하는 사업장 및 해당 퇴직연금사업자의 사업장에 출입하여 사용자 및 퇴직연금사업자 등 관계인에 대하여 질문하거나 장부 등 서류를 조사하게 할 수 있다(같은 법 제40조 제2항). 이때 그 직원은 권한을 나타내는 증표를 지니고 관계인에게 내보여야 한다(같은 법 제40조 제3항).

(4) 청 문

고용노동부장관은 법 제27조 제1항에 따른 등록취소 또는 제36조 제2항에 따른 이전명령을 하는 경우에는 청문을 하여야 한다(같은 법 제41조).

(5) 권한의 위임·위탁

근로자퇴직급여보장법에 따른 고용노동부장관의 권한은 대통령령으로 정하는 바에 따라 다음과 같은 권한을 금융위원회 또는 금융감독원장에게 위탁하거나 지방고용노동관서의 장에게 위임할 수 있다(같은 법 제42조 제1항).

가. 금융위원회에 위탁 가능한 권한

고용노동부장관은 법 제42조 제1항에 따라 다음의 권한을 금융위원회에 위탁한다(같은 법 시행령 제41조 제1항).

① 법 제26조에 따른 퇴직연금사업자의 등록

② 법 제27조에 따른 퇴직연금사업자에 대한 등록취소 및 업무 이전명령

③ 법 제31조 제6항에 따른 퇴직연금제도 모집인에 대한 등록취소 및 업무정지

④ 법 제36조 제1항 및 제2항에 따른 시정명령, 업무 이전명령

⑤ 법 제41조에 따른 청문

⑥ 법 제48조에 따른 퇴직연금사업자에 대한 과태료의 부과·징수

이때 금융위원회는 고용노동부장관과 미리 협의하여 ①부터 ⑥까지의 업무를 수행하는데 필요한 세부 기준을 정하여 고시할 수 있다(같은 법 시행령 제41조 제2항). 또한 ③에 따라 퇴직연금제도 모집인에 대한 등록취소 및 업무정지를 한 경우에는 그 내용 및 근거를 고용노동부장관에게 알려야 한다(같은 법 시행령 제41조 제3항).

금융위원회의 권한을 대통령령으로 정하는 바에 따라 그 일부를 금융감독원장에게 위탁할 수 있는데(같은 법 제42조 제2항), 위탁 가능한 권한은 법 제36조 제3항 제1호에 따른 퇴직연금사업자에 대한 주의, 그 임원에 대한 주의 또는 그 직원에 대한 주의·견책·감봉·정직 등의 조치(직원에 대한 면직 요구는 제외)에 관한 권한을 말한다(같은 법 시행령 제41조 제8항).

나. 금융감독원장에 위탁 가능한 권한

고용노동부장관은 법 제42조 제1항에 따라 다음의 권한을 금융감독원장에게 위탁한다(같은 법 시행령 제41조 제4항).

① 법 제23조 제2호에 따른 표준계약서의 승인

② 법 제31조 제7항에 따른 퇴직연금제도 모집인이 지켜야 할 준수사항의 위반 확인

이때 금융감독원장은 ②에 따른 확인 결과 퇴직연금제도 모집인이 준수사항을 위반한 사실이 있는 경우 그 내용을 금융위원회에 알려야 한다(같은 법 시행령 제41조 제5항). 한편 고용노동부장관은 사용자와 가입자를 보호하고 건전한 거래질서를 유지하기 위하여 필요하다고 인정하는 경우에는 금융감독원장에게 조사를 요구할 수 있으며, 금융감독원장은 이에 따라 조사를 한 후 그 결과를 고용노동부장관에게 서면으로 제출하여야 한다.

다. 지방고용노동관서에 위임 가능한 권한

고용노동부장관은 법 제42조 제1항에 따라 다음의 권한을 지방고용노동관서의 장에게 위임한다(같은 법 시행령 제41조 제7항).

① 법 제13조 또는 제19조에 따라 신고하는 퇴직연금규약의 접수

② 법 제35조에 따른 시정명령 및 퇴직연금의 운영중단 명령

③ 법 제40조 제1항에 따른 보고·서류제출 또는 출석요구, 같은 조 제2항에 따른 질

문·조사

④ 법 제48조에 따른 사용자에 대한 과태료의 부과·징수

⑤ 령 제31조 제2호 후단에 따른 퇴직연금사업자 선정·변경사유서의 접수

⑥ 령 제38조 제1호에 따른 퇴직연금제도 폐지의 신고 접수

5. 벌칙(罰則)

(1) 5년 이하의 징역 또는 3천만원 이하의 벌금

금융거래정보를 제공받아 알게 된 자는 그 알게 된 금융거래정보를 타인에게 제공 또는 누설하거나 그 목적 외의 용도로 이용할 경우 5년 이하의 징역 또는 3천만원 이하의 벌금에 처한다(같은 법 제43조).

(2) 3년 이하의 징역 또는 2천만원 이하의 벌금

다음의 어느 하나에 해당하는 자는 3년 이하의 징역 또는 2천만원 이하의 벌금에 처한다. 다만, ① 및 ②의 경우 피해자의 명시적인 의사에 반하여 공소를 제기할 수 없다(같은 법 제44조). 이는 반의사불벌죄에 해당된다.

① 법 제9조를 위반하여 퇴직금을 지급하지 아니한 자

② 근로자가 퇴직할 때에 법 제17조 제2항·제3항, 법 제20조 제5항 또는 법 제25조 제3항을 위반하여 급여를 지급하지 아니하거나 부담금 또는 지연이자를 납입하지 아니한 자

③ 법 제27조 제4항을 위반하여 가입자 보호조치를 하지 아니한 퇴직연금사업자

④ 법 제33조 제3항 및 제4항을 위반한 퇴직연금사업자

(3) 2년 이하의 징역 또는 1천만원 이하의 벌금

다음의 어느 하나에 해당하는 자는 2년 이하의 징역 또는 1천만원 이하의 벌금에 처한다(같은 법 제45조).

① 법 제4조 제2항을 위반하여 하나의 사업 안에 퇴직급여제도를 차등하여 설정한 자

② 법 제31조 제3항을 위반하여 고용노동부장관에 등록하지 아니하고 퇴직연금제도 모집업무를 수행한 자

③ 법 제31조 제4항을 위반하여 퇴직연금제도 모집인 이외의 자에게 모집업무를 위탁한 퇴직연금사업자

④ 법 제32조 제3항 제1호에 따른 책무(자기 또는 제3자의 이익을 도모할 목적으로 운용관

리업무 및 자산관리업무의 수행계약을 체결하여서는 아니된다)를 위반한 사용자

(4) 5백만원 이하의 벌금

다음의 어느 하나에 해당하는 자는 5백만원 이하의 벌금에 처한다(같은 법 제46조).

① 법 제4조 제3항·제4항 또는 법 제25조 제1항 및 제2항 제1호를 위반하여 근로자대표 또는 개별 근로자의 동의를 받지 아니하거나 의견을 듣지 아니한 사용자

② 법 제31조 제7항을 위반한 자

6. 양벌규정

법인의 대표자나 법인 또는 개인의 대리인, 사용인, 그 밖의 종업원이 그 법인 또는 개인의 업무에 관하여 법 제44조부터 제46조까지의 어느 하나에 해당하는 위반행위를 하면 그 행위자를 벌하는 외에 그 법인 또는 개인에게도 해당 조문의 벌금형을 과한다. 다만, 법인 또는 개인이 그 위반행위를 방지하기 위하여 해당 업무에 관하여 상당한 주의와 감독을 게을리하지 아니한 경우에는 그러하지 아니하다(근로자퇴직급여보장법 제47조). 이를 쌍벌규정이라고도 한다. 행정목적의 효율적 달성을 위하여 행위자와 함께 그 감독자의 감독책임을 물음으로써 단속의 실효를 거두려는데 그 취지가 있다. 행정법규의 벌칙규정에는 대부분 양벌규정을 두고 있다.

7. 과태료

과태료 부과는 1천만원 이하와 5백만 이하의 과태료로 구분된다. 먼저, 다음 각 호의 어느 하나에 해당하는 자에게는 1천만원 이하의 과태료가 부과된다(근로자퇴직급여보장법 제48조 제1항).

① 법 제32조 제2항에 따라 매년 1회 이상 교육을 하지 아니한 사용자

② 법 제33조 제5항에 따라 매년 1회 이상 교육을 하지 아니한 퇴직연금사업자

5백만원 이하의 과태료는 다음 각 호의 다음 각 호의 어느 하나에 해당하는 자에게는 부과한다(같은 법 제48조 제2항).

① 법 제13조에 따른 확정급여형퇴직연금규약 또는 법 제19조에 따른 확정기여형퇴직연금규약을 신고하지 아니한 사용자

② 법 제32조 제3항 제2호에 따른 책무(퇴직연금제도의 적절한 운영을 방해하는 행위를 하여서는 아니된다)를 위반한 사용자

③ 법 제33조 제2항(운용관리계약 및 자산관리계약의 내용준수) 및 제6항(퇴직연금제도 취급 실적의 제출)에 따른 책무를 위반한 퇴직연금사업자

상기 과태료는 다음의 부과기준에 따라 고용노동부장관이 부과·징수한다(같은 법 제48조 제3항, 같은 법 시행령 제42조).

제 7 절 건설근로자 퇴직금제도의 특례

1. 의 의

기존의 퇴직금제도는 주로 정규직 위주로 설계되어 있었기 때문에 건설일용근로자의 경우처럼 사실상 계속근로가 어려운 경우에는 퇴직금제도의 혜택을 받기가 어려웠다. 이러한 문제점을 해결하기 위해서 1996년 12월 31일에 건설근로자의고용개선등에관한법률을 제정하여 건설일용근로자에게 퇴직금제도와 같은 공제사업을 시행하고 있다. 건설근로자퇴직공제제도는 건설근로자의 고용환경개선을 위하여 제정된 건설근로자의고용개선등에관한법률에 의거 건설업에 종사하는 일용근로자가 건설업에서 퇴직하게 되는 경우 사업주가 납부한 공제부금에서 해당 근로자에게 퇴직공제금을 지급하는 것을 주요 내용으로 하는 제도이다. 이러한 건설근로자퇴직공제사업은 고용노동부장관의 인가를 받아 설립된 재단법인 형태의 건설근로자공제회가 주관하고 있다.

2. 공제제도의 가입대상

(1) 당연 가입대상 공사의 범위

건설근로자의고용개선등에관한법률 제10조 제1항 및 같은 법 시행령 제6조와 건설산업기본법 제87조 및 같은 법 시행령 제83조에서 건설근로자퇴직공제제도에 의무적으로 가입하여야 하는 당연 가입대상 공사를 규정하고 있다. 이를 공사예정금액과 공사규모별

로 정리해 보면 다음과 같다.

☞ 공사예정금액(설계금액+부가가치세+관급자재비)이 3억원 이상인 경우
① 국가 또는 지자체가 발주하는 공사
② 국가 또는 지자체가 출자 또는 출연한 법인이 발주하는 공사
③ 국가 또는 지자체가 출자 또는 출연한 법인이 납입자본금의 5할 이상을 출자한 법인(※정부재출자기관)이 발주하는 공사
④ 사회기반시설에대한민간투자법에 의한 민간투자사업으로 시행되는 공사

☞ 민간이 발주하는 100억원 이상의 공사

☞ 200호 이상
① 공동주택의 건설공사
② 200호 이상의 공동주택과 주거용 외의 용도가 복합된 건축물의 건설공사(※주상복합건물)
③ 오피스텔의 건설공사

(2) 공제제도 가입대상 사업주

공제제도 가입대상 사업주는 건설업을 행하는 자로서 관계법령에 의하여 면허·허가·등록 등을 받은 자를 말한다. 구체적으로는 건설산업기본법에 의한 건설업 외에 전기공사업법, 정보통신공사업법, 소방시설공사업법, 문화재수리에관한법률 등도 포함된다. 사업이 여러 차례의 도급에 의해 수행되는 경우에는 원수급인을 말한다. 원수급인이 서면계약으로 하수급인에게 공제부금의 납부를 인수한 경우에는 공제회의 승인을 받아 하수급인도 가입할 수 있다.

(3) 공제제도에 가입할 수 있는 근로자(피공제자)

공제제도에 가입하여 혜택을 받을 수 있는 근로자는 소속 및 등록업종에 관계없이 건설업에 종사하는 모든 근로자이다. 건설근로자의고용개선등에관한법률은 제11조에서 피공제자의 범위를 퇴직공제제도 이외의 퇴직금 제도를 통해서 혜택을 받을 수 있는 근로자는 피공제자에서 제외하는 형태로 수혜근로자의 범위를 정하고 있다. 같은 법 시행령 및 시행규칙에서 정하고 있는 피공제자가 될 수 없는 자의 범위는 다음과 같다.

① 기간을 정하지 아니하고 고용된 상용근로자

② 1년 이상의 기간을 정하여 고용된 근로자

③ 1일의 소정근로시간이 4시간 미만이고 1주간의 소정근로시간이 15시간 미만인 근로자

3. 퇴직공제관계 성립신고

당연가입 대상사업주는 사업시작일(실제착공일)로부터 14일 이내에 가입신청서와 필요한 서류를 구비하여 공제회에 신고하여야 한다. 신고는 원칙적으로 원수급인이 하여야 하나, 다음의 승인기준을 모두 충족하는 경우에는 하수급인도 별도로 성립신고가 가능하다.

① 건설산업기본법, 전기공사업법, 정보통신공사업법, 소방시설공사업법, 문화재수리등에관한법률에 따라 건설업을 등록한 자 일 것

② 하도급 공사의 공사금액(공사계약서의 계약금액)이 10억원 이상

③ 원·하수급인간에 공제부금 납부에 관한 사항을 하도급 계약서에 밝힐 것

④ 퇴직공제 가입에 드는 비용을 하도급금액산출명세서에 밝힐 것

당연가입 대상 공사가 아닌 임의가입대상공사의 경우에는 원수급인 또는 하수급인이 각각의 해당공사에 대하여 각각 따로 가입할 수 있다.

4. 퇴직공제의 이행

(1) 근로일수 신고(매월 15일까지)

공제가입사업주는 매달 다음달 15일까지 피공제자별 근로일수와 납부한 공제부금의 금액을 신고하여야 한다. 근로일수 1일의 기준은 근로기준법에 의한 소정근로시간 기준(1일=8시간)으로 산정한다. 8시간에 미달한 날은 다른 날의 근로시간을 합산하여 8시간이 된 경우에 1일로 신고하여야 한다. 근로계약서나 구두합의 등에 따라 당사자간의 약정 유급휴일이 있는 경우에는 그 유급휴일일수도 근로일수에 포함하여 신고하여야 한다.

(2) 공제부금의 납부

퇴직공제에 가입한 사업주는 피공제자의 임금을 지급할 때마다 해당 피공제자의 근

로일수에 상응하는 공제부금을 매월 근로자가 근로한 달의 다음달 15일까지 공제회에 납부하여야 한다. 공제부금의 금액은 1일 1천원 이상 5천원 이하의 범위에서 공제회가 고용노동부장관의 승인을 받아서 정한다. 공제부금은 해마다 인상되는 추세에 있으며, 2012년 4월 1일 이후 착공한 해당공사의 경우에는 근로자별 1일공제부금액이 4,200원이다. 납부방법은 공제회 홈페이지를 이용하거나 인터넷 또는 금융기관을 통한 지로납부 방식이 있다.

(3) 퇴직공제금의 지급

공제회는 공제부금의 납부월수가 12개월 이상인 피공제자가 건설업에서 퇴직하거나 사망한 경우나 60세에 이른 경우에는 공제부금의 납부월수를 고려하여 대통령령으로 정하는 기준에 따라 피공제자나 그 유족에게 퇴직공제금을 지급하여야 한다. 퇴직공제금은 납부한 공제금액에 기준이자율로 산정된 이자를 더하여 산정한 금액으로 한다. 공제회는 공제부금의 납부개월수가 48개월 이상인 경우에는 고용노동부장관의 승인을 받아 공제회가 정하는 특별퇴직공제금을 추가로 지급할 수 있다. 공제회는 퇴직공제금 및 특별퇴직공제금을 일시금으로 지급하여야 한다.

공제부금의 납부월수는 퇴직공제에 가입한 사업주에 고용되어 근로한 일수를 기준으로 하여 계산한다. 퇴직공제금의 지급기준이 되는 납부월수는 납부일수 21일분을 1개월로 보아 공제부금의 총 납부일수를 21일로 나누어 산정하게 된다. 피공제자가 둘 이상의 퇴직공제에 가입한 사업주에게 고용되어 근로한 경우에는 각각의 근로일수를 합산한 근로일수를 기준으로 하여 납부월수를 계산한다.

퇴직공제금을 지급받으려는 자는 퇴직사실을 증명하는 서류와 그 밖에 고용노동부령이 정하는 서류를 제출하여야 한다. 사업주는 피공제자가 퇴직공제금을 지급받기 위하여 필요한 증명을 요구하면 그 요구에 따라야 한다.

5. 공제부금의 정산

(1) 발주자의 정산처리

발주자는 공제부금납부확인서를 확인하여 도급금액 산출내역서에 명시된 금액이 공제가입사업주가 실제로 낸 공제부금보다 많아 남게 된 경우에는 그 남은 금액을 정산처리하게 된다.

(2) 과·오납 공제부금의 반환·충당

퇴직공제에 가입한 사업주는 근로내역 삭감신고나 업무착오에 의한 중복납부 등으로 실제 납부해야 할 공제부금보다 초과하여 납부된 공제부금은 반환신청 절차를 통해서 반환받을 수 있다. 또한 공제가입번호(계좌번호) 착오기재 등 업무착오로 인해 타 현장으로 납부된 공제부금은 올바른 현장으로 대체하여 충당할 수 있다.

제 4 장 최저임금의 보장

1986년 12월 31일 최저임금법이 제정되어 1988년부터 최저임금제도가 시행된 지 올해로 벌써 25년째가 되었습니다. 최저임금제도는 그 동안 저임금 근로자의 생활안정과 노동력의 질적 향상에 기여함으로써 근로자 보호와 국민경제의 건전한 발전에 이바지한 바가 컸습니다.

그러나 산업현장에서는 최저임금제도에 대한 이해의 부족 등으로 인하여 아직도 노·사간의 다툼이나 최저임금 위반의 문제가 여전히 발생하고 있습니다.

- 「Point정리, 최저임금제」(2012.7월, 최저임금위원회) 발간사 중에서 -

제 4 장

최저임금의 보장

제 1 절 최저임금제의 의의

1. 최저임금제의 의의

최저임금제란 일반적으로 국가기관이 법적 강제력을 통해서 임금의 최저한도를 규제함으로써 사용자가 일정금액 이상의 임금을 지급하도록 강제하는 제도이다. 넓은 의미에서의 최저임금제도는 국가가 최저임금을 결정하고 이를 사용자가 위반하지 않도록 하는데 그치지 않고, 나아가 사업장의 취업규칙이나 노사간의 단체협약 등을 통해서 일정부분 이상의 임금이 정해질 수 있도록 하는 등의 노력도 포함된다고 한다. 하지만, 통상적인 의미에서의 최저임금제는 협의의 의미로 사용되고 있다.[1)]

최저임금제는 임금의 최저수준을 보장하여 근로자의 생활안정과 노동력의 질적 향상을 기함으로써 국민경제의 건전한 발전에 이바지 하게 함을 목적으로 하는 제도이다. 즉 최저임금제는 저임금 해소로 임금격차가 완화되고 소득분배 개선에 기여하며, 근로자에게 일정한 수준 이상의 생계를 보장해 줌으로써 근로자의 생활을 안정시키고 근로자의 사기를 올려주어 노동생산성이 향상되는 효과가 있다.[2)] 즉 최저임금제란 국가가 임금결정에 직접 개입하여 임금의 최저수준을 정하고 사용자에게 그 지급을 강제하는 제도이다.

---

1) 日本 勞働調査會出版局(2005), 『最低賃金法의 詳解』, p.3
2) 최저임금위원회(2012), 「Point 정리, 최저임금제」, 1쪽.

따라서 최저임금은 사용자가 적용대상 근로자에게 지급하여야 할 임금의 최저수준을 정한 것일 뿐이지 임금인상률이나 인상방법을 정하는 기준은 아니다.[3)]

이와 같이 최저임금제는 근로시간 및 야간근로의 규제, 여성이나 연소 근로자의 보호 등과 같이 저임금 근로자를 보호하기 위한 목적에서 도입된 제도로 근로자들의 기초적인 생계를 보장 한다는 중요한 제도적 기능을 담당하고 있다. 즉 경제적으로 생활고에 빠지기 쉬운 근로자에게 인간다운 생활의 최저선을 보장해 줌으로써 국민의 균등생활의 보장이라는 경제적 민주주의에 그 이념적 기초를 두고 있다. 최저임금제도는 1984년 뉴질랜드에서 처음으로 실시된 이래 오늘날 많은 국가에서 이 제도를 두고 있다. 우리나라는 헌법 제32조 제1항의 「국가는 법률이 정하는 바에 의하여 최저임금제를 시행하여야 한다」라는 근거규정에 입각하여, 1986년 12월 31일에 최저임금법이 제정·공포되고 1988년 1월 1일부터 시행하고 있다.

최저임금의 결정방식은 ① 입법에 의한 최저임금 결정방식(미국, 캐나다) ② 위원회 심의를 통한 정부 결정 방식(일본, 영국, 네덜란드) ③ 노동법원이나 노동위원회에 의한 중재재정으로 결정하는 방식(호주) ④ 단체협약을 확장하여 적용하는 방식(그리스, 독일) 등으로 대별할 수 있다. 우리나라는 최저임금위원회가 심의·의결한 최저임금안에 따라 고용노동부장관이 최저임금을 결정하는 위원회 심의를 통한 정부 결정 방식에 의하고 있다(최저임금법 제8조).

2. 외국의 최저임금제도

(1) 일 본

일본의 최저임금은 노·사·공익 3자로 구성된 중앙최저임금심의회와 지방최저임금심의회의 심의를 거쳐 정부가 결정·고시한다. 일본은 지역별 최저임금과 업종별 최저임금(특정최저임금)을 가지고 있다. 지역별 최저임금은 지방최저임금심의회에서 매년 중앙최저임금심의회가 제시하는 인상액의 기준을 참고로 하여 지역별 최저임금액을 심의하고 심의된 결론을 도도부현의 노동국장이 결정하여 공시하게 된다. 2007년에 개정된 최저임금법은 모든 지역에서 최저임금이 결정되도록 명시하고 있다. 업종별 최저임금(특정최저임금)은 노동자 또는 사용자 대표가 신청하고 지방최저임금심의회가 필요하다고 인정하는 경우 지방최저임금심의회의 심의를 거쳐 도도부현의 노동국장이 결정한다. 이러한 최저

3) 행정해석 1989. 12. 26. 임금32240－21342.

임금은 지역 근로자의 생계비 및 임금, 지역 사업장의 임금지불능력을 고려하여 정하되, 근로자의 생계비를 고려함에 있어서는 근로자의 건강한 문화적 최저생활이 가능하도록 생활보호 관련 시책과의 정합성을 고려하도록 하고 있다.

(2) 미 국

의회에서 제·개정된 공정근로기준법으로 연방 최저임금을 제정한다. 최저임금심의위원회가 근로자의 빈곤 개선을 포함한 최저임금의 긍정적 효과, 인플레이션, 최저임금이 물가 또는 기타 지수와 연동되는 정도, 청소년·장애인·학생 등 보호 대상 근로자의 고용 및 실업 효과 등을 연구하여 의회에 제출하면 의회가 이러한 자료를 참고로 하여 최저임금을 정한다. 연방 정부의 최저임금이 주(州)법에 의한 최저임금과 다를 경우에는 높은 수준의 최저임금이 적용된다.

기업경영진, 전문직 종사자, 교사 및 전문행정직, 외판 영업직, 일부 컴퓨터 관련직, 일부 계절적 오락 또는 레크리에이션 종사자, 외국 선박 근로자, 신문배달원, 운전기사, 짐꾼, 정비기사 등은 적용이 제외되며, 청소년, 전업 학생, 직업교육수강생 등은 감액 대상이 된다.

(3) 영 국

영국의 최저임금은 기술혁신부 산하의 독립적 비정부 부처형 기구로 노·사·공익 3자로 구성된 저임금위원회(Low Pay Commission)가 제반 요인을 고려하여 2년간의 국가 최저임금을 정부에 권고하면 정부가 이를 채택하는 형태이다. 저임금위원회는 2년마다 보고서 형태로 국가최저임금 수준을 권고하며 당해 연도 및 차년도의 10월부터 적용한다. 필요시에는 차년도 10월부터 적용하는 국가최저임금 수준의 적정성을 차년도 2월에 재검토하는 경우도 있다. 정부는 저임금위원회에 국가최저임금 수준의 권고 외에 국가최저임금이 성별간의 임금격차, 고용, 기업비용 등에 미치는 영향 등을 보고토록 요청할 수 있다.

(4) 프랑스

독립적 기구인 자문위원회가 매년 1월 1일 전에 노사정으로 구성된 '단체협상 국가위원회'와 중앙정부에 SMIC(Salaire minimum interprofessionnel de croissance)라는 법정최저임금의 인상률에 대한 보고서를 제출하고, 중앙정부는 이에 대한 국가재정 분석 및 경제 전반에 대한 보고서를 단체협상 국가위원회에 제출한다. 고용노동부는 '단체협상 국가위원회'를 개최하여 SMIC 시급 인상률에 대한 노사 대표의 의견을 청취한 후 SMIC 인상률을 결정하여 매년 1월 1일 동 인상률을 적용한다.

근무기간이 6개월 미만인 17세 이하의 근로자, 견습공 및 직업훈련을 받고 있는 청년 근로자는 적용에 예외를 두고 있다.

제 2 절 최저임금의 적용대상

1. 최저임금의 적용범위

(1) 근로자를 사용하는 모든 사업 또는 사업장

최저임금법은 근로자를 사용하는 모든 사업 또는 사업장에 적용된다(최저임금법 제3조 제1항). 근로자라 함은 근로기준법 제2조에 따른 근로자를 말한다. 즉 직업의 종류와 관계없이 임금을 목적으로 사업이나 사업장에 근로를 제공하는 자를 말한다. 상용근로자 뿐만 아니라 임시직·일용직·시간제 근로자, 외국인 근로자 등 고용형태나 국적에 관계없이 근로기준법상 근로자이면 이 법의 적용을 받게 된다. 최저임금법에서의 "사용자"나 "임금"의 정의 역시 근로기준법 제2조에서 규정된 사용자 및 임금을 말한다(같은 법 제2조).

다만, 동거하는 친족만을 사용하는 사업과 가사사용인, 선원법의 적용을 받는 선원 및 선원을 사용하는 선박 소유자에 대하여는 이 법을 적용하지 아니한다(같은 법 제3조 제1항 단서, 같은 법 제3조 제2항).

(2) 동거 친족만을 사용하는 사업과 가사사용인

최저임금법은 동거하는 친족만을 사용하는 사업이나 가사사용인의 경우에는 적용되지 않는다. 동거하는 친족만을 사용하는 사업인 경우에는 국가가 최저임금을 정해서 규제하는 것이 바람직하지 않으며, 가정부, 찬모, 보모, 정원관리인, 가정교사 등과 같은 가사사용인들은 근로기준법의 적용을 받지아니하고 민법상의 고용관련 법령의 적용대상이기 때문에 최저임금법의 적용을 배제하고 있다.

'동거하는 친족만을 사용하는 사업'에서 '친족'이라 함은 민법 제767조에서 규정하고 있는 친족 즉, 8촌 이내의 혈족과 4촌 이내의 인척과 배우자를 말한다. '동거'라 함은 세대를 같이 하면서 생활을 공동으로 하는 것을 의미한다. 따라서 친족이라 하더라도 동거하지 않으면 '동거의 친족'으로 볼 수 없다. 또한 동거의 친족 이외의 근로자가 한 명이라도 있으면 동거의 친족만을 사용하는 사업 또는 사업장이 아니다.

(3) 선원법의 적용 대상자

선원법의 적용대상은 근로기준법의 적용대상이 아니다. 따라서 최저임금법은 선원법의 적용을 받는 선원 및 선원을 사용하는 선박 소유자에 대해서는 최저임금법의 적용에서 배제하고 있다(같은 법 제3조 제2항).

그러나 어선 또는 선박이라 하더라도 선원법의 적용이 배제되는 다음의 경우에는 근로기준법의 적용대상이 되기 때문에 최저임금법도 적용된다.

① 총톤수 5톤 미만의 선박

② 호수·강 또는 항내만을 항행하는 선박

③ 총톤수 20톤 미만인 어선으로서 국토해양부령이 정하는 선박(연·근해어선)

④ 선박법 제1조의2 제1항 제3호의 규정에 의한 부선(다만 해운법 제24조 제1항이나 제2항의 규정에 따라 해상화물운송 사업을 영위하기 위하여 등록한 부선을 제외)

2. 최저임금의 차등적용

(1) 수습 사용 중에 있는 자

수습 사용 중에 있는 자로서 수습 사용한 날로부터 3개월 이내인 자는 시간급 최저임금액에서 100분의 10을 뺀 금액을 그 근로자의 시간급 최저임금액으로 한다. 다만, 1년 미만의 기간을 정하여 근로계약을 체결한 근로자는 제외한다(같은 법 제5조 제2항 및 같은 법 시행령 제3조 제1항).

수습사용 중에 있는 자에 대해 최저임금을 감액하는 것은 이들은 장래 정식 채용을 목적으로 근로를 제공하고 있으나 근로자로서의 숙련 정도가 일반 근로자에 비해 상대적으로 낮은 점을 고려한 것이다. 수습사용 중에 있는 근로자를 감액하기 위해서는 근로계약이나 취업규칙, 단체협약 등에 '수습으로 한다'는 명시적인 근거가 있어야 하고 감액 적용기준은 3개월을 초과할 수 없다.[4] 따라서 당사자 간에 정한 수습기간이 3개월을 초과하더라도 감액 적용기간은 3월 이내로 한정된다. 1년 미만의 기간제 근로자에 대하여는 수습 사용기간에 최저임금을 감액하는 최저임금 감액 규정을 적용하지 아니한다.

---

4) 최저임금위원회(2012), 윗책, 11쪽.

수습은 협의의 수습이나 시용 등 명칭에 관계없이 수습 사용 중에 있는 자는 모두 감액 적용의 대상이 된다.

(2) 감시 단속적 근로에 종사하는 자

근로기준법 제63조 제3호의 규정에 따라 감시 또는 단속적으로 근로에 종사하는 자로서 사용자가 고용노동부장관의 승인을 받은 자에 한해서 최저임금액을 감액할 수 있다. 이들에 대해서는 2014년 12월 31일까지 시간급 최저임금액의 100분의 90을 적용한다(같은 법 시행령 부칙 제2조).

감시적 근로자라 함은 아파트 경비원이나 물품감시원, 수위 등과 같이 감시업무를 주로 하면서 생태적으로 정신적 육체적 피로가 적은 업무에 종사하는 자를 말한다. 단속적 근로자라 함은 기계수리공, 보일러공, 학교 당직대체요원 등과 같이 근로가 간헐적·단속적으로 이루어져 휴게시간 또는 대기시간이 많은 업무에 종사하는 근로자를 말한다.

(3) 도급제의 경우

임금이 도급제나 그 밖에 이와 비슷한 형태로 정해진 경우에 근로시간을 파악하기 어렵거나 최저임금액을 정하는 것이 적합하지 않다고 인정되면 해당 근로자의 생산고(生産高)[5] 또는 업적의 일정단위에 의하여 최저임금액을 정한다(같은 법 제5조 제3항 및 같은 법 시행령 제4조).

3. 최저임금의 적용제외

(1) 적용제외 대상자

근로자를 사용하는 모든 사업 또는 사업장에 종사하는 모든 근로자에게 최저임금이 적용되는 것이 원칙이나, 일반 근로자와 동일하게 최저임금을 적용하는 것이 적당하다고 인정되지 않는 다음의 경우에는 고용노동부장관의 인가를 받아 최저임금의 적용을 제외할 수 있다(같은 법 제7조 및 같은 법 시행령 제6조).

① 정신장애나 신체장애로 근로능력이 현저히 낮은 자

② 그 밖에 최저임금을 적용하는 것이 적당하지 아니하다고 인정되는 자

---

5) 생산액 혹은 생산량을 의미한다.

이러한 적용제외 대상이라 하더라도 당연히 적용이 제외되는 것이 아니며 반드시 고용노동부장관의 인가를 받은 경우에 한해서 적용이 제외된다. 인가를 함에 있어서 사용자가 임금을 낮추는 수단으로 악용하지 않도록 필요한 최소한의 인가만 인정되고, 인가 후 요건을 충족하지 못하게 되는 경우에는 인가처분이 취소되어야 한다.

(2) 적용제외 인가기준

최저임금 적용제외 대상인 '정신장애나 신체장애로 근로능력이 현저히 낮은 자'의 인가기준은 다음과 같다(같은 법 시행령 제6조 및 시행규칙 제3조 제1항 관련 별표 3).

근로자의 정신 또는 신체의 장애가 그 근로자를 종사시키려는 업무를 수행하는 데에 직접적으로 현저한 지장을 주는 것이 명백하다고 인정되는 사람을 말한다. 따라서 다리에 장애가 있는 자가 앉아서 수작업을 주로 하는 경우와 같이 장애와 업무가 직접 관련이 없는 경우에는 인가대상이 아니다. '현저한 지장'이란 동일 또는 유사직종의 최저임금을 적용받는 다른 근로자 중에서 가장 낮은 근로능력자의 평균 작업능력에도 미치지 못함을 의미한다. 이때 작업능력은 장애인직업촉진및직업재활법 제43조에 따른 한국장애인고용공단의 의견을 들어서 판단하여야 한다.

'동일 또는 유사직종의 가장 낮은 근로능력자'는 원칙적으로 동일 사업장내에서 선정하되 없는 경우에는 인근 사업장에서 선정하고 인근 사업장에도 없는 경우에는 무기능 미숙련자의 작업능력을 고려하여 판단한다.

인가기간은 1년을 초과할 수 없다. 따라서 인가 후 1년이 경과된 경우에는 재인가를 받아야 한다.

제 3 절 최저임금의 결정구조

1. 최저임금의 결정주체

(1) 최저임금의 결정제도

최저임금의 결정방식은 ① 임금심의회 등의 결정방식, ② 입법에 의한 최저임금 결정방식, ③ 직종별·산업별 단체협약을 협약 당사자 이외의 제3자에게 확장·적용하는 제도,

④ 노동법원 또는 노동위원회에 의한 중재재정으로 결정하는 방식 등으로 대별할 수 있다.[6] 최저임금제를 채택하고 있는 국가들은 이러한 네 가지 방식중의 하나를 택하고 있는 것이 대부분이나 이들 방식들을 병용해서 제도화하고 있는 국가들도 다수 있다.

가. 임금위원회 또는 임금심의회 방식

이 방식은 노·사 각각을 대표하는 위원과 중립위원(또는 공익위원)으로 구성되는 임금위원회 또는 임금심의회가 최저임금을 결정하는 방식이다. ILO에서도 이 방식을 권장하고 있으며, 대부분의 국가에서 이 방식을 채택하고 있다. 임금위원회는 위원회가 최종결정권을 가지며 임금심의회는 심의회가 정부에 대하여 자문, 권고하는 기능을 가진다. 위원회 방식을 취하는 경우에도 대부분의 국가에서는 최종적으로는 정부가 결정하는 형태를 취하고 있다.

이 방식의 특징은 노·사 대표가 직접 최저임금의 결정에 참여한다는 것이다. 우리나라를 비롯하여 일본, 프랑스, 영국 등이 이러한 방식을 채택하고 있다.

나. 입법에 의한 방식

법률로서 최저임금을 정하는 방식이다. 최저임금이 법률의 제정이나 개정 절차를 거쳐서 정해지기 때문에 다른 방식에 비해서 신중하게 처리될 수 있다는 장점이 있다. 하지만 최저임금이 법률로 정해지기 때문에 최저임금이 경제상황의 변화에 탄력적으로 대응하는 것이 어렵다는데 문제가 있다. 이 방식은 다른 방식에 비해 국민에게 최저임금을 널리 알릴 수 있다는 점에서는 나름대로 장점을 지니고 있다고 할 것이다. 미국이 이러한 입법에 의한 방식의 대표적인 국가라고 할 수 있다.

다. 단체협약의 효력확장 방식

단체협약의 효력확장 방식이란 노동조합과 사용자간에 체결된 임금의 최저수준에 관한 협약을 일정한 절차에 따라 최저임금으로 결정하여 협약체결당사자 이외의 근로자나 사용자에게 이를 강제적으로 확장하여 적용하는 방식을 말한다. 이 방식은 근간이 된 단체협약이 일정지역 내의 특정 업종이나 직종의 근로자 대부분에게 적용될 필요가 있다라는 데서 출발한 것이기 때문에 법률로서 정하고 있는 일정비율 이상의 요건을 충족해야만 효력이 확장되도록 되어 있는 것이 일반적 형태이다. 이러한 방식은 독일이나 프랑스 등 유럽 국가에서 많이 채택하고 있다.

---

6) 日本 勞働調査會出版局(2005), *op. cit.*, p.9

라. 중재재정 방식

노동재판소나 노동위원회 등과 같이 노사관계의 조정을 담당하는 기관에서 재정 또는 결정에 의해 임금의 최저수준을 결정하고 그 임금에 대해서 최저임금으로서의 법적 구속력을 부여하는 방식이다. 대표적인 사례가 호주의 연방최저임금제도로 노사관계위원회가 노동분쟁의 방지 또는 해결을 위해 미숙련 성인근로자에 적용되는 기본임금률에 대해서 재정을 할 수 있고 이러한 재정에 대해서 법적 구속력을 인정하고 있다.

(2) 최저임금의 결정주체

우리나라는 최저임금위원회제도를 택하고 있다. 최저임금위원회는 고용노동부장관으로부터 최저임금에 관한 심의 요청을 받은 경우 이를 심의·의결하여 고용노동부장관에게 제출하면 고용노동부장관은 위원회가 심의·의결한 최저임금안에 따라 최저임금을 결정한다. 최저임금위원회는 근로자를 대표하는 근로자위원, 사용자를 대표하는 사용자위원 및 공익을 대표하는 공익위원 각 9인으로 구성된다. 근로자위원은 총연합단체인 노동조합에서 사용자위원은 전국적 규모를 갖는 사용자단체 중 고용노동부장관이 지정하는 단체에서 추천한 자 중에서 제청한다. 공익위원은 최저임금법령에서 정하고 있는 요건을 갖춘 자를 위촉한다. 위원회에는 위원장과 부위원장 각 1명을 둔다. 위원장과 부위원장은 공익위원 중에서 위원회가 선출한다. 공익위원 중 2인의 상임위원을 둔다. 위원은 고용노동부장관의 제청에 의하여 대통령이 위촉한다. 위원의 임기는 3년으로 하되 연임할 수 있다.

2. 최저임금의 결정기준

(1) 결정기준

가. 최저임금 결정의 준거지표

최저임금의 결정에 영향을 미치는 준거지표로 일반적으로 ① 근로자의 기본적인 필요 소득, ② 유사근로자의 임금수준, ③ 기업의 지불능력 및 ④ 국가의 경제상황 4가지를 들고 있다.[7] 대부분의 국가들에서는 이러한 4가지의 준거지표들을 최저임금의 결정기준으로 활용하고 있다.

근로자의 기본적인 필요소득이란 근로자의 인간다운 삶을 보장할 수 있는 최소한의 소득을 의미한다고 할 것이다. 대부분의 국가들이 이러한 근로자의 최저생계비를 최저임

7) 日本 勞働調査會出版局(2005), *op. cit.,* p.11

금을 결정하는 주된 기준으로 삼고 있으나, 사실상 모두가 인정하는 최저생계비의 산출이란 거의 불가능하기 때문에 이를 최저임금의 결정기준으로 삼는데는 상당한 어려움이 따른다.

유사근로자의 임금수준이란 비교 가능한 다른 근로자의 임금수준을 말한다고 할 수 있다. 이는 다른 여타의 준거지표들과는 달리 실제 구체적인 관련 자료를 확보할 수 있기 때문에 최저임금의 결정에 매우 중요한 기준이 된다. 하지만 어떤 근로자의 임금을 그 비교 대상으로 할 것인가에 대해서는 이 역시 상당한 문제를 안고 있다.

기업의 지불능력이란 기업의 생산성, 고용능력, 자금사정 등을 말한다. 이 기준은 그 개념이 다소 애매하기 때문에 구체적으로는 기업의 대차대조표나 현행 최저임금의 준수정도 등을 가름하여 결정할 수밖에 없다.

국가의 경제상황을 최저임금 결정의 구체적인 기준으로 삼는데는 다소 현실성이 떨어진다. 하지만 이는 여타 결정기준의 바탕이 되는 지표라고 할 수 있고, 최저임금이 전체 산업의 임금수준에 미치는 영향을 고려하지 않을 수 없기 때문에 간접적인 준거지표로 활용될 수 있다.

ILO는 협약 131호와 권고 135호에서 최저임금 결정의 준거지표로 ① 근로자와 그 가족의 빈곤 수준과 기본적 필요, ② 일반적인 임금수준, ③ 생계비와 그 변화, ④ 사회보장급여, ⑤ 다른 사회적 집단의 상대적인 생활수준, ⑥ 경제개발, 생산성 수준, 고용 수준, 지불능력 등의 경제적 요인을 들고 있다.

나. 최저임금법상의 결정기준

최저임금법 제4조는 근로자의 생계비, 유사 근로자의 임금, 노동생산성 및 소득분배율 등을 고려하여 최저임금을 정하도록 규정하고 있다. 「고려하여」라고 표현하고 있기 때문에 고용노동부장관과 최저임금위원회는 이러한 기준에 엄격하게 구속 받을 필요가 없기 때문에 이를 참고하면 된다는 견해가 있으나,[8] 결정된 최저임금이 이러한 기준들을 주요한 결정기준으로 활용하지 않은 경우에는 법 위반의 소지가 있다.

최저임금법 제4조는 최저임금을 「사업의 종류별」로 구분하여 정할 수 있도록 규정되어 있으나 전산업에 하나의 최저임금을 적용하고 있다.

(2) 결정단위

최저임금액은 시간 · 일(日) · 주(週) 또는 월(月)을 단위로 하여 정하며 일 · 주 또는 월

8) 정병석 · 김헌수(1988), 『최저임금법』, 법원사, 254쪽.

을 단위로 하여 최저임금액을 정한 경우에는 시간급으로도 표시하여야 한다(최저임금법 제5조 제1항).

그 동안 결정·고시된 최저임금액을 보면 시간급, 일급, 월급으로 정해져 있으나, 일급은 8시간을 기준으로 월급은 209시간(2004년 8월까지는 226시간)을 기준으로 명시하고 있어 실질적으로는 시간급만으로 정하였다고 볼 수 있다.

3. 최저임금의 결정절차

(1) 심의요청

고용노동부장관은 매년 3월 31일까지 최저임금위원회에 최저임금에 관한 심의를 요청하여야 한다(최저임금법 제8조 제1항, 같은 법 시행령 제7조).

(2) 최저임금위원회의 심의

최저임금위원회는 고용노동부장관으로부터 최저임금에 관한 심의 요청을 받은 경우 이를 심의하여 최저임금안을 의결하고 심의 요청을 받은 날부터 90일 이내에 이를 고용노동부장관에게 제출하여야 한다(같은 법 제8조 제2항).

위원회의 회의는 재적위원 과반수의 출석과 출석위원 과반수의 찬성으로 의결한다. 위원회는 그 업무를 수행할 때에 필요하다고 인정하면 관계 근로자와 사용자, 그 밖의 관계인의 의견을 들을 수 있으며(같은 법 제18조), 필요하다고 인정되는 경우 사업의 종류별 또는 특정 사항별로 노·사·공익위원 각 5인 이내에 동수로 구성되는 전문위원회를 둘 수 있다(같은 법 제19조).

(3) 최저임금안의 고시와 이의(異義) 수렴

고용노동부장관은 최저임금위원회로부터 최저임금안을 제출받아 이를 고시하고 이 날로부터 10일간 근로자를 대표하는 자 또는 사용자를 대표하는 자의 이의제기를 받는다.

이의를 제기할 수 있는 근로자대표는 총연합단체인 노동조합의 대표자 및 산업별 연합단체인 노동조합의 대표자이고, 사용자대표는 전국적 규모를 갖는 사용자단체로서 고용노동부장관이 지정하는 단체의 대표자이다(같은 법 시행령 제10조).

(4) 최저임금의 결정과 재심의

고용노동부장관은 매년 8월 5일까지 최저임금을 결정하여야 한다. 고용노동부장관은 위원회가 제출한 최저임금안에 대해 노·사대표로부터 받은 이의가 이유 있다고 인정되거나 제출한 최저임금안에 따라 최저임금을 결정하기 어렵다고 인정되면 20일 이내에 그 이유를 밝혀 위원회에 10일 이상의 기간을 정하여 재심의를 요청할 수 있다(같은 법 제8조 제3항, 제9조 제3항). 위원회가 재적위원 과반수의 출석과 출석위원 3분의 2 이상의 찬성으로 당초의 최저임금안을 재의결한 때에는 고용노동부장관은 그에 따라 최저임금을 결정하여야 한다(같은 법 제8조 제5항).

(5) 최저임금의 결정 · 고시

고용노동부장관은 노 · 사대표로부터 받은 이의에 대해 이유가 없어 바로 최저임금을 결정하거나 최저임금위원회의 재심의 결과에 따라 최저임금을 결정할 때는 지체없이 그 내용을 고시하여야 한다(같은 법 제10조 제1항).

제 4 절 최저임금의 산정 및 적용

1. 최저임금의 산정범위

(1) 최저임금에 포함되는 임금

사용자로부터 지급받은 임금이 최저임금에 위반되는지 여부를 확인하기 위해서는 먼저 임금내역 중에서 어떤 항목이 최저임금에 포함되는 임금인지여부를 판단하여 이를 기초로 산출한 시간급을 고시된 최저임금과 비교하여야만 최저임금 미달 여부를 확인할 수 있다.

임금은 근로기준법 제2조 제1항 제5호의 규정에 의한 임금을 말한다. 즉, 사용자가 근로의 대가로 근로자에게 임금, 봉급, 그 밖에 어떠한 명칭으로든지 지급하는 일체의 금품을 말한다. 최저임금법 제6조 제4항에 근거를 두고 같은 법 시행규칙 제2조에서 최저임금에 포함되지 않는 임금과 포함되는 임금의 범위를 구체적으로 규정하고 있다. 이는 통상임금의 범위와 거의 같다.

◄최저임금에 산입하는 임금의 범위► 시행규칙 [별표 2]

◆ **공통요건**

1. 단체협약·취업규칙 또는 근로계약에 임금항목으로서 지급근거가 명시되어 있거나 관례에 따라 지급하는 임금 또는 수당
2. 미리 정하여진 지급조건과 지급률에 따라 소정근로(도급제의 경우에는 총근로)에 대하여 매월 1회 이상 정기적·일률적으로 지급하는 임금 또는 수당

◆ **개별적인 임금·수당의 판단기준**

위의 공통요건에 해당하는 것으로 별표 1에 따른 임금·수당외에 다음 각호의 어느 하나에 해당하는 임금 또는 수당

1. 직무수당·직책수당 등 미리 정하여진 지급조건에 따라 담당하는 업무와 직책의 경중에 따라 지급하는 수당
2. 물가수당·조정수당 등 물가변동이나 직급간의 임금격차 등을 조정하기 위하여 지급하는 수당
3. 기술수당·면허수당·특수작업수당·위험작업수당 등 기술이나 자격·면허소지나 특수작업 종사 등에 따라 지급하는 수당
4. 벽지수당·한냉지근무수당 등 특수지역에서 근무하는 사람에게 일률적으로 지급하는 수당
5. 승무수당·항공수당·항해수당 등 버스·택시·화물자동차·선박·항공기 등에 승무하여 운행·조정·항해·항공 등의 업무에 종사하는 사람에게 매월 일정한 금액을 지급하는 수당
6. 생산장려수당 등 생산기술과 능률을 향상시킬 목적으로 매월 일정한 금액을 지급하는 수당
7. 기타 제1호 내지 제6호까지의 규정에 준하는 것으로서 공통요건에 해당하는 것이 명백하다고 인정되는 임금 또는 수당

(2) 최저임금에서 제외되는 임금

최저임금법 제6조 제4항은 최저임금에 산입하지 아니하는 임금으로 ① 매월 1회 이상 정기적으로 지급하는 임금외의 임금으로서 고용노동부장관이 정하는 것, ② 근로기준법 제2조 제1항 제7호에 따른 소정근로시간 또는 소정의 근로일에 대하여 지급하는 임금외의 임금으로서 고용노동부장관이 정하는 것, ③ 그 밖에 최저임금액에 산입하는 것이 적당하지 아니하다고 인정하여 고용노동부장관이 따로 정하는 것이라고 규정하고 있으며, 같은 법 시행규칙 제2조에서 별표 1로서 최저임금에 산입되는 않는 임금을 구체적으로 규정하고 있다.

◄최저임금에 산입하지 아니하는 임금의 범위► 시행규칙 [별표 1]

◆ **매월 1회 이상 정기적으로 지급하는 임금외의 임금**

1. 1월을 초과하는 기간의 출근성적에 따라 지급하는 정근수당
2. 1월을 초과하는 일정기간의 계속근무에 대하여 지급하는 근속수당
3. 1월을 초과하는 기간에 걸친 해당 사유에 따라 산정하는 장려가급·능률수당 또는 상여금
4. 그 밖에 결혼수당·월동수당·김장수당·체력단련비 등 임시 또는 돌발적인 사유에 따라 지급되는 임금·수당이나, 지급조건이 사전에 정해진 경우에도 그 사유의 발생일이 확정되지 아니하거나 불규칙적인 임금·수당

◆ **소정의 근로시간이나 근로일에 대하여 지급하는 임금외의 임금**

1. 연차휴가 근로수당, 유급휴가 근로수당, 유급휴일 근로수당
2. 연장시간근로·휴일근로에 대한 임금 및 가산임금
3. 야간근로에 대한 가산임금
4. 일직·숙직수당
5. 기타 명칭여하에 관계없이 소정근로에 대하여 지급하는 임금이라고 인정할 수 없는 것

◆ **기타 최저임금액에 산입하는 것이 적당하지 아니한 임금**

가족수당·급식수당·주택수당·통근수당 등 근로자의 생활을 보조하는 수당 또는 식사, 기숙사·주택제공, 통근차운행 등 현물이나 이와 유사한 형태로 지급되는 급여 등 근로자의 복리후생을 위한 성질의 것

(3) 통상임금과의 관계

최저임금의 적용을 위한 임금의 범위에 산입하는 임금과 통상임금은 그 취지와 개념적 측면에서 서로 달리하고 있다. 통상임금은 근로자에게 정기적·일률적으로 소정근로 또는 총근로에 대하여 지급하기로 정하여진 시간급금액·일급금액·주급금액·월급금액 또는 도급금액을 말한다. 이와 같이 통상임금은 연장근로수당 등의 계산기초가 되므로 산정에 확정되는 것이 필요한데 반해, 최저임금은 그 성격상 사전적으로 확정되지 않은 임금도 이에 포함될 수가 있다. 예를 들면, 생산고에 따른 임금은 최저임금의 산입에는 포함되나(택시업종은 예외) 통상임금에는 포함되지 않는다.

하지만 실질적으로는 최저임금의 범위는 통상임금과 거의 같아서 최저임금에 산입되는 임금의 범위를 판단할 때에는 통상임금의 개념을 주로 참고로 하고 있다.

2. 최저임금 미달여부의 판단

(1) 일반적인 판단방법

최저임금의 미달여부는 통상 최저임금에 산입되는 임금의 총액을 합산하여 고시된 최저임금액과 같은 비교 기준으로 환산하여 비교함으로써 최저임금 미달여부를 확인하게 된다. 즉, 최저임금은 시간급으로 고시되기 때문에 시간급이 아닌 일급, 주급, 월급 등으로 임금이 지급되는 경우에는 이를 시간급으로 환산하여 비교하게 된다. 구체적인 환산방법은 다음과 같다.

① 시간급의 경우에는 시간급 최저임금과 직접 비교

② 일급의 경우에는 일급을 1일 소정근로시간 또는 법정기준근로시간(8시간)으로 나누어 시간급 임금으로 환산하여 시간급 최저임금과 비교

③ 주급, 월급의 경우에는 시간급 임금으로 환산하여 최저임금과 비교

④ 시간·일·주 또는 월 이외의 일정기간을 단위로 하는 경우에는 ①내지 ③의 기준에 준하여 비교

⑤ 생산고급제 기타 도급제의 경우에는 총근로시간수로 나누어 최저임금과 비교

⑥ ①내지 ⑤의 임금이 2가지 이상의 방법으로 정하여진 경우에는 각각의 부분을 합산하여 비교

이 경우 법령, 단체협약 등에서 일정한 금액을 임금에서 공제하기로 한 때에는 공제전의 임금을 기준으로 해서 비교한다. 즉, 소득세법이나 기타 사회보장에 관한 법률에 의하여 근로소득세, 의료보험료 등을 임금에서 공제하는 경우에는 공제전의 임금을 기준으로 해서 판단하여야 한다. 또한 단체협약이나 취업규칙 등에 의한 징계로 인해 감급의 제재를 받는 경우에는 감급되기 전의 임금을 기준으로 판단하여야 한다.

(2) 시간급 임금으로의 구체적인 환산방법

해당임금을 시간급 임금으로 환산하는 경우에는 '소정근로시간'이 시간급 산정을 위한 중요한 기준이 된다. 사용자와 근로자가 약정한 소정근로시간이 법정근로시간 이내이면 그 시간을 기준으로 하나, 법정근로시간을 초과하게 되면 법정근로시간을 소정근로시간으로 하고 초과한 근로시간은 연장근로시간으로 처리하여야 한다. 즉, 법으로 지급이 의무화된 부분에 대해서는 이를 고려하여 산정하여야 한다. 만약 임금이 주급 또는 월급제 형태이고 근로제공 없이 유급으로 받은 임금(예: 주휴수당)이 임금에 포함되어 있는 경

우에는 이러한 유급분을 제외하고 남은 임금을 해당임금의 산정기준인 소정근로시간으로 나누어야 한다. 역으로 유급처리된 임금을 임금에서 제외하지 않고 전액으로 환산하는 경우에는 해당 임금의 산정기준인 소정근로시간에 유급처리된 시간을 합산하여 환산하여야 한다.

가. 일단위로 정해진 임금의 경우

임금이 1일 단위로 정하여진 경우에는 그 금액을 1일의 소정근로시간(소정근로시간이 없는 경우에는 법정기준근로시간인 8시간)으로 나누어 시간급 임금을 환산한다. 1일의 소정근로시간이 정해져 있으나 각 일에 따라 소정근로시간이 다른 경우에는 1주간의 1일 평균 소정근로시간수로 나누어 환산한다.

◆ 산정례('13년 시간급 최저임금 4,860원 기준)

1. 1일의 임금('최저임금 산입범위에 포함되는 임금'을 말함, 이하 같음)이 35,000인 근로자로서 1일 소정근로시간이 7시간인 경우의 판단
   ☞ 시간당 임금 산정 : 35,000원 ÷ 7시간 = 5,000원
   ◇ 위반여부 판단 : 5,000원 > 4,860원 (위반 아님)

2. 1일의 임금이 40,000인 근로자로서 1일 소정근로시간이 9시간인 경우의 판단
   ☞ 시간당 임금 산정 : 40,000원 ÷ 9.5시간 = 4,210원
   (법정근로시간 8시간을 초과하는 1시간은 연장근로시간으로 간주하고, 연장근로에 대한 할증분 0.5시간을 합산하여 소정근로시간 계산)
   ◇ 위반여부 판단 : 4,210원 < 4,860원 (위반)

나. 주(週)단위로 정해진 임금의 경우

주 단위로 정하여진 임금(유급 처리된 임금을 포함한 경우)의 경우에는 그 금액을 소정근로시간에 유급 처리된 시간을 합산한 시간으로 나누어 환산한다. 주에 따라 소정근로시간이 다른 경우에는 4주간의 1주 평균 소정근로시간수로 나누어 환산한다.

◆ 산정례('13년 시간급 최저임금 4,860원 기준)

1. 1주의 임금이 300,000원인 근로자로서 주 법정근로시간이 40시간인 경우
   ☞ 시간당 임금 산정 : 300,000원 ÷ (40+유급주휴일 8시간) = 6,250원
   ◇ 위반여부 판단 : 6,250원 > 4,860원 (위반 아님)

2. 1주의 임금이 200,000원인 근로자로서 주의 소정근로시간이 1주째는 35시간(5일×7시간), 2주째는 42시간(6일×7시간), 3주째는 35시간(5일×7시간), 4주째는 42시간(6일×7시간)으로 달리 정한 경우

☞ 시간당 임금 산정 : 200,000원÷ 〔{(35+42+35+42)÷4주}+유급주휴일 7시간〕
= 4,396원

◇ 위반여부 판단 : 4,396원 < 4,860원 (위반)

다. 월단위로 정해진 임금의 경우

월급으로 받은 금액을 1월의 소정근로시간수로 나누어 환산한다. 1일의 소정근로시간수와 1월의 소정근로일수를 매월 일정하게 정해놓고 월급액을 지급하는 경우에는 월급액에 월 소정근로시간수로 나누어 임금을 환산한다. 월에 따라 소정근로시간수가 다른 경우에는 1년간의 매월 소정근로시간수를 모두 합하여 12개월로 나눈 월 평균 소정근로시간수를 기준으로 시간급을 산정한다.

◆ **산정례('13년 시간급 최저임금 4,860원 기준)**

한 달의 임금이 1,200,000원인 근로자로서 주당 소정근로시간이 40시간인 경우

☞ 1월 평균 소정근로시간 산정 : 〔(40시간+8시간)×52주+8시간〕 ÷ 12월
= 209시간

☞ 시간당 임금 산정 : 1,200,000원÷ 209시간 = 4,396원

◇ 위반여부 판단 : 5,742원 > 4,860원 (위반 아님)

라. 생산고의 경우

임금이 생산고에 따른 임금제 기타 일정기간을 단위로 하여 정하여진 경우에는 임금산정기간(임금 마감일이 있는 경우에는 임금마감기간)의 임금총액을 그 임금산정기간의 총 근로시간수로 나누어서 환산한다. 이 경우 총근로시간에는 유급 처리되는 시간이 제외되나, 임금총액에 유급 처리되는 시간에 대한 임금이 포함되는 경우에는 그 시간을 반영하여야 한다.

만약 근로자가 받는 임금이 위에서 설명한 2 이상으로 되어 있는 경우에는 그 부분에 대하여 각각 해당 방법에 의하여 시간급 임금을 환산한 뒤 이를 합산하여 시간급 임금을

산정하면 된다.

(3) 감시·단속적 근로자의 임금 산정

근로기준법 제63조 제3호의 규정에 의하여 고용노동부장관의 승인을 얻은 감시·단속적 근로자는 근로시간, 휴일, 휴게관련 규정이 적용되지 않는다. 따라서 이들 근로자에 대해 일급, 주급, 월급을 시간급으로 환산하는 경우에는 근로기준법상의 소정근로시간을 적용할 수가 없게 된다. 이들 근로자에 대한 최저임금의 미달 여부를 판단하기 위해 시간급 임금을 환산할 때에는 지급하기로 정하여진 임금총액(주급·일급·월급 등)을 그 기간의 총 근로시간수로 나누어서 계산하여야 한다.[9] 야간근로가산수당의 경우에는 이에 해당하지 않기 때문에[10] 만약 임금총액에 야간근로가산수당이 포함되어 있는 경우에는 야간근로가산수당분을 시간으로 환산하여 총 근로시간에 합산하여야 할 것이다. 감시·단속적 근로자가 근로계약 등으로 수습사용 기간을 설정한 경우에는 이미 수습사용 중에 있는 자에 대한 최저임금은 최저임금법 제5조 제1항의 규정에 의해 일반근로자의 최저임금에서 100분의 10을 감하도록 정하고 있기 때문에 수습근로자에 대해서는 중복하여 감액할 수 없다. 따라서 감시·단속적 근로자가 수습사용 중에 있는 기간에는 최저임금액을 전액 지급하여야 한다.

◆ 감시·단속적 근로자의 총 근로시간 산정례

1일 24시간 교대제근로를 전제로 하는 경우 시간급임금 환산 총 근로시간

☞ 1일 : 28시간(24시간 + 야간근로가산수당환산분 4시간)

☞ 1주 : 98.3시간(28시간 × 365일 ÷ 2) ÷ 52주

☞ 1월 : 426시간(28시간 × 365일 ÷ 2) ÷ 12개월

(4) 택시 운전근로자의 최저임금 산정

가. 법조항 규정취지

택시업에 종사하는 운전근로자의 경우에는 택시 업종의 특성상 고정적인 임금이 낮기 때문에 근로자의 생활안정이란 점에서 상당한 문제점을 안고 있다. 이를 개선하기 위해 최저임금법은 택시업종에 대한 최저임금의 적용방법을 별도로 규정하고 있다. 최저임

9) 최저임금위원회(2012), 윗책, 61쪽.

10) 행정해석 1968. 11. 25. 기준1455.3－10674.

금법 제6조 제5항에서 여객자동차운수사업법 제3조 및 같은 법 시행령 제3조 제2호 다목에 따른 일반택시운송사업에서 운전업무에 종사하는 근로자의 최저임금에 산입되는 임금의 범위는 생산고에 따른 임금을 제외한 대통령령으로 정하는 임금으로 한다고 규정하고 있으며, 최저임금법시행령 제5조의 2에서 법 제6조 제5항에서 「대통령령으로 정하는 임금」이란 단체협약, 취업규칙, 근로계약에 정해진 지급조건과 지급률에 따라 매월 1회 이상 지급하는 임금을 말한다. 다만 다음 각 호의 어느 하나에 해당하는 임금은 산입하지 아니한다라고 규정하고 있다. 다음 각 호에 해당하는 임금은 ① 소정근로시간 또는 소정의 근로일에 대하여 지급하는 임금 외의 임금, ② 근로자의 생활 보조와 복리후생을 위하여 지급하는 임금을 말한다.

나. 최저임금 산입범위의 판단기준

일반택시 운전근로자의 경우에는 아래 요건을 모두 충족하는 경우에 최저임금의 산입 임금으로 판단한다. 임금 항목이 아래 요건에 해당되는지를 판단함에 있어서 그 임금의 금원은 영향을 미치지 않는다.

① 단체협약·취업규칙·근로계약에 지급조건과 지급률이 정해져 있을 것. 사용자에게 지급의무가 있는 임금이라 하면 그 지급조건과 지급률이 단체협약이나 취업규칙 또는 근로계약으로 정해져 있어야 한다.

② 매월 1회 이상 지급할 것. 해당 임금을 지급하는 주기가 매월 1회 이상이면 최저임금에 해당된다. 따라서 상여금이나 근속수당처럼 산정기간이 1월을 초과하는 경우에도 그 지급주기가 매월 1회 이상이면 최저임금의 산입임금에 포함된다.

③ 운송수입납입금액에 따라 지급되는 생산고 임금이 아닐 것. 최저임금법은 일반택시 운전근로자의 경우 생산고 임금을 최저임금의 산입에서 제외하고 있다. 택시업종에서 생산고 임금이라 함은 기준사납금을 초과하는 초과운송수입금을 말한다. 따라서 초과운송수입금 납부 비율에 따라 일정비율로 노사간 배분되는 성과급, 성과수당은 최저임금의 산입범위에서 제외하여야 할 것이다.

④ 소정근로시간 또는 소정의 근로일에 대하여 지급하는 임금 외의 임금이 아닐 것

연·월차휴가 근로수당, 유급휴가 근로수당, 유급휴일 근로수당, 연장·휴일근로에 대한 임금·가산임금, 야간근로에 대한 가산임금 등이 이에 해당한다. 주휴수당 및 소정근로시간에 포함된 야간근로 임금은 소정근로에 대한 대가이므로 최저임금 산입범위에 포함된다.

⑤ 근로자의 생활보조·복리후생을 위하여 지급하는 임금이 아닐 것

가족수당, 급식수당, 주택수당, 통근수당 등 근로자의 생활을 보조하는 수당이나 식사, 기숙사제공, 통근차 운행 등 현물이나 이와 유사한 형태로 지급되는 급여 등 근로자의 복리후생 증진을 위한 것은 최저임금의 산입범위에서 제외된다.

제 5 절 최저임금의 효력

1. 사용자의 주지의무

사용자는 최저임금이 고시되면 ① 최저임금액, ② 최저임금에 산입하지 않는 임금의 범위, ③ 최저임금 적용제외 인가신청 대상근로자의 범위, ④ 효력발생 연월일을 그 효력발생 전일까지 근로자가 쉽게 볼 수 있는 장소에 게시하거나 그 외의 적당한 방법으로 근로자에게 주지시켜야 한다.

2. 최저임금 이상의 임금지급

사용자는 최저임금의 적용을 받는 근로자에 대하여 최저임금액 이상을 지급하여야 한다. 그러나 이는 근로자가 자기의 사정으로 인하여 소정의 근로시간 또는 소정의 근로일에 근로를 하지 않은 경우에 대한 임금의 지급까지 강제하는 것은 아니다. 또한 사용자가 정당한 이유로 근로자에게 소정의 근로시간 또는 소정 근로일에 근로를 시키지 아니한 경우에도 마찬가지이다.

3. 근로계약의 변경

최저임금액을 미달하는 임금을 정한 근로계약은 그 부분에 한하여 이를 무효로 하며, 무효로 된 부분은 최저임금액과 동일한 임금을 지급하기로 한 것으로 간주된다. 따라서 근로자는 이에 근거하여 미달된 임금액에 대해서는 근로기준법 제49조의 규정에 따른 3년간의 임금채권 소멸시효기간을 적용하여 그 지급을 청구할 수 있다.

4. 임금수준의 저하 금지

사용자는 최저임금을 이유로 종전에 최저임금보다 높게 지급하던 임금을 최저임금에 맞춰 그 수준을 낮추어서는 아니 된다. 「기존의 임금수준이 저하되지 않도록 한다」는 것은 기본급, 각종수당, 상여금 등을 포함한 종전에 지급받아 왔던 임금의 수준을 저하시키지 않아야 한다는 의미이다. 따라서 근로자의 임금이 최저임금에 미달하지는 않더라도 사용자가 최저임금을 이유로 그 수준을 저하시킨 경우에는 임금수준 저하 금지 위반에 해당한다.

5. 직상수급인의 연대책임

도급으로 사업을 행하는 경우 수급인이 도급인의 책임있는 사유로 근로자에게 최저임금액에 미달하는 임금을 지급한 때에는 도급인은 해당 수급인과 연대하여 책임을 져야 한다. 2차례 이상의 도급으로 사업을 행하는 경우에 있어서는 각 도급인을 직상수급인으로, 각 수급인을 하수급인으로 본다. 도급인의 책임있는 사유란 도급인이 도급계약의 체결당시 인건비 단가를 최저임금액에 미치지 못하는 금액으로 결정하는 행위를 하였거나, 도급인이 도급계약 기간 중 인건비 단가를 최저임금액에 미치지 못하는 금액으로 인하하는 행위를 말한다. 도급인과 수급인은 근로자의 최저임금액에 미달하는 임금에 대하여 연대채무관계에 있으므로 근로자는 도급인이나 수급인 중 한쪽 당사자에게 또는 양쪽 당사자에 대하여 동시에 또는 순차적으로 최저임금액에 미달하는 임금채무의 전부나 일부의 이행을 청구할 수가 있다.

6. 벌칙 적용

(1) 3년 이하의 징역 또는 2천만원 이하의 벌금

사용자가 최저임금의 적용을 받는 근로자에 대하여 최저임금액 이상의 임금을 지급하지 아니하거나 사용자가 최저임금법에 의한 최저임금을 이유로 종전의 임금수준을 저하시키는 경우에는 3년 이하의 징역 또는 2천만원 이하의 벌금에 처한다.

(2) 2년 이하 징역 또는 1천만원 이하의 벌금

도급인에게 연대책임이 발생하여 근로감독관이 그 연대책임을 이행하도록 시정지시 하였음에도 불구하고 도급인이 시정기한 내에 이를 이행하지 아니한 경우에는 2년 이하의 징역 또는 1천만원 이하의 벌금에 처한다.

(3) 100만원 이하의 과태료

사용자가 고용노동부장관이 결정·고시한 최저임금액 등 주지의무가 있는 사항들을 근로자에게 주지시키지 아니한 경우에는 100만원 이하의 과태료 처분을 받게 된다.

제 5 장 임금채권보장제도

임금은 근로자의 핵심적인 근로조건이자 근로자와 그 가족의 기본적인 생활자원입니다. 따라서 근로기준법은 근로자에 대한 임금지급과 관련하여 사용자에게 매월 1회 이상 정기적으로 임금을 지급할 것을 강제하고 있고, 일정범위의 임금채권에 대해서는 여타 채권에 비해 우선적으로 변제되도록 하는 규정을 두고 있습니다.

그러나 이러한 제도만으로는 임금지급을 실질적으로 확보하는데 미흡한 것이 현실입니다. 특히 기업이 도산하여 사업주가 임금이나 퇴직금을 지급할 능력이 없는 경우에는 임금채권을 확보할 수가 없으며, 설사 지급능력이 있다 하더라도 법원의 경매절차를 거쳐야 하므로 적기에 임금채권을 확보하는데는 어려움이 많았습니다. 이러한 근로자들의 애로사항을 다소나마 덜어 주기 위해 정부는 도산기업 근로자들이 임금채권을 보다 쉽고 안정적으로 확보할 수 있게 하는 제도적 장치로서 임금채권보장제도를 만들게 되었습니다.

- 「임금채권보장법해설」(졸저, 중앙경제사, 1999년 8월) 머리말에서 발췌 -

제 5 장

임금채권보장제도

제 1 절 임금채권보장제도의 개요

1. 제도의 연혁

(1) 임금채권보장제도의 도입취지

임금 및 퇴직금은 근로자와 그 가족의 기본적인 생활을 유지할 수 있는 유일한 생계수단이다. 따라서 근로기준법은 근로자에 대한 임금지급과 관련하여 사용자에게 매월 1회 이상 정기적으로 임금을 지급하도록 하고 있다. 또한 일정 범위의 임금채권에 대해서는 여타 채권에 비해 우선변제를 받을 수 있도록 규정하고 있다. 그러나 이러한 제도만으로는 임금채권을 실질적으로 확보하는데는 미흡한 것이 현실이다. 특히 기업의 도산으로 인해 사업주가 임금을 지급할 능력이 없거나 설사 지급능력이 있다고 해도 복잡한 법원의 경매절차를 거쳐야 하기 때문에 적기에 임금채권을 확보하는 데는 많은 문제점이 있다.

임금채권보장제도는 이러한 제도상의 문제점을 해결하기 위해 도입된 제도이다. 즉 기업이 도산 등으로 인해 기업이 근로자들에게 임금이나 퇴직금을 제때 지급하지 못하는 경우에 국가에서 이를 대신하여 일정부분에 해당하는 임금이나 퇴직금을 먼저 지급하고 사후에 사용자에게 이를 변제하게 하는 제도이다.

(2) 제도의 연혁

1997년 말 불어 닥친 외환위기로 인한 경제난국을 타개하기 위하여 정부는 1998. 1. 15 노사정위원회를 발족시켰으며, 1998. 2. 6 헌정사항 최초의 노사정 대타협을 도출하여 「경제위기 극복과 재도약을 위한 노사정 공동선언문(Ⅱ)」을 채택하였으며, 익일 「경제위기 극복을 위한 사회협약」 만들었다. 임금채권보장제도는 동 사회협약 속에서 그 구체적인 도입방안이 채택되었다. 1998. 2. 20 법률 제5,513호로 임금채권보장법이 제정되었으며, 동년 5. 26 대통령령 제15,804호로 시행령을 제정하고, 동년 6. 15 노동부령 제131호로 시행규칙을 제정하여 1998. 7. 1부터 임금채권보장제도를 시행하였다.

임금채권보장법은 그 동안 시행을 통해 나타난 문제점을 개선하기 위해 여러 차례의 개정을 거쳤다. 1999년 법과 시행령의 개정으로 적용 대상 사업장의 범위와 체당금 지급대상 근로자의 범위를 확대하였으며, 2000년에는 5인 미만의 영세사업주에게는 부담금을 경감할 수 있게 하는 근거를 마련하였고, 2001년에는 시행령을 개정하여 도산등사실인정을 받을 수 있는 사업주의 범위를 300인 이하 전업종으로 확대하였다. 2005년에는 법을 개정하여 건설업의 하수급자를 도산인정 사업주에 포함시켰으며, 2010년에는 법개정을 통해 임금채권보장기금의 징수업무를 국민건강보험공단에 위탁하도록 하는 근거규정을 마련하였다.

개정일자	주 요 내 용
1999.12.31 (법률 제6100호)	• 1~4인 사업장, 산재보험 임의가입·의제사업장에도 적용 • 체당금 지급대상 근로자의 범위확대 및 도산등사실인정 신청기간의 연장(시행령 개정 : 1999.1.29)
2000.12.30 (법률 제6334호)	• 최종 3월분의 미지급 휴업수당도 체당금으로 지급보장 • 5인 미만 사업주에 대한 부담금 경감 근거 마련 • 체당금 지급대상 근로자 범위 확대, 도산등사실인정 신청기간 연장 및 체당금 청구기간 연장(시행령 개정: 2000.3.13)
2001.6.22 (대통령령 제17244호)	• 도산등사실인정 대상사업주 확대(300인 이하 전업종) • 체당금 상한액 조정(최고 1020만원)
2003.6.25 (대통령령 제18018)	• 도산등사실인정요건 완화(생산·영업활동이 1월 이상 중단된 경우에도 가능) • 도산등사실인정신청기한 연장(퇴직 후 1년 이내로) • 체당금 지급대상근로자 범위 확대(1년 전부터 3년이내) • 체당금 지급상한액을 고용노동부장관으로 변경

2005.3.31 (법률 제7466호)	• 건설업(개인) 하수급자를 도산인정 사업주에 포함 • 부담금 경감대상 사업주 확대 • 체당금 부정수급자에 대한 배액징수제 신설 및 연대책임의 범위를 확대 • 체당금 부정수급 신고포상제 도입 • 임금체불 근로자 무료법률구조사업 지원 근거 마련
2006.12.26 (법률 제8093호)	• 법인의 합병·상속 등에 의한 보험료 납무의무의 승계, 고액상습체납자에 대한 인적사항의 공개 등 보험료징수법의 개정내용을 임금채권보장법에도 준용토록 함
2007.3.26 (대통령령 제19957호)	• 도산3법의 통합에 따른 문언정리 • 부담금의 전자신고에 따른 경감 및 자동계좌 이체시 보험료 납부에 따른 경감액을 정함
2010.1.27 (법률 제9991호)	• 임금채권보장기금의 징수업무를 국민건강보험공단에 위탁하는 근거 마련 • 임금총액 기준 사업주 부담금을 보수총액 기준으로 징수토록 함

2. 임금채권보장제도의 법률관계

(1) 임금채권보장제도의 법리(法理)

임금채권보장제도란 기업의 도산으로 인하여 퇴직한 근로자가 사업주로부터 임금 등을 지급받지 못한 경우에 국가를 이를 대신하여 일정범위의 미지급 임금을 지급해주는 제도이다.

이는 사회법적 보호형태인 보증기금방식의 임금채권보장제도로서 기업도산시 임금채권의 확보문제를 사회연대책임(responsibility of solidarity)의 원리에 입각하여 총자본과 전체 근로자의 관계로 파악하여 사용자의 부담으로 제도를 운영하는 형태이다.

임금채권보장법에 의한 체불임금의 지급은 위와 같이 법상 직접적으로 임금지급의무가 없는 전체사업주의 부담금으로 지급되기 때문에 그 지급보장 사유와 지급요건 및 지급이 보장되는 임금채권의 범위가 엄격하게 법으로 규정되어 운영된다. 따라서 이러한 지급사유와 지급요건 및 지급보장 범위가 도산기업 퇴직근로자의 생계보호라는 필요를 벗어나게 되면 헌법상 보장된 사업주의 재산권을 침해하는 결과가 될 수도 있다.

일반적으로 채권의 제3자에 의한 변제는 민법 제469조의 적용을 받게 되므로 이러한 규정에 의할 경우에는 채무의 성질상 제3자의 변제가 허용되지 않거나 당사자의 반대의사가 있는 경우에는 제3자가 이를 변제 할 수가 없게 된다. 따라서 임금채권보장법은 일정한 요건을 갖춘 근로자가 고용노동부장관에게 미지급임금 등을 대신 지급하여 줄 것을 청구하는 경우에는 민법 제469조의 규정에도 불구하고 이를 대신 지급할 수 있도록 하는 특례규정을 두고 있다.

(2) 업무처리의 흐름도

고용노동부장관은 임금채권보장업무의 구체적인 처리를 위해 권한의 일부를 지방고용노동관서의 장과 근로복지공단과 국민건강보험공단에 위임·위탁하여 운영하고 있다(법 제27조).

지방고용노동관서에서는 일정규모 이하의 사업주에 대하여 사실상의 도산판정(도산등사실인정)을 행하며, 체불임금의 확인 등 구체적인 지급요건의 충족여부를 확인하고 사업주로부터 필요한 보고 등을 받아 해당 사업장을 관리한다.

근로복지공단은 사업주로부터 개산·확정 부담금을 징수하고 월별 부담금을 부과하며, 근로자에게 체당금[1]을 지급하고, 근로자에게 지급된 체당금의 범위내에서 사업주에게 근로자의 임금 및 퇴직금청구권을 대위하여 행사하며, 부정 수급한 체당금에 대한 반환업무를 처리한다.

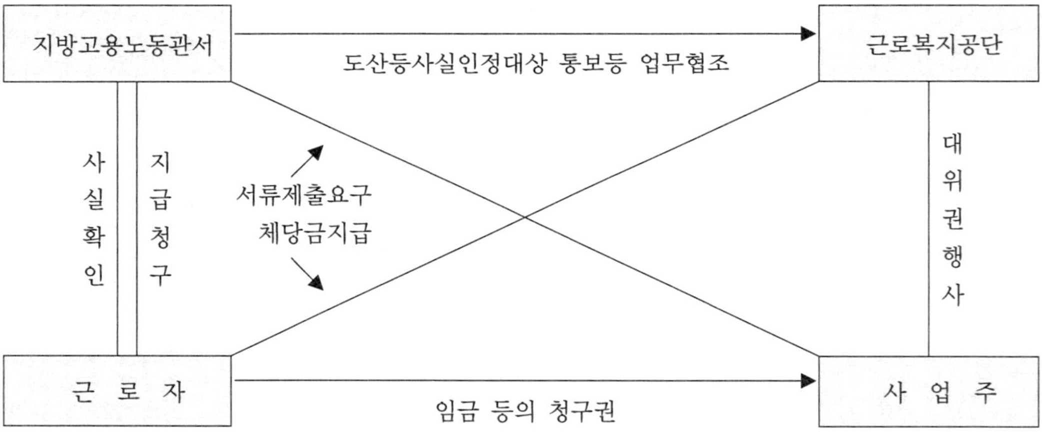

국민건강보험공단은 월별 부담금의 고지 및 징수, 부담금에 대한 체납처분, 연체금의 징수, 월별 부담금 과오납액의 충당 및 잔액 지급 등을 위탁받아 처리한다.

1) 「체당(替當)」이란 '나중에 상환받기로 하고 타인의 채무를 대신 변제한다'는 뜻의 법률상 용어임.

3. 임금채권보장제도의 내용

(1) 제도의 개요

임금채권보장제도는 기업의 도산으로 임금 등을 지급받지 못하고 퇴직한 근로자가 일정한 기간 내에 미지급 임금 등에 대하여 지급을 청구하는 경우에 국가가 일정범위 내에서 사업주를 대신하여 이를 지급하는 제도이다.

이 경우에 국가는 근로자에게 지급한 임금 등의 범위 내에서 당해 근로자가 사업주에 대하여 가지고 있던 미지급 임금 등의 청구권을 대위하여 행사하게 된다. 국가가 근로자에게 사업주가 지급하지 못한 임금 등을 대신하여 지급하는 금품을 체당금(替當金)이라고 한다.

(2) 체당금의 지급요건

가. 체당금의 지급사유: 기업의 도산

체당금의 지급사유가 되는 기업의 도산에는 법원의 결정에 의한 재판상 도산과 지방고용노동관서의 장이 결정하는 사실상의 도산판정인 도산등사실인정이 있다. 재판상 도산은 ① 채무자회생및파산에관한법률(이하 "통합도산법"으로 약칭)에 의한 파산의 선고와 ② 통합도산법에 의한 회생절차개시의 결정을 말한다.

지방고용노동관서장이 결정하는 도산등사실인정이란 사업주가 경영악화 등으로 인하여 사실상 도산 상태에 빠져 있는 경우에 근로자의 청구에 의해 이를 도산으로 인정하는 것을 의미한다. 사실상 도산 상태란 사업주가 ① 사업이 폐지되었거나 폐지과정에 있고, ② 미지급 임금 등을 지급할 능력이 없거나 현저히 곤란한 상태에 있는 경우를 말한다. 도산등사실인정을 체당금 지급사유로 인정하는 이유는 도산의 대부분이 중소규모의 사업장에서 발생하고 이들의 경우에는 사실상 도산이 된 경우에도 법률상의 도산 절차 등을 거치지 않는 경우가 대부분이다. 이러한 경우를 대비해서 재판상 도산을 받기 어려운 일정규모(상시 근로자 300인 이하)의 기업들에 대해서는 도산에 준하는 일정한 요건들을 갖추고 있다고 인정되는 경우에 한해 지방고용노동관서의 장이 사실상 도산을 인정하도록 한 것이다.

법원의 결정에 의한 재판상 도산에는 파산선고와 같은 청산형 도산이외에 회생절차개시의 결정과 같은 재건형 도산이 있다. 기업의 도산이라 함은 파산선고와 같은 청산형 도산의 경우가 원칙적인 형태이다. 재건형 도산에 해당하는 회생절차개시의 결정을 체당금 지급사유인 도산에 포함한 이유는 회사의 재건을 위해 사업주가 임금의 지급을 미루는 경우가 많아 현실적으로 이들 기업에서 퇴직한 근로자들이 상당한 기간 동안 임금 등을 지급받지 못하고 있기 때문이다. 따라서 이들 기업이 법원의 감독에서 벗어나 재산처분에 대한 제한이 없어지는 즉, 통상의 기업으로 돌아가는 회생절차의 종결의 경우에는 체당금의 지급사유도 종료되게 된다.

나. 사업주의 요건

근로자가 체당금을 지급받기 위해서는 당해 사업주가 ① 산재보험법의 적용대상이 되는 사업의 사업주이어야 하며, ② 법의 적용대상 사업주가 된 후 6개월 이상의 기간 동안 당해 사업을 행하여 하며, ③ 체당금 지급사유인 파산선고 등을 받았거나 도산등사실인정을 받아야 한다.

다. 근로자의 요건

체당금의 지급대상이 되는 근로자는 퇴직기준일의 1년전이 되는 날 이후 3년 이내에 당해 사업 또는 사업장에서 퇴직한 근로자이다. 퇴직기준일은 근로자의 체당금 지급대상 요건인 퇴직시기를 판단하는 기준이 되는 날로 구체적으로는 다음과 같다. ①파산선고나 회생절차개시의 결정의 경우에는 그 신청일이 퇴직기준일이 되며, ② 통합도산법에 의한 회생절차개시의 신청후 법원이 직권으로 파산선고를 한 경우에는 그 선고일이 퇴직기준일이다. ③ 도산등사실인정의 경우에는 그 도산등사실인정을 신청일이 퇴직기준일이다.

퇴직기준일을 선고일이나 인정일이 아닌 「신청일」로 한 것은 행정내부의 업무처리 형편에 따라 지급대상 근로자의 범위가 달라지는 것을 방지하기 위한 것이다. 다만, 직권파산의 경우에는 신청일이 없고 법원이 회생절차의 과정에서 직권으로 파산을 선고하므로 「선고일」을 그 기준으로 한 것이다.

<퇴직기준일 판단예시> 퇴직기준일이 '07.10.5이므로 '06.10.5 ∼ '09.10.4 중 퇴직한 근로자가 체당금 지급대상이 됨

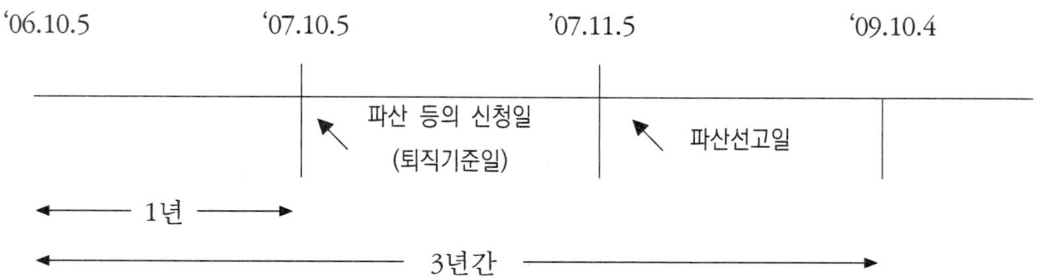

(3) 체당금의 지급액

가. 지급보장의 범위

근로자가 체당금으로 지급받을 수 있는 임금채권의 범위는 「최종 3월분의 임금 또는 휴업수당 및 최종 3년간의 퇴직금 중 미지급액」이다(법 제7조 제2항). 최종 3월분의 임금이란 퇴직일 또는 사실상 근로관계가 종료된 날로부터 소급하여 3개월간의 근로로 인하여 지급사유가 발생한 일체의 임금을 말하며, 최종 3월분의 휴업수당이란 퇴직일 또는 사실상 근로관계가 종료된 날로부터 소급하여 3개월간 발생한 휴업수당을 말한다. 최종 3년간의 퇴직금은 퇴직일을 기준으로 소급한 3년간의 법정퇴직금(90일분의 평균임금)을 말한다.

나. 체당금의 월정상한액

임금채권보장제도는 도산 기업에서 퇴직한 근로자들의 최소한의 생활을 보장해 주기 위한 것이다. 따라서 지급이 보장되는 체당금은 개별 근로자의 임금수준을 전액 보장해 주는 것이 아니다. 근로자들의 생계와 관련된 형평성을 고려하여 최소한의 기본적인 보장이라야 한다. 임금채권보장법령은 이러한 차원에서 근로자의 연령에 따른 체당금의 상한액을 규정하고 있다. 체당금의 월정상한액은 고용노동부장관이 임금, 물가상승률 및 기금의 재정상황 등을 고려하여 기획재정부 장관과 협의를 거쳐 결정·고시한다.

현행 월정상한액은 퇴직당시의 연령에 따라 임금과 휴업수당의 경우에는 각 1월분이, 퇴직금의 경우에는 각 1년분이 다음의 상한액을 초과할 수 없도록 하고 있다.

연 령 / 체당금	30세 미만	30세 이상 40세 미만	40세 이상 50세 미만	50세 이상
임금·퇴직금	150만원	240만원	260만원	210만원
휴업수당	105만원	168만원	182만원	147만원

다. 체당금의 지급액

도산 기업에서 퇴직한 근로자에게 체당금으로 지급되는 금액은 지급보장 범위인 「최종 3월분의 임금 또는 휴업수당 및 최종 3년간의 퇴직금 중 미지급액」과 「체당금의 상한액」 중 적은 금액이 된다. 따라서 현행 체당금 상한액 기준으로 근로자 1인(40세 이상 50세 미만)이 지급받을 수 있는 체당금의 최고액은 1,560만원(260만원×6)이 된다. 아울러, 2001년 7월 1일 이전에는 체당금이 20만원 이하의 소액인 경우에는 지급하지 않았으나 2001년 7월 1일 이후 기업이 도산하여 체당금을 신청한 경우에는 20만원 미만인 경우에도 지급된다.

(4) 체당금의 청구와 지급절차

가. 재판상 도산의 경우

당해 기업이 재판상 도산을 받은 경우에는 체당금 청구인 퇴직근로자는 체당금지급청구서와 체당금 지급요건에 대한 확인신청서를 퇴직당시의 사업장을 관할하는 지방고용노동관서의 장에게 제출하면 된다. 신청기간은 재판상 도산의 인정일(파산일, 회생절차개시의 결정일)부터 2년 이내이다.

퇴직근로자 개개인에 대해서 미지급 임금 등을 확인하여야 하므로 지급청구서와 확인신청서는 개별 근로자 모두가 제출하여야 한다. 특히 지급청구서는 체당금을 지급받을 개인계좌를 기재해야 하기 때문에 반드시 본인의 서명 또는 날인이 필요하다.

체당금 청구가 접수된 경우에 지방고용노동관서의 장은 당해 사업주(관재인·관리인 포함)에게 재판상도산발생현황보고서를 제출하도록 하여 사실확인을 하고, 사실확인 결과를 체당금 청구인에게 통지하여야 한다. 확인결과에 대해 불복이 있는 자는 행정심판이나 행정소송을 할 수 있다.

지방고용노동관서의 장은 신청인이 체당금 지급요건을 충족하고 있는 경우에는 체당금지급청구서와 확인통지서(사본)를 관할 근로복지공단에 송부하게 되며, 체당금지급청구서를 송부받은 근로복지공단지사장은 특별한 사유가 없는 한 7일 이내에 금융기관을 통해 체당금을 청구인의 예금계좌로 송금하여야 한다.

체당금을 지급한 근로복지공단은 임금체불 사업주에 대해서는 대위권을 행사하게 된다.

나. 도산등사실인정의 경우

도산등사실인정을 받고자 하는 퇴직근로자는 당해 사업주의 주된 사업장을 관할하는 지방고용노동관서의 장에게 도산등사실인정신청서를 제출하여야 한다. 신청기간은 퇴직한 날의 다음날부터 1년 이내이다. 동일 사업 또는 사업장에서 퇴직한 근로자가 2인 이상인 경우에는 그중 1인의 퇴직근로자가 인정신청서를 제출하면 된다.

도산등사실인정신청서를 접수한 지방고용노동관서의 장은 사실관계를 조사하여 도산등사실인정 여부를 결정하여 그 결과를 신청인에게 통지하여야 한다. 지방고용노동관서의 장으로부터 도산등사실인정을 받은 사업 또는 사업장에서 퇴직한 근로자들은 개별적으로 체당금지급청구서와 체당금 지급요건에 대한 확인신청서를 제출하여야 한다.

지방고용노동관서의 장은 신청인이 체당금의 지급요건을 충족하고 있는 경우에는 체당금지급청구서와 확인통지서(사본)를 관할 근로복지공단지사장에게 송부하여야 한다. 이를 송부 받은 근로복지공단지사장은 송부 받은 날부터 7일 이내에 금융기관을 통해 체당금을 신청인의 예금계좌로 송금하여야 한다. 체당금을 지급한 근로복지공단은 사업주에 대하여 대위권을 행사한다.

(5) 변제금의 회수 및 부정수급에 대한 조치

가. 변제금의 회수

근로복지공단은 체당금을 지급한 경우에는 그 지급범위 내에서 퇴직근로자가 사업주에 대해 가지고 있던 미지급 임금 등의 청구권을 대위하여 변제금을 회수하여야 한다. 근로복지공단은 이를 위해 사업주의 재산에 대한 보전조치, 집행권원의 확보, 배당신청 등 청구권의 행사 및 그 확보 등에 필요한 조치를 하여야 한다.

나. 부정수급자에 대한 조치

허위 기타 부정한 방법으로 체당금을 지급받고자 하거나 지급받은 자에 대해서는 그 전부 또는 일부를 지급하지 않거나 반환요구를 하여야 한다. 부정수급으로 판명된 경우에는 당해 도산등사실인정 또는 확인을 취소·변경하여야 한다. 부정수급이 사업주 또는 제3자의 거짓보고 또는 증명에 의한 경우에는 그 행위를 한 자와 당해 근로자가 연해하여 반환책임을 진다. 또한 거짓 그 밖의 부정한 방법으로 체당금을 지급받은 자와 지급받을 수 있도록 거짓보고·증명 또는 서류제출을 한 자에 대해서는 3년 이하의 징역 또는 2천만원 이하의 벌금을 부과하며, 이에 대해서는 양벌규정을 적용한다.

(6) 사업주의 부담금

가. 사업주 부담금

고용노동부장관은 체당금의 지급에 소요되는 비용을 충당하기 위해 사업주로부터 부담금을 징수한다. 부담금은 당해 사업에 종사하는 근로자의 보수총액에 부담금비율을 곱하여 산정한다. 부담금비율은 1,000분의 2의 범위 내에서 고용노동부장관이 임금채권보장기금심의위원회의 심의를 거쳐 결정·고시한다.

사업주의 부담금은 산재보험료와 통합하여 징수하며, 적용과 부과는 근로복지공단이 징수는 국민건강보험공단에서 행한다.

나. 부담금의 경감

근로자퇴직급여보장법에 의한 퇴직연금제도를 설정한 사업주나 퇴직보험에 가입한 사업주에 대해서는 부담금을 경감할 수 있다. 부담금 경감을 받고자 하는 사업주는 근로복지공단에 부담금경감신청서를 작성·제출하여야 한다.

제 2 절 도산등사실인정

1. 도산등사실인정의 신청

(1) 신청인

회사가 경영 악화로 사실상 문을 닫아 사업 활동을 정지하고 있는 경우 당해 사업에서 퇴직한 근로자들이 체불임금을 지급보장 받기 위해서는 지방고용노동관서에 사업주가 사실상 도산상태에 처해 있다는 것을 확인하여 줄 것을 요청하는 도산등사실인정신청을 하여야 한다.

도산등사실인정은 사업주가 사실상 도산상태에 빠져 있다는 것을 확인해 주는 행위이므로, 사업주가 도산등사실인정을 받게 되면 당해 사업주의 사업에서 퇴직한 모든 근로자에게 그 영향을 미치게 된다. 따라서 도산등사실인정의 신청은 대상사업주의 사업에서 퇴직한 자중 1인이 행하면 된다.

도산등사실인정의 신청은 당해 사업에서 퇴직한 「근로자」만이 할 수 있으므로 등기부상의 임원 등 근로자가 아닌 자는 신청할 수 없다.

(2) 신청방법

도산등사실인정을 신청하고자 하는 자는 도산등사실인정신청서를 작성하여 퇴직당시의 사업장의 소재지를 관할하는 지방고용노동관서의 장에게 제출하여야 한다.

신청서에는 퇴직당시의 사업주가 발행한 퇴직증명서와 함께 대상사업주의 사업 활동이 정지 중에 있고, 대상사업주가 임금을 지급할 능력이 없다는 것을 입증할 수 있는 자료를 첨부하도록 규정하고 있다. 다만, 이러한 자료는 반드시 제출하여야 하는 것은 아니다.

(3) 신청기간(제척기간)

도산등사실인정은 지방고용노동관서의 장이 직권으로 행하는 것이 아니라 대상사업주의 사업에서 퇴직한 근로자의 신청에 의하여 행하여 진다. 도산등사실인정의 신청은 당해 사업에서 퇴직한 근로자가 당해 사업에서 퇴직한 날(또는 사업활동이 정지된 날)의 다음날부터 1년 이내에 하여야 한다. 이 기간은 제척기간이므로 이 기간 내에 신청을 하지 못하면 비록 요건을 갖추고 있어도 체당금의 혜택을 받을 수 없게 된다.

2. 도산등사실인정의 요건

(1) 산재보험의 적용대상 사업의 사업주이어야 함

가. 산재보험 당연적용대상 사업의 사업주

임금채권보장법의 적용범위는 산재보험 적용대상 사업의 사업주 중 국가 및 지방자치단체가 직접 행하는 사업을 제외한 사업장의 사업주이다. 따라서 산재보험 당연적용 대상 사업의 사업주는 보험(임금채권보장)관계성립신고서의 제출유무나 보험료의 납부여부를 불문하고 임금채권보장법의 적용대상이 된다. 도산등사실인정을 받기 위해서는 이러한 법 적용대상이 되는 사업의 사업주이어야 한다.

<산재보험 적용제외사업>

1. 공무원연금법 또는 군인연금법에 따라 재해보상이 행하여지는 사업
2. 선원법, 어선원및어선재해보상보험법, 사립학교교직원연금법에 따라 재해보상이 행하여지는 사업
3. 주택법에 따른 주택건설사업자, 건설산업기본법에 따른 건설업자, 전기공사업법에 따른 공사업자, 정보통신공사업법에 따른 공사업자, 소방시설공사업법에 따른 소방시설업자 또는 문화재보호법에 의한 문화재수리업자가 아닌 자가 시공하는 다음 각목의 어느 하나에 해당하는 공사
   가. 고용보험및산업재해보상보험의보험료징수등에관한법률시행령 제2조제1항제2호에 따른 총공사금액이 2천만원 미만인 공사
   나. 연면적이 100제곱미터 이하인 건축물의 건축 또는 연면적이 200제곱미터 이하인 건축물의 대수선에 관한 공사
4. 가구내 고용활동
5. 제1호 내지 제4호의 사업 외의 사업으로서 상시근로자가 1명 미만인 사업
6. 농업·임업(벌목업은 제외)·어업·수렵업 중 법인이 아닌 자의 사업으로서 상시근로자 수가 5명 미만인 사업

나. 산재보험 임의 · 의제가입 사업주

산재보험의 당연적용대상이 아닌 사업의 사업주가 산재보험 가입을 희망하여 근로복지공단의 승인을 얻어 산재보험의 가입자가 된 경우 이를 임의가입자라고 하며 이들 사업의 사업주는 임금채권보장법의 적용대상이 된다. 또한 산재보험 당연적용대상 사업의 사업주가 사업의 변동 등으로 당연적용대상에서 제외되는 경우에도 보험관계가 당연히 소멸되는 것이 아니라 1년 동안은 보험에 가입한 것으로 의제된다.

다. 건설공사의 적용기준

건설공사의 경우 부담금 징수를 위한 적용기준은 보험료징수법 시행령 제2조의 규정에 의한다. 도산등사실인정은 건설 사업(체) 단위로 한다. 예를 들어 하나의 건설회사에 여러 개의 현장이 있는 경우 산재보험의 적용은 현장단위로 가입하였을지라도 도산등사실인정은 개별 현장이 아닌 법인 자체가 그 대상이어야 한다. 개인 하수급업자인 경우에는 공사현장이 산재보험 적용대상이고 6월 이상 사업을 계속한 경우에는 사업주 요건을 충족하게 된다.

(2) 6월 이상 당해 사업을 행하여야 함

가. 취 지

6월 이상의 기간 동안 당해 사업을 행한 사업의 사업주에 대해서만 도산등사실인정의 대상으로 한 것은 기업으로서의 실체를 인정받기 위해서는 어는 정도의 기간에 걸쳐 계속적으로 사업 활동을 하는 것이 사회통념상 기대되고 일정기간 동안의 사업 활동을 한 것이 사후적으로 확인될 수 있어야만 기업으로서의 실체를 인정할 수 있다는 취지에서 규정된 것이다. 이러한 사업에는 영리적 목적의 사업은 물론 영리적 목적이 없는 계속적 활동(예: 사회복지시설)도 포함된다.

나. 사업활동 기간의 기산점

사업활동 기간은 임금채권보장법 제3조 및 같은 법 시행령 제8조에 따라 산재보험 적용사업의 사업주가 된 때부터 시작되며, 이는 사업자등록일, 사무실 개소일 등과 반드시 일치하는 것은 아니다. 실질적으로 근로자를 채용하여 작업을 개시한 때로부터 시작되는 것으로 보아야 할 것이다.[2)]

---

2) 행정해석 2004. 3. 24. 임금정책과963.

다. 사업활동의 기간

대상사업주가 도산등사실인정을 받기 위해서는 「법의 적용대상이 되는 사업의 사업주가 되어 6월 이상 당해 사업을 행한 후」라야 한다. 여기서 「법의 적용대상이 되는 사업」의 시점은 산재보험의 적용대상 사업이 된 시점을 말한다. 따라서 그 이후부터 6월 이상 사업을 행하면 족하므로 그 6월간의 사이에 근로자가 1인 이상이 되지 않는 기간이 있어도 사업을 계속한 것이 인정되는 이상 이러한 요건을 충족한 것으로 보아야 한다.

건설업 단종면허자 또는 전문건설업체 등의 경우 사업개시 이후 일정 기간 근로자를 채용하여 건설공사를 하다가 공사를 도급받지 못하는 등의 이유로 사업을 중단하고(근로자 없이) 상당한 기간이 경과한 후에 다시 공사를 도급받아 사업을 행하는 등 사업의 중단 및 재개가 반복되는 경우에는 사업의 중단기간이 1년을 넘지 않는다면 이를 사업의 폐지로 보지 않고 휴지기로 보아 전체기간에서 휴지기를 뺀 기간이 6월 이상이면 이러한 요건을 충족하는 것으로 보는 것이 타당하다.[3)]

라. 채권·채무가 포괄적으로 승계된 경우

사업의 양도 양수 등으로 인하여 사업주간에 채권·채무가 포괄적으로 승계된 경우에는 채권·채무를 주고받은 사업주들의 사업활동 기간을 통산하여 6월 이상의 사업활동 여부를 판단하여야 할 것이다.

(3) 인정대상 사업주이어야 함

가. 상시근로자수 300인 이하의 사업주

도산등사실인정을 받을 수 있는 사업주는 업종 구분 없이 상시근로자수가 300명 이하인 사업주이다. 2001년 7월 이전에는 업종에 따라 50명에서 300명으로 달리 적용되었으나, 2001년 6월에 임금채권보장법시행령이 개정되어 2001년 7월 1일부터는 업종에 관계없이 상시근로자수 300명 이하 사업의 사업주로 확대되었다. 이는 입법 당시에는 도산등사실인정이 필요한 사업을 중소기업 규모의 사업으로 인정하고 이를 업종의 특성에 따라 상시근로자수를 달리하고자 했으나, 업종에 따른 차별적 적용이 오히려 입법취지를 제대로 살리지 못하고 있다는 점과 법의 수혜대상 근로자를 확대하기 위한 것으로 해석된다.

나. 상시근로자수의 산정방법

상시근로자수는 전년도 매월 말일 현재 사용하는 근로자수의 합계를 전년도의 조업

---

3) 고용노동부(2011. 1), 「임금채권보장업무 처리요령」, 48쪽.

월수로 나누어서 산정한다. 다만, 당해 연도 중에 사업이 개시되어 임금채권보장관계가 성립된 사업주의 경우에는 임금채권보장관계의 성립일 현재 사용한 근로자수를 상시근로자로 한다.

도산등사실인정은 사업주를 대상으로 하므로 상시근로자수는 사업장 단위가 아닌 당해 사업의 전체에서 사용하는 근로자수를 기준으로 한다. 다만, 여러 법인 사업체에 동일인이 대표이사로 등재되어 있는 경우에는 대표이사가 동일인이라고 하더라도 법적으로 사업주인 법인은 서로 다른 실체이므로 각 법인 단위로 상시근로자수를 판단한다.[4)]

다. 건설업의 상시근로자수 산정방법

건설업에 있어서의 상시근로자수의 판단은 상시근로자 산정이 가능한 경우와 곤란한 경우로 나누어 볼 수 있다. 결산서상 일반관리비에 계정되는 상용근로자와 같이 상시근로자의 산정이 가능한 경우에는 임금대장을 통해서 상시근로자수를 산정할 수 있다. 그러나 결산서상에 공사원가에 반영되는 일용근롤자의 경우에는 상시근로자수를 산정하기 곤란하므로 이러한 경우에는 다음과 같은 산식에 의해서 상용근로자를 산정하게 된다.

$$\frac{\text{전년도공사실적액} \times \text{전년도노무비율}}{\text{전년도건설업월평균임금} \times \text{전년도조업월}}$$

사업주의 소재불명이나 자료가 미비하여 전년도 공사실적액을 확인하기 곤란한 경우에는 대한전문건설협회이 보유하고 있는 공사실적에 의하여 상시근로자수를 산정하게 된다. 그리고 상시근로자의 산정이 가능한 경우와 곤란한 경우가 혼재되어 있는 경우에는 두 방법에 의하여 산출된 상시근로자수를 합하여 산정하게 된다.

(4) 사업이 폐지되었거나 폐지과정에 있어야 함

가. 사업이 폐지되었을 것

사업의 폐지라함은 주된 생산 또는 영업활동이 중단되고 그 활동이 이루어지는 사업장이 폐쇄된 채 근로자 전원이 해고 또는 퇴직한 상태를 말한다. 다만, 사업의 정리 또는 청산을 위하여 필요한 최소한의 인원이 사업의 정리 또는 청산목적에 한정된 활동을 하는 경우에는 이를 사업의 폐지로 보아야 할 것이다. 이와 같이 사업의 폐지는 영업활동이 중단되고 근로자들이 퇴사하여 객관적으로 사업을 중단하였다는 사실만으로 가능하며 반드

4) 고용노동부(2011. 1), 윗책, 50쪽.

시 사업주가 사업을 재개할 의사가 없다는 사업주의 주관적인 의지는 그 판단 요건에 포함되지 않는다. 다만, 사업주가 자금확보 계획을 수립하거나 거래업체와의 납품계약을 체결하는 등 구체적으로 사업재개를 모색하는 경우에는 사업의 일시적 중단으로 보아 도산등사실인정신청시에 이를 고려하여야 할 것이다.

개인기업에 있어서 도산 후에도 사업주가 생계유지를 위해 단독으로 종전과 동일한 사업을 행하고 있는 경우라도 도산전후로 근로자 전원을 해고하고 생필품을 제외한 전재산을 처분한 경우라면 사업의 폐지로 보아야 한다. 또한 사업주가 사업을 폐지하고 근로자를 해고하고자 함에도 불구하고 근로자들이 사실상의 조업을 계속하는 생산관리의 경우에도 이는 사업주의 지휘관리 하에서 이루어지는 사업 활동이 아니므로 사업의 폐지로 보아야 한다.[5]

나. 사업이 폐지과정에 있을 것

사업이 폐지되지는 않았으나 다음과 같이 폐지과정에 있다고 볼 수 있는 사유중 하나에 해당하는 경우에는 폐지과정에 해당한다고 본다.

① 그 사업의 생산 또는 영업활동이 중단된 상태에서 주된 업무시설이 압류 또는 가압류되거나 채무변제를 위하여 양도된 경우(민사집행법에 의한 경매가 진행중인 경우를 포함한다)

② 그 사업에 대한 인가·허가·등록 등이 취소되거나 말소된 경우

③ 그 사업의 주된 생산 또는 영업활동이 1월 이상 중단된 경우

이러한 사유들은 사업이 폐지과정에 해당하는 것이기 때문에 사업주가 행정관청에 휴업신고를 한 경우에는 비록 휴업기간 중에 1월 이상 사업활동을 중단한 상태에 있다하더라도 휴업 사실만으로 당연히 사업이 폐지과정에 있는 경우라고 보기 어렵다. 즉, 휴업의 경우에는 휴업기간이 끝나면 사업주의 의지에 따라 사업을 재개할 여지가 있기 때문에 휴업은 사업의 폐지과정으로 보지 않는 것이 원칙이다.[6] 또한 생산 또는 영업활동이 경영애로에 의하여 1월 이상 중단된 경우를 판단함에 있어서 건설업 등과 같이 사업의 성격상 계절적 요인으로 사업이 일시 중단되는 경우에도 이에 해당되지 않는다고 해석하고 있다.[7]

---

5) 고용노동부(2011. 1), 윗책, 52쪽.

6) 행정해석 2004. 7. 7. 임금정책과2482

7) 고용노동부(2011. 1), 윗책, 57쪽.

(5) 임금 등을 지급할 능력이 없거나 지급이 현저히 곤란하여야 함

임금채권보장제도는 도산한 기업에서 퇴직한 근로자가 사업주로부터 임금 등을 지급받지 못한 경우에 근로자의 생계불안을 해결해 주기 위한 것이 제도의 취지이다. 따라서 사업주가 도산한 경우라도 사업주가 임금 등을 지급할 능력이 있는 경우에는 사업주가 이를 지급하는 것이 자본주의 경제질서에 맞다. 역으로 국가가 이를 대신 지급해 주는 임금채권보장제도의 경우에는 당연히 사업주가 임금 등을 지급할 능력이 없는 경우로 국한하여야 한다.

「임금 등을 지급할 능력이 없는 경우」란 일반적으로 사업주에게 임금지급에 충당할 수 있는 자산이 없고, 자금의 차입이나 기타 방법에 의해서도 임금 등을 지급할 가능성이 없는 경우를 말한다. 따라서 부채액이 자산액을 상회하는 채무초과의 상태에 있다 하더라도 자산이 있으면 임금채권은 우선변제될 수 있으므로 단순한 채무초과 상태는 이에 해당하지 않는다.

「임금 등의 지급이 현저히 곤란한 경우」란 사업주가 행방불명의 상태에 있거나 사업주가 재산을 지니고 있다고 하더라도 이를 환가하거나 회수하는데 상당한 기간이 소요되는 경우를 말한다. 임금채권보장법시행령에서는 이러한 요건을 ① 도산등사실인정일 현재 사업주가 1월 이상 소재불명인 경우와 ② 사업주의 재산을 환가하거나 회수하는데 도산등사실인정의 신청일부터 3월 이상이 걸릴 것으로 인정되는 경우를 말한다고 규정하고 있다.

3. 사업주의 도산등사실인정의 통지 및 보고

(1) 도산등사실인정의 통지

가. 산재보험 당연적용대상 사업의 사업주

임금채권보장법의 적용범위는 산재보험 적용대상 사업의 사업주 중 국가 및 지방자치단체가 직접 행하는 사업을 제외한 사업장의 사업주이다. 따라서 산재보험 당연적용 대상 사업의 사업주는 보험(임금채권보장)관계성립신고서의 제출유무나 보험료의 납부여부를 불문하고 임금채권보장법의 적용대상이 된다. 도산등사실인정을 받기 위해서는 이러한 법 적용대상이 되는 사업의 사업주이어야 한다.

【산재보험 적용제외사업】

1. 공무원연금법 또는 군인연금법에 따라 재해보상이 행하여지는 사업
2. 선원법, 어선원및어선재해보상보험법, 사립학교교직원연금법에 따라 재해보상이 행하여지는 사업
3. 주택법에 따른 주택건설사업자, 건설산업기본법에 따른 건설업자, 전기공사업법에 따른 공사업자, 정보통신공사업법에 따른 공사업자, 소방시설공사업법에 따른 소방시설업자 또는 문화재보호법에 의한 문화재수리업자가 아닌 자가 시공하는 다음 각목의 어느 하나에 해당하는 공사
   가. 고용보험및산업재해보상보험의보험료징수등에관한법률시행령 제2조 제1항 제2호에 따른 총공사금액이 2천만원 미만인 공사
   나. 연면적이 100제곱미터 이하인 건축물의 건축 또는 연면적이 200제곱미터 이하인 건축물의 대수선에 관한 공사
4. 가구내 고용활동
5. 제1호 내지 제4호의 사업 외의 사업으로서 상시근로자가 1명 미만인 사업
6. 농업·임업(벌목업은 제외)·어업·수렵업 중 법인이 아닌 자의 사업으로서 상시근로자 수가 5명 미만인 사업

나. 산재보험 임의·의제가입 사업주

산재보험의 당연적용대상이 아닌 사업의 사업주가 산재보험 가입을 희망하여 근로복지공단의 승인을 얻어 산재보험의 가입자가 된 경우 이를 임의가입자라고 하며 이들 사업의 사업주는 임금채권보장법의 적용대상이 된다. 또한 산재보험 당연적용대상 사업의 사업주가 사업의 변동 등으로 당연적용대상에서 제외되는 경우에도 보험관계가 당연히 소멸되는 것이 아니라 1년 동안은 보험에 가입한 것으로 의제된다.

다. 건설공사의 적용기준

건설공사의 경우 부담금 징수를 위한 적용기준은 보험료징수법 시행령 제2조의 규정에 의한다. 도산등사실인정은 건설 사업(체) 단위로 한다. 예를 들어 하나의 건설회사에 여러 개의 현장이 있는 경우 산재보험의 적용은 현장단위로 가입하였을지라도 도산등사실인정은 개별 현장이 아닌 법인 자체가 그 대상이어야 한다. 개인 하수급업자인 경우에는 공사현장이 산재보험 적용대상이고 6월 이상 사업을 계속한 경우에는 사업주 요건을 충족하게 된다.

(2) 6월 이상 당해 사업을 행하여야 함

가. 취 지

6월 이상의 기간 동안 당해 사업을 행한 사업의 사업주에 대해서만 도산등사실인정의 대상으로 한 것은 기업으로서의 실체를 인정받기 위해서는 어느 정도의 기간에 걸쳐 계속적으로 사업 활동을 하는 것이 사회통념상 기대되고 일정기간 동안의 사업 활동을 한 것이 사후적으로 확인될 수 있어야만 기업으로서의 실체를 인정할 수 있다는 취지에서 규정된 것이다. 이러한 사업에는 영리적 목적의 사업은 물론 영리적 목적이 없는 계속적 활동(예: 사회복지시설)도 포함된다.

나. 사업활동 기간의 기산점

사업활동 기간은 임금채권보장법 제3조 및 같은 법 시행령 제8조에 따라 산재보험 적용사업의 사업주가 된 때부터 시작되며, 이는 사업자등록일, 사무실 개소일 등과 반드시 일치하는 것은 아니다. 실질적으로 근로자를 채용하여 작업을 개시한 때로부터 시작되는 것으로 보아야 한다.[8)]

다. 사업활동의 기간

대상사업주가 도산등사실인정을 받기 위해서는『법의 적용대상이 되는 사업의 사업주가 되어 6월 이상 당해 사업을 행한 후』라야 한다. 여기서『법의 적용대상이 되는 사업』의 시점은 산재보험의 적용대상 사업이 된 시점을 말한다. 따라서 그 이후부터 6월 이상 사업을 행하면 족하므로 그 6월간의 사이에 근로자가 1인 이상이 되지 않는 기간이 있어도 사업을 계속한 것이 인정되는 이상 이러한 요건을 충족한 것으로 보아야 한다.

건설업 단종면허자 또는 전문건설업체 등의 경우 사업개시 이후 일정 기간 근로자를 채용하여 건설공사를 하다가 공사를 도급받지 못하는 등의 이유로 사업을 중단하고(근로자 없이) 상당한 기간이 경과한 후에 다시 공사를 도급받아 사업을 행하는 등 사업의 중단 및 재개가 반복되는 경우에는 사업의 중단기간이 1년을 넘지 않는다면 이를 사업의 폐지로 보지 않고 휴지기로 보아 전체기간에서 휴지기를 뺀 기간이 6월 이상이면 이러한 요건을 충족하는 것으로 보는 것이 타당하다.[9)]

---

8) 행정해석 2004. 3. 24. 임금정책과963.

9) 고용노동부(2011. 1), 윗책, 48쪽.

라. 채권·채무가 포괄적으로 승계된 경우

사업의 양도 양수 등으로 인하여 사업주간에 채권·채무가 포괄적으로 승계된 경우에는 채권·채무를 주고받은 사업주들의 사업활동 기간을 통산하여 6월 이상의 사업활동 여부를 판단하여야 한다.

(3) 인정대상 사업주이어야 함

가. 상시근로자수 300인 이하의 사업주

도산등사실인정을 받을 수 있는 사업주는 업종 구분 없이 상시근로자수가 300명 이하인 사업주이다. 2001년 7월 이전에는 업종에 따라 50명에서 300명으로 달리 적용되었으나, 2001년 6월에 임금채권보장법시행령이 개정되어 2001년 7월 1일부터는 업종에 관계없이 상시근로자수 300명 이하 사업의 사업주로 확대되었다. 이는 입법 당시에는 도산등사실인정이 필요한 사업을 중소기업 규모의 사업으로 인정하고 이를 업종의 특성에 따라 상시근로자수를 달리하고자 했으나, 업종에 따른 차별적 적용이 오히려 입법취지를 제대로 살리지 못하고 있다는 점과 법의 수혜대상 근로자를 확대하기 위한 것으로 해석된다.

나. 상시근로자수의 산정방법

상시근로자수는 전년도 매월 말일 현재 사용하는 근로자수의 합계를 전년도의 조업월수로 나누어서 산정한다. 다만, 당해 연도 중에 사업이 개시되어 임금채권보장관계가 성립된 사업주의 경우에는 임금채권보장관계의 성립일 현재 사용한 근로자수를 상시근로자로 한다.

도산등사실인정은 사업주를 대상으로 하므로 상시근로자수는 사업장 단위가 아닌 당해 사업의 전체에서 사용하는 근로자수를 기준으로 한다. 다만, 여러 법인 사업체에 동일인이 대표이사로 등재되어 있는 경우에는 대표이사가 동일인이라고 하더라도 법적으로 사업주인 법인은 서로 다른 실체이므로 각 법인 단위로 상시근로자수를 판단한다.[10)]

다. 건설업의 상시근로자수 산정방법

건설업에 있어서의 상시근로자수의 판단은 상시근로자 산정이 가능한 경우와 곤란한 경우로 나누어 볼 수 있다. 결산서상 일반관리비에 계정되는 상용근로자와 같이 상시근로자의 산정이 가능한 경우에는 임금대장을 통해서 상시근로자수를 산정할 수 있다. 그러나 결산서상에 공사원가에 반영되는 일용근로자의 경우에는 상시근로자수를 산정하기 곤란

10) 고용노동부(2011. 1), 윗책, 50쪽.

하므로 이러한 경우에는 다음과 같은 산식에 의해서 상용근로자를 산정하게 된다.

$$\frac{\text{전년도공사실적액} \times \text{전년도노무비율}}{\text{전년도건설업월평균임금} \times \text{전년도조업월}}$$

사업주의 소재불명이나 자료가 미비하여 전년도 공사실적액을 확인하기 곤란한 경우에는 대한전문건설협회이 보유하고 있는 공사실적에 의하여 상시근로자수를 산정하게 된다. 그리고 상시근로자의 산정이 가능한 경우와 곤란한 경우가 혼재되어 있는 경우에는 두 방법에 의하여 산출된 상시근로자수를 합하여 산정하게 된다.

(4) 사업이 폐지되었거나 폐지과정에 있어야 함

가. 사업이 폐지되었을 것

사업의 폐지라고 함은 주된 생산 또는 영업활동이 중단되고 그 활동이 이루어지는 사업장이 폐쇄된 채 근로자 전원이 해고 또는 퇴직한 상태를 말한다. 다만, 사업의 정리 또는 청산을 위하여 필요한 최소한의 인원이 사업의 정리 또는 청산목적에 한정된 활동을 하는 경우에는 이를 사업의 폐지로 보아야 할 것이다. 이와 같이 사업의 폐지는 영업활동이 중단되고 근로자들이 퇴사하여 객관적으로 사업을 중단하였다는 사실만으로 가능하며 반드시 사업주가 사업을 재개할 의사가 없다는 사업주의 주관적인 의지는 그 판단 요건에 포함되지 않는다. 다만, 사업주가 자금확보 계획을 수립하거나 거래업체와의 납품계약을 체결하는 등 구체적으로 사업재개를 모색하는 경우에는 사업의 일시적 중단으로 보아 도산등사실인정 신청시에 이를 고려하여야 할 것이다.

개인기업에 있어서 도산 후에도 사업주가 생계유지를 위해 단독으로 종전과 동일한 사업을 행하고 있는 경우라도 도산전후로 근로자 전원을 해고하고 생필품을 제외한 전재산을 처분한 경우라면 사업의 폐지로 보아야 한다. 또한 사업주가 사업을 폐지하고 근로자를 해고하고자 함에도 불구하고 근로자들이 사실상의 조업을 계속하는 생산관리의 경우에도 이는 사업주의 지휘관리 하에서 이루어지는 사업 활동이 아니므로 사업의 폐지로 보아야 한다.[11]

---

11) 고용노동부(2011. 1), 윗책, 52쪽.

나. 사업이 폐지과정에 있을 것

사업이 폐지되지는 않았으나 다음과 같이 폐지과정에 있다고 볼 수 있는 사유중 하나에 해당하는 경우에는 폐지과정에 해당한다고 본다.

① 그 사업의 생산 또는 영업활동이 중단된 상태에서 주된 업무시설이 압류 또는 가압류되거나 채무변제를 위하여 양도된 경우(민사집행법에 의한 경매가 진행중인 경우를 포함한다)

② 그 사업에 대한 인가·허가·등록 등이 취소되거나 말소된 경우

③ 그 사업의 주된 생산 또는 영업활동이 1월 이상 중단된 경우

이러한 사유들은 사업이 폐지과정에 해당하는 것이기 때문에 사업주가 행정관청에 휴업신고를 한 경우에는 비록 휴업기간 중에 1월 이상 사업활동을 중단한 상태에 있다고 하더라도 휴업 사실만으로 당연히 사업이 폐지과정에 있는 경우라고 보기 어렵다. 즉, 휴업의 경우에는 휴업기간이 끝나면 사업주의 의지에 따라 사업을 재개할 여지가 있기 때문에 휴업은 사업의 폐지과정으로 보지 않는 것이 원칙이다.[12] 또한 생산 또는 영업활동이 경영애로에 의하여 1월 이상 중단된 경우를 판단함에 있어서 건설업 등과 같이 사업의 성격상 계절적 요인으로 사업이 일시 중단되는 경우에도 이에 해당되지 않는다고 해석하고 있다.[13]

(5) 임금 등을 지급할 능력이 없거나 지급이 현저히 곤란하여야 함

임금채권보장제도는 도산한 기업에서 퇴직한 근로자가 사업주로부터 임금 등을 지급받지 못한 경우에 근로자의 생계불안을 해결해 주기 위한 것이 제도의 취지이다. 따라서 사업주가 도산한 경우라도 사업주가 임금 등을 지급할 능력이 있는 경우에는 사업주가 이를 지급하는 것이 자본주의 경제질서에 맞다. 역으로 국가가 이를 대신 지급해 주는 임금채권보장제도의 경우에는 당연히 사업주가 임금 등을 지급할 능력이 없는 경우로 국한하여야 한다.

「임금 등을 지급할 능력이 없는 경우」란 일반적으로 사업주에게 임금지급에 충당할 수 있는 자산이 없고, 자금의 차입이나 기타 방법에 의해서도 임금 등을 지급할 가능성이 없는 경우를 말한다. 따라서 부채액이 자산액을 상회하는 채무초과의 상태에 있다 하더라도 자산이 있으면 임금채권은 우선변제될 수 있으므로 단순한 채무초과 상태는 이에 해당하지 않는다.

---

12) 행정해석 2004. 7. 7. 임금정책과2482.

13) 고용노동부(2011. 1), 윗책, 57쪽.

「임금 등의 지급이 현저히 곤란한 경우」란 사업주가 행방불명의 상태에 있거나 사업주가 재산을 지니고 있다고 하더라도 이를 환가하거나 회수하는데 상당한 기간이 소요되는 경우를 말한다. 임금채권보장법시행령에서는 이러한 요건을 ① 도산등사실인정일 현재 사업주가 1월 이상 소재불명인 경우와 ② 사업주의 재산을 환가하거나 회수하는데 도산등사실인정의 신청일부터 3월 이상이 걸릴 것으로 인정되는 경우를 말한다고 규정하고 있다.

4. 감독관청의 도산등사실인정의 통지 및 보고

(1) 도산등사실인정의 통지

지방고용노동관서의 장은 도산등사실인정 여부를 결정한 때에는 지체없이 도산등사실인정통지서에 의하여 그 결과를 신청인에게 통지하여야 한다.

도산등사실인정신청서의 처리결과는 신청서를 접수한 날로부터 30일 이내에 하여야 한다. 다만, 대상사업주에 대하여 재산판 도산이 신청되어 있거나 사업장이 여러 곳에 흩어져 있어서 사실관계를 조사·확인하는데 시간이 많이 소요되는 경우에는 1회에 한하여 30일의 범위 내에서 처리기간을 연장할 수 있다. 지방고용노동관서의 장은 도산등사실인정 여부를 결정한 때에는 지체 없이 도산등사실인정통지서에 의하여 대상사업주의 사업장을 관할하는 타지방고용노동관서의 장과 근로복지공단에 도산등사실인정사실을 통보하여야 한다.

(2) 도산등사실인정서의 처리결과 보고

지방고용노동관서의 장은 도산등사실인정신청서의 매분기 처리결과를 다음달 5일까지 사업장 정보관리시스템에 의하여 전산입력 방법으로 고용노동부장관(임금복지과)에게 보고하여야 한다.

제 3 절 사실확인 및 체당금 지급

1. 체당금의 청구

(1) 신청방법

체당금을 지급받고자 하는 근로자는 퇴직당시의 사업장을 관할하는 지방고용노동관서의 장에게 체당금 지급요건 충족여부에 대한 확인신청서와 함께 체당금지급청구서를 작성하여 제출하여야 한다. 체당금 지급청구는 사실확인을 먼저 한 후에 확인된 사실에 근거하여 지급을 청구하여야 하나, 민원인의 편의 도모를 위해 체당금 지급청구를 확인신청과 동시에 하도록 하고 있다.

(2) 신청기간(제척기간)

체당금의 지급청구는 파산선고등이나 도산등사실인정이 있은 날로부터 2년이내에 퇴직당시의 사업장을 관할하는 지방고용노동관서의 장에게 제출하여 한다. 이 기간은 제척기간으로 기간을 넘기게 되면 비록 지급요건을 갖추고 있더라도 지급청구를 할 수 없게 된다.

2. 체당금의 수급권 보호

(1) 신청방법

체당금을 지급받을 권리는 양도하거나 담보로 제공할 수 없다. 체당금은 도산기업 퇴직근로자의 생계보장을 위한 유일한 수단이기 때문에 이에 대한 수급권을 법으로 보호하고 있다. 체당금을 지급받을 권리가 있는 자가 부상 또는 질병으로 인하여 체당금을 수령할 수 없는 경우에는 그 가족에게 수령을 위임할 수 있다. 그러나 실제로는 본인의 은행구좌에 이체하여 지급하기 때문에 수령위임의 실익이 거의 없다.

미성년자인 근로자는 독자적으로 체당금의 지급을 청구할 수 있다. 이는 체당금이 사실상 미지급된 임금 및 퇴직금이기 때문이다.

3. 사실확인

(1) 확인의 필요성

체당금을 지급하기 위해서는 체불임금 지급사유, 체불임금액, 퇴직일 등 법으로 정해진 지급요건들에 대하여 그 사실관계의 존부를 확인하는 절차가 필요하다. 이러한 확인은 공적기관이 행하는 것이 일반적이다. 임금채권보장제도는 이러한 확인을 지방노동관서장이 행하도록 하고 있다.

(2) 확인신청

확인신청은 파산선고등이나 도산등사실인정을 받은 사업주의 사업에서 퇴직한 근로자가 하여야 한다. 이러한 확인신청은 개별 근로자가 각각 하여야 한다. 확인을 받고자 하는 자는 확인신청서를 퇴직당시의 당해 사업장의 소재지를 관할하는 지방고용노동관서의 장에게 제출하여야 한다. 신청인은 확인신청서 제출시 체당금지급청구서도 함께 제출하여야 한다. 확인신청은 도산등사실인정 또는 파산선고등이 행하여진 후이면 언제든지 신청할 수 있으나, 체당금의 지급청구를 도산등사실인정 또는 파산선고등 체불임금 지급사유가 있은 날로부터 2년이내에 하여야 하므로 확인신청서도 이 기간내에 제출하여야 한다.

(3) 확인사항

가. 근로기준법상의 근로자인지 여부

체당금을 청구할 수 있는 자는 해당사업주의 사업에서 퇴직한 근로자여야 하므로, 신청인이 근로기준법상의 근로자인지 여부를 우선적으로 확인하게 된다. 법인의 등기부상에 등재된 임원이나 동거가족인 경우에는 근로기준법상의 근로자가 아니기 때문에 체당금을 지급할 수 없다.

나. 퇴직기준일의 1년전부터 3년 이내에 당해 사업에서 퇴직한 자인지 여부

도산기업에서 퇴직한 근로자가 체당금 지급대상이 되기 위해서는 체불임금 지급사유(도산사유)인 파산선고등 이나 도산등사실인정을 신청한 날을 기준으로 1년전부터 3년 이내에 퇴직한 자라야 한다. 도산등사실인정을 2인 이상이 신청한 경우에는 최초의 신청일을 기준으로 한다. 이러한 지급대상이 되는 기간내에 퇴직한 근로자가 아닌 경우에는 체당금을 지급할 수 없게 된다.

다. 체불임금 지급사유의 발생 여부

체당금은 기업의 도산으로 인하여 임금이나 퇴직금을 당해 사업주로부터 지급받지 못한 경우에 이를 대신 지급하는 것이므로, 퇴직근로자가 체당금을 지급받을 수 있기 위해서는 당해 사업의 사업주가 이러한 체불임금 지급사유(도산사유)를 충족하고 있어야 한다.

도산등사실인정의 경우에는 지방고용노동관서에서 도산등사실인정을 행하고 있으므로 별도의 확인을 요하지 않으나, 재판상 도산의 경우에는 도산사유와 파산선고 등이 있은 날 및 그 신청일에 대한 확인이 필요하다.

라. 6월 이상 당해 사업주가 사업을 행하였는지 여부

체당금 지급요건중 사업주 요건에 「1년 이상 당해 사업을 행한 자」로 되어 있기 때문에 이러한 요건의 충족 여부가 확인되어야 한다. 도산등사실인정을 받은 사업주의 경우에는 6월 이상 사업을 행한 사실이 인정 여부 판단시 확인되기 때문에 사실확인시는 필요가 없으나, 재판상 도산에 해당하는 사업주인 경우에는 이에 관한 사항이 조사·확인되어야 한다.

마. 최종 3월분의 임금 또는 휴업수당 및 최종 3년간의 퇴직금중 미지급액

체당금으로 지급이 보장되는 임금채권이 퇴직근로자의 「최종 3월분의 임금 또는 휴업수당 및 최종 3년간의 퇴직금」이기 때문에 이러한 임금채권중 미지급된 체불액의 확인은 필수적이다. 「최종 3월분의 임금」이란 근로자의 퇴직일 또는 사실상의 근로관계가 종료된 날로부터 소급하여 3개월간의 근로로 인하여 지급사유가 발생된 일체의 임금을 말하며, 「최종 3월분의 휴업수당」이란 근로자가 퇴직한 날 또는 사실상 근로관계가 종료된 날로부터 소급하여 3개월간에 사업주가 그 귀책사유로 인하여 휴업을 실시하여 지급하게 되는 수당을 말한다. 「최종 3년간의 퇴직금」이란 계속근로년수 1년에 대하여 30일분의 평균임금을 지급하는 법정퇴직금 수준으로 산정된 최종 3년간의 퇴직금, 즉 90일분의 평균임금을 말한다. 사업주가 근로자퇴직급여보장법에 의하여 퇴직연금제도를 설정하였거나 근로자를 피보험자 또는 수익자로 하여 퇴직보험 또는 외국인 근로자 출국만기보험 등에 가입한 경우에는 퇴직금의 전부 또는 일부 지급이 보장되므로 지급이 보장되는 부분 만큼은 사업주의 지급채무가 소멸하게 된다. 따라서 퇴직금의 미지급액 산정시 이부분은 제외된다.

미지급액이란 지급보장되는 이러한 퇴직근로자의 임금 및 퇴직금중에서 지급사유가 발생했는데도 불구하고 아직 지급되지 않고 있는 금액을 말한다.

바. 지급되어야 할 체당금액

지급이 보장되는 임금채권인 최종 3월분의 임금 또는 휴업수당 및 최종 3년간의 퇴직금이 확인된 후에는 당해 신청인의 퇴직당시의 연령을 확인하여 체당금의 상한액을 확인하여야 한다. 연령에 따른 상한액은 임금의 경우에는 각 1월분이 퇴직금의 경우에는 각 1년분이 상한액을 초과할 수 없다. 즉, 미지급액이 상한액 보다 많은 경우에는 상한액을, 미지급액이 상한액보다 적을 경우에는 미지급액을 지급하게 된다.

(4) 확인업무의 처리절차

사실확인은 확인을 신청한 자가 퇴직한 당해 사업장의 소재지를 관할하는 지방고용노동관서의 장이 행한다. 사실상 도산판정인 도산등사실인정은 당해 사업주의 주된 사업장(본사)의 소재지를 관할하는 지방고용노동관서의 장이 행하는데 반하여, 사실확인은 확인신청자가 최종적으로 일을 하던 사업장의 소재지 관할 지방고용노동관서에서 행하고 있다.

근로감독관은 확인사항에 대하여 확인이 완료된 경우에는 그 결과를 신청인에게 통지하여야 한다. 확인사항에 대한 조사·확인결과 확인사항 모두가 확인이 가능한 경우에는 사실확인된 사항을 확인통지서에 의하여 신청인에게 통지하고, 확인이 불가능한 사항이 있는 경우에는 확인불가통지서에 의하여 확인불가사항과 그 이유를 기재하여 신청인에게 통지하여야 한다.

이러한 사실확인 결과의 통지는 확인신청서를 접수한 날로부터 14일이내에 하게 된다.

(5) 근로복지공단에 확인통지서 및 체당금지급청구서 송부

확인사항에 대한 조사·확인결과 확인사항 모두가 확인되어 신청인이 체당금을 지급받을 수 있는 요건을 갖추고 있는 경우에는 지방고용노동관서장은 당해 신청인이 확인신청서와 함께 제출한 체당금지급청구서에 당해 신청인에게 통지한 확인통지서 사본을 첨부하여 사업장의 소재지를 관할하는 근로복지공단(지사, 지역본부)에 송부하게 된다.

4. 체당금의 지급

(1) 근로복지공단에서 지급

지방고용노동관서의 근로감독관이 조사·확인하여 통지한 확인통지서상의 체당금은 근로복지공단이 신청인에게 지급하게 된다. 즉, 근로복지공단은 지방고용노동관서에서 확인통지서와 함께 체당금지급청구서를 송부받은 때에는 당해 체당금을 지급청구인에게 지급하여야 한다. 근로복지공단은 지방고용노동관서로부터 체당금지급청구서를 송부 받은 때에는 특별한 사유가 없는 한 체당금지급청구서를 송부받은 날로부터 7일 이내에 체당금을 청구인에게 지급하여야 한다. 근로복지공단이 체당금지급청구서를 송부받은 날로부터 7일 이내에 체당금을 지급할 수 없을 때에는 그 사유를 청구인에게 통보하게 된다.

(2) 근로복지공단의 확인사항

근로복지공단이 체당금 지급청구서를 접수한 때에는 대상사업주의 사업이 산재보험 적용사업인지 여부와 대상사업주가 당해 사업을 법적용 대상이 된 후 6월 이상 행하였는지를 확인하여야 한다. 확인결과 산재적용 대상이 아니거나 6월 이상 사업을 행한 사실이 없는 경우에는 지체없이 지방고용노동관서의 장에게 통보하여야 한다.

제 4 절 변제금 회수 및 부정수급

1. 변제금의 회수

(1) 사업주에 대한 청구권 대위

임금채권보장법상의 체불임금 지급보장의 체계는 민법상의 채권의 제3자 변제에 관한 법리에 그 기초를 두고 있다. 따라서 근로복지공단이 사업주를 대신하여 체불임금을 지급하는 경우에는 그 지급한 금액의 한도 내에서 당해 사업주에 대한 근로자의 임금청구권을 대위하게 된다. 임금채권보장법은 제도 운영상의 필요에 의하여 이러한 민법의 제3자 변제에 관한 일반적인 원칙에 대한 예외규정을 두고 있다.

일반적으로 채권의 제3자에 의한 변제는 민법 제469조(제3자의 변제)의 적용을 받게 되므로, 동규정에 따라 채무의 성질상 제3자의 변제가 허용되지 않거나 또는 당사자의 반대의사가 있는 경우에는 제3자가 이를 변제할 수 없다.

그러나 정부가 근로자에게 사업주를 대신하여 미지급 임금 및 퇴직금을 지급하는 것은 근로자의 생계보장이라는 정책적인 목적에 의한 것으로, 임금채권보장법에서 사업주의 의사에 관계없이 근로자가 체당금 지급을 청구하는 경우에는 일정범위의 임금채권에 대해서는 정부가 대신 지급할 수 있도록 하여 민법 제469조의 적용을 배제하고 있다. 따라서 사업주의 반대의사 표시가 있어도 근로자의 청구가 있으면 체당금 지급이 가능하다.

정부가 사업주를 대신하여 근로자에게 체불임금을 변제하게 되면 사업주는 근로자에 대한 임금지급의무를 면하게 되므로 정부는 사업주에 대해 구상권을 취득하게 되며, 따라서 정부는 그 구상권의 범위내(체당금 지급액)에서 근로자가 가지고 있었던 임금채권에 대위하게 된다.

(2) 근로복지공단의 대위권 행사

체당금의 지급에 의해 대위되는 근로자의 임금채권은 근로복지공단이 행사한다. 즉, 근로복지공단이 체당금으로 사업주의 미지급 임금 또는 휴업수당 및 퇴직금을 지급하면 체당금으로 지급한 금액의 한도안에서 당해 사업주에 대한 당해 퇴직근로자의 미지급 임금 및 퇴직금청구권을 대위하게 되므로 이에 따른 권리를 행사하게 된다.

근로복지공단이 근로자의 임금청구권을 대위하는 경우에는 청구권의 행사 및 그 확보 등에 관하여 필요한 조치를 취하여야 한다.

(3) 근로복지공단의 변제금 회수절차

근로복지공단은 변제금의 회수를 위해 보존절차, 판결절차 등에 참여하여 변제금을 회수하기 위한 필요한 조치를 하여야 한다.

(4) 재산목록의 제출명령

지방고용노동관서의 장은 근로자에게 체당금을 지급하고자 하는 때에는 당해 사업주에게 재산관계를 명시한 재산목록의 제출을 명할 수 있다. 민사소송법상의 재산관계 명시명령은 신청인의 신청에 의한 법원의 결정에 의하도록 하고 있는데 반해, 임금채권보장법은 이러한 명시명령을 체당금의 지급으로 행할 수 있도록 하여 사업주에 대한 채권회수를 보다 용이하게 하고 있다. 재산관계의 명시명령을 받은 사업주는 특별한 사유가 없는 한 7일 이내 근로복지공단에 다음 각호의 사항이 기재된 재산목록을 제출하여야 한다.

① 부동산에 관한 소유권, 지상권, 전세권, 임차권, 부동산인도청구권 및 부동산에 관한 권리이전청구권

② 등기 또는 등록의 대상이 되는 자동차, 건설기계, 선박, 항공기의 소유권·인도청구권 및 그에 관한 권리이전청구권

③ 광업권·어업권 기타 부동산에 관한 규정이 준용되는 권리 및 그에 관한 권리이전청구권

④ 질권·저당권 등의 담보물권에 의하여 담보되는 채권은 그 취지 및 담보물권의 내용

재산목록의 제출을 요구받은 사업주가 정당한 이유없이 재산목록의 제출을 거부하거나 허위의 재산목록을 제출한 경우에는 3년 이하의 징역 또는 2천만원 이하의 벌금형을 받게 된다.

2. 부정수급

(1) 부정이득과 부당이득 개념

부정이득은 거짓이나 그 밖에 부정한 방법으로 체당금을 수령한 것을 말하며, 부당이득이란 평균임금을 잘못 산정하는 등 실수나 착오 등에 의하여 악의 없이 체당금을 받은 경우를 말한다. 부정이득금은 국세체납처분의 예에 의해 회수가 이루어지는 반면에, 부당이득은 민법에 의해 회수가 이루어진다.

(2) 부정수급에 대한 처벌의 고지

퇴직근로자가 도산등사실인정을 신청하거나 확인을 신청하는 경우 및 근로감독관이 이러한 사실관계를 조사·확인 하는 경우 퇴직근로자, 사업주 등 관계인에게 체당금의 부정수급에 대해서는 형사처벌이 따른다는 것을 고지하여야 한다.

(3) 부정이득의 반환요구 요건

가. 허위 기타 부정한 방법으로 체당금 지급이 행해질 것

부정이득의 반환요구는 허위 기타 부정한 방법으로 체당금을 지급받아야 한다. 허위 기타 부정한 방법은 도산등사실인정 및 확인절차와 체당금의 청구 및 수령 등의 과정에서 행하여진 모든 경우를 말한다. 허위 기타 부정한 방법은 체당금을 받은 자에 의하여 행하

여짐을 요하지 아니한다. 허위 기타 부정한 방법은 주로 도산등사실인정이나 확인절차의 과정에서 체당금 지급을 위한 사업주의 요건 및 근로자의 요건에 대해 허위진술을 하거나 허위증명서를 제출하는 방법과 체불임금액을 허위로 증명하는 경우 등이 예시될 수 있다.

나. 체당금을 수령하였을 것

허위 기타 부정한 방법에 의하여 체당금을 현실적으로 직접 받았어야 한다. 그리고 체당금의 지급이 이러한 허위 기타 부정한 방법과 연관성이 있어야 한다.

다. 반환요구의 범위 및 대상

체당금의 반환요구의 범위는 체당금을 받은 자가 현실로 직접 받은 체당금중 허위 기타 부정한 방법과 관련이 인정되는 부분이다. 즉, 반환요구의 대상은 지급된 체당금 전액이 아니라 허위 또는 부정한 방법과 관련이 있어 지급된 금액만이 해당된다.

반환요구의 대상은 허위 기타 부정한 방법으로 체당금을 수령한 자 및 허위보고 또는 증명에 의하여 체당금을 수령할 수 있도록 한 사업주이다.

(4) 부정수급 신고포상

가. 체당금 부정수급의 신고

거짓 그 밖의 부정한 방법에 의하여 체당금을 부정수급한 자가 신고의 대상이다. 체당금을 지급 받은 자에 국한 되지 않고 허위보고, 허위 증명서 발급 등을 행한자도 포함된다. 체당금 부정수급을 신고하고자 하는 자는 신고서를 작성하여 관할 지방고용노동관서에 인터넷, 팩스, 우편, 직접 방문 등의 방법으로 신고하면 된다.

나. 신고포상금

신고포상금은 부정수급의 액수에 따라 다르다. 부정수급액이 천만원 미만인 경우에는 부정수급액에 100분의 15를 곱한 금액을 받게 되고, 천만원에서 5천만원 미만인 경우에는 150만원에 천만원 초과분에 대한 부정수급액에 100분의 10을 곱하여 산출된 금액을 추가로 받게 된다. 5천만원 이상인 경우에는 550만원에 5천만원 초과분에 100분의 5를 곱하여 산출된 금액을 추가로 받게 된다. 동일한 부정수급에 대해 2인 이상이 신고한 경우에는 포상금은 하나의 신고로 간주하여 산정한다. 포상금은 5천만원 이내에서 지급된다.

제 5 절 사업주 부담금

1. 사업주 부담금의 징수

(1) 사업주 부담금의 산정

임금채권보장법상의 부담금은 노동부장관이 체불임금의 지급보장사업에 소요되는 비용을 충당하기 위하여 사업주로부터 징수하는 금액이다. 임금채권보장사업에 소요되는 재원은 사업주의 부담금과 변제대위에 의한 사업주의 변제금으로 충당된다.

국가는 체당금 지급에 소요되는 비용을 충당하기 위해 사업주로부터 "보수총액의 1천분의 2의 범위 내"에서 부담금을 징수할 수 있다. 사업주의 부담금은 산재보험료와 같이 매 연도마다 "1년 동안 적용사업에 종사하는 모든 근로자에게 지급하는 보수총액"에 "부담금 비율"을 곱하여 산정한다. 계속사업의 부담금 산정기간은 매 연도를 산정기간으로 하나 연도 중 적용된 사업은 그 적용일부터 연말까지, 연도 중 사업이 폐지된 경우에는 연초부터 사업폐지일 까지를 산정기간으로 한다.

(2) 보수총액의 산정

'보수'는 보험료징수법상의 '보수'로서 소득세법 제20조에 따른 근로소득에서 대통령령으로 정하는 금품(비과세 근로소득)을 뺀 금액을 말한다. 건설공사와 같이 사업이 수차의 도급에 의하여 이루어져 하도급공사에 대한 실제임금 지급액의 파악이 곤란한 경우에는 당해 공사의 총공사금액(연도가 이월하는 금액은 당해연도 기성액)에 고용노동부장관이 정하여 고시하는 노무비율을 곱하여 보수총액을 산정한다.

사업의 폐업이나 도산 등으로 인하여 보수를 산정·확정하기 곤란한 경우에는 보험료징수법에 의하여 고용노동부장관이 고시하는 금액(기준보수)을 보수로 처리한다.

2. 부담금의 경감

상시근로자수가 5인 미만의 사업주에 대해서는 전체 체당금 지급액 대비 퇴직금, 휴업수당에 대한 체당금 지급액의 비율만큼 경감한다. 이는 5인 미만의 사업장의 경우 퇴직금과 휴업수당의 지급의무가 없기 때문이다. 따라서 5인 미만 사업장도 법정퇴직금을 지급함에 따라 2013년 이후부터 경감대상에서 제외되었다.

퇴직보험 등에 가입한 사업주는 부담금의 경감을 받을 수 있다. 이는 퇴직금을 퇴직보험 등으로 지급하게 되면 그 만큼 미지급퇴직금에 대한 체당금의 감소효과가 나타나기 때문이다. 경감대상 사업주는 전년도말을 기준으롤 당해 사업의 퇴직금 지급대상이 되는 모든 근로자들을 퇴직보험 등의 피보험자 또는 수익자로 하여 근로기준법이 정하는 퇴직보험 등에 가입한 사업주이다. 경감을 받고자 하는 사업주는 부담금경감신청서에 퇴직보험 등이 가입사실을 증명하는 최근 계약서와 금융기관이 발행하는 가입확인서를 근로복지공단에 제출하여야 한다.

제 6 장 체불임금의 구제절차

임금은 근로자의 핵심적인 근로조건이자 근로자와 그 가족의 기본적인 생활자원이다. 따라서 근로기준법은 근로자에 대한 임금지급과 관련하여 사용자에게 매월 1회 이상 정기적으로 임금을 지급할 것을 강제하고 있고, 일정범위의 임금채권에 대해서는 여타 채권에 비해 우선적으로 변제되도록 하는 규정을 두고 있다. 또한 사업주가 도산으로 인해 근로자가 임금을 지급받지 못하는 사례를 예방하기 위해 임금채권보장제도를 마련하고 있다. 재직근로자의 체불임금의 청산을 위해서는 근로감독관의 조력을 받아 조기에 체불임금이 청산될 수 있도록 행정적으로 지원을 하고 있다. 근로감독관의 행정적 지원 절차와 아울러 소액의 임금채권에 대해서는 법원의 소액사건 심판절차를 통해 보다 신속하게 권리구제를 받을 수 있도록 하고 있으며, 법률구조공단에서는 사회적 관심과 배려가 필요한 체불임금 근로자들을 위해서 무료로 소송을 대리하는 등 법률적인 지원을 하고 있다.

제 6 장

체불임금의 구제절차

제 1 절 서 설

임금 및 퇴직금은 근로자와 그 가족의 기본적인 생활을 유지할 수 있는 유일한 생계수단이다. 따라서 근로기준법은 근로자에 대한 임금지급과 관련하여 임금액과 임금지급방법 등에 대해 보호규정을 두고 있다. 즉, 사용자에게 매월 1회 이상 정기적으로 임금을 지급하도록 하고 있고, 근로자가 출산, 질병, 재해 등으로 인하여 급하게 임금을 청구하는 경우에는 지급기일 전이라도 이미 제공한 근로에 대해서는 임금을 지급하도록 하는 규정을 두고 있으며, 근로자가 사망 또는 퇴직한 경우에는 그 지급사유가 발생한 때부터 14일 이내에 임금 등 일체의 금품을 지급하도록 하고 있다.

또한, 근로기준법은 사업이 여러 차례의 도급에 따라 행해지는 경우에 하수급인이 직상수급인의 귀책사유로 근로자에게 임금을 지급하지 못하는 경우에는 그 직상수급인이 하수급인과 연대하여 책임을 지도록 하고 있고, 이러한 도급사업에 대한 임금의 연대책임을 건설업의 경우에는 건설근로자들의 고용형태를 고려하여 일정한 요건을 갖춘 경우에는 직상수급인이 하수급인이 채용한 근로자에게 밀린 체불임금을 지급하도록 하는 규정을 두고 있다.

위와 같은 일반적인 임금의 보호규정과는 별도로 근로기준법은 근로자가 법원을 통하여 체불임금에 대한 권리구제를 받을 경우에는 일정 범위의 임금채권에 대해서는 여타 채권에 비해 우선변제를 받을 수 있도록 하는 임금채권 우선변제 제도를 마련하고 있다. 이는 열악한 근로자들의 채권을 우선적으로 확보할 수 있도록 하기 위한 제도적 장치이다.

기업이 경영악화로 인해 도산하는 경우에는 대부분의 사업주가 임금을 지급할 능력이 없거나 설사 지급능력이 있다고 해도 복잡한 법원의 경매절차를 거쳐야 하기 때문에 근로자들이 적기에 임금채권을 확보하는 데는 많은 문제점이 있다. 이러한 문제점을 해결하기 위해 정부는 임금채권보장제도는 마련하고 있다. 이러한 제도를 통해서 도산기업에서 퇴직한 근로자의 경우에는 간단한 확인절차만으로 신속하게 최근 3개월분의 체불임금과 최근 3년간의 퇴직금에 대해서는 일정부분 정부로부터 지급을 받을 수가 있다.

근로자가 사업주로부터 지급받지 못한 체불임금에 대한 실무적 구제절차는 크게 행정기관을 통해 조력을 받는 경우와 법원의 사법절차를 통해 구제받는 경우로 대별할 수 있다. 행정기관을 통한 조력의 경우에는 고용노동부의 지방고용노동관서를 통한 근로감독관의 조력을 받는 방법과, 법원을 통한 사법절차는 주로 소액사건 심판제도나 법률구조공단을 통한 무료법률지원을 받는 방법이 주로 이용되고 있다.

이 장에서는 먼저 임금채권을 여타 채권에 비해 우선적으로 변제받을 수 있도록 하는 임금채권 우선변제 제도에 대해 알아보고, 행정기관의 권리구제의 주축을 담당하고 있는 고용노동부의 근로감독관제도를 통해 체불임금이 구체적으로 어떠한 절차를 통해 권리구제를 받을 수 있는지에 대해 간략하게 살펴보고자 한다. 사법기관을 통한 권리구제절차는 워낙 방대한 내용들로 되어 있기 때문에 여기서는 근로자들이 체불임금의 확보를 위해 특별히 알아두면 도움이 되는 소액사건 심판제도와 법률구조공단의 법률지원시스템을 소개하는 수준에서 간단히 언급하고자 한다.

제 2 절 임금채권 우선변제제도

1. 제도의 개요

(1) 입법취지

근로기준법상의 임금채권 우선변제제도는 사용자가 도산하거나 사용자의 재산이 다른 채권자에 의하여 압류되었을 경우 근로자의 임금채권을 우선하여 변제받게 함으로써 근로자를 특별히 보호하기 위한 제도이다.

기업도산시에 여타의 채권과는 달리 임금채권의 확보를 위한 특별한 제도적 보장책을 마련하는 이유는 ① 임금채권은 근로자와 가족의 유일한 생계수단으로 사회적 보호의 필요성이 높다는 점, ② 임금채권은 일반채권과 달리 그 확보를 위한 인적·물적 담보의 설정을 요구할 수 있는 제도적 방법이 없다는 점, ③ 임금채권은 사용자가 유일한 채무자이기 때문에 여타 채권처럼 위험분산의 가능성이 없다는 점에 있다.

(2) 임금채권의 제도적 보호방식

기업의 도산시 근로자의 임금채권을 보호하기 위한 제도적 방법에는 크게 두가지가 있다. 하나는 임금채권에 대하여 우선변제적 효력을 부여하는 방식이고, 다른 하나는 일정범위의 임금채권을 사회보험적 방식에 의하여 보호하는 것이다. 전자를 임금채권 우선변제제도라 하고 후자를 임금보증기금제도(wage guarantee institution)라고 한다. 임금채권 우선변제제도는 사법(私法)상의 신용거래 질서의 제한을 그 수단으로 하여 임금채권을 보장하게 되며, 임금보증기금제도는 사회보험 등에 의해 근로자의 임금채권을 보장하게 된다. 후자가 세계적인 추세이다.

우리나라의 경우 근로기준법에 임금채권 우선변제에 관한 규정을 두어 일반적인 보호를 행하여 오다가, 1998. 7. 1부터 임금채권보장법에 의해 임금보증기금 방식인 임금채권보장제도도 새로이 도입하여 시행하고 있다.

(3) 입법연혁

임금채권 우선변제는 1974. 1. 14 대통령긴급조치 제3호 제19조에서 「임금·퇴직금·재해보상금 기타 근로관계로 인한 채권은 사용자의 총재산에 대하여 질권·저당권·조세·공과금을 제외한 다른 채권에 우선하여 변제받을 권리가 있다」고 규정된 것에서 비롯한다. 동년 12. 24 근로기준법을 개정하여 제30조의 2에 「임금채권 그밖에 근로관계로 인하여 사용자에게 채권이 있는 근로자는 그 사용자의 총재산에 대하여 우선변제를 받을 권리를 가진다. 그러나 질권·저당권·조세·공과금 그 밖의 이에 준하는 채권에는 우선하지 못한다」라고 규정하게 되었다. 이후 이 규정은 여러 차례에 걸쳐 개정되면서 우선변제를 받을 수 있는 근로관계로 인한 채권의 범위가 달라졌다. 특히, 퇴직금의 우선변제 부분은 2005년 1월 7일 근로자퇴직급여보장법이 제정되면서 근로기준법의 퇴직금 부분이 관련조항에서 삭제되어 근로자퇴직급여보장법으로 옮겨지게 되었다.

2. 우선변제의 내용

(1) 우선변제권의 성격 및 확보방법

임금채권의 우선변제는 채무자(사용자)의 재산에 대해 강제집행을 하였을 때 환가금에서 우선하여 변제를 받을 수 있다는 것을 의미한다. 즉, 민사절차를 통해 사용자의 재산에 대하여 강제집행을 신청한 후 사용자의 재산을 압류하여 환가처분하고 배당지급을 받는 순서를 밟게 된다. 이때 일반 채권자는 소송참가를 통해 변제를 받을 수 있게 되나 근로자의 경우에는 이러한 민사절차를 거치는 것이 현실적으로 어려울 때가 많다. 이러한 점을 감안하여 민사소송법은 민사절차가 진행되어 환가된 사용자의 재산에 대해 근로자가 사전절차에 참가함이 없이 바로 배당을 요구할 있는 권리를 마련해 놓고 있다. 따라서 우선변제가 확보되었다고 하더라도 근로자가 배당을 요구하지 않으면 상당금액이 후순위 채권자에게 배당될 수도 있다.

(2) 임금채권과 다른 채권의 우선순위

근로기준법 제38조와 근로자퇴직급여보장법 제12조의 규정에 의한 최우선변제 및 우선변제 조항과 관련법령을 종합적으로 고려하여 임금채권과 다른 채권의 우선순위를 정리하면 다음과 같다.

1순위 : 최종 3개월분의 임금, 최종 3년간의 퇴직급여등, 재해보상금(최우선변제)
2순위 : 질권·저당권 또는 동산·채권등의담보에관한법률에 따른 담보권에 우선하는 조세·공과금
3순위 : 질권·저당권 또는 동산·채권등의담보에관한법률에 따른 담보권에 따라 담보된 채권
4순위 : 임금 그 밖에 근로관계로 인한 채권(우선변제)
5순위 : 조세·공과금
6순위 : 기타 채권

(3) 우선변제되는 금품

가. 임 금

우선변제의 대상이 되는 「임금」은 근로기준법 제2조 제1항 제5호에 규정된 임금 중 지급받지 못한 임금을 말한다. 「최종 3개월분의 임금」이란 사용자의 재산을 청산하기 위

한 원인이 된 사실이 발생한 때를 기준으로 소급해서 3개월간 지급받지 못한 정기(定期) 임금으로 해석된다. 이는 곧 사유발생일 이전 3개월간의 근로에 대한 대가분에 해당하는 임금을 말하는 것이 아니라 그 기간중 지급일이 도래하였음에도 지급되지 않은 임금으로 보아야 한다.

나. 퇴직급여등

근로자퇴직급여보장법 제12조 제1항의 규정에 따라 우선변제되는 「퇴직급여등」은 사용자에게 지급의무가 있는 퇴직금, 같은 법 제15조에 따른 확정급여형퇴직연금제도의 급여, 같은 법 제20조 제3항에 따른 확정기여형퇴직연금제도의 부담금 중 미납입 부담금 및 미납입 부담금에 대한 지연이자를 말한다. 「최종 3년간의 퇴직급여등」이란 사용자의 재산을 청산하기 위한 원인이 된 사실이 발생한 때를 기준으로 소급해서 3년간의 기간에 해당하는 「퇴직급여등」을 말한다고 해석하여야 한다.

다. 재해보상금

「재해보상금」에는 사용자의 재산을 청산해야 할 당시에 입은 업무상 재해에 대한 각종 보상이 그 대상이 된다. 재해보상금의 최우선변제는 산업재해보상보험법의 적용을 받지 않는 사업장에서 주로 적용될 것이다. 우선변제를 해야 할 때 근로자가 요양을 계속하고 있는 경우에는 앞으로 발생할 요양비와 휴업보상, 그리고 장해보상도 그 시점에서 통상적으로 예견될 수 있는 기간 또는 상태를 기준으로 하여 최우선변제의 대상이 된다.

라. 그 밖에 근로관계로 인한 채권

「그 밖에 근로관계로 인한 채권」이라 함은 근로자와 사용자 간의 채권적인 성격을 갖는 금전적 청구권을 포함하는 것으로 보아야 할 것이다. 따라서 휴업수당, 보증금청구권, 적립금청구권, 예치 또는 보관한 금품의 반환청구권, 해고예고수당 등이 모두 포함되는 개념이다.

(4) 변제대상인 사용자의 총재산

우선변제권의 객체는「사용자의 총재산」이다. 여기서 사용자라 함은 임금채무자로서의 사용자이기 때문에 원칙적으로 근로계약의 당사자인 사업주를 말한다.[1] 따라서 개인기업인 경우에는 개인, 법인인 경우에는 법인 그 자체를 말하며, 사업경영담당자나 이익대표자로서의 사용자는 여기서 말하는 사용자에 해당하지 않는 것이 원칙이다.

---

1) 대법원 1996. 2. 9. 선고 95다719 판결; 행정해석 1993. 12. 15. 임금68207-756.

총재산이라 함은 사업주가 소유하는 동산·부동산은 물론이고 각종의 물권, 채권, 무체재산권, 광업권, 어업권 등의 제권리까지 모두 포함한다. 그러나 사용자의 재산이 제3자에게 양도된 경우에 당해 양수재산은 우선변제권의 객체가 되지 못한다.[2]

사업주가 사업경영담당자를 겸하는 개인사업에 있어서는 사업주개인의 총재산이 사용자의 총재산이지만, 사업주와 사업경영담당자가 분리되는 법인사업의 경우에는 그 법인의 재산이 사용자의 총재산이고 대표이사나 대표사원과 같은 사업경영담당자의 개인재산은 여기서 말하는 사용자의 총재산에 포함되지 않는다는 것이 판례의 입장이다.[3] 판례는 상법상의 사원과 회사간의 법인격의 분리가 모든 면에서 뚜렷한 물적회사(유한회사, 주식회사)뿐만 아니라, 채권자에 대한 관계에서 그 분리가 뚜렷하지 않은 인적회사(합명회사, 합자회사)에 대해서도 일반담보권자의 신뢰보호와 거래질서에 미치는 영향 등을 고려하여 당해 회사의 재산만이 사용자의 총재산에 포함된다고 하고 있다. 이에 대해 합명회사와 합자회사의 경우에는 채권자와의 관계에 있어서 실질적 사업주는 당해 회사라기 보다는 무한책임 사원으로 보는 것이 타당하다는 견해도 있다.

제 3 절 근로감독관제도

1. 근로감독관제도의 필요성

근로기준법은 일정한 근로조건을 법으로 규정하여 근로자와 사용자가 정한 근로조건이 이러한 기준에 달하지 못하는 경우에는 근로자와 사용자가 정한 근로계약 등을 무효로 함으로써 민사적으로 실효성을 확보할 수 있도록 하고 있다.

그러나 근로기준법은 민사적 효력의 결과로 발생하는 채권의 이행확보를 위해 강제집행 등의 수단을 사용하여 사용자의 행위를 강제할 수는 없다. 그래서 근로기준법은 위반한 사용자의 행위에 대해 형사처벌은 할 수 있어도 하는 벌칙 규정을 두고 있다. 하지만 사용자에 대한 이러한 형사적 제재만으로는 근로자의 권리를 회복하는데 한계가 있고, 민사적 절차에 의한 구제의 경우에도 시간과 비용이 많이 들게 된다. 이러한 문제점을 해결하기 위해서는 벌칙을 배경으로 한 행정적인 감독을 통해 사용자가 근로기준법을 위반

2) 대법원 1994. 1. 11. 선고 93다30938 판결.
3) 대법원 1966. 2. 9. 선고 95다719 판결.

하는 것을 예방하거나 시정할 필요성이 생긴다. 이러한 필요성에 따라 사용자의 위반행위를 전문적인 행정관청에서 감시·감독하도록 하는 근로감독관제도를 설정하게 되었다.

ILO는 1923년 권고 제20호 「근로자 보호를 목적으로 하는 법령 및 규칙이 실시의 확보를 위한 감독제도의 조직에 대한 일반원칙에 관한 권고」를 통해 감독제도의 필요성과 함께 조직 및 직무권한 등 언급하고 있다. 1947년에는 「공업 및 상업에 있어서의 근로감독에 관한 조약」(제81호 조약)과 「근로감독에 관한 권고」(권고 제81호)를 채택한 바 있다. 특히, ILO는 상기의 권고 제20호에서 「감독기관은 국가의 중앙기관의 직접적이고도 전속적인 관할아래 두어야 하며, 그 직무집행에 관하여 지방기관의 관할아래 두어서는 아니되며 이에 대하여 일체의 책임을 지지 않아야 한다」라고 함으로써 감독기관의 중앙 일원성의 원칙을 선언하였으며, 1947년 제81호 조약을 통해서도 이와 같은 취지를 확인하고 있다.

이러한 취지에 맞게 근로기준법은 제11장에서 근로감독관의 권한 및 의무 기타 필요한 사항을 규정하여 근로감독관제도를 설정하여 이를 지방행정기관에 위임하지 않고 고용노동부장관이 전담하도록 함으로써 감독기관의 중앙일원성의 원칙을 제도화 하였다.

2. 근로감독관의 권한

(1) 행정상의 권한

근로감독관은 사업장, 기숙사 기타 부속건물을 임검하고 장부와 서류제출을 요구할 수 있으며 사용자와 근로자에 대하여 심문할 수 있고, 의사인 근로감독관이나 근로감독관의 위촉을 받은 의사는 취업을 금지하여야 할 질병에 걸릴 위험이 있는 근로자에 대하여 검진을 할 수 있다(근로기준법 제102 제1항). 이 경우 근로감독관 또는 그 위촉을 받은 의사는 신분증명서와 그 기간, 장소 및 범위가 명기된 고용노동부장관의 임검 또는 검진지령서를 제시하여야 한다.

사용자 또는 근로자는 근로기준법의 시행에 관하여 근로감독관의 요구가 있으면 지체없이 필요한 사항에 대하여 보고하거나 출석하여야 한다(같은 법 제13조). 다만, 사용자인 이사가 그 직을 사임하고 사임등기까지 완료한 경우에는 재직중에 발생한 사항에 관한 것이라 할지라도 출석요구 당시에 해당자가 사용자의 지위에 있지 않으므로 근로감독관의 요구에 응하여 회사장부를 휴대·출석할 의무가 없다는 판례[4]가 있다. 하지만, 이러한 판례가 재직중에 범한 근로기준법 위반에 대해 사임 후에는 사용자 책임을 면한다는 취지

4) 대법원 1983. 10. 11. 선고 83도2272 판결.

로 받아들일 수는 없다.[5)]

(2) 사법경찰관으로서의 권한

근로감독관은 근로기준법 기타 노동관계법령 위반의 죄에 관하여 사법경찰관리의직무를행할자와그직무범위에관한법률이 정하는 바에 따라 사법경찰관의 직무를 수행한다.

근로기준법 그 밖의 노동관계법령에 따른 임검, 서류의 제출, 심문 등의 수사는 검사와 근로감독관이 전담하여 수행한다(근로기준법 제105조). 따라서 사용자가 근로기준법을 위반하게 되면 근로감독관이 수사한 후에 검사에게 입건·송치하여 검사가 기소여부를 결정하게 되고, 법 위반의 여부는 법원이 최종적으로 판단하여 결정하게 된다.

3. 근로감독관의 의무

근로감독관은 그 업무를 성실히 수행할 의무를 지며, 근로감독관이 근로기준법에 위반된 사실을 고의로 묵과한 때에는 3년 이하의 징역 또는 5년 이하의 자격정지에 처한다(같은 법 제108조).

또한 근로감독관은 직무기간이나 그 후에 직무상 알게 된 비밀을 엄수하여야 한다(같은 법 제103조).

4. 사용자의 서류 비치 및 보존의무

(1) 비치의무

근로기준법 제14조는 근로자의 권익보호를 위해 근로기준법 및 그 시행령의 요지와 취업규칙을 근로자가 자유롭게 열람할 수 있는 장소에 항상 게시하거나 갖추어 두어 근로자에게 널리 알리도록 규정하고 기숙사에 관한 규정과 기숙사 규칙을 기숙사에 게시하거나 비치해서 근로자들이 알 수 있도록 할 것을 규정하고 있다. 이를 위반한 사용자에 대해서는 500만원 이하의 과태료를 부과하도록 하고 있다.

또한 근로기준법 제66조는 사용자로 하여금 18세 미만인 자에 대하여 그 연령을 증명하는 가족관계기록사항에 관한 증명서와 친권자 또는 후견인의 동의서를 사업장에 비치하도록 하고 있다. 이는 근로자에 대한 주지 필요성에 의한 것이라고 하기 보다는 당해

---

5) 하갑래(2014), 윗책, 70쪽,

사업장에 대한 근로감독관의 근로감독시에 사용자가 이를 제시할 수 있도록 보관하라는 취지의 규정이라고 여겨진다.

(2) 보존의무

근로기준법 제42조는 사용자로 하여금 근로자명부와 같은 법 시행령이 정하는 근로계약에 관한 중요한 서류를 3년간 보존하도록 규정하고 있다. 이는 근로기준법 위반여부 판단의 근로를 확보하여 근로자의 권익을 보호하기 위한 것으로 사용자가 이를 위반하면 500만원 이하의 과태료 처분을 받게 된다.

제 4 절 체불임금의 구제절차

1. 지방고용노동관서를 통한 구제절차

(1) 근로감독관과의 사전상담

체불임금에 대한 구제절차는 체불임금의 발생원인과 형태에 따라서 각각 그 구제방식을 달리하는 것이 효과적이다. 사용자가 경영의 악화로 인해 폐업하거나 행방불명이 된 경우 해당사업장에서 퇴직한 근로자는 임금채권보장제도를 통해 체불임금에 대해 구제를 받는 것이 보다 효과적이다. 그러나 임금채권보장제도의 경우에는 법으로 정해진 제반요건들을 충족하여야 하기 때문에 이러한 요건을 갖추지 못한 경우에는 그 구제방식을 달리 할 수 밖에 없다. 따라서 근로자는 먼저 근로감독관을 통해 사전 상담을 하는 것이 바람직하다. 상담을 받은 근로감독관은 체불임금이 발생한 원인과 사용자의 변제능력 등 제반사정을 고려하여 보다 효과적인 방법을 조언하게 된다.

(2) 진정 및 고소·고발

임금을 지급받지 못한 근로자는 통상 해당 사업장을 관할하는 지방고용노동관서의 근로감독관을 찾게 된다. 이는 근로감독관이 근로기준법 위반사범에 대한 수사권을 가지고 있기 때문이다. 민원인으로부터 임금체불에 대해 진정이나 고소·고발을 받은 근로감독관은 민원처리 절차에 따라 필요한 조치를 하고 그 결과를 민원인에게 통지하여야 한다. 진정의 경우에는 근로감독관이 행정지도 차원에서 사용자에게 법위반을 시정하도록 지도하는 행정행위인데 반해, 고소나 고발의 경우에는 범죄인지를 통해 형사소송절차를 개시하게 되므로 이는 사법경찰관으로서의 수사행위에 해당한다.

민원인이 체불임금에 대해 진정을 한 경우에는 근로감독관은 해당 사업장의 사용자를 통해 사실관계를 조사하고 임금의 체불여부와 그 금액에 대해 확인하는 절차를 거쳐 사용자에게 체불금품에 대한 지급을 지시하게 된다. 사용자가 근로감독관의 지급지시에 따라 체불임금을 지급하게 되면 민원은 종결하게 된다.

민원인이 체불임금에 대해 고소나 고발을 한 경우에는 근로감독관은 범죄사실에 대한 수사를 하게 되고 수사를 통해 사용자의 체불관련 법위반 사실을 확인하게 되면 사용자에게 지급을 권유하고 수사결과를 검찰에 송치하게 된다. 임금체불 사업주는 3년 이하의 징역 또는 2,000만원 이하의 벌금형을 받게 된다. 근로감독관의 지급권유로 체불임금이 근로자에게 지급되어 근로자가 사업주를 처벌할 의사가 없다는 것이 확인되면 사업주는 처벌을 면하게 되나, 근로자가 사업주의 처벌을 바라는 경우에는 처벌절차가 진행되게 된다. 이는 근로기준법상의 임금체불이 형법상의 반의사불벌죄에 해당하기 때문이다.

2. 사법기관을 통한 구제절차

(1) 무료법률구조지원사업

무료법률구조지원사업이란 임금체불 근로자들이 사업주를 상대로 민사소송절차를 통해 임금채권을 확보하고자 하는 경우에 대한법률구조공단에서 임금 및 퇴직금 등 체불근로자에 대하여 무료로 소송을 지원해 주는 제도를 말한다.

지원혜택을 받을 수 있는 근로자는 체불당시 최종 3개월분의 월평균임금이 400만원 미만이어야 한다. 국내에 거주하는 외국인근로자도 해당된다.

대한법률구조공단을 통해 무료법률지원을 받고자 하는 근로자는 먼저 관할 지방고용노동관서에서 체불금품확인원을 발급받아서 관할 대한법률구조공단사무실에 법률구조신청을 하면 된다.

(2) 소액사건심판제도

소액사건심판제도란 소송목적의 값이 2,000만원을 초과하지 않는 금전 기타대체물, 유가증권의 일정한 수량의 지급을 청구하는 사건을 대상으로 하는 심판을 말한다. 따라서 체불금품이 2,000만원 미만의 소액인 경우에는 법원의 소액사건심판제도를 활용하는 것이 효과적이다.

소액사건의 재판절차의 특징은 사건의 신속한 처리를 위하여 소장이 접수되면 즉시 변론기일을 지정하여 1회의 변론기일로 심리를 마치고 즉시 선고할 수 있도록 하고 있다. 또한, 당사자의 배우자, 직계혈족, 형제자매는 법원의 허가가 없이도 소송대리인이 될 수 있다. 이 경우에는 신분관계를 증명할 수 있는 가족관계기록사항에 관한 증명서와 소송위임장으로 수권관계를 증명하여야 한다.

체불임금과 관련하여 근로자로부터 소장이 접수되면 2주이내의 기간을 정하여 이행권고결정을 하거나 변론기일을 지정하게 된다.

부 록

- 건설근로자의 고용개선 등에 관한 법률
- 근로기준법
- 근로퇴직급여보장법
- 임금채권보장법
- 최저임금법

건설근로자의 고용개선 등에 관한 법률

[시행 2013.3.23.] [법률 제11690호, 2013.3.23., 타법개정]

고용노동부(인력수급정책과) 044－202－7413

제1장 총칙 <개정 2007.12.27.>

제1조(목적) 이 법은 건설근로자의 고용안정과 직업능력의 개발·향상을 지원·촉진하고 건설근로자에게 퇴직공제금을 지급하는 등의 복지사업을 실시함으로써 건설근로자의 고용개선과 복지증진을 도모하고 건설산업의 발전에 이바지하는 것을 목적으로 한다.

[전문개정 2007.12.27.]

제2조(정의) 이 법에서 사용하는 용어의 뜻은 다음과 같다.

1. "사업주(事業主)"란 근로자를 고용하여 대통령령으로 정하는 건설업(이하 "건설업"이라 한다)을 하는 자로서 관계 법령에 따라 면허·허가·등록 등을 받거나 한 자를 말한다.
2. "건설근로자"란 「근로기준법」 제2조에 따른 근로자로서 건설업에 종사하는 자를 말한다.
3. "원수급인(元受給人)"이란 발주자로부터 건설업의 공사를 도급받은 사업주를 말한다.
4. "하수급인(下受給人)"이란 원수급인으로부터 건설업의 공사를 도급받은 사업주와 그로부터 건설업의 공사를 도급받은 사업주를 말한다.
5. "퇴직공제(退職共濟)"란 사업주가 건설근로자를 피공제자로 하여 건설근로자공제회에 공제부금(共濟賦金)을 내고 그 피공제자가 건설업에서 퇴직하는 등의 경우에 건설근로자공제회가 퇴직공제금을 지급하는 것을 말한다.

[전문개정 2007.12.27.]

제3조(건설근로자 고용개선 기본계획의 수립·시행) ① 고용노동부장관은 건설근로자의 고용안정을 도모하고 직업능력의 개발·향상을 촉진하며 건설근로자의 복지증진을 지원하기 위하여 건설근로자 고용개선 기본계획(이하 "기본계획"이라 한다)을 수립·시행하여야 한다. <개정 2010.6.4.>

② 기본계획에는 다음 각 호의 사항이 포함되어야 한다.

1. 건설근로자의 고용 동향에 관한 사항
2. 건설근로자의 고용구조 개선에 관한 사항
3. 건설기능인력 양성 등 건설근로자의 직업능력 개발·향상에 관한 사항
4. 건설근로자의 복지증진에 관한 사항
5. 임금·휴일·휴가 및 근로시간 등 건설업의 「근로기준법」 준수에 관한 사항
6. 동절기 건설근로자 고용안정에 관한 사항

③ 고용노동부장관은 기본계획을 수립하려는 경우에는 관계 중앙행정기관의 장과 협의를 한 후 「고용정책기본법」에 따른 고용정책심의회의 심의를 거쳐야 한다. 기본계획 중 대통령령으로 정하는 중요한 사항을 변경하려는 경우에도 또한 같다. <개정 2010.6.4.>

④ 고용노동부장관은 필요하다고 인정하면 관계 중앙행정기관의 장에 게 기본계획의 수립과 변경에 필요한 자료의 제출을 요청할 수 있다. <개정 2010.6.4.>

[전문개정 2007.12.27.]

제4조(권고) 고용노동부장관은 기본계획을 원활하게 시행하기 위하여 필요하다고 인정하면 사업주나 사업주단체 등에 대하여 건설근로자에 관한 다음 각 호에 관하여 필요한 사항을 권고할 수 있다. <개정 2010.6.4.>

1. 고용관리 개선
2. 고용안정
3. 직업능력의 개발·향상
4. 복지증진

[전문개정 2007.12.27.]

제2장 건설근로자의 고용개선 <개정 2007.12.27.>

제5조(고용관리 책임자) ① 사업주는 다음 각 호에 관한 해당 사업장의 업무 처리를 위하여 사업장별로 고용관리 책임자를 지정하고 이를 고용노동부장관에게 신고하여야 한다. 다만, 대통령령으로 정하는 일정 규모 이하의 사업장의 경우 그러하지 아니하다. <개정 2010.6.4., 2011.7.25.>

1. 건설근로자의 모집·고용 및 배치에 관한 사항
2. 건설근로자의 기능 향상을 위하여 실시하는 교육훈련에 관한 사항
3. 건설근로자의 편의시설의 설치 및 이용에 관한 사항
4. 고용보험 피보험자격 취득·상실의 신고 등 고용보험사무 처리에 관한 사항
5. 퇴직공제의 가입, 공제부금의 납부 등 퇴직공제에 관한 사항
6. 그 밖에 건설근로자의 고용관리에 관한 사항으로서 고용노동부령으로 정하는 사항

② 사업주는 고용관리 책임자를 지정하면 고용관리 책임자의 성명과 그 밖에 고용노동부령으로 정하는 사항을 해당 사업장에 게시하는 등의 방법으로 건설근로자에게 그 지정 사실을 알려야 한다. <개정 2010.6.4.>

③ 고용관리 책임자의 지정·신고에 관한 구체적인 사항 및 그 밖에 필요한 사항은 대통령령으로 정한다. <개정 2011.7.25.>

④ 사업주는 고용관리 책임자에게 교육·연수를 시키는 등 그의 업무수행능력을 향상시키기 위하여 노력하여야 한다.

⑤ 원수급인이 지정하는 고용관리 책임자는 같은 사업장의 하수급인이 지정하는 고용관리 책임자의 제1항제3호부터 제5호까지의 사항에 관한 업무 처리를 지도 및 지원하여야 한다. <개정 2011.7.25.>

[전문개정 2007.12.27.]

제6조(고용에 관한 서류의 발급) 사업주는 건설근로자를 고용한 때에는 고용노동부령으로 정하는 바에 따라 다음 각 호의 사항을 적은 서류를 해당 건설근로자에게 내주어야 한다. <개정 2010.6.4.>

1. 사업주(법인인 경우에는 대표자를 말한다)의 성명
2. 사업장의 명칭 및 소재지(사업주가 법인인 경우에는 법인의 명칭 및 소재지를 포함한다)
3. 근로시간, 임금 및 고용기간

4. 업무의 내용
5. 그 밖에 고용노동부령으로 정하는 사항

[전문개정 2007.12.27.]

제7조(건설근로자의 고용개선 등) ① 고용노동부장관은 건설근로자의 고용관리 개선, 고용안정, 직업능력의 개발·향상 등을 위하여 다음 각 호의 사업을 실시할 수 있다. <개정 2010.6.4., 2011.7.25.>

1. 건설기능인력의 양성 및 기능향상 등을 위하여 실시하는 직업훈련 및 교육훈련
2. 건설근로자를 위한 취업지원시설의 설치·운영
3. 건설근로자의 고용개선 프로그램 시행
4. 고용관리 책임자의 교육 및 연수
5. 그 밖에 건설근로자의 고용안정, 취업촉진 및 복지증진을 위하여 필요한 사업

② 고용노동부장관은 제1항 각 호의 사업을 수행할 인력·시설을 갖춘 것으로 인정되는 자로서 대통령령으로 정하는 법인 또는 단체에 사업의 일부를 위탁할 수 있으며, 위탁받은 법인 또는 단체는 고용노동부장관의 승인을 받아 재위탁할 수 있다. <신설 2011.7.25.>

③ 제2항에 따라 위탁이나 재위탁을 받는 법인 또는 단체가 제1항 각 호의 어느 하나에 해당하는 사업을 실시하기 위하여는 「근로자직업능력 개발법」, 「직업안정법」 등 그 사업실시와 관련된 법령에서 정한 요건을 갖추어야 한다. <신설 2011.7.25.>

④ 고용노동부장관은 제2항에 따라 사업을 위탁받은 자에 대하여 그 소요되는 경비의 전부 또는 일부를 지원할 수 있다. <신설 2011.7.25.>

⑤ 고용노동부장관은 퇴직공제에 가입한 사업주에게 「고용보험법」으로 정하는 바에 따라 사업주가 내야 할 공제부금의 일부를 지원할 수 있다. <개정 2010.6.4., 2011.7.25.>

⑥ 고용노동부장관은 제1항 각 호의 사업을 실시함에 있어 건설일용근로자를 우선적으로 배려하여야 한다. <신설 2011.7.25.>

[전문개정 2007.12.27.]

[제목개정 2011.7.25.]

제7조의2(고용 관련 편의시설의 설치 등) 사업주는 대통령령으로 정하는 규모 이상의 건설공사가 시행되는 현장에 화장실·식당·탈의실 등의 시설을 설치하거나 이용할 수 있도록 조치하여야 한다. 이 경우 설치 또는 이용조치에 관한 기준과 그 밖에 필요한 사항은 고용노동부령으로 정한다. <개정 2010.6.4.>

[전문개정 2007.12.27.]

제3장 공제사업 <개정 2007.12.27.>

제8조(공제사업의 실시) 대통령령으로 정하는 건설업 관련 공제조합 및 사업주단체 중 대통령령으로 정하는 기준에 해당하는 자는 건설근로자의 고용안정과 복지증진을 위하여 퇴직공제에 관한 사업 등 건설근로자를 위한 공제사업을 공동으로 실시하여야 한다.

[전문개정 2007.12.27.]

제9조(건설근로자공제회의 설립 등) ① 제8조에 따라 공제사업을 실시하는 자는 고용노동부장관의

인가를 받아 건설근로자공제회(이하 "공제회"라 한다)를 설립하여야 한다. <개정 2010.6.4.>

② 공제회는 법인으로 한다.

③ 공제회의 설립·운영 및 감독 등에 관하여는 「민법」 중 재단법인에 관한 규정을 준용한다.

④ 공제회의 정관 기재사항은 대통령령으로 정하며, 정관을 변경하려면 이사회 의결을 거쳐 고용노동부장관의 허가를 받아야 한다. <신설 2011.7.25.>

⑤ 공제회의 이사장은 이사회에서 선출한다. <신설 2011.7.25.>

[전문개정 2007.12.27.]

제9조의2(공제회의 사업) ①공제회는 다음 각 호의 사업을 수행한다. <개정 2011.7.25.>

1. 퇴직공제에 가입한 사업주 및 피공제자에 대한 기록의 관리·유지
2. 공제부금의 수납과 퇴직공제금의 지급
3. 제16조의2에 따른 신고포상금의 지급
4. 피공제자에 대한 자금의 대부
5. 적립된 공제부금의 증식을 위한 사업
6. 건설근로자에 대한 복지시설의 설치·운영 등 복지증진 사업

6의2. 건설근로자의 고용안정, 직업능력의 개발·향상, 취업지원을 위한 사업

7. 제1호부터 제6호까지 및 제6호의2의 사업 외에 정부로부터 위탁받은 사업
8. 제1호부터 제7호까지의 사업에 딸린 사업

② 공제회는 제1항의 사업을 수행하기 위하여 필요한 범위에서 수익사업을 할 수 있다. <신설 2011.7.25.>

③ 공제회는 제1항제6호의2의 사업을 직접 수행하거나 필요한 경우 관련 기관에 의뢰하여 수행할 수 있다. 이 경우 공제회 또는 의뢰를 받는 기관이 해당 사업을 실시하기 위하여는 「근로자직업능력 개발법」, 「직업안정법」 등 그 사업실시와 관련된 법령에서 정한 요건을 갖추어야 한다. <신설 2011.7.25.>

[전문개정 2007.12.27.]

제9조의3(경력증명서의 발급) ① 공제회는 건설근로자가 경력증명서의 발급을 신청하는 경우에는 근로자의 근로이력을 확인하여 경력증명서를 발급할 수 있다.

② 공제회는 제1항에 따른 경력증명서의 발급을 위하여 대통령령으로 정하는 관련 기관에 대하여 관련 자료의 조회를 요구할 수 있다.

③ 제1항에 따른 경력증명서의 발급절차 등 필요한 사항은 고용노동부령으로 정한다.

[본조신설 2011.7.25.]

제9조의4(이사회) ① 공제회는 다음 각 호의 사항을 심의·의결하기 위하여 이사회를 둔다.

1. 사업계획, 예산, 결산에 관한 사항
2. 정관의 변경에 관한 사항
3. 임원의 선임 및 해임에 관한 사항
4. 임원 및 직원의 보수에 관한 사항
5. 직제, 회계, 보수 등 중요 규정의 제정 또는 개정에 관한 사항
6. 이사장의 경영목표와 성과급 등에 관한 사항

7. 공제회 경영공시에 관한 사항
8. 그 밖에 이사회가 필요하다고 인정한 사항

② 이사장은 다음 각 호의 사항을 이사회에 보고하여야 한다.

1. 공제부금의 구체적인 운영실적
2. 자체 감사 및 외부감사 결과
3. 그 밖에 이사회가 이사장에게 보고하도록 요구하는 사항

③ 이사회는 다음 각 호에 해당하는 이사 중에서 20명 이내로 구성한다. <개정 2013.3.23.>

1. 공제회 이사장
2. 고용노동부 및 국토교통부의 고위공무원단에 속하는 관련 공무원
3. 건설업 관련 공제조합 및 사업주단체의 장과 이들이 추천하는 전문가
4. 고용노동부장관과 국토교통부장관이 추천하는 전문가
5. 전국적 규모의 노동단체가 추천하는 전문가
6. 그 밖에 대통령령으로 정하는 전문가

④ 이사회의 의장은 이사 중에서 호선한다.

⑤ 이사회의 구성, 이사의 자격, 그 밖에 이사회의 운영에 관한 세부적인 사항은 대통령령으로 정한다.

[본조신설 2011.7.25.]

제9조의5(사업계획과 예산·결산) ① 공제회는 매 사업연도 개시일 전까지 사업계획서와 예산서를 작성하여 이사회의 의결을 거쳐 고용노동부장관에게 제출하고 승인을 받아야 한다.

② 공제회는 매 회계연도 종료 후 2개월 이내에 공인회계사의 감사를 받은 결산보고서를 작성하여 이사회의 의결을 거쳐 고용노동부장관에게 제출하고 그 승인을 받아 결산을 확정한다.

③ 공제회의 모든 회계는 경영성과와 수지상태를 파악할 수 있도록 발생의 사실에 의하여 기업 회계의 원칙에 따라 처리한다.

[본조신설 2011.7.25.]

제10조(퇴직공제의 가입) ①「건설산업기본법」제87조제1항에 따른 건설공사와 대통령령으로 정하는 건설공사를 하는 사업주(사업이 여러 차례의 도급에 의하여 수행되는 경우에는 원수급인을 말한다)는 그 건설공사의 사업시작일부터 당연히 퇴직공제의 가입자가 된다. 이 경우 원수급인이 서면계약으로 하수급인에게 공제부금의 납부를 인수(引受)하게 하는 경우로서 원수급인의 신청에 따라 공제회의 승인을 받은 경우에는 그 하수급인을 사업주로 본다. <개정 2007.12.27.>

② 제1항에 따라 퇴직공제의 가입자가 된 사업주 외의 사업주로서 대통령령으로 정하는 요건을 갖춘 사업주는 공제회의 승인을 받아 퇴직공제에 가입할 수 있다. 이 경우 공제회가 가입을 승인한 날부터 가입의 효력이 발생한다. <개정 2007.12.27.>

③ 삭제 <2007.7.27.>

④ 제1항과 제2항에 따른 퇴직공제의 가입방법 및 가입절차 등에 관하여 필요한 사항은 고용노동부령으로 정한다. <개정 2007.12.27., 2010.6.4.>

⑤ 퇴직공제는 사업주가 건설업을 폐지한 날의 다음 날이나 그 사업주가 행하는 건설공사 완

공일의 다음 날에 관계가 소멸한다. <개정 2007.12.27.>

[전문개정 2002.12.30.]

제10조의2 삭제 <2007.7.27.>

제10조의3(소요 비용의 원가계산) ① 제10조제1항에 따라 퇴직공제에 가입하여야 하는 건설공사의 도급계약 당사자는 그 건설공사의 물량명세서 및 도급금액 산출명세서에 퇴직공제에 가입하는 데에 드는 금액을 밝혀야 한다. 다만, 발주자가 직접 시공하는 건설공사의 경우에는 공사원가 계산서에 퇴직공제에 가입하는 데에 드는 금액을 밝혀야 한다.

② 제10조제1항 후단에 따라 하수급인이 퇴직공제에 가입한 경우에 원수급인은 그 하도급 부분에 해당하는 건설공사의 하도급금액 산출명세서에 퇴직공제에 가입하는 데에 드는 금액을 밝혀야 한다.

[전문개정 2007.12.27.]

제10조의4(퇴직공제 관계의 신고) ① 제10조제1항에 따라 당연히 퇴직공제의 가입자가 된 사업주는 그 건설공사의 사업시작일부터 14일 이내에 공제회에 퇴직공제 관계의 성립을 신고하여야 한다.

② 제1항의 사업주는 그가 운영하는 사업의 전부를 대상으로 하거나 사업장별로 구분하여 신고할 수 있다.

[전문개정 2007.12.27.]

제11조(피공제자의 범위) 퇴직공제에 가입된 사업 또는 사업장에 근무하는 건설근로자는 다음 각 호의 어느 하나에 해당하는 자를 제외하고는 그 퇴직공제의 피공제자가 된다. <개정 2010.6.4.>

1. 근로시간이 고용노동부령으로 정하는 기준 미만인 자
2. 고용형태, 고용기간 및 직종 등을 고려하여 대통령령으로 정하는 자

[전문개정 2007.12.27.]

제12조 삭제 <2011.7.25.>

제13조(공제부금의 납부) ① 퇴직공제에 가입한 사업주는 피공제자의 임금을 지급할 때마다 해당 피공제자의 근로일수(勤勞日數)에 상응하는 공제부금을 공제회에 내야 한다.

② 공제부금은 피공제자에게 지급할 퇴직공제금과 공제회의 사업 및 운영 등에 필요한 비용인 부가금으로 한다. <신설 2011.7.25.>

③ 공제부금의 금액과 납부 등에 필요한 사항은 대통령령으로 정한다. <개정 2011.7.25.>

[전문개정 2007.12.27.]

[제목개정 2011.7.25.]

제14조(퇴직공제금의 지급) ① 공제회는 공제부금의 납부 월수(月數)가 12개월 이상인 피공제자가 건설업에서 퇴직·사망한 경우나 60세에 이른 경우에는 공제부금의 납부 월수를 고려하여 대통령령으로 정하는 기준에 따라 피공제자나 그 유족에게 퇴직공제금을 지급하여야 한다.

② 제1항에 따라 퇴직공제금을 지급받을 유족의 범위와 그 순위에 대하여는 「산업재해보상보험법」 제63조 및 제65조를 준용한다. <개정 2011.7.25.>

③ 제1항에 따른 공제부금의 납부 월수는 퇴직공제에 가입한 사업주에 고용되어 근로한 일수(日數)를 기준으로 하여 계산한다. 다만, 피공제자가 둘 이상의 퇴직공제에 가입한 사업주에게 고용되어 근로한 경우에는 각각의 근로일수를 합산한 일수를 기준으로 하여 납부 월수를 계산

한다.

④ 제1항부터 제3항까지의 규정에 따른 납부 월수의 계산방법과 퇴직공제금의 지급 방법·절차 등에 관하여 필요한 사항은 고용노동부령으로 정한다. <개정 2010.6.4.>

[전문개정 2007.12.27.]

제15조(퇴직의 증명 등) ① 퇴직공제금을 지급받으려는 자는 퇴직사실을 증명하는 서류와 그 밖에 고용노동부령으로 정하는 서류를 공제회에 제출하여야 한다. <개정 2010.6.4.>

② 사업주는 피공제자가 퇴직공제금을 지급받기 위하여 필요한 증명을 요구하면 그 요구에 따라야 한다.

[전문개정 2007.12.27.]

제16조(반환요구 등) ① 공제회는 거짓이나 그 밖의 부정한 방법으로 퇴직공제금을 지급받은 자에 대하여는 그 지급받은 퇴직공제금의 두 배에 해당하는 금액을 반환하도록 요구할 수 있다. 다만, 자진하여 거짓이나 그 밖의 부정한 방법으로 퇴직공제금을 지급받은 사실을 신고하는 경우에는 그 지급받은 퇴직공제금만을 반환하도록 한다.

② 사업주의 거짓 보고나 거짓 증명으로 제1항에 따른 퇴직공제금을 지급받은 경우에는 그 사업주도 그 퇴직공제금을 지급받은 자와 연대(連帶)하여 책임을 진다.

③ 공제회는 제1항에 따른 반환 요구에도 불구하고 퇴직공제금을 내지 아니하면 기한을 정하여 그 납부의무자에게 납부를 독촉하여야 하며 납부 독촉을 받은 자가 그 기한 내에 내지 아니한 때에는 고용노동부장관의 승인을 받아 국세 체납처분의 예에 따라 징수할 수 있다. <개정 2010.6.4.>

[전문개정 2007.12.27.]

제16조의2(신고포상금의 지급) 공제회는 다음 각 호의 어느 하나에 해당하는 자를 신고하는 자에게는 고용노동부령으로 정하는 바에 따라 포상금을 지급할 수 있다. <개정 2010.6.4.>

1. 거짓이나 그 밖의 부정한 방법으로 퇴직공제금을 지급받은 자
2. 거짓 보고나 거짓 증명으로 퇴직공제금을 지급받게 한 자

[전문개정 2007.12.27.]

제17조 삭제 <2002.12.30.>

제18조(퇴직공제의 탈퇴) 제10조제2항에 따라 퇴직공제에 가입한 사업주는 다음 각 호의 어느 하나에 해당하는 경우에는 퇴직공제에서 탈퇴할 수 있다. <개정 2010.6.4.>

1. 피공제자의 4분의 3 이상의 동의를 받은 경우
2. 공제부금을 계속 내는 것이 곤란한 경우로서 고용노동부령으로 정하는 사유에 해당하는 경우

[전문개정 2007.12.27.]

제19조(근로자에 대한 고지) ① 퇴직공제에 가입한 사업주는 고용노동부령으로 정하는 바에 따라 건설근로자가 보기 쉬운 장소에 퇴직공제의 내용을 게시하여야 한다. <개정 2010.6.4.>

② 제18조에 따라 퇴직공제에서 탈퇴한 사업주는 지체 없이 그 탈퇴 사실을 건설근로자가 보기 쉬운 장소에 게시하는 등의 방법으로 피공제자의 자격이 상실된 사실을 알려야 한다.

③ 공제회는 건설근로자의 퇴직공제 가입사실 및 개인별 적립금액 등을 고용노동부령으로 정하는 바에 따라 피공제자에게 알려야 한다. <신설 2011.7.25.>

[전문개정 2007.12.27.]

[제목개정 2011.7.25.]

제20조(수급권의 보호) ① 퇴직공제금을 지급받을 권리는 양도 또는 압류하거나 담보로 제공할 수 없다. 다만, 공제회로부터 자금을 대부받는 경우에는 이를 담보로 제공할 수 있다. <개정 2011.7.25.>

② 퇴직공제금의 수령은 대통령령으로 정하는 바에 따라 위임할 수 있다.

③ 미성년자인 피공제자는 독자적으로 퇴직공제금을 청구할 수 있다.

[전문개정 2007.12.27.]

제21조(시효) ① 퇴직공제금을 지급받을 권리와 반환금을 징수할 권리는 3년간 행사하지 아니하면 시효(時效)로 소멸한다.

② 제1항의 소멸시효에 관하여는 이 법에 규정된 것 외에는 「민법」에 따른다.

[전문개정 2007.12.27.]

제4장 보칙 <개정 2007.12.27.>

제22조(우대) 정부는 퇴직공제에 가입한 사업주에 대하여 건설 관계 법령으로 정하는 바에 따라 시공능력의 평가나 그 밖에 건설시책의 시행에서 우대할 수 있다.

[전문개정 2007.12.27.]

제22조의2(준비금의 적립) 공제회는 결산기마다 장래에 지급할 퇴직공제금에 충당하기 위하여 준비금을 계상(計上)하고, 별도로 회계처리하여야 한다.

[전문개정 2007.12.27.]

제23조(지도감독 등) ① 고용노동부장관은 필요하다고 인정하면 사업주와 공제회에 대하여 대통령령으로 정하는 바에 따라 이 법의 시행에 필요한 보고, 자료의 제출, 그 밖에 필요한 지시를 할 수 있다. <개정 2010.6.4., 2011.7.25.>

② 공제회는 피공제자를 고용하고 있거나 고용하였던 사업주 및 피공제자에게 공제사업에 관하여 필요한 보고나 관계 서류의 제출을 요구할 수 있다.

③ 고용노동부장관은 공제회의 운영이 다음 각 호의 어느 하나에 해당하는 때에는 기간을 정하여 운영 및 업무의 시정명령, 그 밖에 필요한 조치를 명할 수 있다. <신설 2011.7.25.>

1. 회계 또는 업무집행이 법령, 정관, 그 밖의 공제회 규정을 위반한 때
2. 공제회의 운영이 현저하게 부당한 때
3. 정당한 이유 없이 공제사업의 전부 또는 일부를 중단한 때

[전문개정 2007.12.27.]

제5장 벌칙 <개정 2007.12.27.>

제24조(벌칙) 거짓이나 그 밖의 부정한 방법으로 퇴직공제금을 지급받은 자와 거짓 보고나 거짓 증명으로 퇴직공제금을 지급받게 한 자는 1년 이하의 징역 또는 300만원 이하의 벌금에 처한다.

[전문개정 2007.12.27.]

제25조(양벌규정) 법인·단체의 대표자나 법인·단체 또는 개인의 대리인, 사용인, 그 밖의 종업원이

그 법인·단체 또는 개인의 업무에 관하여 제24조의 위반행위를 하면 그 행위자를 벌하는 외에 그 법인·단체 또는 개인에게도 해당 조문의 벌금형을 과(科)한다. 다만, 법인·단체 또는 개인이 그 위반행위를 방지하기 위하여 해당 업무에 관하여 상당한 주의와 감독을 게을리하지 아니한 경우에는 그러하지 아니하다.

[전문개정 2008.12.26.]

제26조(과태료) ① 제7조의2에 따라 화장실·식당·탈의실 등의 시설을 설치하거나 이용할 수 있도록 조치하여야 하는 사업주로서 그 설치 또는 이용조치를 행하지 아니한 자에게는 500만원 이하의 과태료를 부과한다.

② 제10조의4제1항에 따른 신고를 하지 아니한 자에게는 300만원 이하의 과태료를 부과한다. <개정 2011.7.25.>

③ 다음 각 호의 어느 하나에 해당하는 자에게는 100만원 이하의 과태료를 부과한다. <개정 2011.7.25.>

1. 제5조제1항에 따른 고용관리 책임자 관련 신고를 하지 아니한 자
2. 삭제 <2011.7.25.>
3. 삭제 <2011.7.25.>
4. 제13조제1항에 따른 공제부금을 내지 아니한 자
5. 제15조제2항에 따른 증명 요구에 따르지 아니한 자
6. 제23조제1항에 따른 보고를 하지 아니하거나 거짓 보고를 한 자, 자료를 제출하지 아니하거나 거짓 자료를 제출한 자와 같은 조 제3항에 따른 시정명령, 그 밖에 필요한 조치에 따르지 아니한 자

④ 제1항부터 제3항까지의 규정에 따른 과태료는 대통령령으로 정하는 바에 따라 고용노동부장관이 부과·징수한다. <개정 2010.6.4.>

⑤ 삭제 <2011.7.25.>

⑥ 삭제 <2011.7.25.>

⑦ 삭제 <2011.7.25.>

[전문개정 2007.12.27.]

부칙 <제11690호, 2013.3.23.> (정부조직법)

제1조(시행일) ① 이 법은 공포한 날부터 시행한다.

② 생략

제2조부터 제5조까지 생략

제6조(다른 법률의 개정) ①부터 <517>까지 생략

<518> 건설근로자의 고용개선 등에 관한 법률 일부를 다음과 같이 개정한다.

제9조의4제3항제2호 중 "국토해양부"를 "국토교통부"로 한다.

제9조의4제3항제4호 중 "국토해양부장관"을 "국토교통부장관"으로 한다.

<519>부터 <710>까지 생략

제7조 생략

근로기준법

[시행 2014.7.1.] [법률 제12325호, 2014.1.21., 일부개정]

고용노동부(근로개선정책과－근로시간, 휴게, 휴일) 044－202－7546
고용노동부(여성고용정책과－여성) 044－202－7471
고용노동부(근로개선정책과－소년) 044－202－7529
고용노동부(근로개선정책과 － 임금, 해고, 취업규칙, 기타) 044－202－7544
고용노동부(근로개선정책과－근로자) 044－202－7529

제1장 총칙

제1조(목적) 이 법은 헌법에 따라 근로조건의 기준을 정함으로써 근로자의 기본적 생활을 보장, 향상시키며 균형 있는 국민경제의 발전을 꾀하는 것을 목적으로 한다.

제2조(정의) ① 이 법에서 사용하는 용어의 뜻은 다음과 같다.

1. "근로자"란 직업의 종류와 관계없이 임금을 목적으로 사업이나 사업장에 근로를 제공하는 자를 말한다.
2. "사용자"란 사업주 또는 사업 경영 담당자, 그 밖에 근로자에 관한 사항에 대하여 사업주를 위하여 행위하는 자를 말한다.
3. "근로"란 정신노동과 육체노동을 말한다.
4. "근로계약"이란 근로자가 사용자에게 근로를 제공하고 사용자는 이에 대하여 임금을 지급하는 것을 목적으로 체결된 계약을 말한다.
5. "임금"이란 사용자가 근로의 대가로 근로자에게 임금, 봉급, 그 밖에 어떠한 명칭으로든지 지급하는 일체의 금품을 말한다.
6. "평균임금"이란 이를 산정하여야 할 사유가 발생한 날 이전 3개월 동안에 그 근로자에게 지급된 임금의 총액을 그 기간의 총일수로 나눈 금액을 말한다. 근로자가 취업한 후 3개월 미만인 경우도 이에 준한다.
7. "소정(所定)근로시간"이란 제50조, 제69조 본문 또는 「산업안전보건법」 제46조에 따른 근로시간의 범위에서 근로자와 사용자 사이에 정한 근로시간을 말한다.
8. "단시간근로자"란 1주 동안의 소정근로시간이 그 사업장에서 같은 종류의 업무에 종사하는 통상 근로자의 1주 동안의 소정근로시간에 비하여 짧은 근로자를 말한다.

② 제1항 제6호에 따라 산출된 금액이 그 근로자의 통상임금보다 적으면 그 통상임금액을 평균임금으로 한다.

제3조(근로조건의 기준) 이 법에서 정하는 근로조건은 최저기준이므로 근로 관계 당사자는 이 기준을 이유로 근로조건을 낮출 수 없다.

제4조(근로조건의 결정) 근로조건은 근로자와 사용자가 동등한 지위에서 자유의사에 따라 결정하여야 한다.

제5조(근로조건의 준수) 근로자와 사용자는 각자가 단체협약, 취업규칙과 근로계약을 지키고 성실

하게 이행할 의무가 있다.

제6조(균등한 처우) 사용자는 근로자에 대하여 남녀의 성(性)을 이유로 차별적 대우를 하지 못하고, 국적·신앙 또는 사회적 신분을 이유로 근로조건에 대한 차별적 처우를 하지 못한다.

제7조(강제 근로의 금지) 사용자는 폭행, 협박, 감금, 그 밖에 정신상 또는 신체상의 자유를 부당하게 구속하는 수단으로써 근로자의 자유의사에 어긋나는 근로를 강요하지 못한다.

제8조(폭행의 금지) 사용자는 사고의 발생이나 그 밖의 어떠한 이유로도 근로자에게 폭행을 하지 못한다.

제9조(중간착취의 배제) 누구든지 법률에 따르지 아니하고는 영리로 다른 사람의 취업에 개입하거나 중간인으로서 이익을 취득하지 못한다.

제10조(공민권 행사의 보장) 사용자는 근로자가 근로시간 중에 선거권, 그 밖의 공민권(公民權) 행사 또는 공(公)의 직무를 집행하기 위하여 필요한 시간을 청구하면 거부하지 못한다. 다만, 그 권리 행사나 공(公)의 직무를 수행하는 데에 지장이 없으면 청구한 시간을 변경할 수 있다.

제11조(적용 범위) ① 이 법은 상시 5명 이상의 근로자를 사용하는 모든 사업 또는 사업장에 적용한다. 다만, 동거하는 친족만을 사용하는 사업 또는 사업장과 가사(家事) 사용인에 대하여는 적용하지 아니한다.

② 상시 4명 이하의 근로자를 사용하는 사업 또는 사업장에 대하여는 대통령령으로 정하는 바에 따라 이 법의 일부 규정을 적용할 수 있다.

③ 이 법을 적용하는 경우에 상시 사용하는 근로자 수를 산정하는 방법은 대통령령으로 정한다. <신설 2008.3.21.>

제12조(적용 범위) 이 법과 이 법에 따른 대통령령은 국가, 특별시·광역시·도, 시·군·구, 읍·면·동, 그 밖에 이에 준하는 것에 대하여도 적용된다.

제13조(보고, 출석의 의무) 사용자 또는 근로자는 이 법의 시행에 관하여 고용노동부장관·「노동위원회법」에 따른 노동위원회(이하 "노동위원회"라 한다) 또는 근로감독관의 요구가 있으면 지체 없이 필요한 사항에 대하여 보고하거나 출석하여야 한다. <개정 2010.6.4.>

제14조(법령 요지 등의 게시) ① 사용자는 이 법과 이 법에 따른 대통령령의 요지(要旨)와 취업규칙을 근로자가 자유롭게 열람할 수 있는 장소에 항상 게시하거나 갖추어 두어 근로자에게 널리 알려야 한다.

② 사용자는 제1항에 따른 대통령령 중 기숙사에 관한 규정과 제99조제1항에 따른 기숙사규칙을 기숙사에 게시하거나 갖추어 두어 기숙(寄宿)하는 근로자에게 널리 알려야 한다.

제2장 근로계약

제15조(이 법을 위반한 근로계약) ① 이 법에서 정하는 기준에 미치지 못하는 근로조건을 정한 근로계약은 그 부분에 한하여 무효로 한다.

② 제1항에 따라 무효로 된 부분은 이 법에서 정한 기준에 따른다.

제16조(계약기간) 근로계약은 기간을 정하지 아니한 것과 일정한 사업의 완료에 필요한 기간을 정한 것 외에는 그 기간은 1년을 초과하지 못한다.

[법률 제8372호(2007.4.11.) 부칙 제3조의 규정에 의하여 이 조는 2007년 6월 30일까지 유효함]

제17조(근로조건의 명시) ① 사용자는 근로계약을 체결할 때에 근로자에게 다음 각 호의 사항을 명시하여야 한다. 근로계약 체결 후 다음 각 호의 사항을 변경하는 경우에도 또한 같다. <개정 2010.5.25.>

1. 임금
2. 소정근로시간
3. 제55조에 따른 휴일
4. 제60조에 따른 연차 유급휴가
5. 그 밖에 대통령령으로 정하는 근로조건

② 사용자는 제1항제1호와 관련한 임금의 구성항목·계산방법·지급방법 및 제2호부터 제4호까지의 사항이 명시된 서면을 근로자에게 교부하여야 한다. 다만, 본문에 따른 사항이 단체협약 또는 취업규칙의 변경 등 대통령령으로 정하는 사유로 인하여 변경되는 경우에는 근로자의 요구가 있으면 그 근로자에게 교부하여야 한다. <신설 2010.5.25.>

제18조(단시간근로자의 근로조건) ① 단시간근로자의 근로조건은 그 사업장의 같은 종류의 업무에 종사하는 통상 근로자의 근로시간을 기준으로 산정한 비율에 따라 결정되어야 한다.

② 제1항에 따라 근로조건을 결정할 때에 기준이 되는 사항이나 그 밖에 필요한 사항은 대통령령으로 정한다.

③ 4주 동안(4주 미만으로 근로하는 경우에는 그 기간)을 평균하여 1주 동안의 소정근로시간이 15시간 미만인 근로자에 대하여는 제55조와 제60조를 적용하지 아니한다. <개정 2008.3.21.>

제19조(근로조건의 위반) ① 제17조에 따라 명시된 근로조건이 사실과 다를 경우에 근로자는 근로조건 위반을 이유로 손해의 배상을 청구할 수 있으며 즉시 근로계약을 해제할 수 있다.

② 제1항에 따라 근로자가 손해배상을 청구할 경우에는 노동위원회에 신청할 수 있으며, 근로계약이 해제되었을 경우에는 사용자는 취업을 목적으로 거주를 변경하는 근로자에게 귀향 여비를 지급하여야 한다.

제20조(위약 예정의 금지) 사용자는 근로계약 불이행에 대한 위약금 또는 손해배상액을 예정하는 계약을 체결하지 못한다.

제21조(전차금 상계의 금지) 사용자는 전차금(前借金)이나 그 밖에 근로할 것을 조건으로 하는 전대(前貸)채권과 임금을 상계하지 못한다.

제22조(강제 저금의 금지) ① 사용자는 근로계약에 덧붙여 강제 저축 또는 저축금의 관리를 규정하는 계약을 체결하지 못한다.

② 사용자가 근로자의 위탁으로 저축을 관리하는 경우에는 다음 각 호의 사항을 지켜야 한다.

1. 저축의 종류·기간 및 금융기관을 근로자가 결정하고, 근로자 본인의 이름으로 저축할 것
2. 근로자가 저축증서 등 관련 자료의 열람 또는 반환을 요구할 때에는 즉시 이에 따를 것

제23조(해고 등의 제한) ① 사용자는 근로자에게 정당한 이유 없이 해고, 휴직, 정직, 전직, 감봉, 그 밖의 징벌(懲罰)(이하 "부당해고등"이라 한다)을 하지 못한다.

② 사용자는 근로자가 업무상 부상 또는 질병의 요양을 위하여 휴업한 기간과 그 후 30일 동안 또는 산전(産前)·산후(産後)의 여성이 이 법에 따라 휴업한 기간과 그 후 30일 동안은 해고하지 못한다. 다만, 사용자가 제84조에 따라 일시보상을 하였을 경우 또는 사업을 계속할 수

없게 된 경우에는 그러하지 아니하다.

제24조(경영상 이유에 의한 해고의 제한) ① 사용자가 경영상 이유에 의하여 근로자를 해고하려면 긴박한 경영상의 필요가 있어야 한다. 이 경우 경영 악화를 방지하기 위한 사업의 양도·인수·합병은 긴박한 경영상의 필요가 있는 것으로 본다.

② 제1항의 경우에 사용자는 해고를 피하기 위한 노력을 다하여야 하며, 합리적이고 공정한 해고의 기준을 정하고 이에 따라 그 대상자를 선정하여야 한다. 이 경우 남녀의 성을 이유로 차별하여서는 아니 된다.

③ 사용자는 제2항에 따른 해고를 피하기 위한 방법과 해고의 기준 등에 관하여 그 사업 또는 사업장에 근로자의 과반수로 조직된 노동조합이 있는 경우에는 그 노동조합(근로자의 과반수로 조직된 노동조합이 없는 경우에는 근로자의 과반수를 대표하는 자를 말한다. 이하 "근로자대표"라 한다)에 해고를 하려는 날의 50일 전까지 통보하고 성실하게 협의하여야 한다.

④ 사용자는 제1항에 따라 대통령령으로 정하는 일정한 규모 이상의 인원을 해고하려면 대통령령으로 정하는 바에 따라 고용노동부장관에게 신고하여야 한다. <개정 2010.6.4.>

⑤ 사용자가 제1항부터 제3항까지의 규정에 따른 요건을 갖추어 근로자를 해고한 경우에는 제23조제1항에 따른 정당한 이유가 있는 해고를 한 것으로 본다.

제25조(우선 재고용 등) ① 제24조에 따라 근로자를 해고한 사용자는 근로자를 해고한 날부터 3년 이내에 해고된 근로자가 해고 당시 담당하였던 업무와 같은 업무를 할 근로자를 채용하려고 할 경우 제24조에 따라 해고된 근로자가 원하면 그 근로자를 우선적으로 고용하여야 한다.

② 정부는 제24조에 따라 해고된 근로자에 대하여 생계안정, 재취업, 직업훈련 등 필요한 조치를 우선적으로 취하여야 한다.

제26조(해고의 예고) 사용자는 근로자를 해고(경영상 이유에 의한 해고를 포함한다)하려면 적어도 30일 전에 예고를 하여야 하고, 30일 전에 예고를 하지 아니하였을 때에는 30일분 이상의 통상임금을 지급하여야 한다. 다만, 천재·사변, 그 밖의 부득이한 사유로 사업을 계속하는 것이 불가능한 경우 또는 근로자가 고의로 사업에 막대한 지장을 초래하거나 재산상 손해를 끼친 경우로서 고용노동부령으로 정하는 사유에 해당하는 경우에는 그러하지 아니하다. <개정 2010.6.4.>

제27조(해고사유 등의 서면통지) ① 사용자는 근로자를 해고하려면 해고사유와 해고시기를 서면으로 통지하여야 한다.

② 근로자에 대한 해고는 제1항에 따라 서면으로 통지하여야 효력이 있다.

③ 사용자가 제26조에 따른 해고의 예고를 해고사유와 해고시기를 명시하여 서면으로 한 경우에는 제1항에 따른 통지를 한 것으로 본다. <신설 2014.3.24.>

제28조(부당해고등의 구제신청) ① 사용자가 근로자에게 부당해고등을 하면 근로자는 노동위원회에 구제를 신청할 수 있다.

② 제1항에 따른 구제신청은 부당해고등이 있었던 날부터 3개월 이내에 하여야 한다.

제29조(조사 등) ① 노동위원회는 제28조에 따른 구제신청을 받으면 지체 없이 필요한 조사를 하여야 하며 관계 당사자를 심문하여야 한다.

② 노동위원회는 제1항에 따라 심문을 할 때에는 관계 당사자의 신청이나 직권으로 증인을 출

석하게 하여 필요한 사항을 질문할 수 있다.

③ 노동위원회는 제1항에 따라 심문을 할 때에는 관계 당사자에게 증거 제출과 증인에 대한 반대심문을 할 수 있는 충분한 기회를 주어야 한다.

④ 제1항에 따른 노동위원회의 조사와 심문에 관한 세부절차는 「노동위원회법」에 따른 중앙노동위원회(이하 "중앙노동위원회"라 한다)가 정하는 바에 따른다.

제30조(구제명령 등) ① 노동위원회는 제29조에 따른 심문을 끝내고 부당해고등이 성립한다고 판정하면 사용자에게 구제명령을 하여야 하며, 부당해고등이 성립하지 아니한다고 판정하면 구제신청을 기각하는 결정을 하여야 한다.

② 제1항에 따른 판정, 구제명령 및 기각결정은 사용자와 근로자에게 각각 서면으로 통지하여야 한다.

③ 노동위원회는 제1항에 따른 구제명령(해고에 대한 구제명령만을 말한다)을 할 때에 근로자가 원직복직(原職復職)을 원하지 아니하면 원직복직을 명하는 대신 근로자가 해고기간 동안 근로를 제공하였더라면 받을 수 있었던 임금 상당액 이상의 금품을 근로자에게 지급하도록 명할 수 있다.

제31조(구제명령 등의 확정) ① 「노동위원회법」에 따른 지방노동위원회의 구제명령이나 기각결정에 불복하는 사용자나 근로자는 구제명령서나 기각결정서를 통지받은 날부터 10일 이내에 중앙노동위원회에 재심을 신청할 수 있다.

② 제1항에 따른 중앙노동위원회의 재심판정에 대하여 사용자나 근로자는 재심판정서를 송달받은 날부터 15일 이내에 「행정소송법」의 규정에 따라 소(訴)를 제기할 수 있다.

③ 제1항과 제2항에 따른 기간 이내에 재심을 신청하지 아니하거나 행정소송을 제기하지 아니하면 그 구제명령, 기각결정 또는 재심판정은 확정된다.

제32조(구제명령 등의 효력) 노동위원회의 구제명령, 기각결정 또는 재심판정은 제31조에 따른 중앙노동위원회에 대한 재심 신청이나 행정소송 제기에 의하여 그 효력이 정지되지 아니한다.

제33조(이행강제금) ① 노동위원회는 구제명령(구제명령을 내용으로 하는 재심판정을 포함한다. 이하 이 조에서 같다)을 받은 후 이행기한까지 구제명령을 이행하지 아니한 사용자에게 2천만원 이하의 이행강제금을 부과한다.

② 노동위원회는 제1항에 따른 이행강제금을 부과하기 30일 전까지 이행강제금을 부과·징수한다는 뜻을 사용자에게 미리 문서로써 알려 주어야 한다.

③ 제1항에 따른 이행강제금을 부과할 때에는 이행강제금의 액수, 부과 사유, 납부기한, 수납기관, 이의제기방법 및 이의제기기관 등을 명시한 문서로써 하여야 한다.

④ 제1항에 따라 이행강제금을 부과하는 위반행위의 종류와 위반 정도에 따른 금액, 부과·징수된 이행강제금의 반환절차, 그 밖에 필요한 사항은 대통령령으로 정한다.

⑤ 노동위원회는 최초의 구제명령을 한 날을 기준으로 매년 2회의 범위에서 구제명령이 이행될 때까지 반복하여 제1항에 따른 이행강제금을 부과·징수할 수 있다. 이 경우 이행강제금은 2년을 초과하여 부과·징수하지 못한다.

⑥ 노동위원회는 구제명령을 받은 자가 구제명령을 이행하면 새로운 이행강제금을 부과하지 아니하되, 구제명령을 이행하기 전에 이미 부과된 이행강제금은 징수하여야 한다.

⑦ 노동위원회는 이행강제금 납부의무자가 납부기한까지 이행강제금을 내지 아니하면 기간을 정하여 독촉을 하고 지정된 기간에 제1항에 따른 이행강제금을 내지 아니하면 국세 체납처분의 예에 따라 징수할 수 있다.

⑧ 근로자는 구제명령을 받은 사용자가 이행기한까지 구제명령을 이행하지 아니하면 이행기한이 지난 때부터 15일 이내에 그 사실을 노동위원회에 알려줄 수 있다.

제34조(퇴직급여 제도) 사용자가 퇴직하는 근로자에게 지급하는 퇴직급여 제도에 관하여는 「근로자퇴직급여 보장법」이 정하는 대로 따른다.

제35조(예고해고의 적용 예외) 제26조는 다음 각 호의 어느 하나에 해당하는 근로자에게는 적용하지 아니한다.

1. 일용근로자로서 3개월을 계속 근무하지 아니한 자
2. 2개월 이내의 기간을 정하여 사용된 자
3. 월급근로자로서 6개월이 되지 못한 자
4. 계절적 업무에 6개월 이내의 기간을 정하여 사용된 자
5. 수습 사용 중인 근로자

제36조(금품 청산) 사용자는 근로자가 사망 또는 퇴직한 경우에는 그 지급 사유가 발생한 때부터 14일 이내에 임금, 보상금, 그 밖에 일체의 금품을 지급하여야 한다. 다만, 특별한 사정이 있을 경우에는 당사자 사이의 합의에 의하여 기일을 연장할 수 있다.

제37조(미지급 임금에 대한 지연이자) ① 사용자는 제36조에 따라 지급하여야 하는 임금 및 「근로자퇴직급여 보장법」 제2조제5호에 따른 급여(일시금만 해당된다)의 전부 또는 일부를 그 지급 사유가 발생한 날부터 14일 이내에 지급하지 아니한 경우 그 다음 날부터 지급하는 날까지의 지연 일수에 대하여 연 100분의 40 이내의 범위에서 「은행법」에 따른 은행이 적용하는 연체금리 등 경제 여건을 고려하여 대통령령으로 정하는 이율에 따른 지연이자를 지급하여야 한다. <개정 2010.5.17.>

② 제1항은 사용자가 천재·사변, 그 밖에 대통령령으로 정하는 사유에 따라 임금 지급을 지연하는 경우 그 사유가 존속하는 기간에 대하여는 적용하지 아니한다.

제38조(임금채권의 우선변제) ① 임금, 재해보상금, 그 밖에 근로 관계로 인한 채권은 사용자의 총재산에 대하여 질권(質權)·저당권 또는 「동산·채권 등의 담보에 관한 법률」에 따른 담보권에 따라 담보된 채권 외에는 조세·공과금 및 다른 채권에 우선하여 변제되어야 한다. 다만, 질권·저당권 또는 「동산·채권 등의 담보에 관한 법률」에 따른 담보권에 우선하는 조세·공과금에 대하여는 그러하지 아니하다. <개정 2010.6.10.>

② 제1항에도 불구하고 다음 각 호의 어느 하나에 해당하는 채권은 사용자의 총재산에 대하여 질권·저당권 또는 「동산·채권 등의 담보에 관한 법률」에 따른 담보권에 따라 담보된 채권, 조세·공과금 및 다른 채권에 우선하여 변제되어야 한다. <개정 2010.6.10.>

1. 최종 3개월분의 임금
2. 재해보상금

제39조(사용증명서) ① 사용자는 근로자가 퇴직한 후라도 사용 기간, 업무 종류, 지위와 임금, 그 밖에 필요한 사항에 관한 증명서를 청구하면 사실대로 적은 증명서를 즉시 내주어야 한다.

② 제1항의 증명서에는 근로자가 요구한 사항만을 적어야 한다.

제40조(취업 방해의 금지) 누구든지 근로자의 취업을 방해할 목적으로 비밀 기호 또는 명부를 작성·사용하거나 통신을 하여서는 아니 된다.

제41조(근로자의 명부) ① 사용자는 각 사업장별로 근로자 명부를 작성하고 근로자의 성명, 생년월일, 이력, 그 밖에 대통령령으로 정하는 사항을 적어야 한다.

② 제1항에 따라 근로자 명부에 적을 사항이 변경된 경우에는 지체 없이 정정하여야 한다.

제42조(계약 서류의 보존) 사용자는 근로자 명부와 대통령령으로 정하는 근로계약에 관한 중요한 서류를 3년간 보존하여야 한다.

제3장 임금

제43조(임금 지급) ① 임금은 통화(通貨)로 직접 근로자에게 그 전액을 지급하여야 한다. 다만, 법령 또는 단체협약에 특별한 규정이 있는 경우에는 임금의 일부를 공제하거나 통화 이외의 것으로 지급할 수 있다.

② 임금은 매월 1회 이상 일정한 날짜를 정하여 지급하여야 한다. 다만, 임시로 지급하는 임금, 수당, 그 밖에 이에 준하는 것 또는 대통령령으로 정하는 임금에 대하여는 그러하지 아니하다.

제43조의2(체불사업주 명단 공개) ① 고용노동부장관은 제36조, 제43조, 제56조에 따른 임금, 보상금, 수당, 그 밖에 일체의 금품(이하 "임금등"이라 한다)을 지급하지 아니한 사업주(법인인 경우에는 그 대표자를 포함한다. 이하 "체불사업주"라 한다)가 명단 공개 기준일 이전 3년 이내 임금등을 체불하여 2회 이상 유죄가 확정된 자로서 명단 공개 기준일 이전 1년 이내 임금등의 체불총액이 3천만원 이상인 경우에는 그 인적사항 등을 공개할 수 있다. 다만, 체불사업주의 사망·폐업으로 명단 공개의 실효성이 없는 경우 등 대통령령으로 정하는 사유가 있는 경우에는 그러하지 아니하다.

② 고용노동부장관은 제1항에 따라 명단 공개를 할 경우에 체불사업주에게 3개월 이상의 기간을 정하여 소명 기회를 주어야 한다.

③ 제1항에 따른 체불사업주의 인적사항 등에 대한 공개 여부를 심의하기 위하여 고용노동부에 임금체불정보심의위원회(이하 이 조에서 "위원회"라 한다)를 둔다. 이 경우 위원회의 구성·운영 등 필요한 사항은 고용노동부령으로 정한다.

④ 제1항에 따른 명단 공개의 구체적인 내용, 기간 및 방법 등 명단 공개에 필요한 사항은 대통령령으로 정한다.

[본조신설 2012.2.1.]

제43조의3(임금등 체불자료의 제공) ① 고용노동부장관은 「신용정보의 이용 및 보호에 관한 법률」 제25조제2항제1호에 따른 종합신용정보집중기관이 임금등 체불자료 제공일 이전 3년 이내 임금등을 체불하여 2회 이상 유죄가 확정된 자로서 임금등 체불자료 제공일 이전 1년 이내 임금등의 체불총액이 2천만원 이상인 체불사업주의 인적사항과 체불액 등에 관한 자료(이하 "임금등 체불자료"라 한다)를 요구할 때에는 임금등의 체불을 예방하기 위하여 필요하다고 인정하는 경우에 그 자료를 제공할 수 있다. 다만, 체불사업주의 사망·폐업으로 임금등 체불자료 제공의 실효성이 없는 경우 등 대통령령으로 정하는 사유가 있는 경우에는 그러하지 아니하다.

② 제1항에 따라 임금등 체불자료를 받은 자는 이를 체불사업주의 신용도·신용거래능력 판단과 관련한 업무 외의 목적으로 이용하거나 누설하여서는 아니 된다.

③ 제1항에 따른 임금등 체불자료의 제공 절차 및 방법 등 임금등 체불자료의 제공에 필요한 사항은 대통령령으로 정한다.

[본조신설 2012.2.1.]

제44조(도급 사업에 대한 임금 지급) ① 사업이 여러 차례의 도급에 따라 행하여지는 경우에 하수급인(下受給人)이 직상(直上) 수급인의 귀책사유로 근로자에게 임금을 지급하지 못한 경우에는 그 직상 수급인은 그 하수급인과 연대하여 책임을 진다. 다만, 직상 수급인의 귀책사유가 그 상위 수급인의 귀책사유에 의하여 발생한 경우에는 그 상위 수급인도 연대하여 책임을 진다. <개정 2012.2.1.>

② 제1항의 귀책사유 범위는 대통령령으로 정한다. <개정 2012.2.1.>

제44조의2(건설업에서의 임금 지급 연대책임) ① 건설업에서 사업이 2차례 이상 「건설산업기본법」 제2조제11호에 따른 도급(이하 "공사도급"이라 한다)이 이루어진 경우에 같은 법 제2조제7호에 따른 건설업자가 아닌 하수급인이 그가 사용한 근로자에게 임금(해당 건설공사에서 발생한 임금으로 한정한다)을 지급하지 못한 경우에는 그 직상 수급인은 하수급인과 연대하여 하수급인이 사용한 근로자의 임금을 지급할 책임을 진다. <개정 2011.5.24.>

② 제1항의 직상 수급인이 「건설산업기본법」 제2조제7호에 따른 건설업자가 아닌 때에는 그 상위 수급인 중에서 최하위의 같은 호에 따른 건설업자를 직상 수급인으로 본다. <개정 2011.5.24.>

[본조신설 2007.7.27.]

제44조의3(건설업의 공사도급에 있어서의 임금에 관한 특례) ① 공사도급이 이루어진 경우로서 다음 각 호의 어느 하나에 해당하는 때에는 직상 수급인은 하수급인에게 지급하여야 하는 하도급 대금 채무의 부담 범위에서 그 하수급인이 사용한 근로자가 청구하면 하수급인이 지급하여야 하는 임금(해당 건설공사에서 발생한 임금으로 한정한다)에 해당하는 금액을 근로자에게 직접 지급하여야 한다.

1. 직상 수급인이 하수급인을 대신하여 하수급인이 사용한 근로자에게 지급하여야 하는 임금을 직접 지급할 수 있다는 뜻과 그 지급방법 및 절차에 관하여 직상 수급인과 하수급인이 합의한 경우
2. 「민사집행법」 제56조제3호에 따른 확정된 지급명령, 하수급인의 근로자에게 하수급인에 대하여 임금채권이 있음을 증명하는 같은 법 제56조제4호에 따른 집행증서, 「소액사건심판법」 제5조의7에 따라 확정된 이행권고결정, 그 밖에 이에 준하는 집행권원이 있는 경우
3. 하수급인이 그가 사용한 근로자에 대하여 지급하여야 할 임금채무가 있음을 직상 수급인에게 알려주고, 직상 수급인이 파산 등의 사유로 하수급인이 임금을 지급할 수 없는 명백한 사유가 있다고 인정하는 경우

② 「건설산업기본법」 제2조제10호에 따른 발주자의 수급인(이하 "원수급인"이라 한다)으로부터 공사도급이 2차례 이상 이루어진 경우로서 하수급인(도급받은 하수급인으로부터 재하도급 받은 하수급인을 포함한다. 이하 이 항에서 같다)이 사용한 근로자에게 그 하수급인에 대한 제

1항제2호에 따른 집행권원이 있는 경우에는 근로자는 하수급인이 지급하여야 하는 임금(해당 건설공사에서 발생한 임금으로 한정한다)에 해당하는 금액을 원수급인에게 직접 지급할 것을 요구할 수 있다. 원수급인은 근로자가 자신에 대하여 「민법」 제404조에 따른 채권자대위권을 행사할 수 있는 금액의 범위에서 이에 따라야 한다. <개정 2011.5.24.>

③ 직상 수급인 또는 원수급인이 제1항 및 제2항에 따라 하수급인이 사용한 근로자에게 임금에 해당하는 금액을 지급한 경우에는 하수급인에 대한 하도급 대금 채무는 그 범위에서 소멸한 것으로 본다.

[본조신설 2007.7.27.]

제45조(비상시 지급) 사용자는 근로자가 출산, 질병, 재해, 그 밖에 대통령령으로 정하는 비상(非常)한 경우의 비용에 충당하기 위하여 임금 지급을 청구하면 지급기일 전이라도 이미 제공한 근로에 대한 임금을 지급하여야 한다.

제46조(휴업수당) ① 사용자의 귀책사유로 휴업하는 경우에 사용자는 휴업기간 동안 그 근로자에게 평균임금의 100분의 70 이상의 수당을 지급하여야 한다. 다만, 평균임금의 100분의 70에 해당하는 금액이 통상임금을 초과하는 경우에는 통상임금을 휴업수당으로 지급할 수 있다.

② 제1항에도 불구하고 부득이한 사유로 사업을 계속하는 것이 불가능하여 노동위원회의 승인을 받은 경우에는 제1항의 기준에 못 미치는 휴업수당을 지급할 수 있다.

제47조(도급 근로자) 사용자는 도급이나 그 밖에 이에 준하는 제도로 사용하는 근로자에게 근로시간에 따라 일정액의 임금을 보장하여야 한다.

제48조(임금대장) 사용자는 각 사업장별로 임금대장을 작성하고 임금과 가족수당 계산의 기초가 되는 사항, 임금액, 그 밖에 대통령령으로 정하는 사항을 임금을 지급할 때마다 적어야 한다.

제49조(임금의 시효) 이 법에 따른 임금채권은 3년간 행사하지 아니하면 시효로 소멸한다.

제4장 근로시간과 휴식

제50조(근로시간) ① 1주 간의 근로시간은 휴게시간을 제외하고 40시간을 초과할 수 없다.

② 1일의 근로시간은 휴게시간을 제외하고 8시간을 초과할 수 없다.

③ 제1항 및 제2항에 따른 근로시간을 산정함에 있어 작업을 위하여 근로자가 사용자의 지휘·감독 아래에 있는 대기시간 등은 근로시간으로 본다. <신설 2012.2.1.>

제51조(탄력적 근로시간제) ① 사용자는 취업규칙(취업규칙에 준하는 것을 포함한다)에서 정하는 바에 따라 2주 이내의 일정한 단위기간을 평균하여 1주 간의 근로시간이 제50조제1항의 근로시간을 초과하지 아니하는 범위에서 특정한 주에 제50조제1항의 근로시간을, 특정한 날에 제50조제2항의 근로시간을 초과하여 근로하게 할 수 있다. 다만, 특정한 주의 근로시간은 48시간을 초과할 수 없다.

② 사용자는 근로자대표와의 서면 합의에 따라 다음 각 호의 사항을 정하면 3개월 이내의 단위기간을 평균하여 1주 간의 근로시간이 제50조제1항의 근로시간을 초과하지 아니하는 범위에서 특정한 주에 제50조제1항의 근로시간을, 특정한 날에 제50조제2항의 근로시간을 초과하여 근로하게 할 수 있다. 다만, 특정한 주의 근로시간은 52시간을, 특정한 날의 근로시간은 12시간을 초과할 수 없다.

1. 대상 근로자의 범위
2. 단위기간(3개월 이내의 일정한 기간으로 정하여야 한다)
3. 단위기간의 근로일과 그 근로일별 근로시간
4. 그 밖에 대통령령으로 정하는 사항

③ 제1항과 제2항은 15세 이상 18세 미만의 근로자와 임신 중인 여성 근로자에 대하여는 적용하지 아니한다.

④ 사용자는 제1항 및 제2항에 따라 근로자를 근로시킬 경우에는 기존의 임금 수준이 낮아지지 아니하도록 임금보전방안(賃金補塡方案)을 강구하여야 한다.

제52조(선택적 근로시간제) 사용자는 취업규칙(취업규칙에 준하는 것을 포함한다)에 따라 업무의 시작 및 종료 시각을 근로자의 결정에 맡기기로 한 근로자에 대하여 근로자대표와의 서면 합의에 따라 다음 각 호의 사항을 정하면 1개월 이내의 정산기간을 평균하여 1주간의 근로시간이 제50조제1항의 근로시간을 초과하지 아니하는 범위에서 1주 간에 제50조제1항의 근로시간을, 1일에 제50조제2항의 근로시간을 초과하여 근로하게 할 수 있다.

1. 대상 근로자의 범위(15세 이상 18세 미만의 근로자는 제외한다)
2. 정산기간(1개월 이내의 일정한 기간으로 정하여야 한다)
3. 정산기간의 총 근로시간
4. 반드시 근로하여야 할 시간대를 정하는 경우에는 그 시작 및 종료 시각
5. 근로자가 그의 결정에 따라 근로할 수 있는 시간대를 정하는 경우에는 그 시작 및 종료 시각
6. 그 밖에 대통령령으로 정하는 사항

제53조(연장 근로의 제한) ① 당사자 간에 합의하면 1주 간에 12시간을 한도로 제50조의 근로시간을 연장할 수 있다.

② 당사자 간에 합의하면 1주 간에 12시간을 한도로 제51조의 근로시간을 연장할 수 있고, 제52조제2호의 정산기간을 평균하여 1주 간에 12시간을 초과하지 아니하는 범위에서 제52조의 근로시간을 연장할 수 있다.

③ 사용자는 특별한 사정이 있으면 고용노동부장관의 인가와 근로자의 동의를 받아 제1항과 제2항의 근로시간을 연장할 수 있다. 다만, 사태가 급박하여 고용노동부장관의 인가를 받을 시간이 없는 경우에는 사후에 지체 없이 승인을 받아야 한다. <개정 2010.6.4.>

④ 고용노동부장관은 제3항에 따른 근로시간의 연장이 부적당하다고 인정하면 그 후 연장시간에 상당하는 휴게시간이나 휴일을 줄 것을 명할 수 있다. <개정 2010.6.4.>

제54조(휴게) ① 사용자는 근로시간이 4시간인 경우에는 30분 이상, 8시간인 경우에는 1시간 이상의 휴게시간을 근로시간 도중에 주어야 한다.

② 휴게시간은 근로자가 자유롭게 이용할 수 있다.

제55조(휴일) 사용자는 근로자에게 1주일에 평균 1회 이상의 유급휴일을 주어야 한다.

제56조(연장·야간 및 휴일 근로) 사용자는 연장근로(제53조·제59조 및 제69조 단서에 따라 연장된 시간의 근로)와 야간근로(오후 10시부터 오전 6시까지 사이의 근로) 또는 휴일근로에 대하여는 통상임금의 100분의 50 이상을 가산하여 지급하여야 한다.

제57조(보상 휴가제) 사용자는 근로자대표와의 서면 합의에 따라 제56조에 따른 연장근로·야간근

로 및 휴일근로에 대하여 임금을 지급하는 것을 갈음하여 휴가를 줄 수 있다.

제58조(근로시간 계산의 특례) ① 근로자가 출장이나 그 밖의 사유로 근로시간의 전부 또는 일부를 사업장 밖에서 근로하여 근로시간을 산정하기 어려운 경우에는 소정근로시간을 근로한 것으로 본다. 다만, 그 업무를 수행하기 위하여 통상적으로 소정근로시간을 초과하여 근로할 필요가 있는 경우에는 그 업무의 수행에 통상 필요한 시간을 근로한 것으로 본다.

② 제1항 단서에도 불구하고 그 업무에 관하여 근로자대표와의 서면 합의를 한 경우에는 그 합의에서 정하는 시간을 그 업무의 수행에 통상 필요한 시간으로 본다.

③ 업무의 성질에 비추어 업무 수행 방법을 근로자의 재량에 위임할 필요가 있는 업무로서 대통령령으로 정하는 업무는 사용자가 근로자대표와 서면 합의로 정한 시간을 근로한 것으로 본다. 이 경우 그 서면 합의에는 다음 각 호의 사항을 명시하여야 한다.

1. 대상 업무
2. 사용자가 업무의 수행 수단 및 시간 배분 등에 관하여 근로자에게 구체적인 지시를 하지 아니한다는 내용
3. 근로시간의 산정은 그 서면 합의로 정하는 바에 따른다는 내용

④ 제1항과 제3항의 시행에 필요한 사항은 대통령령으로 정한다.

제59조(근로시간 및 휴게시간의 특례) 다음 각 호의 어느 하나에 해당하는 사업에 대하여 사용자가 근로자대표와 서면 합의를 한 경우에는 제53조제1항에 따른 주(週) 12시간을 초과하여 연장근로를 하게 하거나 제54조에 따른 휴게시간을 변경할 수 있다.

1. 운수업, 물품 판매 및 보관업, 금융보험업
2. 영화 제작 및 흥행업, 통신업, 교육연구 및 조사 사업, 광고업
3. 의료 및 위생 사업, 접객업, 소각 및 청소업, 이용업
4. 그 밖에 공중의 편의 또는 업무의 특성상 필요한 경우로서 대통령령으로 정하는 사업

제60조(연차 유급휴가) ① 사용자는 1년간 80퍼센트 이상 출근한 근로자에게 15일의 유급휴가를 주어야 한다. <개정 2012.2.1.>

② 사용자는 계속하여 근로한 기간이 1년 미만인 근로자 또는 1년간 80퍼센트 미만 출근한 근로자에게 1개월 개근 시 1일의 유급휴가를 주어야 한다. <개정 2012.2.1.>

③ 사용자는 근로자의 최초 1년 간의 근로에 대하여 유급휴가를 주는 경우에는 제2항에 따른 휴가를 포함하여 15일로 하고, 근로자가 제2항에 따른 휴가를 이미 사용한 경우에는 그 사용한 휴가 일수를 15일에서 뺀다.

④ 사용자는 3년 이상 계속하여 근로한 근로자에게는 제1항에 따른 휴가에 최초 1년을 초과하는 계속 근로 연수 매 2년에 대하여 1일을 가산한 유급휴가를 주어야 한다. 이 경우 가산휴가를 포함한 총 휴가 일수는 25일을 한도로 한다.

⑤ 사용자는 제1항부터 제4항까지의 규정에 따른 휴가를 근로자가 청구한 시기에 주어야 하고, 그 기간에 대하여는 취업규칙 등에서 정하는 통상임금 또는 평균임금을 지급하여야 한다. 다만, 근로자가 청구한 시기에 휴가를 주는 것이 사업 운영에 막대한 지장이 있는 경우에는 그 시기를 변경할 수 있다.

⑥ 제1항부터 제3항까지의 규정을 적용하는 경우 다음 각 호의 어느 하나에 해당하는 기간은

출근한 것으로 본다. <개정 2012.2.1.>

1. 근로자가 업무상의 부상 또는 질병으로 휴업한 기간
2. 임신 중의 여성이 제74조제1항부터 제3항까지의 규정에 따른 휴가로 휴업한 기간

⑦ 제1항부터 제4항까지의 규정에 따른 휴가는 1년간 행사하지 아니하면 소멸된다. 다만, 사용자의 귀책사유로 사용하지 못한 경우에는 그러하지 아니하다.

제61조(연차 유급휴가의 사용 촉진) 사용자가 제60조제1항·제3항 및 제4항에 따른 유급휴가의 사용을 촉진하기 위하여 다음 각 호의 조치를 하였음에도 불구하고 근로자가 휴가를 사용하지 아니하여 제60조제7항 본문에 따라 소멸된 경우에는 사용자는 그 사용하지 아니한 휴가에 대하여 보상할 의무가 없고, 제60조제7항 단서에 따른 사용자의 귀책사유에 해당하지 아니하는 것으로 본다. <개정 2012.2.1.>

1. 제60조제7항 본문에 따른 기간이 끝나기 6개월 전을 기준으로 10일 이내에 사용자가 근로자별로 사용하지 아니한 휴가 일수를 알려주고, 근로자가 그 사용 시기를 정하여 사용자에게 통보하도록 서면으로 촉구할 것
2. 제1호에 따른 촉구에도 불구하고 근로자가 촉구를 받은 때부터 10일 이내에 사용하지 아니한 휴가의 전부 또는 일부의 사용 시기를 정하여 사용자에게 통보하지 아니하면 제60조제7항 본문에 따른 기간이 끝나기 2개월 전까지 사용자가 사용하지 아니한 휴가의 사용 시기를 정하여 근로자에게 서면으로 통보할 것

제62조(유급휴가의 대체) 사용자는 근로자대표와의 서면 합의에 따라 제60조에 따른 연차 유급휴가일을 갈음하여 특정한 근로일에 근로자를 휴무시킬 수 있다.

제63조(적용의 제외) 이 장과 제5장에서 정한 근로시간, 휴게와 휴일에 관한 규정은 다음 각 호의 어느 하나에 해당하는 근로자에 대하여는 적용하지 아니한다. <개정 2010.6.4.>

1. 토지의 경작·개간, 식물의 재식(栽植)·재배·채취 사업, 그 밖의 농림 사업
2. 동물의 사육, 수산 동식물의 채포(採捕)·양식 사업, 그 밖의 축산, 양잠, 수산 사업
3. 감시(監視) 또는 단속적(斷續的)으로 근로에 종사하는 자로서 사용자가 고용노동부장관의 승인을 받은 자
4. 대통령령으로 정하는 업무에 종사하는 근로자

제5장 여성과 소년

제64조(최저 연령과 취직인허증) ① 15세 미만인 자(「초·중등교육법」에 따른 중학교에 재학 중인 18세 미만인 자를 포함한다)는 근로자로 사용하지 못한다. 다만, 대통령령으로 정하는 기준에 따라 고용노동부장관이 발급한 취직인허증(就職認許證)을 지닌 자는 근로자로 사용할 수 있다. <개정 2010.6.4.>

② 제1항의 취직인허증은 본인의 신청에 따라 의무교육에 지장이 없는 경우에는 직종(職種)을 지정하여서만 발행할 수 있다.

③ 고용노동부장관은 거짓이나 그 밖의 부정한 방법으로 제1항 단서의 취직인허증을 발급받은 자에게는 그 인허를 취소하여야 한다. <개정 2010.6.4.>

제65조(사용 금지) ① 사용자는 임신 중이거나 산후 1년이 지나지 아니한 여성(이하 "임산부"라 한

다)과 18세 미만자를 도덕상 또는 보건상 유해·위험한 사업에 사용하지 못한다.

② 사용자는 임산부가 아닌 18세 이상의 여성을 제1항에 따른 보건상 유해·위험한 사업 중 임신 또는 출산에 관한 기능에 유해·위험한 사업에 사용하지 못한다.

③ 제1항 및 제2항에 따른 금지 직종은 대통령령으로 정한다.

제66조(연소자 증명서) 사용자는 18세 미만인 자에 대하여는 그 연령을 증명하는 가족관계기록사항에 관한 증명서와 친권자 또는 후견인의 동의서를 사업장에 갖추어 두어야 한다. <개정 2007.5.17.>

제67조(근로계약) ① 친권자나 후견인은 미성년자의 근로계약을 대리할 수 없다.

② 친권자, 후견인 또는 고용노동부장관은 근로계약이 미성년자에게 불리하다고 인정하는 경우에는 이를 해지할 수 있다. <개정 2010.6.4.>

③ 사용자는 18세 미만인 자와 근로계약을 체결하는 경우에는 제17조에 따른 근로조건을 서면으로 명시하여 교부하여야 한다. <신설 2007.7.27.>

제68조(임금의 청구) 미성년자는 독자적으로 임금을 청구할 수 있다.

제69조(근로시간) 15세 이상 18세 미만인 자의 근로시간은 1일에 7시간, 1주일에 40시간을 초과하지 못한다. 다만, 당사자 사이의 합의에 따라 1일에 1시간, 1주일에 6시간을 한도로 연장할 수 있다.

제70조(야간근로와 휴일근로의 제한) ① 사용자는 18세 이상의 여성을 오후 10시부터 오전 6시까지의 시간 및 휴일에 근로시키려면 그 근로자의 동의를 받아야 한다.

② 사용자는 임산부와 18세 미만자를 오후 10시부터 오전 6시까지의 시간 및 휴일에 근로시키지 못한다. 다만, 다음 각 호의 어느 하나에 해당하는 경우로서 고용노동부장관의 인가를 받으면 그러하지 아니하다. <개정 2010.6.4.>

1. 18세 미만자의 동의가 있는 경우
2. 산후 1년이 지나지 아니한 여성의 동의가 있는 경우
3. 임신 중의 여성이 명시적으로 청구하는 경우

③ 사용자는 제2항의 경우 고용노동부장관의 인가를 받기 전에 근로자의 건강 및 모성 보호를 위하여 그 시행 여부와 방법 등에 관하여 그 사업 또는 사업장의 근로자대표와 성실하게 협의하여야 한다. <개정 2010.6.4.>

제71조(시간외근로) 사용자는 산후 1년이 지나지 아니한 여성에 대하여는 단체협약이 있는 경우라도 1일에 2시간, 1주일에 6시간, 1년에 150시간을 초과하는 시간외근로를 시키지 못한다.

제72조(갱내근로의 금지) 사용자는 여성과 18세 미만인 자를 갱내(坑內)에서 근로시키지 못한다. 다만, 보건·의료, 보도·취재 등 대통령령으로 정하는 업무를 수행하기 위하여 일시적으로 필요한 경우에는 그러하지 아니하다.

제73조(생리휴가) 사용자는 여성 근로자가 청구하면 월 1일의 생리휴가를 주어야 한다.

제74조(임산부의 보호) ① 사용자는 임신 중의 여성에게 출산 전과 출산 후를 통하여 90일(한 번에 둘 이상 자녀를 임신한 경우에는 120일)의 출산전후휴가를 주어야 한다. 이 경우 휴가 기간의 배정은 출산 후에 45일(한 번에 둘 이상 자녀를 임신한 경우에는 60일) 이상이 되어야 한다. <개정 2012.2.1., 2014.1.21.>

② 사용자는 임신 중인 여성 근로자가 유산의 경험 등 대통령령으로 정하는 사유로 제1항의 휴가를 청구하는 경우 출산 전 어느 때 라도 휴가를 나누어 사용할 수 있도록 하여야 한다. 이 경우 출산 후의 휴가 기간은 연속하여 45일(한 번에 둘 이상 자녀를 임신한 경우에는 60일) 이상이 되어야 한다. <신설 2012.2.1., 2014.1.21.>

③ 사용자는 임신 중인 여성이 유산 또는 사산한 경우로서 그 근로자가 청구하면 대통령령으로 정하는 바에 따라 유산·사산 휴가를 주어야 한다. 다만, 인공 임신중절 수술(「모자보건법」 제14조제1항에 따른 경우는 제외한다)에 따른 유산의 경우는 그러하지 아니하다. <개정 2012.2.1.>

④ 제1항부터 제3항까지의 규정에 따른 휴가 중 최초 60일(한 번에 둘 이상 자녀를 임신한 경우에는 75일)은 유급으로 한다. 다만, 「남녀고용평등과 일·가정 양립 지원에 관한 법률」 제18조에 따라 출산전후휴가급여 등이 지급된 경우에는 그 금액의 한도에서 지급의 책임을 면한다. <개정 2007.12.21., 2012.2.1., 2014.1.21.>

⑤ 사용자는 임신 중의 여성 근로자에게 시간외근로를 하게 하여서는 아니 되며, 그 근로자의 요구가 있는 경우에는 쉬운 종류의 근로로 전환하여야 한다. <개정 2012.2.1.>

⑥ 사업주는 제1항에 따른 출산전후휴가 종료 후에는 휴가 전과 동일한 업무 또는 동등한 수준의 임금을 지급하는 직무에 복귀시켜야 한다. <신설 2008.3.28., 2012.2.1.>

⑦ 사용자는 임신 후 12주 이내 또는 36주 이후에 있는 여성 근로자가 1일 2시간의 근로시간 단축을 신청하는 경우 이를 허용하여야 한다. 다만, 1일 근로시간이 8시간 미만인 근로자에 대하여는 1일 근로시간이 6시간이 되도록 근로시간 단축을 허용할 수 있다. <신설 2014.3.24.>

⑧ 사용자는 제7항에 따른 근로시간 단축을 이유로 해당 근로자의 임금을 삭감하여서는 아니 된다. <신설 2014.3.24.>

⑨ 제7항에 따른 근로시간 단축의 신청방법 및 절차 등에 필요한 사항은 대통령령으로 정한다. <신설 2014.3.24.>

[시행일] 제74조제7항, 제74조제8항, 제74조제9항의 개정규정은 다음 각 호의 구분에 따른 날

1. 상시 300명 이상의 근로자를 사용하는 사업 또는 사업장: 공포 후 6개월이 경과한 날
2. 상시 300명 미만의 근로자를 사용하는 사업 또는 사업장: 공포 후 2년이 경과한 날

제74조의2(태아검진 시간의 허용 등) ① 사용자는 임신한 여성근로자가 「모자보건법」 제10조에 따른 임산부 정기건강진단을 받는데 필요한 시간을 청구하는 경우 이를 허용하여 주어야 한다.

② 사용자는 제1항에 따른 건강진단 시간을 이유로 그 근로자의 임금을 삭감하여서는 아니 된다.

[본조신설 2008.3.21.]

제75조(육아 시간) 생후 1년 미만의 유아(乳兒)를 가진 여성 근로자가 청구하면 1일 2회 각각 30분 이상의 유급 수유 시간을 주어야 한다.

제6장 안전과 보건

제76조(안전과 보건) 근로자의 안전과 보건에 관하여는 「산업안전보건법」에서 정하는 바에 따른다.

제7장 기능 습득

제77조(기능 습득자의 보호) 사용자는 양성공, 수습, 그 밖의 명칭을 불문하고 기능의 습득을 목적으로 하는 근로자를 혹사하거나 가사, 그 밖의 기능 습득에 관계없는 업무에 종사시키지 못한다.

제8장 재해보상

제78조(요양보상) ① 근로자가 업무상 부상 또는 질병에 걸리면 사용자는 그 비용으로 필요한 요양을 행하거나 필요한 요양비를 부담하여야 한다.

② 제1항에 따른 업무상 질병과 요양의 범위 및 요양보상의 시기는 대통령령으로 정한다. <개정 2008.3.21.>

제79조(휴업보상) ① 사용자는 제78조에 따라 요양 중에 있는 근로자에게 그 근로자의 요양 중 평균임금의 100분의 60의 휴업보상을 하여야 한다. <개정 2008.3.21.>

② 제1항에 따른 휴업보상을 받을 기간에 그 보상을 받을 자가 임금의 일부를 지급받은 경우에는 사용자는 평균임금에서 그 지급받은 금액을 뺀 금액의 100분의 60의 휴업보상을 하여야 한다. <신설 2008.3.21.>

③ 휴업보상의 시기는 대통령령으로 정한다. <신설 2008.3.21.>

제80조(장해보상) ① 근로자가 업무상 부상 또는 질병에 걸리고, 완치된 후 신체에 장해가 있으면 사용자는 그 장해 정도에 따라 평균임금에 별표에서 정한 일수를 곱한 금액의 장해보상을 하여야 한다. <개정 2008.3.21.>

② 이미 신체에 장해가 있는 자가 부상 또는 질병으로 인하여 같은 부위에 장해가 더 심해진 경우에 그 장해에 대한 장해보상 금액은 장해 정도가 더 심해진 장해등급에 해당하는 장해보상의 일수에서 기존의 장해등급에 해당하는 장해보상의 일수를 뺀 일수에 보상청구사유 발생 당시의 평균임금을 곱하여 산정한 금액으로 한다. <신설 2008.3.21.>

③ 장해보상을 하여야 하는 신체장해 등급의 결정 기준과 장해보상의 시기는 대통령령으로 정한다. <신설 2008.3.21.>

제81조(휴업보상과 장해보상의 예외) 근로자가 중대한 과실로 업무상 부상 또는 질병에 걸리고 또한 사용자가 그 과실에 대하여 노동위원회의 인정을 받으면 휴업보상이나 장해보상을 하지 아니하여도 된다.

제82조(유족보상) ① 근로자가 업무상 사망한 경우에는 사용자는 근로자가 사망한 후 지체 없이 그 유족에게 평균임금 1,000일분의 유족보상을 하여야 한다. <개정 2008.3.21.>

② 제1항에서의 유족의 범위, 유족보상의 순위 및 보상을 받기로 확정된 자가 사망한 경우의 유족보상의 순위는 대통령령으로 정한다. <신설 2008.3.21.>

제83조(장의비) 근로자가 업무상 사망한 경우에는 사용자는 근로자가 사망한 후 지체 없이 평균임금 90일분의 장의비를 지급하여야 한다. <개정 2008.3.21.>

제84조(일시보상) 제78조에 따라 보상을 받는 근로자가 요양을 시작한 지 2년이 지나도 부상 또는 질병이 완치되지 아니하는 경우에는 사용자는 그 근로자에게 평균임금 1,340일분의 일시보상을 하여 그 후의 이 법에 따른 모든 보상책임을 면할 수 있다.

제85조(분할보상) 사용자는 지급 능력이 있는 것을 증명하고 보상을 받는 자의 동의를 받으면 제80

조, 제82조 또는 제84조에 따른 보상금을 1년에 걸쳐 분할보상을 할 수 있다.

제86조(보상 청구권) 보상을 받을 권리는 퇴직으로 인하여 변경되지 아니하고, 양도나 압류하지 못한다.

제87조(다른 손해배상과의 관계) 보상을 받게 될 자가 동일한 사유에 대하여 「민법」이나 그 밖의 법령에 따라 이 법의 재해보상에 상당한 금품을 받으면 그 가액(價額)의 한도에서 사용자는 보상의 책임을 면한다.

제88조(고용노동부장관의 심사와 중재) ① 업무상의 부상, 질병 또는 사망의 인정, 요양의 방법, 보상금액의 결정, 그 밖에 보상의 실시에 관하여 이의가 있는 자는 고용노동부장관에게 심사나 사건의 중재를 청구할 수 있다. <개정 2010.6.4.>

② 제1항의 청구가 있으면 고용노동부장관은 1개월 이내에 심사나 중재를 하여야 한다. <개 2010.6.4.>

③ 고용노동부장관은 필요에 따라 직권으로 심사나 사건의 중재를 할 수 있다. <개정 2010.6.4.>

④ 고용노동부장관은 심사나 중재를 위하여 필요하다고 인정하면 의사에게 진단이나 검안을 시킬 수 있다. <개정 2010.6.4.>

⑤ 제1항에 따른 심사나 중재의 청구와 제2항에 따른 심사나 중재의 시작은 시효의 중단에 관하여는 재판상의 청구로 본다.

[제목개정 2010.6.4.]

제89조(노동위원회의 심사와 중재) ① 고용노동부장관이 제88조제2항의 기간에 심사 또는 중재를 하지 아니하거나 심사와 중재의 결과에 불복하는 자는 노동위원회에 심사나 중재를 청구할 수 있다. <개정 2010.6.4.>

② 제1항의 청구가 있으면 노동위원회는 1개월 이내에 심사나 중재를 하여야 한다.

제90조(도급 사업에 대한 예외) ① 사업이 여러 차례의 도급에 따라 행하여지는 경우의 재해보상에 대하여는 원수급인(元受給人)을 사용자로 본다.

② 제1항의 경우에 원수급인이 서면상 계약으로 하수급인에게 보상을 담당하게 하는 경우에는 그 수급인도 사용자로 본다. 다만, 2명 이상의 하수급인에게 똑같은 사업에 대하여 중복하여 보상을 담당하게 하지 못한다.

③ 제2항의 경우에 원수급인이 보상의 청구를 받으면 보상을 담당한 하수급인에게 우선 최고(催告)할 것을 청구할 수 있다. 다만, 그 하수급인이 파산의 선고를 받거나 행방이 알려지지 아니하는 경우에는 그러하지 아니하다.

제91조(서류의 보존) 사용자는 재해보상에 관한 중요한 서류를 재해보상이 끝나지 아니하거나 제92조에 따라 재해보상 청구권이 시효로 소멸되기 전에 폐기하여서는 아니 된다. <개정 2008.3.21.>

제92조(시효) 이 법의 규정에 따른 재해보상 청구권은 3년간 행사하지 아니하면 시효로 소멸한다.

제9장 취업규칙

제93조(취업규칙의 작성·신고) 상시 10명 이상의 근로자를 사용하는 사용자는 다음 각 호의 사항

에 관한 취업규칙을 작성하여 고용노동부장관에게 신고하여야 한다. 이를 변경하는 경우에도 또한 같다. <개정 2008.3.28., 2010.6.4., 2012.2.1.>

1. 업무의 시작과 종료 시각, 휴게시간, 휴일, 휴가 및 교대 근로에 관한 사항
2. 임금의 결정·계산·지급 방법, 임금의 산정기간·지급시기 및 승급(昇給)에 관한 사항
3. 가족수당의 계산·지급 방법에 관한 사항
4. 퇴직에 관한 사항
5. 「근로자퇴직급여 보장법」 제4조에 따라 설정된 퇴직급여, 상여 및 최저임금에 관한 사항
6. 근로자의 식비, 작업 용품 등의 부담에 관한 사항
7. 근로자를 위한 교육시설에 관한 사항
8. 출산전후휴가·육아휴직 등 근로자의 모성 보호 및 일·가정 양립 지원에 관한 사항
9. 안전과 보건에 관한 사항

9의2. 근로자의 성별·연령 또는 신체적 조건 등의 특성에 따른 사업장 환경의 개선에 관한 사항

10. 업무상과 업무 외의 재해부조(災害扶助)에 관한 사항
11. 표창과 제재에 관한 사항
12. 그 밖에 해당 사업 또는 사업장의 근로자 전체에 적용될 사항

제94조(규칙의 작성, 변경 절차) ① 사용자는 취업규칙의 작성 또는 변경에 관하여 해당 사업 또는 사업장에 근로자의 과반수로 조직된 노동조합이 있는 경우에는 그 노동조합, 근로자의 과반수로 조직된 노동조합이 없는 경우에는 근로자의 과반수의 의견을 들어야 한다. 다만, 취업규칙을 근로자에게 불리하게 변경하는 경우에는 그 동의를 받아야 한다.

② 사용자는 제93조에 따라 취업규칙을 신고할 때에는 제1항의 의견을 적은 서면을 첨부하여야 한다.

제95조(제재 규정의 제한) 취업규칙에서 근로자에 대하여 감급(減給)의 제재를 정할 경우에 그 감액은 1회의 금액이 평균임금의 1일분의 2분의 1을, 총액이 1임금지급기의 임금 총액의 10분의 1을 초과하지 못한다.

제96조(단체협약의 준수) ① 취업규칙은 법령이나 해당 사업 또는 사업장에 대하여 적용되는 단체협약과 어긋나서는 아니 된다.

② 고용노동부장관은 법령이나 단체협약에 어긋나는 취업규칙의 변경을 명할 수 있다. <개정 2010.6.4.>

제97조(위반의 효력) 취업규칙에서 정한 기준에 미달하는 근로조건을 정한 근로계약은 그 부분에 관하여는 무효로 한다. 이 경우 무효로 된 부분은 취업규칙에 정한 기준에 따른다.

제10장 기숙사

제98조(기숙사 생활의 보장) ① 사용자는 사업 또는 사업장의 부속 기숙사에 기숙하는 근로자의 사생활의 자유를 침해하지 못한다.

② 사용자는 기숙사 생활의 자치에 필요한 임원 선거에 간섭하지 못한다.

제99조(규칙의 작성과 변경) ① 부속 기숙사에 근로자를 기숙시키는 사용자는 다음 각 호의 사항에 관하여 기숙사규칙을 작성하여야 한다.

1. 기상(起床), 취침, 외출과 외박에 관한 사항
2. 행사에 관한 사항
3. 식사에 관한 사항
4. 안전과 보건에 관한 사항
5. 건설물과 설비의 관리에 관한 사항
6. 그 밖에 기숙사에 기숙하는 근로자 전체에 적용될 사항

② 사용자는 제1항에 따른 규칙의 작성 또는 변경에 관하여 기숙사에 기숙하는 근로자의 과반수를 대표하는 자의 동의를 받아야 한다.

③ 사용자와 기숙사에 기숙하는 근로자는 기숙사규칙을 지켜야 한다.

제100조(설비와 안전 위생) ① 사용자는 부속 기숙사에 대하여 근로자의 건강, 풍기(風紀)와 생명의 유지에 필요한 조치를 강구하여야 한다.

② 제1항에 따라 강구하여야 할 조치의 기준은 대통령령으로 정한다.

제11장 근로감독관 등

제101조(감독 기관) ① 근로조건의 기준을 확보하기 위하여 고용노동부와 그 소속 기관에 근로감독관을 둔다. <개정 2010.6.4.>

② 근로감독관의 자격, 임면(任免), 직무 배치에 관한 사항은 대통령령으로 정한다.

제102조(근로감독관의 권한) ① 근로감독관은 사업장, 기숙사, 그 밖의 부속 건물에 임검(臨檢)하고 장부와 서류의 제출을 요구할 수 있으며 사용자와 근로자에 대하여 심문(尋問)할 수 있다.

② 의사인 근로감독관이나 근로감독관의 위촉을 받은 의사는 취업을 금지하여야 할 질병에 걸릴 의심이 있는 근로자에 대하여 검진할 수 있다.

③ 제1항 및 제2항의 경우에 근로감독관이나 그 위촉을 받은 의사는 그 신분증명서와 고용노동부장관의 임검 또는 검진지령서(檢診指令書)를 제시하여야 한다. <개정 2010.6.4.>

④ 제3항의 임검 또는 검진지령서에는 그 일시, 장소 및 범위를 분명하게 적어야 한다.

⑤ 근로감독관은 이 법이나 그 밖의 노동 관계 법령 위반의 죄에 관하여 「사법경찰관리의 직무를 행할 자와 그 직무범위에 관한 법률」에서 정하는 바에 따라 사법경찰관의 직무를 수행한다.

제103조(근로감독관의 의무) 근로감독관은 직무상 알게 된 비밀을 엄수하여야 한다. 근로감독관을 그만 둔 경우에도 또한 같다.

제104조(감독 기관에 대한 신고) ① 사업 또는 사업장에서 이 법 또는 이 법에 따른 대통령령을 위반한 사실이 있으면 근로자는 그 사실을 고용노동부장관이나 근로감독관에게 통보할 수 있다. <개정 2010.6.4.>

② 사용자는 제1항의 통보를 이유로 근로자에게 해고나 그 밖에 불리한 처우를 하지 못한다.

제105조(사법경찰권 행사자의 제한) 이 법이나 그 밖의 노동 관계 법령에 따른 임검, 서류의 제출, 심문 등의 수사는 검사와 근로감독관이 전담하여 수행한다. 다만, 근로감독관의 직무에 관한 범죄의 수사는 그러하지 아니하다.

제106조(권한의 위임) 이 법에 따른 고용노동부장관의 권한은 대통령령으로 정하는 바에 따라 그

일부를 지방고용노동관서의 장에게 위임할 수 있다. <개정 2010.6.4.>

제12장 벌칙

제107조(벌칙) 제7조, 제8조, 제9조, 제23조제2항 또는 제40조를 위반한 자는 5년 이하의 징역 또는 3천만원 이하의 벌금에 처한다.

제108조(벌칙) 근로감독관이 이 법을 위반한 사실을 고의로 묵과하면 3년 이하의 징역 또는 5년 이하의 자격정지에 처한다.

제109조(벌칙) ① 제36조, 제43조, 제44조, 제44조의2, 제46조, 제56조, 제65조 또는 제72조를 위반한 자는 3년 이하의 징역 또는 2천만원 이하의 벌금에 처한다. <개정 2007.7.27.>

② 제36조, 제43조, 제44조, 제44조의2, 제46조 또는 제56조를 위반한 자에 대하여는 피해자의 명시적인 의사와 다르게 공소를 제기할 수 없다. <개정 2007.7.27.>

제110조(벌칙) 다음 각 호의 어느 하나에 해당하는 자는 2년 이하의 징역 또는 1천만원 이하의 벌금에 처한다. <개정 2009.5.21., 2012.2.1.>

1. 제10조, 제22조제1항, 제26조, 제50조, 제53조제1항·제2항·제3항 본문, 제54조, 제55조, 제60조제1항·제2항·제4항 및 제5항, 제64조제1항, 제69조, 제70조제1항·제2항, 제71조, 제74조제1항부터 제5항까지, 제75조, 제78조부터 제80조까지, 제82조, 제83조 및 제104조제2항을 위반한 자
2. 제53조제4항에 따른 명령을 위반한 자

제111조(벌칙) 제31조제3항에 따라 확정되거나 행정소송을 제기하여 확정된 구제명령 또는 구제명령을 내용으로 하는 재심판정을 이행하지 아니한 자는 1년 이하의 징역 또는 1천만원 이하의 벌금에 처한다.

제112조(고발) ① 제111조의 죄는 노동위원회의 고발이 있어야 공소를 제기할 수 있다.

② 검사는 제1항에 따른 죄에 해당하는 위반행위가 있음을 노동위원회에 통보하여 고발을 요청할 수 있다.

제113조(벌칙) 제45조를 위반한 자는 1천만원 이하의 벌금에 처한다.

제114조(벌칙) 다음 각 호의 어느 하나에 해당하는 자는 500만원 이하의 벌금에 처한다. <개정 2007.7.27., 2008.3.28., 2009.5.21., 2012.2.1.>

1. 제6조, 제16조, 제17조, 제20조, 제21조, 제22조제2항, 제47조, 제53조제3항 단서, 제67조제1항·제3항, 제70조제3항, 제73조, 제74조제6항, 제77조, 제94조, 제95조, 제100조 및 제103조를 위반한 자
2. 제96조제2항에 따른 명령을 위반한 자

제115조(양벌규정) 사업주의 대리인, 사용인, 그 밖의 종업원이 해당 사업의 근로자에 관한 사항에 대하여 제107조, 제109조부터 제111조까지, 제113조 또는 제114조의 위반행위를 하면 그 행위자를 벌하는 외에 그 사업주에게도 해당 조문의 벌금형을 과(科)한다. 다만, 사업주가 그 위반행위를 방지하기 위하여 해당 업무에 관하여 상당한 주의와 감독을 게을리하지 아니한 경우에는 그러하지 아니하다.

[전문개정 2009.5.21.]

제116조(과태료) ① 다음 각 호의 어느 하나에 해당하는 자에게는 500만원 이하의 과태료를 부과한다. <개정 2009.5.21., 2010.6.4., 2014.3.24.>

1. 제13조에 따른 고용노동부장관, 노동위원회 또는 근로감독관의 요구가 있는 경우에 보고 또는 출석을 하지 아니하거나 거짓된 보고를 한 자
2. 제14조, 제39조, 제41조, 제42조, 제48조, 제66조, 제74조제7항, 제91조, 제93조, 제98조제2항 및 제99조를 위반한 자
3. 제102조에 따른 근로감독관 또는 그 위촉을 받은 의사의 임검(臨檢)이나 검진을 거절, 방해 또는 기피하고 그 심문에 대하여 진술을 하지 아니하거나 거짓된 진술을 하며 장부·서류를 제출하지 아니하거나 거짓 장부·서류를 제출한 자

② 제1항에 따른 과태료는 대통령령으로 정하는 바에 따라 고용노동부장관이 부과·징수한다. <개정 2010.6.4.>

③ 삭제 <2009.5.21.>

④ 삭제 <2009.5.21.>

⑤ 삭제 <2009.5.21.>

부칙 <제12527호, 2014.3.24.>

제1조(시행일) 이 법은 공포한 날부터 시행한다. 다만, 제74조제7항부터 제9항까지의 개정규정은 다음 각 호의 구분에 따른 날부터 시행한다.

1. 상시 300명 이상의 근로자를 사용하는 사업 또는 사업장: 공포 후 6개월이 경과한 날
2. 상시 300명 미만의 근로자를 사용하는 사업 또는 사업장: 공포 후 2년이 경과한 날

제2조(해고 예고의 해고사유 등 서면통지 의제에 관한 적용례) 제27조제3항의 개정규정은 이 법 시행 후 최초로 해고를 예고하는 경우부터 적용한다.

제3조(근로시간 단축에 관한 적용례) 제74조제7항의 개정규정은 같은 개정규정 시행 후 최초로 근로시간 단축을 신청한 근로자부터 적용한다.

근로자퇴직급여보장법

[시행 2012.7.26.] [법률 제10967호, 2011.7.25., 전부개정]

고용노동부(근로복지과) 044-202-7555

제1장 총칙

제1조(목적) 이 법은 근로자 퇴직급여제도의 설정 및 운영에 필요한 사항을 정함으로써 근로자의 안정적인 노후생활 보장에 이바지함을 목적으로 한다.

제2조(정의) 이 법에서 사용하는 용어의 뜻은 다음과 같다.

1. "근로자"란 「근로기준법」 제2조제1항제1호에 따른 근로자를 말한다.
2. "사용자"란 「근로기준법」 제2조제1항제2호에 따른 사용자를 말한다.
3. "임금"이란 「근로기준법」 제2조제1항제5호에 따른 임금을 말한다.
4. "평균임금"이란 「근로기준법」 제2조제1항제6호에 따른 평균임금을 말한다.
5. "급여"란 퇴직급여제도나 제25조에 따른 개인형퇴직연금제도에 의하여 근로자에게 지급되는 연금 또는 일시금을 말한다.
6. "퇴직급여제도"란 확정급여형퇴직연금제도, 확정기여형퇴직연금제도 및 제8조에 따른 퇴직금제도를 말한다.
7. "퇴직연금제도"란 확정급여형퇴직연금제도, 확정기여형퇴직연금제도 및 개인형퇴직연금제도를 말한다.
8. "확정급여형퇴직연금제도"란 근로자가 받을 급여의 수준이 사전에 결정되어 있는 퇴직연금제도를 말한다.
9. "확정기여형퇴직연금제도"란 급여의 지급을 위하여 사용자가 부담하여야 할 부담금의 수준이 사전에 결정되어 있는 퇴직연금제도를 말한다.
10. "개인형퇴직연금제도"란 가입자의 선택에 따라 가입자가 납입한 일시금이나 사용자 또는 가입자가 납입한 부담금을 적립·운용하기 위하여 설정한 퇴직연금제도로서 급여의 수준이나 부담금의 수준이 확정되지 아니한 퇴직연금제도를 말한다.
11. "가입자"란 퇴직연금제도에 가입한 사람을 말한다.
12. "적립금"이란 가입자의 퇴직 등 지급사유가 발생할 때에 급여를 지급하기 위하여 사용자 또는 가입자가 납입한 부담금으로 적립된 자금을 말한다.
13. "퇴직연금사업자"란 퇴직연금제도의 운용관리업무 및 자산관리업무를 수행하기 위하여 제26조에 따라 등록한 자를 말한다.

제3조(적용범위) 이 법은 근로자를 사용하는 모든 사업 또는 사업장(이하 "사업"이라 한다)에 적용한다. 다만, 동거하는 친족만을 사용하는 사업 및 가구 내 고용활동에는 적용하지 아니한다.

제2장 퇴직급여제도의 설정

제4조(퇴직급여제도의 설정) ① 사용자는 퇴직하는 근로자에게 급여를 지급하기 위하여 퇴직급여

제도 중 하나 이상의 제도를 설정하여야 한다. 다만, 계속근로기간이 1년 미만인 근로자, 4주간을 평균하여 1주간의 소정근로시간이 15시간 미만인 근로자에 대하여는 그러하지 아니하다.

② 제1항에 따라 퇴직급여제도를 설정하는 경우에 하나의 사업에서 급여 및 부담금 산정방법의 적용 등에 관하여 차등을 두어서는 아니 된다.

③ 사용자가 퇴직급여제도를 설정하거나 설정된 퇴직급여제도를 다른 종류의 퇴직급여제도로 변경하려는 경우에는 근로자의 과반수가 가입한 노동조합이 있는 경우에는 그 노동조합, 근로자의 과반수가 가입한 노동조합이 없는 경우에는 근로자 과반수(이하 "근로자대표"라 한다)의 동의를 받아야 한다.

④ 사용자가 제3항에 따라 설정되거나 변경된 퇴직급여제도의 내용을 변경하려는 경우에는 근로자대표의 의견을 들어야 한다. 다만, 근로자에게 불리하게 변경하려는 경우에는 근로자대표의 동의를 받아야 한다.

제5조(새로 성립된 사업의 퇴직급여제도) 법률 제10967호 근로자퇴직급여 보장법 전부개정법률 시행일 이후 새로 성립(합병·분할된 경우는 제외한다)된 사업의 사용자는 근로자대표의 의견을 들어 사업의 성립 후 1년 이내에 확정급여형퇴직연금제도나 확정기여형퇴직연금제도를 설정하여야 한다.

제6조(가입자에 대한 둘 이상의 퇴직연금제도 설정) ① 사용자가 가입자에 대하여 확정급여형퇴직연금제도 및 확정기여형퇴직연금제도를 함께 설정하는 경우 제15조 및 제20조제1항에도 불구하고 확정급여형퇴직연금제도의 급여 및 확정기여형퇴직연금제도의 부담금 수준은 다음 각 호에 따른다.

1. 확정급여형퇴직연금제도의 급여: 제15조에 따른 급여수준에 확정급여형퇴직연금규약으로 정하는 설정 비율을 곱한 금액
2. 확정기여형퇴직연금제도의 부담금: 제20조제1항의 부담금의 부담 수준에 확정기여형퇴직연금규약으로 정하는 설정 비율을 곱한 금액

② 사용자는 제1항제1호 및 제2호에 따른 각각의 설정 비율의 합이 1 이상이 되도록 퇴직연금규약을 정하여 퇴직연금제도를 설정하여야 한다.

제7조(수급권의 보호) ① 퇴직연금제도의 급여를 받을 권리는 양도하거나 담보로 제공할 수 없다.

② 제1항에도 불구하고 가입자는 주택구입 등 대통령령으로 정하는 사유와 요건을 갖춘 경우에는 대통령령으로 정하는 한도에서 퇴직연금제도의 급여를 받을 권리를 담보로 제공할 수 있다. 이 경우 제26조에 따라 등록한 퇴직연금사업자는 제공된 급여를 담보로 한 대출이 이루어지도록 협조하여야 한다.

제8조(퇴직금제도의 설정 등) ① 퇴직금제도를 설정하려는 사용자는 계속근로기간 1년에 대하여 30일분 이상의 평균임금을 퇴직금으로 퇴직 근로자에게 지급할 수 있는 제도를 설정하여야 한다.

② 제1항에도 불구하고 사용자는 주택구입 등 대통령령으로 정하는 사유로 근로자가 요구하는 경우에는 근로자가 퇴직하기 전에 해당 근로자의 계속근로기간에 대한 퇴직금을 미리 정산하여 지급할 수 있다. 이 경우 미리 정산하여 지급한 후의 퇴직금 산정을 위한 계속근로기간은 정산시점부터 새로 계산한다.

제9조(퇴직금의 지급) 사용자는 근로자가 퇴직한 경우에는 그 지급사유가 발생한 날부터 14일 이내

에 퇴직금을 지급하여야 한다. 다만, 특별한 사정이 있는 경우에는 당사자 간의 합의에 따라 지급기일을 연장할 수 있다.

제10조(퇴직금의 시효) 이 법에 따른 퇴직금을 받을 권리는 3년간 행사하지 아니하면 시효로 인하여 소멸한다.

제11조(퇴직급여제도의 미설정에 따른 처리) 제4조제1항 본문 및 제5조에도 불구하고 사용자가 퇴직급여제도나 제25조제1항에 따른 개인형퇴직연금제도를 설정하지 아니한 경우에는 제8조제1항에 따른 퇴직금제도를 설정한 것으로 본다.

제12조(퇴직급여등의 우선변제) ① 사용자에게 지급의무가 있는 퇴직금, 제15조에 따른 확정급여형퇴직연금제도의 급여, 제20조제3항에 따른 확정기여형퇴직연금제도의 부담금 중 미납입 부담금 및 미납입 부담금에 대한 지연이자, 제25조제2항제4호에 따른 개인형퇴직연금제도의 부담금 중 미납입 부담금 및 미납입 부담금에 대한 지연이자(이하 "퇴직급여등"이라한다)는 사용자의 총재산에 대하여 질권 또는 저당권에 의하여 담보된 채권을 제외하고는 조세·공과금 및 다른 채권에 우선하여 변제되어야 한다. 다만, 질권 또는 저당권에 우선하는 조세·공과금에 대하여는 그러하지 아니하다.

② 제1항에도 불구하고 최종 3년간의 퇴직급여등은 사용자의 총재산에 대하여 질권 또는 저당권에 의하여 담보된 채권, 조세·공과금 및 다른 채권에 우선하여 변제되어야 한다.

③ 퇴직급여등 중 퇴직금, 제15조에 따른 확정급여형퇴직연금제도의 급여는 계속근로기간 1년에 대하여 30일분의 평균임금으로 계산한 금액으로 한다.

④ 퇴직급여등 중 제20조제1항에 따른 확정기여형퇴직연금제도의 부담금 및 제25조제2항제2호에 따른 개인형퇴직연금제도의 부담금은 가입자의 연간 임금총액의 12분의 1에 해당하는 금액으로 계산한 금액으로 한다.

제3장 확정급여형퇴직연금제도

제13조(확정급여형퇴직연금제도의 설정) 확정급여형퇴직연금제도를 설정하려는 사용자는 제4조제3항 또는 제5조에 따라 근로자대표의 동의를 얻거나 의견을 들어 다음 각 호의 사항을 포함한 확정급여형퇴직연금규약을 작성하여 고용노동부장관에게 신고하여야 한다.

1. 퇴직연금사업자 선정에 관한 사항
2. 가입자에 관한 사항
3. 가입기간에 관한 사항
4. 급여수준에 관한 사항
5. 급여 지급능력 확보에 관한 사항
6. 급여의 종류 및 수급요건 등에 관한 사항
7. 제28조에 따른 운용관리업무 및 제29조에 따른 자산관리업무의 수행을 내용으로 하는 계약의 체결 및 해지와 해지에 따른 계약의 이전(移轉)에 관한 사항
8. 운용현황의 통지에 관한 사항
9. 가입자의 퇴직 등 급여 지급사유 발생과 급여의 지급절차에 관한 사항
10. 퇴직연금제도의 폐지·중단 사유 및 절차 등에 관한 사항

11. 그 밖에 확정급여형퇴직연금제도의 운영을 위하여 대통령령으로 정하는 사항

제14조(가입기간) ① 제13조제3호에 따른 가입기간은 퇴직연금제도의 설정 이후 해당 사업에서 근로를 제공하는 기간으로 한다.

② 해당 퇴직연금제도의 설정 전에 해당 사업에서 제공한 근로기간에 대하여도 가입기간으로 할 수 있다. 이 경우 제8조제2항에 따라 퇴직금을 미리 정산한 기간은 제외한다.

제15조(급여수준) 제13조제4호의 급여 수준은 가입자의 퇴직일을 기준으로 산정한 일시금이 계속근로기간 1년에 대하여 30일분의 평균임금에 상당하는 금액 이상이 되도록 하여야 한다.

제16조(급여 지급능력 확보 등) ① 확정급여형퇴직연금제도를 설정한 사용자는 급여 지급능력을 확보하기 위하여 매 사업연도 말 다음 각 호에 해당하는 금액 중 더 큰 금액(이하 "기준책임준비금"이라 한다)에 100분의 60 이상으로 대통령령으로 정하는 비율을 곱하여 산출한 금액(이하 "최소적립금"이라 한다) 이상을 적립금으로 적립하여야 한다. 다만, 제14조제2항에 따라 해당 퇴직연금제도 설정 이전에 해당 사업에서 근로한 기간을 가입기간에 포함시키는 경우 대통령령으로 정하는 비율에 따른다.

1. 매 사업연도 말일 현재를 기준으로 산정한 가입자의 예상 퇴직시점까지의 가입기간에 대한 급여에 드는 비용 예상액의 현재가치에서 장래 근무기간분에 대하여 발생하는 부담금 수입 예상액의 현재가치를 뺀 금액으로서 고용노동부령으로 정하는 방법에 따라 산정한 금액
2. 가입자와 가입자였던 사람의 해당 사업연도 말일까지의 가입기간에 대한 급여에 드는 비용 예상액을 고용노동부령으로 정하는 방법에 따라 산정한 금액

② 확정급여형퇴직연금제도의 운용관리업무를 수행하는 퇴직연금사업자는 매 사업연도 종료 후 6개월 이내에 고용노동부령으로 정하는 바에 따라 산정된 적립금이 최소적립금을 상회하고 있는지 여부를 확인하여 그 결과를 대통령령으로 정하는 바에 따라 사용자에게 알려야 한다. 다만, 최소적립금보다 적은 경우에는 그 확인 결과를 근로자대표에게도 알려야 한다.

③ 사용자는 제2항에 따른 확인 결과 적립금이 대통령령으로 정하는 수준에 미치지 못하는 경우에는 대통령령으로 정하는 바에 따라 적립금 부족을 해소하여야 한다.

④ 제2항에 따른 확인 결과 매 사업연도 말 적립금이 기준책임준비금을 초과한 경우 사용자는 그 초과분을 향후 납입할 부담금에서 상계(相計)할 수 있으며, 매 사업연도 말 적립금이 기준책임준비금의 100분의 150을 초과하고 사용자가 반환을 요구하는 경우 퇴직연금사업자는 그 초과분을 사용자에게 반환할 수 있다.

제17조(급여 종류 및 수급요건 등) ① 확정급여형퇴직연금제도의 급여 종류는 연금 또는 일시금으로 하되, 수급요건은 다음 각 호와 같다.

1. 연금은 55세 이상으로서 가입기간이 10년 이상인 가입자에게 지급할 것. 이 경우 연금의 지급기간은 5년 이상이어야 한다.
2. 일시금은 연금수급 요건을 갖추지 못하거나 일시금 수급을 원하는 가입자에게 지급할 것

② 사용자는 가입자의 퇴직 등 제1항에 따른 급여를 지급할 사유가 발생한 날부터 14일 이내에 퇴직연금사업자로 하여금 적립금의 범위에서 지급의무가 있는 급여 전액(사업의 도산 등 대통령령으로 정하는 경우에는 제16조제1항제2호에 따른 금액에 대한 적립금의 비율에 해당하는 금액)을 지급하도록 하여야 한다. 다만, 퇴직연금제도 적립금으로 투자된 운용자산 매각

이 단기간에 이루어지지 아니하는 등 특별한 사정이 있는 경우에는 사용자, 가입자 및 퇴직연금사업자 간의 합의에 따라 지급기일을 연장할 수 있다.

③ 사용자는 제2항에 따라 퇴직연금사업자가 지급한 급여수준이 제15조에 따른 급여수준에 미치지 못할 때에는 급여를 지급할 사유가 발생한 날부터 14일 이내에 그 부족한 금액을 해당 근로자에게 지급하여야 한다. 이 경우 특별한 사정이 있는 경우에는 당사자 간의 합의에 따라 지급기일을 연장할 수 있다.

④ 제2항 및 제3항에 따른 급여의 지급은 가입자가 지정한 개인형퇴직연금제도의 계정으로 이전하는 방법으로 한다. 다만, 가입자가 55세 이후에 퇴직하여 급여를 받는 경우 등 대통령령으로 정하는 사유가 있는 경우에는 그러하지 아니하다.

⑤ 가입자가 제4항에 따라 개인형퇴직연금제도의 계정을 지정하지 아니하는 경우에는 해당 퇴직연금사업자가 운영하는 계정으로 이전한다. 이 경우 가입자가 해당 퇴직연금사업자에게 개인형퇴직연금제도를 설정한 것으로 본다.

제18조(운용현황의 통지) 퇴직연금사업자는 매년 1회 이상 적립금액 및 운용수익률 등을 고용노동부령으로 정하는 바에 따라 가입자에게 알려야 한다.

제4장 확정기여형퇴직연금제도

제19조(확정기여형퇴직연금제도의 설정) ① 확정기여형퇴직연금제도를 설정하려는 사용자는 제4조제3항 또는 제5조에 따라 근로자대표의 동의를 얻거나 의견을 들어 다음 각 호의 사항을 포함한 확정기여형퇴직연금규약을 작성하여 고용노동부장관에게 신고하여야 한다.

1. 부담금의 부담에 관한 사항
2. 부담금의 납입에 관한 사항
3. 적립금의 운용에 관한 사항
4. 적립금의 운용방법 및 정보의 제공 등에 관한 사항
5. 적립금의 중도인출에 관한 사항
6. 제13조제1호부터 제3호까지 및 제6호부터 제10호까지의 사항
7. 그 밖에 확정기여형퇴직연금제도의 운영에 필요한 사항으로서 대통령령으로 정하는 사항

② 제1항에 따라 확정기여형퇴직연금제도를 설정하는 경우 가입기간에 관하여는 제14조를, 급여의 종류, 수급요건과 급여 지급의 절차·방법에 관하여는 제17조제1항, 제4항 및 제5항을, 운용현황의 통지에 관하여는 제18조를 준용한다. 이 경우 제14조제1항 중 "제13조제3호"는 "제19조제6호"로, 제17조제1항 중 "확정급여형퇴직연금제도"는 "확정기여형퇴직연금제도"로 본다.

제20조(부담금의 부담수준 및 납입 등) ① 확정기여형퇴직연금제도를 설정한 사용자는 가입자의 연간 임금총액의 12분의 1 이상에 해당하는 부담금을 현금으로 가입자의 확정기여형퇴직연금제도 계정에 납입하여야 한다.

② 가입자는 제1항에 따라 사용자가 부담하는 부담금 외에 스스로 부담하는 추가 부담금을 가입자의 확정기여형퇴직연금 계정에 납입할 수 있다.

③ 사용자는 매년 1회 이상 정기적으로 제1항에 따른 부담금을 가입자의 확정기여형퇴직연금제도 계정에 납입하여야 한다. 이 경우 사용자가 정하여진 기일(확정기여형퇴직연금규약에서

납입 기일을 연장할 수 있도록 한 경우에는 그 연장된 기일)까지 부담금을 납입하지 아니한 경우 그 다음 날부터 부담금을 납입한 날까지 지연 일수에 대하여 연 100분의 40 이내의 범위에서 「은행법」에 따른 은행이 적용하는 연체금리, 경제적 여건 등을 고려하여 대통령령으로 정하는 이율에 따른 지연이자를 납입하여야 한다.

④ 제3항은 사용자가 천재지변, 그 밖에 대통령령으로 정하는 사유에 따라 부담금 납입을 지연하는 경우 그 사유가 존속하는 기간에 대하여는 적용하지 아니한다.

⑤ 사용자는 확정기여형퇴직연금제도 가입자의 퇴직 등 대통령령으로 정하는 사유가 발생한 때에 그 가입자에 대한 부담금을 미납한 경우에는 그 사유가 발생한 날부터 14일 이내에 제1항에 따른 부담금 및 제3항 후단에 따른 지연이자를 해당 가입자의 확정기여형퇴직연금제도 계정에 납입하여야 한다. 다만, 특별한 사정이 있는 경우에는 당사자 간의 합의에 따라 납입 기일을 연장할 수 있다.

⑥ 가입자는 퇴직할 때에 받을 급여를 갈음하여 그 운용 중인 자산을 가입자가 설정한 개인형퇴직연금제도의 계정으로 이전해 줄 것을 해당 퇴직연금사업자에게 요청할 수 있다.

⑦ 제6항에 따른 가입자의 요청이 있는 경우 퇴직연금사업자는 그 운용 중인 자산을 가입자의 개인형퇴직연금제도 계정으로 이전하여야 한다. 이 경우 확정기여형퇴직연금제도 운영에 따른 가입자에 대한 급여는 지급된 것으로 본다.

제21조(적립금 운용방법 및 정보제공) ① 확정기여형퇴직연금제도의 가입자는 적립금의 운용방법을 스스로 선정할 수 있고, 반기마다 1회 이상 적립금의 운용방법을 변경할 수 있다.

② 퇴직연금사업자는 반기마다 1회 이상 위험과 수익구조가 서로 다른 세 가지 이상의 적립금 운용방법을 제시하여야 한다.

③ 퇴직연금사업자는 운용방법별 이익 및 손실의 가능성에 관한 정보 등 가입자가 적립금의 운용방법을 선정하는 데 필요한 정보를 제공하여야 한다.

제22조(적립금의 중도인출) 확정기여형퇴직연금제도에 가입한 근로자는 주택구입 등 대통령령으로 정하는 사유가 발생하면 적립금을 중도인출할 수 있다.

제23조(둘 이상의 사용자가 참여하는 확정기여형퇴직연금제도 설정) 퇴직연금사업자가 둘 이상의 사용자를 대상으로 하나의 확정기여형퇴직연금제도 설정을 제안하려는 경우에는 다음 각 호의 사항에 대하여 고용노동부장관의 승인을 받아야 한다.

1. 다음 각 목의 사항이 포함된 확정기여형퇴직연금제도의 표준규약
   가. 제19조제1항 각 호의 사항
   나. 그 밖에 대통령령으로 정하는 사항
2. 대통령령으로 정하는 사항이 포함된 운용관리업무 및 자산관리업무에 관한 표준계약서

제5장 개인형퇴직연금제도

제24조(개인형퇴직연금제도의 설정 및 운영 등) ① 퇴직연금사업자는 개인형퇴직연금제도를 운영할 수 있다.

② 다음 각 호의 어느 하나에 해당하는 사람은 개인형퇴직연금제도를 설정할 수 있다.

1. 퇴직급여제도의 일시금을 수령한 사람

2. 확정급여형퇴직연금제도 또는 확정기여형퇴직연금제도의 가입자로서 자기의 부담으로 개인형퇴직연금제도를 추가로 설정하려는 사람
3. 자영업자 등 안정적인 노후소득 확보가 필요한 사람으로서 대통령령으로 정하는 사람

③ 제2항에 따라 개인형퇴직연금제도를 설정한 사람은 자기의 부담으로 개인형퇴직연금제도의 부담금을 납입한다. 다만, 대통령령으로 정하는 한도를 초과하여 부담금을 납입할 수 없다.

④ 개인형퇴직연금제도 적립금의 운용방법 및 운용에 관한 정보제공에 관하여는 제21조를 준용한다. 이 경우 "확정기여형퇴직연금제도"는 "개인형퇴직연금제도"로 본다.

⑤ 개인형퇴직연금제도의 급여의 종류별 수급요건 및 중도인출에 관하여는 대통령령으로 정한다.

제25조(10명 미만을 사용하는 사업에 대한 특례) ① 상시 10명 미만의 근로자를 사용하는 사업의 경우 제4조제1항 및 제5조에도 불구하고 사용자가 개별 근로자의 동의를 받거나 근로자의 요구에 따라 개인형퇴직연금제도를 설정하는 경우에는 해당 근로자에 대하여 퇴직급여제도를 설정한 것으로 본다.

② 제1항에 따라 개인형퇴직연금제도를 설정하는 경우에는 다음 각 호의 사항은 준수되어야 한다.

1. 사용자가 퇴직연금사업자를 선정하는 경우에 개별 근로자의 동의를 받을 것. 다만, 근로자가 요구하는 경우에는 스스로 퇴직연금사업자를 선정할 수 있다.
2. 사용자는 가입자별로 연간 임금총액의 12분의 1 이상에 해당하는 부담금을 현금으로 가입자의 개인형퇴직연금제도 계정에 납입할 것
3. 사용자가 부담하는 부담금 외에 가입자의 부담으로 추가 부담금을 납입할 수 있을 것
4. 사용자는 매년 1회 이상 정기적으로 제2호에 따른 부담금을 가입자의 개인형퇴직연금제도 계정에 납입할 것. 이 경우 납입이 지연된 부담금에 대한 지연이자의 납입에 관하여는 제20조제3항 후단 및 제4항을 준용한다.
5. 그 밖에 근로자의 급여 수급권의 안정적인 보호를 위하여 대통령령으로 정하는 사항

③ 사용자는 개인형퇴직연금제도 가입자의 퇴직 등 대통령령으로 정하는 사유가 발생한 때에 해당 가입자에 대한 제2항제2호에 따른 부담금을 납입하지 아니한 경우에는 그 사유가 발생한 날부터 14일 이내에 그 부담금과 같은 항 제4호 후단에 따른 지연이자를 해당 가입자의 개인형퇴직연금제도의 계정에 납입하여야 한다. 다만, 특별한 사정이 있는 경우에는 당사자 간의 합의에 따라 납입 기일을 연장할 수 있다.

제6장 퇴직연금사업자 및 업무의 수행

제26조(퇴직연금사업자의 등록) 다음 각 호의 어느 하나에 해당하는 자로서 퇴직연금사업자가 되려는 자는 재무건전성 및 인적·물적 요건 등 대통령령으로 정하는 요건을 갖추어 고용노동부장관에게 등록하여야 한다.

1. 「자본시장과 금융투자업에 관한 법률」에 따른 투자매매업자, 투자중개업자 또는 집합투자업자
2. 「보험업법」 제2조제6호에 따른 보험회사

3. 「은행법」 제2조제1항제2호에 따른 은행
4. 「신용협동조합법」 제2조제2호에 따른 신용협동조합중앙회
5. 「새마을금고법」 제2조제3항에 따른 새마을금고중앙회
6. 「산업재해보상보험법」 제10조에 따른 근로복지공단(근로복지공단의 퇴직연금사업 대상은 상시 30명 이하의 근로자를 사용하는 사업에 한한다)
7. 그 밖에 제1호부터 제6호까지에 준하는 자로서 대통령령으로 정하는 자

제27조(퇴직연금사업자에 대한 등록취소 및 이전명령) ① 고용노동부장관은 퇴직연금사업자가 다음 각 호의 어느 하나에 해당되는 경우에는 고용노동부령으로 정하는 바에 따라 시정을 명하거나 등록을 취소할 수 있다. 다만, 제1호 및 제2호에 해당하는 경우에는 등록을 취소하여야 한다.

1. 해산한 경우
2. 거짓이나 그 밖의 부정한 방법으로 제26조에 따른 등록을 한 경우
3. 제26조에 따른 등록요건을 갖추지 못하게 된 경우
4. 제36조에 따른 고용노동부장관 또는 금융위원회의 명령에 따르지 아니한 경우

② 제1항에 따라 등록이 취소된 퇴직연금사업자는 등록이 취소된 날부터 3년간 퇴직연금사업자 등록을 할 수 없다.

③ 퇴직연금제도 관련 업무를 중단하려는 퇴직연금사업자는 고용노동부장관에게 등록의 말소를 신청하여야 한다. 이 경우 등록이 말소된 퇴직연금사업자는 말소된 날부터 2년간 퇴직연금사업자 등록을 할 수 없다.

④ 제1항 또는 제3항에 따라 등록취소 처분을 받거나 등록말소를 신청한 퇴직연금사업자는 설정된 퇴직연금제도의 이전에 필요한 조치 등 대통령령으로 정하는 가입자 보호조치를 하여야 한다.

⑤ 고용노동부장관은 제1항 또는 제3항에 따라 등록을 취소하거나 말소하는 경우에 근로자의 퇴직급여등 수급권 보호를 위하여 필요하다고 인정하면 등록이 취소되거나 말소되는 퇴직연금사업자에게 그 업무의 전부 또는 일부를 다른 퇴직연금사업자에게 이전할 것을 명할 수 있다. 이 경우 고용노동부장관은 그 업무의 전부 또는 일부를 이전받는 퇴직연금사업자의 동의를 받아야 한다.

제28조(운용관리업무에 관한 계약의 체결) ① 퇴직연금제도를 설정하려는 사용자 또는 가입자는 퇴직연금사업자와 다음 각 호의 업무(이하 "운용관리업무"라 한다)를 하는 것을 내용으로 하는 계약을 체결하여야 한다. 다만, 제2호의 업무는 확정급여형퇴직연금제도를 설정할 때에만 해당한다.

1. 사용자 또는 가입자에 대한 적립금 운용방법 및 운용방법별 정보의 제공
2. 연금제도 설계 및 연금 계리(計理)
3. 적립금 운용현황의 기록·보관·통지
4. 사용자 또는 가입자가 선정한 운용방법을 제29조제1항에 따른 자산관리업무를 수행하는 퇴직연금사업자에게 전달하는 업무
5. 그 밖에 운용관리업무의 적절한 수행을 위하여 대통령령으로 정하는 업무

② 제1항에 따라 운용관리업무를 수행하는 퇴직연금사업자는 대통령령으로 정하는 일부 업무를 인적·물적 요건 등 대통령령으로 정하는 요건을 갖춘 자에게 처리하게 할 수 있다.

제29조(자산관리업무에 관한 계약의 체결) ① 퇴직연금제도를 설정한 사용자 또는 가입자는 다음 각 호의 업무(이하 "자산관리업무"라 한다)의 수행을 내용으로 하는 계약을 퇴직연금사업자와 체결하여야 한다.

1. 계좌의 설정 및 관리
2. 부담금의 수령
3. 적립금의 보관 및 관리
4. 운용관리업무를 수행하는 퇴직연금사업자가 전달하는 적립금 운용지시의 이행
5. 급여의 지급
6. 그 밖에 자산관리업무의 적절한 수행을 위하여 대통령령으로 정하는 업무

② 사용자 또는 가입자가 제1항에 따른 계약을 체결하려는 경우에는 근로자 또는 가입자를 피보험자 또는 수익자로 하여 대통령령으로 정하는 보험계약 또는 신탁계약의 방법으로 하여야 한다.

제30조(운용관리업무의 수행) ① 퇴직연금사업자는 선량한 관리자로서의 주의의무를 다하여야 한다.

② 퇴직연금사업자는 적립금의 운용방법을 제시하는 경우에 다음 각 호의 요건을 갖춘 운용방법을 제시하여야 한다.

1. 운용방법에 관한 정보의 취득과 이해가 쉬울 것
2. 운용방법 간의 변경이 쉬울 것
3. 적립금 운용결과의 평가 방법과 절차가 투명할 것
4. 확정기여형퇴직연금제도와 개인형퇴직연금제도의 경우에는 대통령령으로 정하는 원리금보장 운용방법이 하나 이상 포함될 것
5. 적립금의 중장기 안정적 운용을 위하여 분산투자 등 대통령령으로 정하는 운용방법 및 기준 등에 따를 것

제31조 (모집업무의 위탁) ① 퇴직연금사업자는 다음 각 호의 요건을 모두 갖춘 자(이하 " 퇴직연금제도 모집인")에게 퇴직연금제도를 설정하거나 가입할 자를 모집하는 업무(이하 "모집업무")로서 대통령령으로 정하는 업무를 위탁할 수 있다.

1. 제2항에 따라 고용노동부장관에게 등록된 자가 아닐 것
2. 퇴직연금제도에 대한 전문 지식이 있는 자로서 대통령령으로 정하는 요건을 갖출 것
3. 제6항에 따라 등록이 취소된 경우 그 등록이 취소된 날로부터 3년이 경과하였을 것

② 퇴직연금사업자는 제1항에 따라 퇴직연금제도 모집업무를 위탁한 경우에는 위탁받은 자를 고용노동부장관에게 등록하여야 한다. 이 경우 고용노동부장관은 그 등록업무를 대통령령으로 정하는 바에 따라 고용노동부장관이 정하는 기관에 위탁할 수 있다.

③ 제1항에 따라 퇴직연금제도 모집업무를 위탁받은 자는 제2항에 따른 등록을 하지 아니하고는 퇴직연금제도 모집업무를 수행하여서는 아니 된다.

④ 퇴직연금사업자는 제2항에 따라 등록한 퇴직연금제도 모집인 이외의 자에게 모집업무를 위탁하여서는 아니 된다.

⑤ 제2항에 따른 등록 신청, 방법, 절차 및 그 밖에 등록을 위하여 필요한 사항은 고용노동부장관이 정한다.

⑥ 고용노동부장관은 다음 각 호의 어느 하나에 해당하는 경우 제2항의 퇴직연금제도 모집인에 대한 등록을 취소하거나 6개월 이내에서 모집업무를 정지할 수 있다.

1. 제1항 각 호의 요건을 갖추지 못한 경우
2. 제7항 각 호의 위탁받은 자의 준수사항을 위반한 경우

⑦ 제1항에 따라 업무를 위탁한 경우 위탁받은 자는 다음 각 호의 사항을 지켜야 한다.

1. 위탁한 업무를 다른 자에게 다시 위탁하지 아니할 것
2. 허위 정보에 의한 모집행위 금지 등 퇴직연금제도의 적절한 운영을 위하여 필요한 사항으로서 대통령령으로 정하는 사항

⑧ 퇴직연금사업자는 제1항에 따라 모집업무를 위탁받은 자가 제7항 각 호에 따른 준수사항을 지키지 아니한 경우에는 모집업무의 위탁을 취소하여야 한다.

⑨ 퇴직연금사업자는 퇴직연금제도 모집인이 퇴직연금제도 모집업무를 수행함에 있어서 법령을 준수하고 건전한 거래질서를 해하는 일이 없도록 성실히 관리하여야 하며, 이를 위한 퇴직연금제도 모집업무수행기준을 정하여야 한다.

⑩ 「민법」 제756조는 퇴직연금제도 모집인이 모집업무를 수행함에 있어서 사용자 또는 가입자에게 손해를 끼친 경우에 준용한다.

제7장 책무 및 감독

제32조(사용자의 책무) ① 사용자는 법령 및 퇴직연금규약을 준수하고 가입자 등을 위하여 대통령령으로 정하는 사항에 관하여 성실하게 이 법에 따른 의무를 이행하여야 한다.

② 퇴직연금제도(개인형퇴직연금제도는 제외한다)를 설정한 사용자는 매년 1회 이상 가입자에게 해당 사업의 퇴직연금제도 운영 상황 등 대통령령으로 정하는 사항에 관한 교육을 하여야 한다. 이 경우 사용자는 퇴직연금사업자에게 그 교육의 실시를 위탁할 수 있다.

③ 퇴직연금제도를 설정한 사용자는 다음 각 호의 어느 하나에 해당하는 행위를 하여서는 아니 된다.

1. 자기 또는 제3자의 이익을 도모할 목적으로 운용관리업무 및 자산관리업무의 수행계약을 체결하는 행위
2. 그 밖에 퇴직연금제도의 적절한 운영을 방해하는 행위로서 대통령령으로 정하는 행위

제33조(퇴직연금사업자의 책무) ① 퇴직연금사업자는 이 법을 준수하고 가입자를 위하여 성실하게 그 업무를 하여야 한다.

② 퇴직연금사업자는 제28조제1항 및 제29조제1항에 따른 계약의 내용을 지켜야 한다.

③ 퇴직연금사업자는 정당한 사유 없이 다음 각 호의 어느 하나에 해당하는 행위를 하여서는 아니 된다.

1. 제28조제1항에 따른 운용관리업무의 수행계약 체결을 거부하는 행위
2. 제29조제1항에 따른 자산관리업무의 수행계약 체결을 거부하는 행위
3. 특정 퇴직연금사업자와 계약을 체결할 것을 강요하는 행위

4. 그 밖에 사용자 또는 가입자의 이익을 침해할 우려가 있는 행위로서 대통령령으로 정하는 행위

④ 운용관리업무를 수행하는 퇴직연금사업자는 다음 각 호의 어느 하나에 해당하는 행위를 하여서는 아니 된다.

1. 계약체결 시 가입자 또는 사용자의 손실의 전부 또는 일부를 부담하거나 부담할 것을 약속하는 행위
2. 가입자 또는 사용자에게 경제적 가치가 있는 과도한 부가적 서비스를 제공하거나 가입자 또는 사용자가 부담하여야 할 경비를 퇴직연금사업자가 부담하는 등 대통령령으로 정하는 특별한 이익을 제공하거나 제공할 것을 약속하는 행위
3. 가입자의 성명·주소 등 개인정보를 퇴직연금제도의 운용과 관련된 업무수행에 필요한 범위를 벗어나서 사용하는 행위
4. 자기 또는 제3자의 이익을 도모할 목적으로 특정 운용 방법을 가입자 또는 사용자에게 제시하는 행위

⑤ 제24조제1항에 따라 개인형퇴직연금제도를 운영하는 퇴직연금사업자는 해당 사업의 퇴직연금제도 운영 상황 등 대통령령으로 정하는 사항에 대하여 매년 1회 이상 가입자에게 교육을 하여야 한다.

⑥ 퇴직연금사업자는 고용노동부령으로 정하는 바에 따라 퇴직연금제도의 취급실적을 사용자(개인형퇴직연금제도의 취급실적은 제외한다), 고용노동부장관 및 금융감독원장에게 제출하여야 한다.

⑦ 퇴직연금사업자는 제28조제1항 및 제29조제1항에 따른 계약 체결과 관련된 약관 또는 표준계약서(이하 "약관등"이라 한다)를 제정하거나 변경하려는 경우에는 미리 금융감독원장에게 보고하여야 한다. 다만, 근로자 또는 사용자의 권익이나 의무에 불리한 영향을 주지 아니하는 경우로서 금융위원회가 정하는 경우에는 약관등의 제정 또는 변경 후 10일 이내에 금융감독원장에게 보고할 수 있다.

⑧ 퇴직연금사업자는 매년 말 적립금 운용 수익률 및 수수료 등을 금융위원회가 정하는 바에 따라 공시하여야 한다.

제34조(정부의 책무 등) ① 정부는 퇴직연금제도가 활성화될 수 있도록 지원방안을 마련하여야 한다.

② 정부는 퇴직연금제도의 건전한 정착 및 발전을 위하여 노사단체, 퇴직연금업무의 수행과 관련된 기관·단체와 공동으로 연구사업 지원 등 필요한 조치를 할 수 있다.

③ 정부는 퇴직연금제도의 급여 지급 보장을 위한 장치 마련 등 근로자의 급여 수급권 보호를 위한 방안을 강구하도록 노력하여야 한다.

제35조(사용자에 대한 감독) ① 고용노동부장관은 사용자가 퇴직연금제도의 설정 또는 그 운영 등에 관하여 이 법 또는 퇴직연금규약에 위반되는 행위를 한 경우에는 기간을 정하여 그 위반의 시정을 명할 수 있다.

② 고용노동부장관은 사용자가 제1항에 따른 기간 이내에 시정명령에 따르지 아니하는 경우에는 퇴직연금제도 운영의 중단을 명할 수 있다.

제36조(퇴직연금사업자에 대한 감독) ① 고용노동부장관은 퇴직연금사업자가 이 법을 위반하는 행

위를 한 경우에는 기간을 정하여 그 위반의 시정을 명할 수 있다.

② 고용노동부장관은 퇴직연금사업자가 제1항에 따른 시정명령에 따르지 아니하는 경우에는 이 법에 따라 수행하는 업무를 다른 퇴직연금사업자에게 이전할 것을 명할 수 있다.

③ 금융위원회는 퇴직연금제도의 안정적 운영과 근로자의 수급권 보호를 위하여 대통령령으로 정하는 업무에 관하여 퇴직연금사업자를 감독하고, 퇴직연금사업자가 제33조를 위반하는 경우 다음 각 호의 조치를 할 수 있다.

1. 퇴직연금사업자에 대한 주의, 그 임원에 대한 주의 또는 그 직원에 대한 주의·견책·감봉·정직·면직의 요구
2. 해당 위반행위에 대한 시정명령
3. 임원의 해임권고 또는 직무정지요구
4. 6개월 이내의 영업의 일부정지

④ 금융감독원장은 퇴직연금사업자의 업무 및 재산상황 등을 검사할 수 있고, 제33조제7항에 따라 퇴직연금사업자가 보고한 약관등이 이 법에 위배될 경우에는 변경·보완을 명할 수 있다.

제37조(금융거래정보의 제공 요청 등) ① 고용노동부장관은 사용자가 제16조에 따른 급여 지급능력을 확보하였는지 등 퇴직연금제도 운영을 감독하기 위하여 필요한 경우 「금융실명거래 및 비밀보장에 관한 법률」 제4조 및 「신용정보의 이용 및 보호에 관한 법률」 제33조에도 불구하고 자산관리업무 및 운용관리업무 계약을 체결한 사업에 관한 다음 각 호의 금융거래에 관한 정보 또는 자료(이하 "금융거래정보"라 한다)의 제공을 퇴직연금사업자에게 요청할 수 있다.

1. 가입자 현황
2. 급여 지급 현황
3. 부담금 납입 현황
4. 적립금 운용현황에 관한 정보

② 고용노동부장관이 제1항에 따라 금융거래정보를 요청할 때에는 다음 각 호의 사항을 적은 문서로 요청하여야 한다.

1. 요청대상 거래기간
2. 요청의 법적 근거
3. 사용목적
4. 요청하는 금융거래정보의 내용

③ 제1항에 따른 금융거래정보의 요청은 퇴직연금제도 운영의 건전성 감독을 위하여 필요한 최소한도에 그쳐야 한다.

④ 제2항에 따라 퇴직연금사업자가 고용노동부장관에게 금융거래정보를 제공하는 경우에는 그 퇴직연금사업자는 금융거래정보를 제공한 날부터 10일 이내에 제공한 금융거래정보의 주요 내용, 사용목적, 제공받은 자 및 제공일자 등을 해당 사용자 또는 가입자에게 서면으로 알려야 한다. 이 경우 통지에 드는 비용에 관하여는 「금융실명거래 및 비밀보장에 관한 법률」 제4조의2제4항을 준용한다.

⑤ 고용노동부장관은 제1항에 따라 퇴직연금사업자에게 금융거래정보를 요구하는 경우에는 그 사실을 기록하여야 하며, 금융거래정보를 요구한 날부터 5년간 그 기록을 보관하여야 한다.

⑥ 제1항에 따라 금융거래정보를 제공받아 알게 된 자는 그 알게 된 금융거래정보를 타인에게 제공 또는 누설하거나 그 목적 외의 용도로 이용하여서는 아니 된다.

제8장 보칙

제38조(퇴직연금제도의 폐지·중단 시의 처리) ① 퇴직연금제도가 폐지되거나 운영이 중단된 경우에는 폐지된 이후 또는 중단된 기간에 대하여는 제8조제1항에 따른 퇴직금제도를 적용한다.

② 사용자는 퇴직연금제도가 폐지된 경우 지체 없이 적립금으로 급여를 지급하는 데에 필요한 조치로서 미납 부담금의 납입 등 대통령령으로 정하는 조치를 하여야 한다.

③ 사용자와 퇴직연금사업자는 제35조제2항에 따른 사유 등으로 퇴직연금제도가 중단된 경우에 적립금 운용에 필요한 업무 등 대통령령으로 정하는 기본적인 업무를 유지하여야 한다.

④ 사용자와 퇴직연금사업자는 퇴직연금제도가 폐지되어 가입자에게 급여를 지급하는 경우에 가입자가 지정한 개인형퇴직연금제도의 계정으로 이전하는 방법으로 지급하여야 한다. 다만, 가입자가 개인형퇴직연금제도의 계정을 지정하지 아니한 경우에는 제17조제5항을 준용한다.

⑤ 가입자가 제4항에 따라 급여를 받은 경우에는 제8조제2항에 따라 중간정산되어 받은 것으로 본다. 이 경우 중간정산 대상기간의 산정 등에 필요한 사항은 대통령령으로 정한다.

제39조(업무의 협조) 고용노동부장관은 이 법의 시행을 위하여 필요한 경우에 금융위원회 등 관련 기관에 자료의 제출을 요청할 수 있다. 이 경우 자료의 제출을 요청받은 기관은 정당한 사유가 없으면 이를 거부하여서는 아니 된다.

제40조(보고 및 조사) ① 고용노동부장관은 이 법 시행에 필요한 범위에서 사용자 및 퇴직연금사업자에게 퇴직연금제도의 실시 상황 등에 관한 보고, 관계 서류의 제출 또는 관계인의 출석을 요구할 수 있다.

② 고용노동부장관은 이 법의 시행을 위하여 필요하다고 인정하는 경우에는 소속 직원으로 하여금 퇴직연금제도를 실시하는 사업장 및 해당 퇴직연금사업자의 사업장에 출입하여 사용자 및 퇴직연금사업자 등 관계인에 대하여 질문하거나 장부 등 서류를 조사하게 할 수 있다.

③ 제2항에 따라 사업장 및 해당 퇴직연금사업자의 사업장에 출입하여 관계인에 대하여 질문하거나 장부 등 서류를 조사하려는 직원은 그 권한을 나타내는 증표를 지니고 이를 관계인에게 내보여야 한다.

제41조(청문) 고용노동부장관은 제27조제1항에 따른 등록취소 또는 제36조제2항에 따른 이전명령을 하려는 경우에는 청문을 하여야 한다.

제42조(권한의 위임·위탁) ① 이 법에 따른 고용노동부장관의 권한은 대통령령으로 정하는 바에 따라 그 일부를 금융위원회 또는 금융감독원장에게 위탁하거나 지방고용노동관서의 장에게 위임할 수 있다.

② 이 법에 따른 금융위원회의 권한은 대통령령으로 정하는 바에 따라 그 일부를 금융감독원장에게 위탁할 수 있다.

제9장 벌칙

제43조(벌칙) 제37조제6항을 위반한 자는 5년 이하의 징역 또는 3천만원 이하의 벌금에 처한다.

제44조(벌칙) 다음 각 호의 어느 하나에 해당하는 자는 3년 이하의 징역 또는 2천만원 이하의 벌금에 처한다. 다만, 제1호 및 제2호의 경우 피해자의 명시적인 의사에 반하여 공소를 제기할 수 없다.

1. 제9조를 위반하여 퇴직금을 지급하지 아니한 자
2. 근로자가 퇴직할 때에 제17조제2항·제3항, 제20조제5항 또는 제25조제3항을 위반하여 급여를 지급하지 아니하거나 부담금 또는 지연이자를 납입하지 아니한 자
3. 제27조제4항을 위반하여 가입자 보호조치를 하지 아니한 퇴직연금사업자
4. 제33조제3항 및 제4항을 위반한 퇴직연금사업자

제45조(벌칙) 다음 각 호의 어느 하나에 해당하는 자는 2년 이하의 징역 또는 1천만원 이하의 벌금에 처한다.

1. 제4조제2항을 위반하여 하나의 사업 안에 퇴직급여제도를 차등하여 설정한 자
2. 제31조제3항을 위반하여 고용노동부장관에 등록하지 아니하고 퇴직연금제도 모집업무를 수행한 자
3. 제31조제4항을 위반하여 퇴직연금제도 모집인 이외의 자에게 모집업무를 위탁한 퇴직연금사업자
4. 제32조제3항제1호에 따른 책무를 위반한 사용자

제46조(벌칙) 다음 각 호의 어느 하나에 해당하는 자는 500만원 이하의 벌금에 처한다.

1. 제4조제3항·제4항 또는 제25조제1항 및 제2항제1호를 위반하여 근로자대표 또는 개별 근로자의 동의를 받지 아니하거나 의견을 듣지 아니한 사용자
2. 제31조제7항을 위반한 자

제47조(양벌규정) 법인의 대표자나 법인 또는 개인의 대리인, 사용인, 그 밖의 종업원이 그 법인 또는 개인의 업무에 관하여 제44조부터 제46조까지의 어느 하나에 해당하는 위반행위를 하면 그 행위자를 벌하는 외에 그 법인 또는 개인에게도 해당 조문의 벌금형을 과(科)한다. 다만, 법인 또는 개인이 그 위반행위를 방지하기 위하여 해당 업무에 관하여 상당한 주의와 감독을 게을리하지 아니한 경우에는 그러하지 아니하다.

제48조(과태료) ① 다음 각 호의 어느 하나에 해당하는 자에게는 1천만원 이하의 과태료를 부과한다.

1. 제32조제2항에 따라 매년 1회 이상 교육을 하지 아니한 사용자
2. 제33조제5항에 따라 매년 1회 이상 교육을 하지 아니한 퇴직연금사업자

② 다음 각 호의 어느 하나에 해당하는 자에게는 500만원 이하의 과태료를 부과한다.

1. 제13조에 따른 확정급여형퇴직연금규약 또는 제19조에 따른 확정기여형퇴직연금규약을 신고하지 아니한 사용자
2. 제32조제3항제2호에 따른 책무를 위반한 사용자
3. 제33조제2항 및 제6항에 따른 책무를 위반한 퇴직연금사업자

③ 제1항 및 제2항에 따른 과태료는 대통령령으로 정하는 바에 따라 고용노동부장관이 부과·징수한다.

부칙 <제10967호, 2011.7.25.>

제1조(시행일) 이 법은 공포 후 1년이 경과한 날부터 시행한다.

제2조(퇴직보험등의 유효기간) ① 법률 제7379호 근로자퇴직급여보장법의 시행일인 2005년 12월 1일 이전에 사용자가 근로자를 피보험자 또는 수익자로 하여 대통령령으로 정하는 퇴직보험 또는 퇴직일시금신탁(이하 "퇴직보험등"이라 한다)에 가입하여 근로자가 퇴직할 때 일시금 또는 연금으로 수령하게 하는 경우에는 법률 제7379호 근로자퇴직급여보장법 제8조제1항에 따른 퇴직금제도를 설정한 것으로 본다. 다만, 퇴직보험등에 의한 일시금은 같은 항에 따른 퇴직금보다 적어서는 아니 된다.

② 제1항에 따른 퇴직금제도의 효력기간은 2010년 12월 31일까지로 한다.

제3조(퇴직 전 퇴직금 정산 요건에 관한 적용례) 제8조제2항의 개정규정은 이 법 시행 후 최초로 근로자가 사용자에게 중간정산을 요구하는 경우부터 적용한다.

제4조(급여의 지급 방법에 관한 적용례) 제17조제4항 및 제5항, 제19조제2항(제17조제4항 및 제5항을 준용하는 부분에 한정한다) 및 제38조제4항의 개정규정은 이 법 시행 후 최초로 급여를 지급할 사유가 발생한 경우부터 적용한다.

제5조(확정기여형퇴직연금제도 및 개인형퇴직연금제도 부담금 등 납입에 관한 적용례) 제20조제3항·제4항, 제25조제2항제4호 및 같은 조 제3항의 개정규정에 따른 지연이자에 관한 부분은 이 법 시행 후 최초로 발생하는 지연이자를 납입하는 경우부터 적용한다.

제6조(자영업자 등의 개인형퇴직연금제도 가입에 관한 적용례) 제24조제2항제3호는 이 법 시행 후 5년이 경과한 날부터 적용한다.

제7조(퇴직연금사업자 등록 취소 및 말소에 관한 적용례) 제27조제2항 및 제3항의 개정규정은 이 법 시행 후 최초로 퇴직연금사업자의 등록이 취소되거나 등록의 말소를 신청한 경우부터 적용한다.

제8조(상시 4명 이하의 근로자를 사용하는 사업의 시행시기, 급여 및 부담금 등에 관한 특례) ① 상시 4명 이하의 근로자를 사용하는 사업에 대하여는 법률 제7379호 근로자퇴직급여보장법 부칙 제1조 단서에 따라 2010년 12월 1일부터 퇴직급여제도가 시행된 것으로 본다.

② 상시 4명 이하의 근로자를 사용하는 사업에 적용되는 퇴직금, 확정급여형퇴직연금제도의 급여액, 확정기여형퇴직연금제도 및 제25조의 개정규정에 따른 개인형퇴직연금제도의 사용자 부담금의 수준은 제8조제1항, 제15조, 제20조제1항 및 제25조제2항제2호의 개정규정에도 불구하고 다음 각 호와 같이 정한다.

1. 2010년 12월 1일부터 2012년 12월 31일까지의 기간에 대한 퇴직금, 확정급여형퇴직연금제도의 급여액, 확정기여형퇴직연금제도 및 제25조의 개정규정에 따른 개인형퇴직연금제도의 사용자 부담금 수준: 제8조제1항, 제15조, 제20조제1항 및 제25조제2항제2호의 개정규정에서 정하는 수준의 100분의 50 이상
2. 2013년 1월 1일 이후의 기간에 대한 퇴직금, 확정급여형퇴직연금제도의 급여액, 확정기여형퇴직연금제도 및 제25조의 개정규정에 따른 개인형퇴직연금제도의 사용자 부담금 수준: 제8조제1항, 제15조, 제20조제1항 및 제25조제2항제2호의 개정규정에서 정하는 수준

③ 근로관계 당사자는 제1항 및 제2항을 이유로 기존의 근로조건을 낮출 수 없다.

제9조(퇴직금 우선변제에 관한 경과조치) ① 제12조제2항에도 불구하고 1997년 12월 24일 전에 퇴직한 근로자의 경우에는 1989년 3월 29일 이후의 계속근로기간에 대한 퇴직금을 우선변제의 대상으로 한다.

② 제12조제2항에도 불구하고 1997년 12월 24일 전에 채용된 근로자로서 1997년 12월 24일 이후에 퇴직하는 근로자의 경우에는 1989년 3월 29일 이후부터 1997년 12월 23일까지의 계속근로기간에 대한 퇴직금에 1997년 12월 24일 이후의 계속근로기간에 대하여 발생하는 최종 3년간의 퇴직금을 합산한 금액을 우선변제의 대상으로 한다.

③ 제1항 및 제2항에 따라 우선변제의 대상이 되는 퇴직금은 계속근로기간 1년에 대하여 30일분의 평균임금으로 계산한 금액으로 한다.

④ 제1항 및 제2항에 따라 우선변제의 대상이 되는 퇴직금은 250일분의 평균임금을 초과할 수 없다.

제10조(퇴직금제도에 관한 경과조치) 법률 제7379호 근로자퇴직급여보장법의 시행일인 2005년 12월 1일 당시 종전의 「근로기준법」 제34조제1항에 따라 설정된 퇴직금제도와 미리 정산하여 지급된 퇴직금은 법률 제7379호 근로자퇴직급여보장법에 따라 설정되거나 지급된 것으로 본다.

제11조(개인퇴직계좌에 관한 경과조치) 이 법 시행 당시 종전의 제25조 또는 제26조에 따라 설정된 개인퇴직계좌는 제24조 또는 제25조의 개정규정에 따라 설정된 개인형퇴직연금제도로 본다.

제12조(다른 법률의 개정) 임금채권보장법 일부를 다음과 같이 개정한다.

제7조제2항제1호 중 "「근로자퇴직급여 보장법」 제11조제2항에 따른 최종 3년간의 퇴직금"을 "「근로자퇴직급여 보장법」 제12조제2항에 따른 최종 3년간의 퇴직급여등"으로 한다.

제8조제2항 중 "「근로자퇴직급여 보장법」 제11조제2항에 따른 퇴직금채권"을 "「근로자퇴직급여 보장법」 제12조제2항에 따른 퇴직급여등 채권"으로 한다.

제10조제3호 중 "「근로자퇴직급여 보장법」 제3장에 따른 퇴직연금제도를 설정한 사업주(같은 법 제26조에 따른 특례 적용 사업의 사업주를 포함한다)"를 "「근로자퇴직급여 보장법」 제3장에 따른 확정급여형퇴직연금제도, 같은 법 제4장에 따른 확정기여형퇴직연금제도 또는 같은 법 제25조에 따른 개인형퇴직연금제도를 설정한 사업주"로 한다.

제13조(다른 법령과의 관계) 이 법 시행 당시 다른 법령에서 종전의 「근로자퇴직급여 보장법」의 규정을 인용한 경우에 이 법 가운데 그에 해당하는 규정이 있으면 종전의 규정을 갈음하여 이 법의 해당 규정을 인용한 것으로 본다.

임금채권보장법

[시행 2015.7.1.] [법률 제13047호, 2015.1.20., 일부개정]

고용노동부(근로복지과) 044-202-7563

제1장 총칙 <개정 2007.12.27.>

제1조(목적) 이 법은 경기 변동과 산업구조 변화 등으로 사업을 계속하는 것이 불가능하거나 기업의 경영이 불안정하여, 임금등을 지급받지 못하고 퇴직한 근로자 등에게 그 지급을 보장하는 조치를 마련함으로써 근로자의 생활안정에 이바지하는 것을 목적으로 한다. <개정 2015.1.20.>

[전문개정 2007.12.27.]

제2조(정의) 이 법에서 사용하는 용어의 뜻은 다음과 같다. <개정 2010.1.27.>

1. "근로자"란 「근로기준법」 제2조에 따른 근로자를 말한다.
2. "사업주"란 근로자를 사용하여 사업을 하는 자를 말한다.
3. "임금등"이란 「근로기준법」 제2조·제34조 및 제46조에 따른 임금·퇴직금 및 휴업수당을 말한다.
4. "보수"란 「고용보험 및 산업재해보상보험의 보험료징수 등에 관한 법률」 제2조제3호에 따른 보수를 말한다.

[전문개정 2007.12.27.]

제3조(적용 범위) 이 법은 「산업재해보상보험법」 제6조에 따른 사업 또는 사업장(이하 "사업"이라 한다)에 적용한다. 다만, 국가와 지방자치단체가 직접 수행하는 사업은 그러하지 아니하다.

[전문개정 2007.12.27.]

제3조의2

[종전 제3조의2는 제4조로 이동 <2007.12.27.>]

제4조(준용) 임금채권보장관계에는 「고용보험 및 산업재해보상보험의 보험료징수 등에 관한 법률」(이하 "보험료징수법"이라 한다) 제3조, 제5조제4항·제5항, 제6조제2항부터 제4항까지 및 제8조를 준용한다.

[전문개정 2007.12.27.]

[제3조의2에서 이동, 종전 제4조는 제5조로 이동 <2007.12.27.>]

제5조(국고의 부담) 국가는 매 회계연도 예산의 범위에서 이 법에 따른 임금채권보장을 위한 사무집행에 드는 비용의 일부를 일반회계에서 부담하여야 한다.

[전문개정 2007.12.27.]

[제4조에서 이동, 종전 제5조는 제6조로 이동 <2007.12.27.>]

제6조(임금채권보장기금심의위원회) ① 제17조에 따른 임금채권보장기금의 관리·운용에 관한 중요사항을 심의하기 위하여 고용노동부에 임금채권보장기금심의위원회(이하 "위원회"라 한다)를 둔다. <개정 2010.6.4.>

② 위원회는 근로자를 대표하는 자, 사업주를 대표하는 자 및 공익을 대표하는 자로 구성하되,

각각 같은 수로 한다.

③ 위원회의 조직과 운영에 필요한 사항은 대통령령으로 정한다.

[전문개정 2007.12.27.]

[제5조에서 이동, 종전 제6조는 제7조로 이동 <2007.12.27.>]

제2장 임금채권의 지급보장 <개정 2007.12.27.>

제7조(체불 임금등의 지급) ① 고용노동부장관은 사업주가 다음 각 호의 어느 하나에 해당하는 경우에 퇴직한 근로자가 지급받지 못한 임금등의 지급을 청구하면 제3자의 변제에 관한 「민법」 제469조에도 불구하고 그 근로자의 미지급 임금등을 사업주를 대신하여 지급한다. <개정 2010.6.4., 2014.3.24., 2015.1.20.>

1. 「채무자 회생 및 파산에 관한 법률」에 따른 회생절차개시의 결정이 있는 경우
2. 「채무자 회생 및 파산에 관한 법률」에 따른 파산선고의 결정이 있는 경우
3. 고용노동부장관이 대통령령으로 정한 요건과 절차에 따라 미지급 임금등을 지급할 능력이 없다고 인정하는 경우
4. 사업주가 근로자에게 미지급 임금등을 지급하라는 다음 각 목의 어느 하나에 해당하는 판결, 명령, 조정 또는 결정 등이 있는 경우
   가. 「민사집행법」 제24조에 따른 확정된 종국판결
   나. 「민사집행법」 제56조제3호에 따른 확정된 지급명령
   다. 「민사집행법」 제56조제5호에 따른 소송상 화해, 청구의 인낙(認諾) 등 확정판결과 같은 효력을 가지는 것
   라. 「민사조정법」 제28조에 따라 성립된 조정
   마. 「민사조정법」 제30조에 따른 확정된 조정을 갈음하는 결정
   바. 「소액사건심판법」 제5조의7제1항에 따른 확정된 이행권고결정

② 제1항에 따라 고용노동부장관이 사업주를 대신하여 지급하는 임금등[이하 "체당금(替當金)"이라 한다]의 범위는 다음 각 호와 같다. 다만, 대통령령으로 정하는 바에 따라 제1항제1호부터 제3호까지의 규정에 따른 체당금의 상한액과 같은 항 제4호에 따른 체당금의 상한액은 근로자의 퇴직 당시의 연령 등을 고려하여 따로 정할 수 있으며 체당금이 적은 경우에는 지급하지 아니할 수 있다. <개정 2010.6.4., 2011.7.25., 2015.1.20.>

1. 「근로기준법」 제38조제2항제1호에 따른 임금 및 「근로자퇴직급여 보장법」 제12조제2항에 따른 최종 3년간의 퇴직급여등
2. 「근로기준법」 제46조에 따른 휴업수당(최종 3개월분으로 한정한다)

③ 근로자가 같은 근무기간 또는 같은 휴업기간에 대하여 제1항제1호부터 제3호까지의 규정에 따른 체당금을 지급받은 때에는 같은 항 제4호에 따른 체당금은 지급하지 아니하며, 제1항제4호에 따른 체당금을 지급받은 때에는 해당 금액을 공제하고 같은 항 제1호부터 제3호까지의 규정에 따른 체당금을 지급한다. <신설 2015.1.20.>

④ 체당금의 지급대상이 되는 근로자와 사업주의 기준은 대통령령으로 정한다. <개정 2015.1.20.>

⑤ 사업장 규모 등 고용노동부령으로 정하는 기준에 해당하는 근로자가 제1항에 따라 체당금을 청구하는 경우 고용노동부령으로 정하는 공인노무사로부터 체당금 청구서 작성, 사실확인 등에 관한 지원을 받을 수 있다. <신설 2010.5.25., 2010.6.4., 2015.1.20.>

⑥ 고용노동부장관은 근로자가 제4항에 따라 공인노무사로부터 지원을 받은 경우 그에 드는 비용의 전부 또는 일부를 지원할 수 있으며, 지원금액 및 구체적인 지급방법 등에 관한 사항은 고용노동부령으로 정한다. <신설 2010.5.25., 2010.6.4., 2015.1.20.>

⑦ 그 밖에 체당금의 청구와 지급 등에 필요한 사항은 대통령령으로 정한다. <개정 2010.5.25., 2015.1.20.>

[전문개정 2007.12.27.]

[제6조에서 이동, 종전 제7조는 제8조로 이동 <2007.12.27.>]

제7조의2(체불 임금등의 사업주 융자) ① 고용노동부장관은 사업주가 일시적인 경영상 어려움 등 고용노동부령으로 정하는 사유로 근로자에게 임금등을 지급하지 못한 경우에 사업주의 신청에 따라 체불 임금등을 지급하는 데 필요한 비용을 융자할 수 있다. <개정 2015.1.20.>

② 제1항에 따른 융자금액은 고용노동부장관이 해당 근로자에게 직접 지급하여야 한다.

③ 체불 임금등 비용 융자의 구체적인 기준, 금액, 기간 및 절차 등은 고용노동부령으로 정한다.

[본조신설 2012.2.1.]

제8조(미지급 임금등의 청구권의 대위) ① 고용노동부장관은 제7조에 따라 근로자에게 체당금을 지급하였을 때에는 그 지급한 금액의 한도에서 그 근로자가 해당 사업주에 대하여 미지급 임금등을 청구할 수 있는 권리를 대위(代位)한다. <개정 2010.6.4.>

② 「근로기준법」 제38조제2항에 따른 임금채권 우선변제권 및 「근로자퇴직급여 보장법」 제12조제2항에 따른 퇴직급여등 채권 우선변제권은 제1항에 따라 대위되는 권리에 존속한다. <개정 2011.7.25.>

[전문개정 2007.12.27.]

[제7조에서 이동, 종전 제8조는 제9조로 이동 <2007.12.27.>]

제9조(사업주의 부담금) ① 고용노동부장관은 제7조에 따라 미지급 임금등을 대신 지급하는데 드는 비용에 충당하기 위하여 사업주로부터 부담금을 징수한다. <개정 2010.6.4.>

② 제1항에 따라 사업주가 부담하여야 하는 부담금은 그 사업에 종사하는 근로자의 보수총액에 1천분의 2의 범위에서 위원회의 심의를 거쳐 고용노동부장관이 정하는 부담금비율을 곱하여 산정한 금액으로 한다. <개정 2010.1.27., 2010.6.4.>

③ 보수총액을 결정하기 곤란한 경우에는 보험료징수법 제13조제6항에 따라 고시하는 노무비율(勞務比率)에 따라 보수총액을 결정한다. <개정 2010.1.27.>

④ 도급사업의 일괄적용에 관한 보험료징수법 제9조는 제1항의 부담금 징수에 관하여 준용한다. 이 경우 같은 법 제9조제1항 단서 중 "공단"을 "고용노동부장관"으로 본다. <개정 2010.6.4.>

[전문개정 2007.12.27.]

[제8조에서 이동, 종전 제9조는 제10조로 이동 <2007.12.27.>]

제10조(부담금의 경감) 고용노동부장관은 다음 각 호의 어느 하나에 해당하는 사업주에 대하여는 제9조에 따른 부담금을 경감할 수 있다. 이 경우 그 경감기준은 고용노동부장관이 위원회의

심의를 거쳐 정한다. <개정 2010.6.4., 2011.7.25.>

1. 삭제 <2014.3.24.>
2. 「근로기준법」 또는 「근로자퇴직급여 보장법」에 따라 퇴직금을 미리 정산하여 지급한 사업주
3. 법률 제7379호 근로자퇴직급여보장법 부칙 제2조제1항에 따른 퇴직보험등에 가입한 사업주, 「근로자퇴직급여 보장법」 제3장에 따른 확정급여형퇴직연금제도, 같은 법 제4장에 따른 확정기여형퇴직연금제도 또는 같은 법 제25조에 따른 개인형퇴직연금제도를 설정한 사업주
4. 「외국인근로자의 고용 등에 관한 법률」 제13조에 따라 외국인근로자 출국만기보험·신탁에 가입한 사업주

[전문개정 2007.12.27.]

[제9조에서 이동, 종전 제10조는 제11조로 이동 <2007.12.27.>]

제11조(수급권의 보호) ① 체당금을 지급받을 권리는 양도 또는 압류하거나 담보로 제공할 수 없다. <개정 2015.1.20.>

② 체당금의 수령은 대통령령으로 정하는 바에 따라 위임할 수 있다.

③ 미성년자인 근로자는 독자적으로 체당금의 지급을 청구할 수 있다.

[전문개정 2007.12.27.]

[제10조에서 이동, 종전 제11조는 제12조로 이동 <2007.12.27.>]

제12조(체불 임금등의 확인) ① 임금등을 지급받지 못한 근로자는 「법률구조법」 제22조의 법률구조 지원절차 등에 따라 소 제기를 위하여 필요한 경우 고용노동부장관에게 체불 임금등과 체불사업주 등을 증명하는 서류의 발급을 신청할 수 있다.

② 제1항에 따른 신청이 있을 경우 고용노동부장관은 근로감독사무 처리과정에서 확인된 체불 임금등과 체불사업주 등을 증명하는 서류를 제1항의 근로자 또는 「법률구조법」 제8조에 따른 대한법률구조공단에 발급할 수 있다.

③ 제2항에 따른 서류의 발급절차 및 발급방법 등에 관하여 필요한 사항은 고용노동부령으로 정한다.

[전문개정 2015.1.20.]

제13조(재산목록의 제출명령) ① 고용노동부장관은 제7조에 따라 근로자에게 체당금을 지급하려는 경우에는 대통령령으로 정하는 바에 따라 해당 사업주에게 재산 관계를 구체적으로 밝힌 재산목록의 제출을 명할 수 있다. <개정 2010.6.4.>

② 제1항에 따른 재산목록 제출명령을 받은 사업주는 특별한 사유가 없으면 7일 이내에 고용노동부장관에게 재산 관계를 구체적으로 밝힌 재산목록을 제출하여야 한다. <개정 2010.6.4.>

[전문개정 2007.12.27.]

[제12조에서 이동, 종전 제13조는 제14조로 이동 <2007.12.27.>]

제13조의2

[종전 제13조의2는 제15조로 이동 <2007.12.27.>]

제14조(부당이득의 환수) ① 고용노동부장관은 거짓이나 그 밖의 부정한 방법으로 제7조 및 제7조의2제1항에 따라 체당금 또는 융자금을 받으려 한 자에게는 대통령령으로 정하는 바에 따라

신청한 체당금 또는 융자금의 전부 또는 일부를 지급 또는 융자하지 아니할 수 있다. <개정 2010.6.4., 2012.2.1., 2014.3.24.>

② 고용노동부장관은 제7조 및 제7조의2제1항에 따라 체당금 또는 융자금을 이미 받은 자가 다음 각 호의 어느 하나에 해당하는 경우 대통령령으로 정하는 방법에 따라 그 체당금 또는 융자금의 전부 또는 일부를 환수하여야 한다. <신설 2014.3.24.>

1. 거짓이나 그 밖의 부정한 방법으로 체당금 또는 융자금을 받은 경우
2. 그 밖에 잘못 지급된 체당금 또는 융자금이 있는 경우

③ 제2항에 따라 체당금을 환수하는 경우 고용노동부령으로 정하는 기준에 따라 거짓이나 그 밖의 부정한 방법으로 지급받은 체당금에 상당하는 금액 이하의 금액을 추가하여 징수할 수 있다. <개정 2010.6.4., 2014.3.24.>

④ 제2항과 제3항의 경우에 체당금의 지급 또는 융자가 거짓의 보고·진술·증명·서류제출 등 위계(僞計)의 방법에 의한 것이면 그 행위를 한 자는 체당금 또는 융자금을 받은 자와 연대하여 책임을 진다. <개정 2012.2.1., 2014.3.24., 2015.1.20.>

[전문개정 2007.12.27.]

[제목개정 2014.3.24.]

[제13조에서 이동, 종전 제14조는 제16조로 이동 <2007.12.27.>]

제15조(포상금의 지급) 거짓이나 그 밖의 부정한 방법으로 체당금이 지급된 사실을 지방고용노동관서 또는 수사기관에 신고하거나 고발한 자에게는 대통령령으로 정하는 기준에 따라 포상금을 지급할 수 있다. <개정 2010.6.4.>

[전문개정 2007.12.27.]

[제13조의2에서 이동, 종전 제15조는 제17조로 이동 <2007.12.27.>]

제16조(준용) 이 법에 따른 부담금이나 그 밖의 징수금의 납부 및 징수(체당금의 반환요구를 포함한다)에 관하여는 보험료징수법 제16조의2부터 제16조의11까지, 제17조부터 제19조까지, 제19조의2 및 제20조, 제22조의2, 제22조의3, 제23조부터 제25조까지, 제26조의2, 제27조, 제27조의2, 제27조의3, 제28조, 제28조의2부터 제28조의7까지, 제29조, 제29조의2, 제30조, 제32조부터 제37조까지, 제39조 및 제50조를 준용한다. 이 경우 "보험가입자"는 "사업주"로, "보험료"는 "부담금"으로, "보험"은 "임금채권보장"으로, "보험사무"는 "임금채권보장사무"로, "공단" 또는 "건강보험공단"은 "고용노동부장관(이 법 제27조에 따라 그 권한을 위탁받은 경우에는 근로복지공단 또는 건강보험공단을 말한다)"으로, "개산보험료(概算保險料)"는 "개산부담금"으로, "보험연도"는 "회계연도"로, "보험관계"는 "임금채권보장관계"로, "보험료율"은 "부담금비율"로, "확정보험료"는 "확정부담금"으로, "「고용정책 기본법」 제10조에 따른 고용정책심의회 또는 「산업재해보상보험법」 제8조에 따른 산업재해보상보험및예방심의위원회"는 "위원회"로 본다. <개정 2009.10.9., 2010.1.27., 2010.6.4.>

[전문개정 2007.12.27.]

[제14조에서 이동, 종전 제16조는 제18조로 이동 <2007.12.27.>]

제16조의2

[종전 제16조의2는 제19조로 이동 <2007.12.27.>]

제3장 임금채권보장기금 <개정 2007.12.27.>

제17조(기금의 설치) 고용노동부장관은 제7조에 따른 체당금의 지급에 충당하기 위하여 임금채권보장기금(이하 "기금"이라 한다)을 설치한다. <개정 2010.6.4.>

[전문개정 2007.12.27.]

[제15조에서 이동, 종전 제17조는 제20조로 이동 <2007.12.27.>]

제18조(기금의 조성) ① 기금은 다음 각 호의 재원으로 조성한다.

1. 제8조에 따른 사업주의 변제금(辨濟金)
2. 제9조에 따른 사업주의 부담금
3. 제2항에 따른 차입금
4. 기금의 운용으로 생기는 수익금
5. 그 밖의 수입금

② 고용노동부장관은 기금을 운용하는 데에 필요하면 기금의 부담으로 금융기관이나 다른 기금 등으로부터 차입할 수 있다. <개정 2010.6.4.>

[전문개정 2007.12.27.]

[제16조에서 이동, 종전 제18조는 제21조로 이동 <2007.12.27.>]

제19조(기금의 용도) 기금은 다음 각 호의 용도에 사용한다. <개정 2015.1.20.>

1. 체당금의 지급과 잘못 납부한 금액 등의 반환
2. 제7조제6항에 따른 공인노무사 조력 비용 지원
3. 제7조의2에 따른 체불 임금등 지급을 위한 사업주 융자
4. 제27조에 따라 업무를 위탁받은 자에 대한 출연
5. 차입금 및 그 이자의 상환
6. 임금등 체불 예방과 청산 지원 등 임금채권보장제도 관련 연구
7. 「법률구조법」에 따른 대한법률구조공단에 대한 출연. 다만, 임금등이 체불된 근로자에 대한 법률구조사업 지원에 한정한다.
8. 그 밖에 임금채권보장사업과 기금의 관리·운용

[전문개정 2012.2.1.]

제19조의2

[종전 제19조의2는 제23조로 이동 <2007.12.27.>]

제20조(기금의 관리·운용) ① 기금은 고용노동부장관이 관리·운용한다. <개정 2010.6.4.>

② 기금의 관리·운용 등에 관하여는 「산업재해보상보험법」 제97조제2항부터 제4항까지, 제98조부터 제100조까지 및 제102조를 준용한다. 이 경우 같은 법 중 "보험급여"는 "체당금"으로, "보험료수입"은 "부담금수입"으로 본다. <개정 2007.12.14.>

[전문개정 2007.12.27.]

[제17조에서 이동, 종전 제20조는 제24조로 이동 <2007.12.27.>]

제21조(회계연도) 기금의 회계연도는 정부의 회계연도에 따른다.

[전문개정 2007.12.27.]

[제18조에서 이동, 종전 제21조는 제25조로 이동 <2007.12.27.>]

제4장 보칙 <개정 2007.12.27.>

제22조(보고 등) 고용노동부장관은 대통령령으로 정하는 바에 따라 이 법을 적용받는 사업의 사업주나 그 사업에 종사하는 근로자 등 관계 당사자에게 다음 각 호의 사항을 위하여 필요한 보고나 관계 서류의 제출을 요구할 수 있다. <개정 2010.6.4.>

1. 기금의 관리·운용
2. 체당금의 지급

[전문개정 2007.12.27.]

[제19조에서 이동, 종전 제22조는 제26조로 이동 <2007.12.27.>]

제23조(관계 기관 등에 대한 협조요청) ① 고용노동부장관은 임금채권보장사업을 효율적으로 운영하기 위하여 필요하다고 인정하면 관계 행정기관, 지방자치단체, 그 밖의 기관·단체 등에 대하여 필요한 자료의 제출 등 협조를 요청할 수 있다. <개정 2010.6.4.>

② 제1항에 따른 협조를 요청받은 관계 기관 또는 단체는 특별한 사유가 없으면 협조하여야 한다.

[전문개정 2007.12.27.]

[제19조의2에서 이동, 종전 제23조는 제27조로 이동 <2007.12.27.>]

제24조(검사) ① 고용노동부장관은 이 법을 시행하기 위하여 필요하다고 인정하면 관계 공무원으로 하여금 이 법을 적용받는 사업장에 출입하여 관계 서류를 검사하거나 관계인에게 질문하게 할 수 있다. <개정 2010.6.4.>

② 제1항에 따라 출입·검사를 하는 공무원은 그 권한을 표시하는 증표를 지니고 이를 관계인에게 내보여야 한다.

[전문개정 2007.12.27.]

[제20조에서 이동, 종전 제24조는 제28조로 이동 <2007.12.27.>]

제25조(신고) 사업주가 이 법 또는 이 법에 따른 명령을 위반하는 사실이 있으면 근로자는 그 사실을 근로감독관에게 신고하여 시정을 위한 조치를 요구할 수 있다.

[전문개정 2007.12.27.]

[제21조에서 이동, 종전 제25조는 제29조로 이동 <2007.12.27.>]

제26조(소멸시효) ① 부담금이나 그 밖에 이 법에 따른 징수금을 징수하거나 체당금·부담금을 반환받을 권리는 3년간 행사하지 아니하면 시효로 소멸한다.

② 제1항에 따른 소멸시효에 관하여는 이 법에 규정된 것 외에는 「민법」에 따른다.

③ 소멸시효의 중단 등에 관하여는 보험료징수법 제42조 및 제43조를 준용한다.

[전문개정 2007.12.27.]

[제22조에서 이동, 종전 제26조는 제30조로 이동 <2007.12.27.>]

제27조(권한의 위임·위탁) 이 법에 따른 고용노동부장관의 권한은 대통령령으로 정하는 바에 따라 그 일부를 지방고용노동관서의 장에게 위임하거나 「산업재해보상보험법」에 따른 근로복지공단과 「국민건강보험법」에 따른 국민건강보험공단에 위탁할 수 있다. <개정 2010.1.27., 2010.6.4.>

[전문개정 2007.12.27.]

[제23조에서 이동 <2007.12.27.>]

제5장 벌칙 <개정 2007.12.27.>

제28조(벌칙) ①다음 각 호의 어느 하나에 해당하는 자는 3년 이하의 징역 또는 3천만원 이하의 벌금에 처한다. <개정 2012.2.1., 2014.3.24.>

1. 거짓이나 그 밖의 부정한 방법으로 제7조에 따른 체당금 또는 제7조의2에 따른 융자를 받은 자
2. 거짓이나 그 밖의 부정한 방법으로 다른 사람으로 하여금 제7조에 따른 체당금 또는 제7조의2에 따른 융자를 받게 한 자
3. 정당한 사유 없이 제13조에 따른 재산목록의 제출을 거부하거나 거짓의 재산목록을 제출한 자

② 다음 각 호의 어느 하나에 해당하는 자는 2년 이하의 징역 또는 2천만원 이하의 벌금에 처한다. <신설 2014.3.24.>

1. 부당하게 제7조에 따른 체당금 또는 제7조의2에 따른 융자를 받기 위하여 거짓의 보고·증명 또는 서류제출을 한 자
2. 다른 사람으로 하여금 부당하게 제7조에 따른 체당금 또는 제7조의2에 따른 융자를 받게 하기 위하여 거짓의 보고·증명 또는 서류제출을 한 자

[전문개정 2007.12.27.]

[제24조에서 이동 <2007.12.27.>]

제29조(양벌규정) 법인의 대표자나 법인 또는 개인의 대리인, 사용인, 그 밖의 종업원이 그 법인 또는 개인의 업무에 관하여 제28조의 위반행위를 하면 그 행위자를 벌하는 외에 그 법인 또는 개인에게도 해당 조문의 벌금형을 과(科)한다. 다만, 법인 또는 개인이 그 위반행위를 방지하기 위하여 해당 업무에 관하여 상당한 주의와 감독을 게을리하지 아니한 경우에는 그러하지 아니하다.

[전문개정 2009.1.7.]

제30조(과태료) ① 다음 각 호의 어느 하나에 해당하는 자에게는 500만원 이하의 과태료를 부과한다.

1. 삭제 <2015.1.20.>
2. 정당한 사유 없이 제22조에 따른 보고나 관계 서류의 제출요구에 따르지 아니한 자 또는 거짓 보고를 하거나 거짓 서류를 제출한 자
3. 정당한 사유 없이 제24조제1항에 따른 관계 공무원의 질문에 답변을 거부하거나 검사를 거부·방해 또는 기피한 자

② 제1항에 따른 과태료는 대통령령으로 정하는 바에 따라 고용노동부장관이 부과·징수한다. <개정 2010.6.4.>

③ 삭제 <2012.2.1.>

④ 삭제 <2012.2.1.>

⑤ 삭제 <2012.2.1.>

[전문개정 2007.12.27.]

[제26조에서 이동 <2007.12.27.>]

부칙 <제13047호, 2015.1.20.>

제1조(시행일) 이 법은 2015년 7월 1일부터 시행한다.

제2조(체불 임금등의 지급에 관한 적용례) 제7조제1항제4호의 개정규정은 이 법 시행 이후 판결, 명령, 조정 또는 결정 등이 있는 경우부터 적용한다.

제3조(체불 임금등의 확인에 관한 적용례) 제12조의 개정규정은 이 법 시행 이후 체불 임금등과 체불사업주 등을 증명하는 서류의 발급을 신청한 경우부터 적용한다.

제4조(부당이득의 환수에 관한 적용례) 제14조제4항의 개정규정은 이 법 시행 이후 지급된 체당금부터 적용한다.

제5조(과태료에 관한 경과조치) 이 법 시행 전의 행위에 대한 과태료의 적용에 있어서는 종전의 규정에 따른다.

최저임금법

[시행 2012.7.1.] [법률 제11278호, 2012.2.1., 일부개정]

고용노동부(근로개선정책과) 044－202－7529

제1장 총칙 <개정 2008.3.21.>

제1조(목적) 이 법은 근로자에 대하여 임금의 최저수준을 보장하여 근로자의 생활안정과 노동력의 질적 향상을 꾀함으로써 국민경제의 건전한 발전에 이바지하는 것을 목적으로 한다.

[전문개정 2008.3.21.]

제2조(정의) 이 법에서 "근로자", "사용자" 및 "임금"이란 「근로기준법」 제2조에 따른 근로자, 사용자 및 임금을 말한다.

[전문개정 2008.3.21.]

제3조(적용 범위) ① 이 법은 근로자를 사용하는 모든 사업 또는 사업장(이하 "사업"이라 한다)에 적용한다. 다만, 동거하는 친족만을 사용하는 사업과 가사(家事) 사용인에게는 적용하지 아니한다.

② 이 법은 「선원법」의 적용을 받는 선원과 선원을 사용하는 선박의 소유자에게는 적용하지 아니한다.

[전문개정 2008.3.21.]

제2장 최저임금 <개정 2008.3.21.>

제4조(최저임금의 결정기준과 구분) ① 최저임금은 근로자의 생계비, 유사 근로자의 임금, 노동생산성 및 소득분배율 등을 고려하여 정한다. 이 경우 사업의 종류별로 구분하여 정할 수 있다.

② 제1항에 따른 사업의 종류별 구분은 제12조에 따른 최저임금위원회의 심의를 거쳐 고용노동부장관이 정한다. <개정 2010.6.4.>

[전문개정 2008.3.21.]

제5조(최저임금액) ① 최저임금액(최저임금으로 정한 금액을 말한다. 이하 같다)은 시간 · 일(日) · 주(週) 또는 월(月)을 단위로 하여 정한다. 이 경우 일·주 또는 월을 단위로 하여 최저임금액을 정할 때에는 시간급(時間給)으로도 표시하여야 한다.

② 다음 각 호의 어느 하나에 해당하는 자에 대하여는 대통령령으로 정하는 바에 따라 제1항에 따른 최저임금액과 다른 금액으로 최저임금액을 정할 수 있다. <개정 2010.6.4., 2012.2.1.>

1. 수습 사용 중에 있는 자로서 수습 사용한 날부터 3개월 이내인 자. 다만, 1년 미만의 기간을 정하여 근로계약을 체결한 근로자는 제외한다.
2. 「근로기준법」 제63조제3호에 따라 감시(監視) 또는 단속적(斷續的)으로 근로에 종사하는 자로서 사용자가 고용노동부장관의 승인을 받은 자

③ 임금이 통상적으로 도급제나 그 밖에 이와 비슷한 형태로 정하여져 있는 경우로서 제1항에

따라 최저임금액을 정하는 것이 적당하지 아니하다고 인정되면 대통령령으로 정하는 바에 따라 최저임금액을 따로 정할 수 있다.

[전문개정 2008.3.21.]

제5조의2(최저임금의 적용을 위한 임금의 환산) 최저임금의 적용 대상이 되는 근로자의 임금을 정하는 단위기간이 제5조제1항에 따른 최저임금의 단위기간과 다른 경우에 해당 근로자의 임금을 최저임금의 단위기간에 맞추어 환산하는 방법은 대통령령으로 정한다.

[전문개정 2008.3.21.]

제6조(최저임금의 효력) ① 사용자는 최저임금의 적용을 받는 근로자에게 최저임금액 이상의 임금을 지급하여야 한다.

② 사용자는 이 법에 따른 최저임금을 이유로 종전의 임금수준을 낮추어서는 아니 된다.

③ 최저임금의 적용을 받는 근로자와 사용자 사이의 근로계약 중 최저임금액에 미치지 못하는 금액을 임금으로 정한 부분은 무효로 하며, 이 경우 무효로 된 부분은 이 법으로 정한 최저임금액과 동일한 임금을 지급하기로 한 것으로 본다.

④ 다음 각 호의 어느 하나에 해당하는 임금은 제1항과 제3항에 따른 임금에 산입(算入)하지 아니한다. <개정 2010.6.4.>

1. 매월 1회 이상 정기적으로 지급하는 임금 외의 임금으로서 고용노동부장관이 정하는 것
2. 「근로기준법」 제2조제1항제7호에 따른 소정(所定)근로시간(이하 "소정근로시간"이라 한다) 또는 소정의 근로일에 대하여 지급하는 임금 외의 임금으로서 고용노동부장관이 정하는 것
3. 그 밖에 최저임금액에 산입하는 것이 적당하지 아니하다고 인정하여 고용노동부장관이 따로 정하는 것

⑤ 제4항에도 불구하고 「여객자동차 운수사업법」 제3조 및 같은 법 시행령 제3조제2호다목에 따른 일반택시운송사업에서 운전업무에 종사하는 근로자의 최저임금에 산입되는 임금의 범위는 생산고에 따른 임금을 제외한 대통령령으로 정하는 임금으로 한다.

⑥ 제1항과 제3항은 다음 각 호의 어느 하나에 해당하는 사유로 근로하지 아니한 시간 또는 일에 대하여 사용자가 임금을 지급할 것을 강제하는 것은 아니다.

1. 근로자가 자기의 사정으로 소정근로시간 또는 소정의 근로일의 근로를 하지 아니한 경우
2. 사용자가 정당한 이유로 근로자에게 소정근로시간 또는 소정의 근로일의 근로를 시키지 아니한 경우

⑦ 도급으로 사업을 행하는 경우 도급인이 책임져야 할 사유로 수급인이 근로자에게 최저임금액에 미치지 못하는 임금을 지급한 경우 도급인은 해당 수급인과 연대(連帶)하여 책임을 진다.

⑧ 제7항에 따른 도급인이 책임져야 할 사유의 범위는 다음 각 호와 같다.

1. 도급인이 도급계약 체결 당시 인건비 단가를 최저임금액에 미치지 못하는 금액으로 결정하는 행위
2. 도급인이 도급계약 기간 중 인건비 단가를 최저임금액에 미치지 못하는 금액으로 낮춘 행위

⑨ 두 차례 이상의 도급으로 사업을 행하는 경우에는 제7항의 "수급인"은 "하수급인(下受給人)"으로 보고, 제7항과 제8항의 "도급인"은 "직상(直上) 수급인(하수급인에게 직접 하도급을 준 수급인)"으로 본다.

[전문개정 2008.3.21.]

[시행일:2012.7.1.] 제6조제5항 중 「지방자치법」 제2조제1항제1호의 특별시 및 광역시와 제주특별자치도 및 「지방자치법」 제2조제1항제2호의 시지역를 제외한 지역

제7조(최저임금의 적용 제외) 다음 각 호의 어느 하나에 해당하는 자로서 사용자가 대통령령으로 정하는 바에 따라 고용노동부장관의 인가를 받은 자에 대하여는 제6조를 적용하지 아니한다. <개정 2010.6.4.>

1. 정신장애나 신체장애로 근로능력이 현저히 낮은 자
2. 그 밖에 최저임금을 적용하는 것이 적당하지 아니하다고 인정되는 자

[전문개정 2008.3.21.]

제3장 최저임금의 결정 <개정 2008.3.21.>

제8조(최저임금의 결정) ① 고용노동부장관은 매년 8월 5일까지 최저임금을 결정하여야 한다. 이 경우 고용노동부장관은 대통령령으로 정하는 바에 따라 제12조에 따른 최저임금위원회(이하 "위원회"라 한다)에 심의를 요청하고, 위원회가 심의하여 의결한 최저임금안에 따라 최저임금을 결정하여야 한다. <개정 2010.6.4.>

② 위원회는 제1항 후단에 따라 고용노동부장관으로부터 최저임금에 관한 심의 요청을 받은 경우 이를 심의하여 최저임금안을 의결하고 심의 요청을 받은 날부터 90일 이내에 고용노동부장관에게 제출하여야 한다. <개정 2010.6.4.>

③ 고용노동부장관은 제2항에 따라 위원회가 심의하여 제출한 최저임금안에 따라 최저임금을 결정하기가 어렵다고 인정되면 20일 이내에 그 이유를 밝혀 위원회에 10일 이상의 기간을 정하여 재심의를 요청할 수 있다. <개정 2010.6.4.>

④ 위원회는 제3항에 따라 재심의 요청을 받은 때에는 그 기간 내에 재심의하여 그 결과를 고용노동부장관에게 제출하여야 한다. <개정 2010.6.4.>

⑤ 고용노동부장관은 위원회가 제4항에 따른 재심의에서 재적위원 과반수의 출석과 출석위원 3분의 2 이상의 찬성으로 제2항에 따른 당초의 최저임금안을 재의결한 경우에는 그에 따라 최저임금을 결정하여야 한다. <개정 2010.6.4.>

[전문개정 2008.3.21.]

제9조(최저임금안에 대한 이의 제기) ① 고용노동부장관은 제8조제2항에 따라 위원회로부터 최저임금안을 제출받은 때에는 대통령령으로 정하는 바에 따라 최저임금안을 고시하여야 한다. <개정 2010.6.4.>

② 근로자를 대표하는 자나 사용자를 대표하는 자는 제1항에 따라 고시된 최저임금안에 대하여 이의가 있으면 고시된 날부터 10일 이내에 대통령령으로 정하는 바에 따라 고용노동부장관에게 이의를 제기할 수 있다. 이 경우 근로자를 대표하는 자나 사용자를 대표하는 자의 범위는 대통령령으로 정한다. <개정 2010.6.4.>

③ 고용노동부장관은 제2항에 따른 이의가 이유 있다고 인정되면 그 내용을 밝혀 제8조제3항에 따라 위원회에 최저임금안의 재심의를 요청하여야 한다. <개정 2010.6.4.>

④ 고용노동부장관은 제3항에 따라 재심의를 요청한 최저임금안에 대하여 제8조제4항에 따라

위원회가 재심의하여 의결한 최저임금안이 제출될 때까지는 최저임금을 결정하여서는 아니 된다. <개정 2010.6.4.>

[전문개정 2008.3.21.]

제10조(최저임금의 고시와 효력발생) ① 고용노동부장관은 최저임금을 결정한 때에는 지체 없이 그 내용을 고시하여야 한다. <개정 2010.6.4.>

② 제1항에 따라 고시된 최저임금은 다음 연도 1월 1일부터 효력이 발생한다. 다만, 고용노동부장관은 사업의 종류별로 임금교섭시기 등을 고려하여 필요하다고 인정하면 효력발생 시기를 따로 정할 수 있다. <개정 2010.6.4.>

[전문개정 2008.3.21.]

제11조(주지 의무) 최저임금의 적용을 받는 사용자는 대통령령으로 정하는 바에 따라 해당 최저임금을 그 사업의 근로자가 쉽게 볼 수 있는 장소에 게시하거나 그 외의 적당한 방법으로 근로자에게 널리 알려야 한다.

[전문개정 2008.3.21.]

제4장 최저임금위원회 <개정 2008.3.21.>

제12조(최저임금위원회의 설치) 최저임금에 관한 심의와 그 밖에 최저임금에 관한 중요 사항을 심의하기 위하여 고용노동부에 최저임금위원회를 둔다. <개정 2010.6.4.>

[전문개정 2008.3.21.]

제13조(위원회의 기능) 위원회는 다음 각 호의 기능을 수행한다. <개정 2010.6.4.>

1. 최저임금에 관한 심의 및 재심의
2. 최저임금 적용 사업의 종류별 구분에 관한 심의
3. 최저임금제도의 발전을 위한 연구 및 건의
4. 그 밖에 최저임금에 관한 중요 사항으로서 고용노동부장관이 회의에 부치는 사항의 심의

[전문개정 2008.3.21.]

제14조(위원회의 구성 등) ① 위원회는 다음 각 호의 위원으로 구성한다.

1. 근로자를 대표하는 위원(이하 "근로자위원"이라 한다) 9명
2. 사용자를 대표하는 위원(이하 "사용자위원"이라 한다) 9명
3. 공익을 대표하는 위원(이하 "공익위원"이라 한다) 9명

② 위원회에 2명의 상임위원을 두며, 상임위원은 공익위원이 된다.

③ 위원의 임기는 3년으로 하되, 연임할 수 있다.

④ 위원이 궐위(闕位)되면 그 보궐위원의 임기는 전임자(前任者) 임기의 남은 기간으로 한다.

⑤ 위원은 임기가 끝났더라도 후임자가 임명되거나 위촉될 때까지 계속하여 직무를 수행한다.

⑥ 위원의 자격과 임명·위촉 등에 관하여 필요한 사항은 대통령령으로 정한다.

[전문개정 2008.3.21.]

제15조(위원장과 부위원장) ① 위원회에 위원장과 부위원장 각 1명을 둔다.

② 위원장과 부위원장은 공익위원 중에서 위원회가 선출한다.

③ 위원장은 위원회의 사무를 총괄하며 위원회를 대표한다.

④ 위원장이 불가피한 사유로 직무를 수행할 수 없을 때에는 부위원장이 직무를 대행한다.
[전문개정 2008.3.21.]

제16조(특별위원) ① 위원회에는 관계 행정기관의 공무원 중에서 3명 이내의 특별위원을 둘 수 있다.
② 특별위원은 위원회의 회의에 출석하여 발언할 수 있다.
③ 특별위원의 자격 및 위촉 등에 관하여 필요한 사항은 대통령령으로 정한다.
[전문개정 2008.3.21.]

제17조(회의) ① 위원회의 회의는 다음 각 호의 경우에 위원장이 소집한다. <개정 2010.6.4.>
1. 고용노동부장관이 소집을 요구하는 경우
2. 재적위원 3분의 1 이상이 소집을 요구하는 경우
3. 위원장이 필요하다고 인정하는 경우
② 위원장은 위원회 회의의 의장이 된다.
③ 위원회의 회의는 이 법으로 따로 정하는 경우 외에는 재적위원 과반수의 출석과 출석위원 과반수의 찬성으로 의결한다.
④ 위원회가 제3항에 따른 의결을 할 때에는 근로자위원과 사용자위원 각 3분의 1 이상의 출석이 있어야 한다. 다만, 근로자위원이나 사용자위원이 2회 이상 출석요구를 받고도 정당한 이유 없이 출석하지 아니하는 경우에는 그러하지 아니하다.
[전문개정 2008.3.21.]

제18조(의견 청취) 위원회는 그 업무를 수행할 때에 필요하다고 인정하면 관계 근로자와 사용자, 그 밖의 관계인의 의견을 들을 수 있다.
[전문개정 2008.3.21.]

제19조(전문위원회) ① 위원회는 필요하다고 인정하면 사업의 종류별 또는 특정 사항별로 전문위원회를 둘 수 있다.
② 전문위원회는 위원회 권한의 일부를 위임받아 제13조 각 호의 위원회 기능을 수행한다.
③ 전문위원회는 근로자위원, 사용자위원 및 공익위원 각 5명 이내의 같은 수로 구성한다.
④ 전문위원회에 관하여는 위원회의 운영 등에 관한 제14조제3항부터 제6항까지, 제15조, 제17조 및 제18조를 준용한다. 이 경우 "위원회"를 "전문위원회"로 본다.
[전문개정 2008.3.21.]

제20조(사무국) ① 위원회에 그 사무를 처리하게 하기 위하여 사무국을 둔다.
② 사무국에는 최저임금의 심의 등에 필요한 전문적인 사항을 조사·연구하게 하기 위하여 3명 이내의 연구위원을 둘 수 있다.
③ 연구위원의 자격·위촉 및 수당과 사무국의 조직·운영 등에 필요한 사항은 대통령령으로 정한다.
[전문개정 2008.3.21.]

제21조(위원의 수당 등) 위원회 및 전문위원회의 위원에게는 대통령령으로 정하는 바에 따라 수당과 여비를 지급할 수 있다.
[전문개정 2008.3.21.]

제22조(운영규칙) 위원회는 이 법에 어긋나지 아니하는 범위에서 위원회 및 전문위원회의 운영에

관한 규칙을 제정할 수 있다.
[전문개정 2008.3.21.]

제5장 보칙 <개정 2008.3.21.>

제23조(생계비 및 임금실태 등의 조사) 고용노동부장관은 근로자의 생계비와 임금실태 등을 매년 조사하여야 한다. <개정 2010.6.4.>
[전문개정 2008.3.21.]

제24조(정부의 지원) 정부는 근로자와 사용자에게 최저임금제도를 원활하게 실시하는 데에 필요한 자료를 제공하거나 그 밖에 필요한 지원을 하도록 최대한 노력하여야 한다.
[전문개정 2008.3.21.]

제25조(보고) 고용노동부장관은 이 법의 시행에 필요한 범위에서 근로자나 사용자에게 임금에 관한 사항을 보고하게 할 수 있다. <개정 2010.6.4.>
[전문개정 2008.3.21.]

제26조(근로감독관의 권한) ① 고용노동부장관은 「근로기준법」 제101조에 따른 근로감독관에게 대통령령으로 정하는 바에 따라 이 법의 시행에 관한 사무를 관장하도록 한다. <개정 2010.6.4.>

② 근로감독관은 제1항에 따른 권한을 행사하기 위하여 사업장에 출입하여 장부와 서류의 제출을 요구할 수 있으며 그 밖의 물건을 검사하거나 관계인에게 질문할 수 있다.

③ 제2항에 따라 출입·검사를 하는 근로감독관은 그 신분을 표시하는 증표를 지니고 이를 관계인에게 내보여야 한다.

④ 근로감독관은 이 법 위반의 죄에 관하여 「사법경찰관리의 직무를 행할 자와 그 직무범위에 관한 법률」로 정하는 바에 따라 사법경찰관의 직무를 행한다.
[전문개정 2008.3.21.]

제26조의2(권한의 위임) 이 법에 따른 고용노동부장관의 권한은 대통령령으로 정하는 바에 따라 그 일부를 지방고용노동관서의 장에게 위임할 수 있다. <개정 2010.6.4.>
[전문개정 2008.3.21.]

제27조 삭제 <2008.3.21.>

제6장 벌칙 <개정 2008.3.21.>

제28조(벌칙) ①제6조제1항 또는 제2항을 위반하여 최저임금액보다 적은 임금을 지급하거나 최저임금을 이유로 종전의 임금을 낮춘 자는 3년 이하의 징역 또는 2천만원 이하의 벌금에 처한다. 이 경우 징역과 벌금은 병과(倂科)할 수 있다. <개정 2012.2.1.>

② 도급인에게 제6조제7항에 따라 연대책임이 발생하여 근로감독관이 그 연대책임을 이행하도록 시정지시하였음에도 불구하고 도급인이 시정기한 내에 이를 이행하지 아니한 경우 2년 이하의 징역 또는 1천만원 이하의 벌금에 처한다. <신설 2012.2.1.>
[전문개정 2008.3.21.]

제29조 삭제 <1999.2.8.>

제30조(양벌규정) ① 법인의 대표자, 대리인, 사용인, 그 밖의 종업원이 그 법인의 업무에 관하여 제28조의 위반행위를 하면 그 행위자를 벌할 뿐만 아니라 그 법인에도 해당 조문의 벌금형을 과(科)한다.

② 개인의 대리인, 사용인, 그 밖의 종업원이 그 개인의 업무에 관하여 제28조의 위반행위를 하면 그 행위자를 벌할 뿐만 아니라 그 개인에게도 해당 조문의 벌금형을 과한다.

[전문개정 2008.3.21.]

제31조(과태료) ① 다음 각 호의 어느 하나에 해당하는 자에게는 100만원 이하의 과태료를 부과한다.

1. 제11조를 위반하여 근로자에게 해당 최저임금을 같은 조에서 규정한 방법으로 널리 알리지 아니한 자
2. 제25조에 따른 임금에 관한 사항의 보고를 하지 아니하거나 거짓 보고를 한 자
3. 제26조제2항에 따른 근로감독관의 요구 또는 검사를 거부·방해 또는 기피하거나 질문에 대하여 거짓 진술을 한 자

② 제1항에 따른 과태료는 대통령령으로 정하는 바에 따라 고용노동부장관이 부과·징수한다. <개정 2010.6.4.>

③ 제2항에 따른 과태료 처분에 불복하는 자는 그 처분을 고지받은 날부터 30일 이내에 고용노동부장관에게 이의를 제기할 수 있다. <개정 2010.6.4.>

④ 제2항에 따른 과태료 처분을 받은 자가 제3항에 따라 이의를 제기하면 고용노동부장관은 지체 없이 관할 법원에 그 사실을 통보하여야 하며, 그 통보를 받은 관할 법원은 「비송사건절차법」에 따른 과태료 재판을 한다. <개정 2010.6.4.>

⑤ 제3항에 따른 기간에 이의를 제기하지 아니하고 과태료를 내지 아니하면 국세 체납처분의 예에 따라 징수한다.

[전문개정 2008.3.21.]

부칙 <제11278호, 2012.2.1.>

이 법은 2012년 7월 1일부터 시행한다.

참고 문헌

Bibliography

<국내 문헌>

- 고용노동부(2011. 1), 「임금채권보장업무 처리요령」, 48쪽.
- 근로기준국(2008. 1), 「건설업에서의 임금지급 연대책임 및 건설업의 공사도급에 있어서 임금에 관한 특례규정 업무처리 지침」.
- 김동원 · 유규창(2000), 『집단성과 배분제도』, 한국노동연구원.
- 김식현(1984), 『인사관리론』, 무역경영사.
- 김창의(2003), "성과배분제도에 관한 연구," 「한국전통상학연구」, 제17집 제2호.
- 노동부(1981a), 평균임금산정상의상여금취급요령 제정 1981. 6. 5. 노동부예규 제39호.
- 노동부(1997), 통상임금산정지침 개정 1997. 3. 28, 노동부예규 제327호.
- 문원주(1992), 『실무근로기준법(주석)』, 법원사.
- 박일규(1993), 『노동경제학』, 박영사.
- 심윤종 외(1998), 『산업사회학』, 경문사.
- 심태식(1989), 『노동법개론』, 법문사.
- 안희탁(1998), 『불황기를 극복하는 능력 · 실적중시형 임금체계』, 한국경영자총협회.
- 양병무 외(1992), 『한국기업의 임금관리』, 한국경영자총협회.
- 양병무 외(1999), 『임금관리와 법률문제』, 한국경영자총협회 노동경제연구원.
- 양병무 외(2007), 『노동시장론과 노동관계법규』, 시그마프레스.
- 이병태(2015), 『법률용어사전』, 법문북스.
- 이상국(1997), 『근로기준법해설』, 중앙경제사.
- 이천기(1990), "임금관리의 쟁점에 관한 서설적 접근," 「인사관리연구」, 제14집.
- 日本 勞働調査會出版局(2005), 『最低賃金法의 詳解』.
- 임금근로시간정책팀(2007.1.24.), 「파견업무허용을 위한 공개토론회 자료집」, 노동부 주최/한국노동연구원 주관.
- 정병석 · 김헌수(1988), 『최저임금법』, 법원사
- 정인수(1991), 『성과배분』, 한국노동연구원.
- 최저임금위원회(2012), 「Point 정리, 최저임금제」.

- 최종태(1992), 『현대임금관리이론』, 박영사.
- 최종태(1999), 『현대임금관리론』, 박영사, 머리말.
- 하갑래(2014), 『근로기준법』, 중앙경제사, 493쪽.
- 한국노동조합총연맹(2013. 2), 「2013년도 한국노총 표준생계비」.
- 대법원 1966. 2. 9. 선고 95다719 판결.
- 대법원 1973. 10. 10. 선고 73다278 판결.
- 대법원 1973. 11. 27. 선고 73다498 판결.
- 대법원 1973. 3. 27. 선고 72다2425 판결
- 대법원 1973. 9. 25. 선고 71다1078 판결.
- 대법원 1975. 7. 22. 선고 74다1840 판결.
- 대법원 1976. 1. 27. 선고 74다1580 판결.
- 대법원 1976. 3. 9. 선고 75다872 판결.
- 대법원 1976. 3. 9. 선고 75다872 판결.
- 대법원 1976. 9. 28. 선고 75다1768 판결.
- 대법원 1980. 5. 27. 선고 80다617 판결.
- 대법원 1981. 1. 13. 선고 80다2395 판결.
- 대법원 1981. 11. 24. 선고 81다카174 판결.
- 대법원 1983. 10. 11. 선고 83도2272 판결.
- 대법원 1983. 10. 11. 선고 83도2272 판결.
- 대법원 1984. 4. 10. 선고 83도1850 판결.
- 대법원 1985. 10. 8. 선고 85도1262 판결.
- 대법원 1988. 11. 12. 선고 88도1162 판결.
- 대법원 1988. 12. 13. 선고 87다카2803 판결.
- 대법원 1988. 4. 12. 선고 87다카1886 판결.
- 대법원 1988. 6. 14. 선고 다카2268 판결.
- 대법원 1989. 11. 24. 선고 88다카25038 판결.
- 대법원 1989. 12. 26. 선고 88다카10128 판결.
- 대법원 1990. 11. 27. 선고 90다카10312 판결.
- 대법원 1990. 11. 27. 선고 90다카23868 판결.
- 대법원 1990. 12. 21. 선고 90다카24496 판결.
- 대법원 1990. 5. 8. 선고 88다카26413 판결.
- 대법원 1991. 12. 24. 선고 91다20494 판결.
- 대법원 1991. 2. 12. 선고 90다15952 판결.

• 대법원 1991. 8. 9. 선고 91다15225 판결.
• 대법원 1992. 4. 14. 선고 91다5587 판결.
• 대법원 1992. 4. 28. 선고 91누8104 판결.
• 대법원 1993. 12. 28. 선고 93다38529 판결.
• 대법원 1994. 1. 11. 선고 93다30938 판결.
• 대법원 1994. 10. 28 선고 94다26615 판결.
• 대법원 1994. 11. 18. 선고 93다18938 판결.
• 대법원 1994. 5. 24. 선고 93다31979 판결.
• 대법원 1994. 7. 29. 선고 92다30801 판결.
• 대법원 1995. 11. 10. 선고 94도1477 판결
• 대법원 1995. 6. 29. 선고 94다18553 판결.
• 대법원 1995. 7.11. 선고 93다26168 판결.
• 대법원 1996. 2. 9. 선고 95다719 판결.
• 대법원 1997. 3. 28. 선고 94다26721 판결.
• 대법원 2002. 11. 26. 선고 2002도5044 판결.
• 대법원 2985. 10. 8. 선고 85도1566 판결.
• 행정해석 1968. 11. 25. 기준1455.3－10674.
• 행정해석 1971. 11. 근기1455.9－12287.
• 행정해석 1987. 4. 8. 근기01254－5665.
• 행정해석 1987. 7. 28. 근기01254－12062.
• 행정해석 1989. 12. 26. 임금32240－21342.
• 행정해석 1991. 2. 12. 임금32240－2059.
• 행정해석 1991. 2. 21. 근기01254－2433.
• 행정해석 1991. 2. 4. 임금32240－1608.
• 행정해석 1993. 12. 15. 임금68207－756.
• 행정해석 1993. 3. 18. 근기01254－411.
• 행정해석 1994. 3. 8. 근기68207－396.
• 행정해석 1994. 4. 4. 임금68207－194.
• 행정해석 1994. 6. 30. 임금68207－383.
• 행정해석 1996. 7. 30. 임금68207－366.
• 행정해석 1997. 8. 14. 임금68207－455.
• 행정해석 2000. 11. 14. 임금68207－581.
• 행정해석 2000. 6. 20. 근기68207－1870.

- 행정해석 2004. 3. 24. 임금정책과963.
- 행정해석 2004. 3. 24. 임금정책과963.
- 행정해석 2004. 7. 7. 임금정책과2482
- 행정해석 2004. 7. 7. 임금정책과2482.
- 행정해석 2005. 5. 23. 임금68207－104.
- 행정해석 2006. 1. 16. 퇴직급여보장팀－147.
- 행정해석 2006. 1. 16. 퇴직급여보장팀－147.
- 행정해석 2006. 10. 27. 퇴직급여보장팀－4098.
- 행정해석 2006. 3. 8. 퇴직급여보장팀－719.
- 행정해석 2007. 1. 5. 퇴직급여보장팀－47.
- 행정해석 2008. 10. 6. 근로조건지도과4262.
- 행정해석 2008. 7. 11. 근로조건지도과2514.
- 행정해석 2009. 6. 3. 근기1734.
- 행정해석 2010. 6. 28 근기1539.
- 행정해석 2010. 8. 5. 임금복지과－498.

<국외 문헌>

- Armstrong, M (2005), *A Handbook of Human Resources management practices*, UK: Kogan page.
- Armstrong, M. and Brown, D. (2006), *Strategic compensation: making it happen*, London: Kogan Page.
- Fein, B. (2010), Compensation Management Strategies, *Journal of personnel Administration*, 18.
- Hewitt A.(2005), 'Managing performance with incentive pay', *Journal of personnel Management*, 7(1).
- Kessler, I. (1995), 'compensation Systems' in J. Storey (ed), *Human Resource Management: a critical text*, London:Thomson Business Press.
- Peter T. Chingos(2002), *Paying for Performance: A Guide to Compensation Management*, Wiley.
- Pfeffer, J. (1994), *Competitive advantage through people*, Boston: HBS Press.
- Redling, A. (2005), 'Effects of merit pay on performance,' *Journal of Management*, 31.
- Trevor, J (2007), 'Can pay be strategic? A critical exploration of strategic compensation in practice (unpublished PhD thesis)', Judge Business School, University of Cambridge.

찾아보기

Index

[ㅅ]

[ㅇ]

[ㅈ]

[저자 약력]

이 정 조(李正祚)

동아대학교 법과대학 졸업
제34회 행정고시 합격
주일본한국대사관 1등서기관(노무관)
고용노동부 양산지청장, 진주지청장, 울산지청장 역임
부산지방노동위원회 상임위원(현)

김 도 근(金道根)

연세대학교 경영학과 졸업
연세대학교 대학원 경영학과 석사/박사
동명대학교 경영학과 교수
부산지방노동위원회 공익위원(현)

실무 중심의 임금론

초판인쇄 2015년 5월 15일
초판발행 2015년 5월 20일

지은이 이정조·김도근
펴낸이 박노일

총괄기획 김중용
편 집 심성보·김인숙

펴낸곳 피앤씨미디어
경기도 고양시 일산동구 강송로 153 310-1501
등록 제396-2012-000203호
전 화 070)7550-3758 팩 스 02)718-8554
홈페이지 www.pncmedia.co.kr 이메일 pnc@pncmedia.co.kr
ISBN 979-11-5730-197-3 93320

정 가 20,000원